U0831316

教育部人文社会科学重点研究基地 四川大学南亚研究所
国家“985工程”四川大学南亚与中国藏区研究创新基地
南亚前沿问题研究丛书

“在印度之外”

——印度海外作家研究

Out of India: *Essays on Indian Diasporic Writers*

尹锡南 著

四川出版集团
巴蜀书社

教育部人文社会科学重点研究基地四川大学南亚研究所
国家“985 工程”四川大学南亚与中国藏区研究创新基地

南亚前沿问题研究丛书

学术顾问（以姓氏笔画为序）

冉光荣　任　佳　孙士海　孙培钧
沈丁立　郁龙余　罗中枢　周　刚
赵干城　赵昌文　程瑞声　谭　中（印）

编委会名单（以姓氏笔画为序）

文富德　尹锡南　李　涛　杨文武
杨翠柏　陈继东　张　力　张　立
张　伟　欧东明　段志洪　高　伟
晏世经　徐开来　谢代刚　霍　巍
戴永红

主　　编：文富德　李　涛

副 主 编：张　力　陈继东　谢代刚

编辑助理：曾祥裕

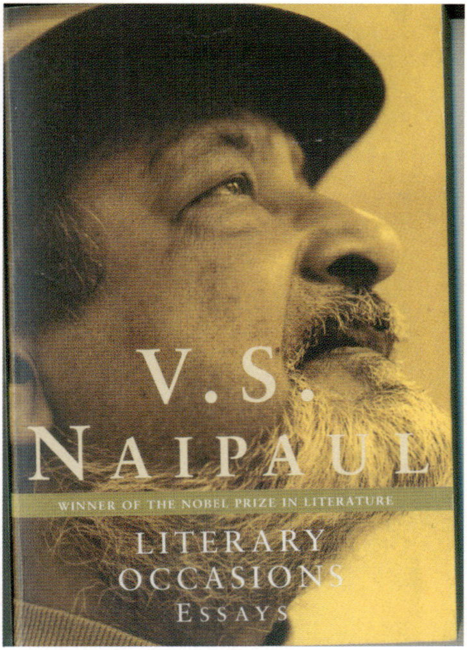

奈保尔文学评论集《文学场合》封面

拉什迪获得布克奖的长篇小说代表作《午夜诞生的孩子》封面

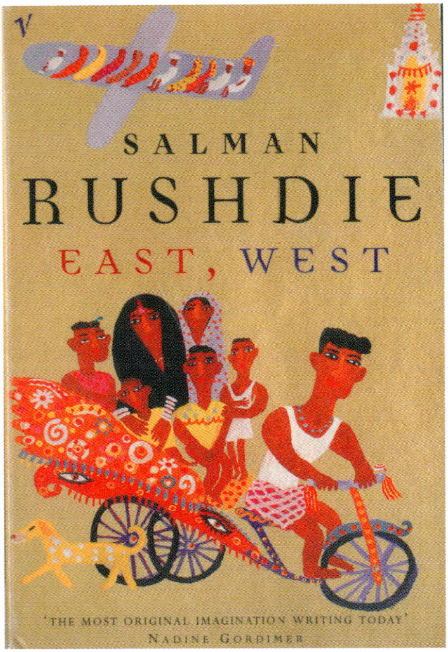

拉什迪的文集《东方，西方》封面

安妮塔·德赛长篇小说《白日悠光》封面

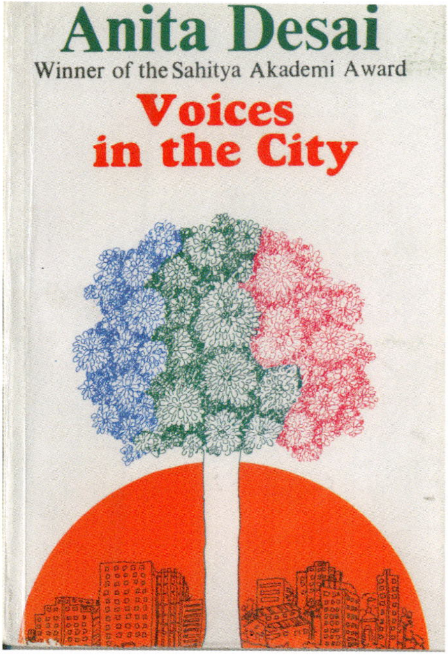

安妮塔·德赛长篇小说《城市的声音》封面

维克拉姆·赛特的中国题材诗歌集《拙政园》封面

献给

敬爱的张教武先生（1954—），他将我引入神圣的文学殿堂

总　序

当前，世界形势正发生重大而深刻的变化。一大批新兴国家的发展和壮大，使国际格局不断向有利于和平与发展的方向演进。由印度、巴基斯坦、孟加拉国、阿富汗、斯里兰卡、尼泊尔、不丹、马尔代夫组成的南亚区域合作联盟，其总面积超过400万平方公里，人口超过13亿，已成为新兴国家中一支重要的力量。

南亚各国是中国的近邻，中国人民同南亚各国人民有历史悠久的深厚友谊。近年来，中国同南亚各国的友好关系取得了令人鼓舞的新发展。中国和南亚各国的友好往来日趋频繁，经贸合作不断增加，文化交流丰富多彩。中国已成为南亚区域合作联盟的观察员。和平、友好、互信、合作，是中国和南亚各国关系呈现的四大可喜的特点。了解南亚，研究南亚，更成为中国各界人士的共同愿望。

四川大学南亚研究所是教育部人文社会科学重点研究基地。该所和该所支撑成立的教育部“985”工程四川大学南亚与中国藏区研究创新基地一起，在南亚研究方面进行了大量的工作，已成为我国南亚研究的重要中心之一。该所过去编辑出版的《南亚基地丛书》内容丰富，研究深入，是当今我国十分难得的有关南亚的一套宝贵的丛书。现在，根据当前的形势需要，该所和“985”基地又编辑出版《南亚前沿问题研究丛书》，相信一定会获得广大读者的欢迎。

我谨对这套丛书的出版表示衷心的祝贺，并对笔耕不辍、辛勤工作的作者们致以崇高的敬意。

中国前驻印度大使

四川大学南亚研究所讲座教授

程瑞声

2008 年 4 月

目 录

绪 论

第一节 印度海外作家与海外移民

当代世界比较文学研究界出现了一个使用频率很高的词语 diaspora。该词源自古希腊语，由表示“通过”的介词 dia 和表示“撒播”的词 spora 组合而成。牛津英语词典认为，diaspora 是指公元前 538 年犹太人被放逐之后散居世界各地非犹太人中间[①]。它也可引申而指世界上任一民族离开母国向他国的迁徙。目前国际学术界往往将一些国际移民群体或某地、某国移民海外的群体称为 diaspora。因此，diaspora 用来表示某个国家或民族的海外移民群体已成惯例，例如，可以把中国的海外移民群体及其后代即海外华人称为 Chinese diaspora，把印度的海外移民及其后代称为 Indian diaspora，把日本的海外移民及其后裔称为

① 《牛津现代高级英汉双解词典》，商务印书馆、牛津大学出版社，1996 年，第 323 页。

Japanese diaspora。有的学者认为：“总之，diaspora 强调了一种移民对祖国或家乡（包括祖先家乡）的强烈依恋和归属感，体现了一种终极的情感乃至身份的皈依和认同。这一点在犹太人身上表现得最为典型，在海外华人和海外印度人身上体现得也比较充分。实际上，所谓 diaspora（或 diasporic）情结是从犹太人身上挖掘出来，并推广或套用到其他国际移民群体上的。”①

中国学者王宁认为，diaspora 一般译为“流散”，也可译为“离散”或“流离失所”，对流散现象的研究便被称为“流散研究”（diaspora studies）。他说：“时至今日，流散这一术语已经越来越带有了中性的意思，并且越来越专指当今全球化时代的移民所造成的‘流散’状态：从边缘流向中心，然后又从中心流向边缘，始终处于一种流动的状态。”② 石海军认为：“‘流散’的含义并不是从边缘向中心的移动，也不是将中心文化的价值向边缘地区输送，它是从里到外、从外到里的双向渗透。在小说创作中，拉什迪经常使用‘渗透’（leak into）一词，表示的正是自我身份的杂交状态。”③ 有的学者认为，diasporic writers 应该译为“离散作家”或曰“流亡作家”，王宁对此表示质疑。他认为，“流散文学”这一称呼非常贴切地表达了海外作家的外位视角，因为，流动和散居状态正好有助于他们从外部来观察本民族的人无法看到的东西。

---

① 贾海涛、石沧金：《海外印度人与海外华人国际影响力比较研究》，山东人民出版社，2007 年，第 30—31 页。

② 王宁：《全球化时代的流散写作与文化身份认同》，高旭东主编：《多元文化互动中的文学对话》，北京大学出版社，2010 年，第 12 页。

③ 石海军：《破碎的镜子："流散"的拉什迪》，《外国文学评论》，2006 年，第 4 期，第 12 页。

关于流散或曰流亡的状态，自称“流亡者”的典型流散知识分子、当代后殖民理论家赛义德（Edward W. Said，也译作萨义德，本书通称赛义德）曾经在2000年出版的《流亡的反思》中带着无法弥合的精神创伤如此说道：“流亡令人不可思议地使你不得不想到它，但经历起来又是十分可怕的。它是强加于个人与故乡以及自我与其真正的家园之间的不可弥合的裂痕。它那极大的哀伤是永远也无法克服的……流亡的成果将永远因为所留下的某种丧失而变得黯然失色。”① 由此看来，流散作家的书写状态和叙事内容都是局外人无法真切体验的。迄今为止，由于国际移民越来越普遍，以或痛苦或轻松的移民体验为描述内容的流散文学越来越成为比较文学与世界文学研究的关注热点。印度海外作家创作的流散文学也自然成为西方与印度学者关注的重点之一。

说到印度海外作家，不能不简单地回顾一下印度海外移民的概况。在世界历史上，移民现象由来已久，但真正的大规模移民却出现在地理大发现之后，它是随着欧洲掀起的殖民狂潮开始的。时至如今，世界移民还处于现在进行时。根据专家的研究，印度人移民海外有四个高潮，第一次大规模移民海外在19世纪30—40年代，由英国、法国、荷兰等殖民帝国组织，移民的身份是契约工（indenfured labors），目的地是西印度群岛、东南亚和印度洋的岛屿等西方殖民地，2001年诺贝尔文学奖获得者、来自特立尼达和多巴哥的印裔英国作家奈保尔的祖先就是在这一

① 转引自王宁：《全球化时代的流散写作与文化身份认同》，高旭东主编：《多元文化互动中的文学对话》，北京大学出版社，2010年，第175页。

波移民潮中来到西印度的；第二次印度人大规模移民发生在20世纪初期，它由英国组织，目的地是英国本土，最后却落脚非洲；第三次移民高潮在1923年之后的十年时间里，也由英国组织，目的地是波斯湾；第四次移民高潮在20世纪60年代之后，是印度人的自发行为，这一时期移民的目的地比较分散，但以欧美发达国家、东南亚和海湾国家为主，移民中既有前往波斯湾的劳工，也有前往欧美求学、定居、工作、投资的高科技人才和实业家。这些印度移民中包括了一大批科技与文化精英，当代后殖民作家实力派人物、印度海外作家中的佼佼者拉什迪、维克拉姆·赛特、芭拉蒂·穆克吉、尼拉德·乔杜里、罗辛顿·米斯特利和基兰·德赛等人便是此类文化的精英。其中，奈保尔、拉什迪、卡玛拉·玛康达雅和赛特等人定居英国，安妮塔·德赛及其女儿基兰·德赛等定居美国，罗辛顿·米斯特利等定居加拿大，贾布瓦拉则先后涉足英国、印度，后来定居美国，芭拉蒂·穆克吉则从加拿大迁移到美国定居。以上这些作家均以英语从事创作，他们是印度海外作家的代表人物。

目前海外华人和海外印度人在3000万人和2500万人左右。海外印度人被认为是世界第三大海外移民群体，仅次于分布于全世界的英国后裔和海外华人群体。目前，海外印度人在世界各地的分布是不均衡的，影响力也不尽相同。举例来说，海外印度人分布较多的国家及其具体人数分别是：美国，168万；英国，120万；加拿大，85万；圭亚那，40万；特立尼达和多巴哥，50多万；南非，100万；沙特阿拉伯，150万；阿联酋，100万；缅甸，300万；马拉西亚，170万；新加坡，170万；澳大利亚，

20 万，等等[①]。目前，海外印度人的国际影响力不可忽视，这对印度政府近年来采取双重国籍政策产生了积极的影响。由于1947年独立后的印度政府不承认独立前移民海外的印度人与印度有任何联系，半个世纪里，海外印度人与印度政府也没有任何正式交往。联系海外印度人与印度的纽带以宗教、语言、电影、音乐等文化因素为主。一般而言，海外印度人基本保持着对印度的文化认同，大多数人仍将印度视为祖国，并和印度保持着密切联系。20 世纪 80 年代，随着印度海外移民在国际上的政治地位和经济实力乃至文化影响力不断上升，印度政府一改此前谨慎保守的态度，开始主动接纳他们。很多移民欧美的海外印度人渴望双重国籍，因为，这是打破他们回国投资“瓶颈”的关键，同时也是维系他们对印度文化认同的纽带。自然，这也给印度带来了莫大的利益。印度人民党执政以来，海外印度人受到了印度政府的空前重视，印度学界对海外印度人的研究也出现了新的气象。例如，1975、1979、1984 和 1995 年，在特立尼达和多巴哥先后举办了四次大型的有关印度移民的国际学术会议。1997 年，印度安德拉邦的海德拉巴大学成立了印度第一个专门研究海外印度人的学术机构即海外印度人研究中心，后来在古吉拉特邦的北古吉拉特大学也成立了另一个相似的机构。为了重新调整印度政府与海外印度人的关系及制定实际政策，当时执政的瓦杰帕伊政府决定由外交部牵头成立海外印度人高级委员会（High Level Committee on Indian Diaspora），专门负责调查、研究海外印度

① 此处关于海外印度人历史和现状及印度政府相关决策的介绍，参考贾海涛、石沧金：《海外印度人与海外华人国际影响力比较研究》，山东人民出版社，2007 年，第 65—86 页，第 113—148 页。

人的历史、现状及印度政府应该制定的相关政策。

2003 年 1 月 9 日，印度政府在新德里召开了第一届“海外印度人节暨海外印度人奖颁奖大会”。在这次活动的开幕式上，时任印度总理的瓦杰帕伊郑重宣布印度计划实施双重国籍政策，其基本内容是：双重国籍只给予 1947 年之后离开印度的印度人的第四代后人；双重国籍除保障可以拥有印度护照、不须签证可以随时访问印度外，还可保障印度护照拥有者在印度做生意，购买地产。但印度政府也同时做了一些解释，即拥有双重国籍者不能投票和竞选，不能参军，不能担任某些法定的职位。印度政府经过多方慎重论证，最后决定七个国家的海外印度人可以申请印度国籍。这七个国家是：美国、英国、加拿大、澳大利亚、新西兰、新加坡和马来西亚。印度国内外普遍认为，这一规定带有某种势利和歧视的色彩。印度的双重国籍政策自酝酿之初到正式实施，一直充满着争议，但是，它毕竟开始正式成为印度的一项基本国策，这有力地说明了海外印度人地位上升和印度政府格外重视他们的两大事实。

参加第一届海外印度人颁奖大会的奈保尔认为，这次大会及印度的双重国籍政策带有浓厚的“交易成分”，另一位诺贝尔奖获得者阿玛蒂亚·森认为，印度发展最大的问题是不够开放。此次与会者还对印度的世俗化政策等敏感问题提出批评。有的海外印度人士的措辞相当激烈。海外印度人和国内各界人士的激烈批评引起了印度政府的高度重视。政府对原来的双重国籍政策进行了调整和修改。其中，印度政府将可以给予双重国籍的原来七国扩展为十八个国家。2004 年 1 月 7 日，在第二届“海外印度人节”开幕前夕，该修正案通过了总统的批准。至此，印度双重国籍政策完成了法律化的程序。总之，可以这样说："印度的双重国籍政策可以被视为印度对待其海外移民的政策的一个转折点，同时也可被视为其改革开放和国家战略的一个重大举措。"①

赛特等海外作家对双重国籍政策表示满意。《印度时报》是印度发行量最大的英文报纸。笔者留学印度期间曾经读到该报一则有趣的报道。这就是 2005 年 4 月 20 日的《印度时报》，它刊载了一则题为《维克拉姆·赛特获得"海外印度人奖"》的报道。未署名的记者这么写道："最著名的印度英语作家维克拉姆·赛特星期二被授予印度政府颁发的 2005 年'海外印度人奖（Pravasi Bharatiya Samman）'。海外印度人事务部部长贾格迪西·泰特勒在此间的一个简单仪式上给这位 53 岁的作家颁发了奖章和证书。出席颁奖仪式的是赛特的家人，包括他的父亲普勒姆·赛特和母亲丽娜·赛特。这一奖项颁发给海外印度人和有印度血统的人，他们在个人领域里成就卓著，并在促进国外更好地且有兴趣理解印度方面贡献突出。赛特在内的十五人获得了 2005 年的这项奖励。他未能出席 2005 年 1 月 9 日为他们颁奖的'海外印度人日'（Pravasi Bharatiya Divas，或译'海外印度人节'）活动。赛特在仪式后说：'我非常高兴从自己的国家获得这项奖励。'这位在伦敦和新德里两地生活的作家很愉快地说：'我并不真正觉得身处海外（But I don't feel completely pravasi）。'"② 事实上，按照 pravasi 的语源，也可将赛特的后一句引申译为"我

① 贾海涛、石沧金：《海外印度人与海外华人国际影响力比较研究》，山东人民出版社，2007 年，第 148 页。

② "Vikram Seth Gets 'Pravasi Bharatiya Samman,'" in *The Times of India*, April 20, 2005.

并不真正觉得是流浪海外”。

2005年的另外一期《印度时报》报道了拉什迪和诺贝尔经济学奖获得者阿玛蒂亚·森（Amartya Sen）等人角逐世界顶尖思想家的消息。这次投票将从百名候选者中评选出五位世界顶级思想家。拉什迪和森获得了提名。这条消息显示，印度公众和媒体仍然将拉什迪和阿玛蒂亚·森等居住海外的作家或学者视为印度人，并以他们的成就为骄傲。

既然印度政府大张旗鼓地实行双重国籍政策，在法律层面认可海外印度人的身份归属，印度国内大多数人对他们表示欢迎，印度学者也就不甘落后，理所当然地将奈保尔、拉什迪等众多海外英语作家视为印度作家进行研究。很多印度学者的印度英语文学研究著述便将奈保尔、拉什迪和赛特等印度海外作家与纳拉扬、安纳德等长期居住在本土进行创作的英语作家联系在一起进行研究。正因如此，本书将取得英美国籍的奈保尔、拉什迪、赛特和芭拉蒂·穆克吉等人视为身份独特的印度作家亦即印度海外作家进行集中考察，以探究他们在印度之外如何叙述眼中所见或心灵所思的印度。按照当下学界的说法，这种研究其实也是一种不折不扣的后殖民文学或第三世界流散文学研究。

只要稍微关注一下印度学界近年来的印度英语文学研究或比较文学研究动向就会发现，印度海外作家的研究不仅限于欧美英语研究界，它的重镇其实还在印度学界。随着拉什迪的长篇小说八十年代初在西方英语世界突然走红，印度英语文学开始以崭新的姿态集体亮相，西方学界开始对包括印裔流散作家作品在内的印度英语文学刮目相看。这进一步激发了印度的英语文学研究。和此前的某些研究方法或立场不同，印度英语文学研究迅速实现

"与国际接轨"，即在评价作家或作品时态度更加灵活开放，研究对象开始向海外作家的流散写作看齐，有时候也取比较文学的研究手段，研究方法则借鉴采纳后殖民理论和女性主义等西方理论。可以说，从比较文学最终走向总体文学的趋势来看，当今研究世界后殖民文学、特别是研究亚裔英国文学、亚裔美国文学或亚裔加拿大文学等，如果忽视印度学者的海外流散作家研究成果，将是有缺憾的一种考察。

第二节 印度海外作家研究在中国

迄今为止，西方、印度和中国学术界都对印度海外作家的研究做出了自己的贡献。西方学界对亚裔英国作家、美国作家、加拿大作家等的集体研究已经在中国学者关于华裔作家的很多研究著述中有过介绍，西方学界对奈保尔、拉什迪等印裔流散作家亦即印度海外作家的研究成果也时有所见，这里不再赘述。印度学者关于印度海外作家的某些代表性著述将在本书第一章进行简略介绍。此处先对近年来中国学者关于印度海外作家的研究动向做点简单介绍。

客观地说，在海外流散文学研究方面，中国学者和印度学者表面看是"平分秋色"，但后者似乎超越了前者的成就。绝大多数研究华裔流散写作的中国学者注意力集中在汤婷婷和谭恩美等为代表的华裔美国作家上。印度学者眼界则更为开阔，他们重视印裔美国作家、印裔英国作家和印裔加拿大作家等的研究，因为奈保尔、拉什迪、贾布瓦拉、安妮塔·德赛、罗辛顿·米斯特利、维克拉姆·赛特和拉希里·裘帕里等印裔作家的流散文学带来的世界声誉，他们不会无动于衷。由于华裔作家的世界影响力整体上讲不及奈保尔和拉什迪等为代表的印裔流散文学，也由于中国学者的著作基本上以中文出版，西方流散文学研究界对印度学者的英文著作关注度更高。

中国学者对印度海外作家的翻译走在了对其研究的前头。例如，早在 1988 年，黄宝生就翻译了贾布瓦拉的英文短篇小说两篇，发表在当年的《世界文学》第 4 期上，其中一篇是《英国女人》，译自贾布瓦拉的短篇小说集《我如何变为一个圣母》。但由于迄今为止关于贾布瓦拉的研究未及展开，此篇翻译未能引起学者的注意。随着拉什迪在 20 世纪 80 年代的西方文坛“横空出世”，更由于奈保尔在 2001 年获得诺贝尔文学奖，其他一些印度海外作家相继获得布克奖或普利策奖等西方奖项，印度海外作家开始进入中国学者的研究视野。一些篇幅不一的相关文章开始出现。上个世纪末，后殖民理论开始登陆中国学术界，后殖民理论的著作译介也随即出现，如艾勒克·博埃默的《殖民与后殖民文学》（盛宁、韩敏中译，辽宁教育出版社，1998 年版）和赛义德的《东方学》（王宇根译，三联书店，1999 年版）等的中译本先后出现，后殖民理论的传播热潮使得华裔美国文学或印度海外作家的翻译和研究均在新世纪初找到了适合萌芽生长的土壤。近十年来，对于印度海外作家的翻译包括安妮塔·德赛的长篇小说《今年夏天咱们去哪儿?》（袁伟译，《世界文学》，1999 年，第 83—202 页）、奈保尔的游记即“印度三部曲”（《幽暗国度》，李永平译，三联书店，2003 年；《印度：受伤的文明》，宋念申译，三联书店，2003 年；《印度：百万叛变的今天》，黄道琳译，三联书店，2003年）和拉什迪的《耻辱》（黄灿然译，江苏人民出版社，2009年）等。但迄今为止，印度海外作家的很多重要著作如拉什迪的代表作《午夜诞生的孩子》和文论集《想象的家园》、维克拉姆·赛特的长篇小说和中国题材诗歌及游记，芭拉蒂·穆克吉、安妮塔·德赛和尼拉德·乔杜里等人的很多代表作尚未译为中文。当然，他们的英文作品对熟悉英语的中国研究者来说，阅读的难度不是太大，只是交织渗透在作品中的印度语言文化常常让某些不熟悉印度语言文化的研究者为难。

在翻译印度海外作家作品的同时，中国学者对其研究也在同步进行。中国学者对印度海外作家的研究最初集中在奈保尔身上，后来才逐渐延伸到拉什迪和赛特等其他作家的作品上。中国学者中对奈保尔最先进行研究并卓有成效者非西北大学文学院梅晓云莫属。她早年在德里大学留学时便在G. K. 达斯（G. K. Das）指导下研读过奈保尔作品，并体验过印度文明，这使她在奈保尔研究上占据了得天独厚的优势。自2000年起，她便发表了一系列的奈保尔研究论文，如《在边缘写作》（载《深圳大学学报》2000年第6期）、《无根人的悲歌：从〈黑暗之地〉读解V. S. 奈保尔》（载《外国文学评论》2002年第1期）和《V. S. 奈保尔：从未抵达的感觉》（载《外国文学研究》2003年第5期）等。梅晓云还出版了基于博士论文修改而成的著作《文化无根：以奈保尔为个案的移民文化研究》（陕西人民出版社，2003年版）。这是国内第一部以奈保尔为研究对象的博士学位论文，也是中国第一部对这位有重大国际影响的印度海外作家的研究专著。作者从历史学者的视角进入奈保尔的文学世界，以典型的跨学科方法处理奈保尔的跨文化书写，得出了很多令人耳目一新的结论。该著作为国内奈保尔研究的开山之作，并不局限于参考西方学者的观点，而注重考察奈保尔笔下的印度文化元素，研究方法科学合理，为国内的流散文学研究起到了极好的示范作用。在梅晓云之后，国内其他学者也相继加入奈保尔研究的行列，如张德明发表了论文《后殖民旅行写作与身份认同：奈保尔的“印度三部曲”解读》（载《外国文学评论》，2005 年第 2 期）等。杨中举出版《奈保尔：跨界生存与多重叙事》（东方出版中心，2009 年版）。另外，解放军国际关系学院的方杰还以“V. S. 奈保尔研究”为题获得了 2005 年国家社科基金的立项资助，这说明中国学术界对于奈保尔研究的重视。石海军等其他学者也都不同程度地涉及奈保尔研究。笔者也先后发表了三篇与奈保尔相关的论文，如《奈保尔的印度书写在印度的反响》（载《外国文学评论》2006 年第 4 期）等，另外两篇奈保尔论文被中国人民大学《外国文学研究》全文转载。时至今日，奈保尔及其作品仍然是很多硕士或博士候选人倾心研究的对象，当然也是很多学者热心研究的对象。

在研究印度海外作家的著作中，石海军所著《后殖民：印英文学之间》（北京大学出版社，2008 年）值得一提。该著主要以吉卜林、纳拉扬、奈保尔和拉什迪等殖民作家与后殖民作家为主展开论述。作者显然是把奈保尔和拉什迪置于殖民文学和后殖民文学的链条上进行考察，也把他们置于英国殖民作家、印度本土作家的参考系中进行互动式观察。由于作者深谙后殖民理论三昧，又到访过印度与英国，且与奈保尔直面交流，并多年研究印度文学与文化，这就使本书对印度流散作家的研究建立在可靠的学术前提下。就印度海外作家研究而言，该著中对拉什迪和奈保尔的相关研究很有特色。石海军还以论文的形式探索拉什迪。他以文化身份理论考察拉什迪的流散身份，得出了一些比较可信的结论。例如他说："如果说普鲁斯特是以一面完整的镜子映照失落的世界，那么拉什迪则是以破碎的镜子打破了过去。"① 他还认为，殖民时代，印度主要是在民族独立运动中经受外在的物质创伤，而在后殖民时代，拉什迪等海外印度作家则经受着长期的心灵创伤。心中的文化印度被他们自己在西方的精神体验打碎了，拉什迪等人因此处于失重状态。石海军的研究特色是注重印度海外作家的个案研究，不追求对其集体创作的宏观考察，这当然保证了其研究质量的上乘，但从另外一个角度看，忽略对赛特、穆克吉、贾布瓦拉等其他流散作家的探查，其拉什迪研究或奈保尔研究似乎缺乏必要的参照系。

在对印度海外作家进行系统研究的著作中，任一鸣的著作显然占有十分重要的位置。她与瞿世镜的合著《英语后殖民文学研究》（上海译文出版社，2003 年版）在向国内学界系统介绍印度海外作家方面立下了"头功"。这是一本引领中国学者在世界流散文学或曰后殖民文学研究领域登堂入室的指南。任一鸣和瞿世镜对奈保尔、拉什迪、贾布瓦拉、芭拉蒂·穆克吉、安妮塔·德赛、罗辛顿·米斯特利、维克拉姆·赛特等人的代表作进行了详略不一的介绍。吹毛求疵地看，该著作者对于个别印度海外作家姓名的翻译显然没有顾及印度语言的发音规律，出现了个别值得商榷的小问题，如赛特译为"赛斯"，贾布瓦拉译为"杰哈布瓦

① 石海军：《破碎的镜子："流散"的拉什迪》，《外国文学评论》，2006 年，第 4 期，第 6 页。

拉”。其实，按照印度人的发音习惯，Seth 和 Jhabvala 分别译为“赛特”和“贾布瓦拉”似乎更为理想。在前期研究基础上，任一鸣于 2008 年出版了基于博士学位论文修改而成的著作《后殖民：批评理论与文学》（外语教学与研究出版社，2008 年版）。该著不仅对重要的后殖民理论家及其思想进行研究，还从后殖民理论、女性主义等各个视角对全世界各个地区的流散文学进行综合研究，这是目前中国学者在流散文学研究领域的最前沿成果，显示了中国学者与世界后殖民学界进行对话的胆识。但也正因如此，作者在该书中大大压缩了印度海外作家的研究比重。

限于一手文献资料的缺乏，也由于华裔美国作家在中国流散文学研究界不由自主地卷入激烈的“市场竞争”，国内学者关于其他印度海外作家的相关研究还处于起步阶段。仔细考察的话，我们发现，近几年来，一些学者在印度海外作家研究方面仍然取得了可喜的成就。首先需要指出的是，梅晓云在印度海外作家研究方面有了新的开掘，她对拉什迪、奈保尔和拉希里·裘帕里等人的研究取得了新的进展，并把研究视野转向了范围更广的南亚流散作家创作上。2008 年，她以“当代南亚英语流散文学研究”为题获得国家社会科学基金的立项资助。这使印度流散文学研究进入了一个新的境界，将进一步推动国内关于印度海外作家的研究。值得一提的是，湖州师范学院的颜治强近年来力倡在国内进行亚非拉英语文学或曰东方英语文学研究，主张立足本土研究问题，以构建与流散研究截然不同的视角。2006 年，他所主持的科研团队以“亚非拉英语文学引论”的选题获得教育部立项资助。近年来，他与同行成立了配备资料库的研究所，他自己则致力于教育部项目《东方英语文学引论》（小说卷）的写作。他的研究也涉及某些重要的印度海外作家。另外，苏州大学的黄芝以研究拉什迪的“越界诗学”的相关论文获得博士学位，曾经在天津师范大学文学院攻读博士学位的齐园的博士论文也涉及拉什迪等印度流散作家的研究。中国社会科学院研究生院的两位比较文学硕士张远与黄怡婷在石海军的指导下，分别研究安妮塔·德赛和奈保尔，并于2009年以相关论文获得硕士学位。笔者近年来也先后发表过研究赛特、芭拉蒂·穆克吉、拉什迪、贾布瓦拉等印度海外作家的论文，填补了国内学界在赛特、穆克吉、贾布瓦拉及尼拉德·乔杜里等印度海外作家或其某个创作领域的研究空白。笔者指导的一些比较文学硕士生也有多人选择印度海外作家作为学位论文的研究对象。笔者在2006年完成并通过答辩的博士学位论文中也涉及拉什迪、奈保尔、贾布瓦拉等印裔英国作家亦即印度海外作家的研究。该论文修改后出版，题为《英国文学中的印度》（巴蜀书社，2008年版）。

值得一提的是，近年来，北京大学外国语学院“印度语言文学”方向的几位博士生也不约而同地选择了印度海外作家作为学位论文的研究对象。例如，王鸿博选择了赛特的长篇小说《如意郎君》（A Suitable Boy）作为博士论文研究对象。他与北京大学外国语学院博士生李美敏的博士论文同时于2009年6月8日答辩通过。北京大学外国语学院博士生王荣珍则选择基兰·德赛的长篇小说《番石榴园中的喧哗》（Hullabaloo in the Guava Orchard，1998）等作为研究对象。他们三人的部分研究成果集中展示在2010年第1期的《东方丛刊》上。“编者按”将他们三人的研究对象归入印度英语文学范畴，并特意做了如下说明：“印度英语文学的研究已得到西方学者的广泛重视，在中国尚处于起步阶段，相关的专著与论文都不成规模，具有学术开拓的重要空间……印度英语文学研究还有广阔的领域亟待开垦，需要更多的学者加入。”①

李美敏的博士论文题为《安妮塔·德赛的女性小说研究》。该论文将德赛的小说置于印度独立后的历史语境进行综合评析。论文逐一分析德赛的女性小说，除绪论之外，共分为八章。第一章主要介绍德赛的生平和创作、德赛所处环境的多元性以及这种多元性对其小说创作的影响。第二章分析德赛的小说《斋戒·盛宴》。一方面，从印度传统文化的角度分析小说中的女性角色，另一方面以饮食习惯为切入点，剖析东西方文化的差异性，揭示德赛旅居国外10年的经历对创作这部小说的意义。第三章分析小说《哭泣吧，孔雀》。论文试图从夫妻关系、父女关系等角度分析精神绝望的女主角，探究女性对现代社会无所适从的心理根源。第四章主要分析小说《今年夏天我们去哪儿?》，通过西塔的马诺里之行，探讨印度独立之后女性对个人空间的追寻。第五章分析小说《城市之声》。论文以三兄妹在加尔各答的生活经历为主线，分析德赛对现代城市中异化、荒诞以及碎片化的描写和两性之间的差异和隔阂，揭示女性的内心世界。第六章依据小说《山火》中的三位女性形象，分析人物的心理意识，剖析在印度独立后的社会转型背景下，女性悲剧性命运的根源。第七章是对德赛的半自传体小说《白日悠光》的文本分析。论文以男性人物拉贾为参照，分析女主角敏从模仿男性、塑造男性气质到摆脱模仿、建构女性独立人格的过程。通过对敏的形象分析，揭示现代

① 《东方丛刊》“编者按”，2010年，第1期，第104页。

印度新女性的独立意识。最后一章通过德赛文本中的例证，综述女性小说的艺术特色，重点阐述小说的叙事策略、语言特色和人物塑造的技巧[①]。李美敏的博士论文基本涵盖了德赛的主要代表作，但遗憾的是，其放弃了重点考察德赛以存在主义视角探索流放主题的长篇小说《鲍姆加特纳的孟买》。这部小说在印度学者看来是非常重要的，也是他们常常探讨的文本之一。

王鸿博的博士论文题为《维克拉姆·赛特长篇小说代表作〈如意郎君〉研究》。该论文认为，一方面，通过小说情节设计中的对历史的想象和对未来的展望，赛特的《如意郎君》表现出对尼赫鲁时代印度政治、经济政策的理解；另一方面，也表现出对独立后印度整体发展道路的思索。该论文是对《如意郎君》的专题研究，共分六章。第一章介绍了赛特的生平和总体创作情况。第二章以《如意郎君》的思想内容为研究对象，指出这部作品对西方文化、世俗主义和宗教宽容、印度现代化发展以及中产阶级壮大等社会问题的看法。接下来的四章从空间、性别、结构和语言等几方面对小说进行研究。第三章从后现代地理学的角度切入，指出了作家虚构的布拉姆普尔城象征了50年代初期的印度，还分析了文本内部空间象征手法的运用。第四章从性别研究的角度，分析了《如意郎君》中的男性和女性形象构建与更新一代人物所承载的象征意义。第五章重点研究《如意郎君》的叙事结构。第六章对赛特的本土语言与英语使用情况进行分析，并指出

---

① 李美敏的博士论文摘要参见 http://thesis.lib.pku.edu.cn/dlib/List.asp?lang=gb&type=&DocGroupID=8&DocID=236349

其中的文化象征意义[①]。

通过上述挂一漏万的叙述，可以得出结论，中国学者虽然在印度海外作家研究领域取得了一些不俗的成绩，但还未出现系统的著作。我们期待不远的将来会出现这样的著作，以使我们对印度海外作家的流散创作有一个全景式的观察。梅晓云等学者的研究动向使我们完全有理由相信，中国学者对印度海外作家乃至整个南亚流散文学的研究一定会取得突破性进展的。我们与印度学者乃至西方学者在印度海外作家或南亚流散文学研究方面平等对话的基础必将得到进一步加强。中国学者的研究视角也会使该领域的相关研究呈现出更加丰富的色彩，从而真正体现全球化时代比较文学研究千姿百态的魅力。

第三节　印度海外作家与华裔英美作家研究的关系

由于华裔美国文学或海外华人文学成为当前中国比较文学的一大分支，也是目前国内学界的研究热点之一，很有必要将这一研究纳入世界文学的视野进行审视。具体说，就是将华裔文学、尤其是华裔美国文学与印度海外作家、尤其是印裔美国作家的某些代表作进行比较研究，从而在更为宏阔的学术视野中考察华裔文学的特色，从而提升国内关于华裔文学的研究水平，也为华裔

① 王鸿博的博士论文摘要参见 http：//thesis. lib. pku. edu. cn/dlib/List. asp? lang=gb&type=&DocGroupID=8&DocID=235867

文学研究界与印度海外作家研究者进行对话创造学术前提。

华裔美国作家构成之复杂比起印裔美国作家来毫不逊色。华裔作家的英文创作历史比较悠久，可以追溯到1887年李恩富（1861—1938）发表的第一本华裔自传《我在中国的孩童时代》。二十世纪四十至六十年代的著名华裔作家包括刘裔昌（Pardee Lowe，1905—）、雷庭招（Louis Chu，1915—1970）、黎锦扬（Chin Yang Lee，1917—）和黄玉雪（Jade Snow Wong，1922—）等。黄玉雪还被汤亭亭称为“华裔美国文学之母”。当代华裔美国小说家的七大台柱包括汤亭亭（Maxine Hong Kingston，1940—）、谭恩美（Amy Tan，1952—）、李健孙（Gus Lee，1947—）、雷祖威（David Wong Louie，1955—）、任璧莲（Gish Jen，1955—）、赵健秀（Frank Chin，1940—）和徐忠雄（Shawn Wong，1949—）等。此外黄哲伦（David Henry Hwang）、伍慧明（Fea Myenne Ng）和伍邝琴（Mei Ng）等人均是实力派华裔作家。某种意义上，对中国学者而言，将华裔文学研究纳入比较研究视野有其坚实的学术基础。这就是中国近年来对华裔文学、特别是华裔美国文学研究的高度重视和丰硕成果。同时，正如上一节内容显示的那样，中国学者近二十年来对印度海外作家的翻译和研究也日渐重视，并先后出现了不少瞩目的成果。对于华裔作家与印度海外作家的翻译研究使得将这样两种基本上互不相干的作家群体纳入比较研究视野成为可能。另外，下边第一章将简单介绍印度学者对于印度海外作家研究的基本概况，他们的研究成果可以作为上述比较研究的有效参照。

目前，国内关于海外华裔作家、特别是华裔美国文学的文本翻译和学术研究已经取得了很多成就[①]。抛开华裔英国文学、华裔加拿大文学、华裔东南亚文学等不论，专以华裔美国文学的翻译为例，近年来出版的译作就包括以下这些著名华裔作家的代表作：黄玉雪的《华女阿五》（张龙海译，译林出版社，2004 年），汤亭亭的《女勇士》（李剑波、陆承毅译，漓江出版社，1998 年）、《孙行者》（赵伏柱等译，漓江出版社，1998 年）和《中国佬》（肖锁章译，译林出版社，2000 年），谭恩美的《喜福会》（程乃珊等译，浙江文艺出版社，1999 年；上海译文出版社，2006 年）、《灶神之妻》（张德明等译，浙江文艺出版社，1999 年）和《接骨师之女》（张坤译，上海译文出版社，2006 年），雷祖威的《爱的痛苦》（吴宝康、王轶梅译，译林出版社，2004 年），李健孙的《荣誉与责任》（王光林、张校琴译，译林出版社，2004 年）和《支那崽》（王光林、叶兴国译，译林出版社，2004 年），任璧莲的《典型的美国佬》（王光林译，译林出版社，2000 年），伍慧明的《骨》（陆薇译，译林出版社，2004 年），赵健秀的《甘加丁之路》（赵文书译，译林出版社，2004 年），徐颖果编著的《美国华裔文学选读》（南开大学出版社，2004 年），等等。在华裔美国文学研究方面，已经出版的著作包括程爱民主编的《美国华裔文学研究》（北京大学出版社，2003 年）、王光林的《错位与超越：美、澳华裔作家的文化认同》（英文版，南开大学出版社，2004 年）、卫景宜的《西方语境中的中国故事》

---

① 关于华裔美国文学的发展历史和中国近年来的研究概况，参见陆薇：《走向文化研究的华裔美国文学》，中华书局，2007 年，第 18—45 页；同时还可参见张龙海：《美国华裔文学的历史和现状》，程爱民主编：《美国华裔文学研究》，北京大学出版社，2003 年，第 40—49 页。

（中国美术学院出版社，2004 年）、蒲若茜的《族裔经验与文化想象：华裔美国小说典型母题研究》（中国社会科学出版社，2006 年）、李贵苍的《文化的重量：解读当代华裔美国文学》（人民文学出版社，2006 年）、陆薇的《走向文化研究的华裔美国文学》（中华书局，2007 年）和薛玉凤的《美国华裔文学之文化研究》（人民文学出版社，2007 年）等。2002 年，北京外国语大学英文学院建立了国内第一个“华裔美国文学研究中心”，建立了国内第一个华裔美国文学的网页，随时发布最新研究动态和信息。2002、2003、2006 年，分别在南京大学、四川大学和北京外国语大学分别举办了包含华裔美国文学研究的学术会议。就研究生论文而言，越来越多的学者把目光投向华裔美国文学。国内学界近年来关于这方面研究的博士和硕士学位论文逐年增多，不计其数。

近年来，中国比较文学学会或印度比较文学学会的历次学术研讨会都为世界流散文学设立了专题，吸引了不少学者的探索兴趣和眼光。目前，这一趋势还在持续并有升温的迹象。例如，中国比较文学学会第 10 届年会暨国际学术研讨会将于 2011 年 8 月在复旦大学和上海师范大学举行。本届学术研讨主题为“当代比较文学与方法论建构”。围绕这一主题，大会设定了 16 个工作议题和圆桌会议议题，其中第 6 个议题便是“流散文学与海外华人文学”。这个议题的设立耐人寻味，它似乎暗示，海外华人文学，尤其是华裔美国文学是中国流散文学研究的重头戏。事实上，进入 21 世纪以来，暨南大学、复旦大学、四川大学、清华大学和南京大学等先后建立了海外华人或华裔文学与文化研究中心（研究所），其研究对象不再局限于华文、英文或其他语言的华人文学，而是总体关注“华人流散文学”。这方面的著作包括程爱民主编的《美国华裔文学研究》（北京大学出版社，2003年）和陆薇的《走向文化研究的华裔美国文学》（中华书局，2007年）等等。再看印度。2003年在印度南方城市迈索尔举行的第六届印度比较文学会议主题是：Linguistics Hegemony and Identity（语言霸权与身份认同），具体议题包括霸权与解殖、翻译、英语霸权与印度语言、文化身份与语言、诗学传统与区域身份、全球化、移民、政治与阐释等。会议第四组涉及后殖民文学，学者们探讨了罗辛顿·米斯特利作品中的流散、语言与身份认同，以及芭拉蒂·穆克吉的《嘉思敏》和裘帕·拉希里的《疾病阐释者》的比较研究等。该次会议还论及A. 罗易的《卑微的神灵》和芭拉蒂·穆克吉的《嘉思敏》的比较研究。2005年3月在南古吉拉特大学举行的第七届印度比较文学会议主题是：Poetics of the Margins：Reinventing Comparative Literature（边缘诗学：重构比较文学）。具体议题分别是：杂糅文学：移居与流亡、流散文学：最初的范围、殖民与后殖民范式、女性写作与属下研究、翻译，等等①。从这两届会议来看，印度当代比较文学研究者所关注的焦点紧跟世界比较文学潮流，他们注重语言问题、文化身份、翻译研究、后殖民流散文学（如V. S. 奈保尔、拉什迪、芭拉蒂·穆克吉、安妮塔·德赛、罗辛顿·米斯特利、贾布瓦拉等）等。

---

① 此处介绍主要依据2005年7月笔者访问印度苏拉特南古吉拉特大学比较文学系时阿斯文·德赛教授赠与笔者的印度比较文学会议纪念文集写成。See CLAI Newsletter，“Sisir Kumar Das Memorial Issue”，Delhi & Kolkata，Sep. 2004. 关于印度比较文学的发展现状，亦可参见拙著《印度比较文学发展史》，巴蜀书社，2011年。

因为众所周知的原因，中国比较文学学者主要关注华裔美国文学，少数学者关注日本、印度、韩国等其他亚裔或非洲后裔流散文学，而印度学者的重点在于考察印裔美国作家、印裔英国作家或印裔加拿大作家等流散作家群体，对于华裔美国文学等亚裔流散文学鲜见关注。对于蓬勃发展的中国比较文学而言，或对仍在弱势状态下生存的印度文学研究而言，缺少对印度后裔海外作家或曰印裔流散作家的全面而深入的研究，将会造成一种不健康的学术生态。对于印度学界而言，不对华裔英美作家进行研究，就不能更加全面地透视世界后殖民文学或流散文学的基本特征，这会遮蔽他们在世界文学的背景下才能欣赏的许多美妙“景观”。毕竟，华裔作家的英语创作或多或少与中国文化产生过联系，而印度海外作家的英语创作与印度文化紧密相关，印度文化与中国文化同属东方文化的有机组成部分，但它们之间的差异却又不容忽视。由此来看，对华裔作家和印裔作家的英语创作进行比较研究是一种迄今尚未起步但却充满前景和极有意义的学术动向。这里略举两例。

先以汤亭亭和芭拉蒂·穆克吉这两位在美国文坛均先后拿过大奖的女作家为例。在二十世纪八十至九十年代崛起的华裔美国文学研究中，汤亭亭的《女勇士》无疑是被研究最多、知名度最高、最受读者欢迎的作品之一，同时，它也是美国在世作家的作品中被选作大学教材频率最高的作品之一。1991 年，美国现代语言协会将汤亭亭的《女勇士》与荷马、乔叟、但丁、莎士比亚、弥尔顿、哥德和加缪等人的杰作放在了同一系列中出版。这足见汤亭亭作品的重要价值。汤亭亭在《女勇士》中为了远离或超越中国文化对其创作理念的束缚，特意将性当作自己的工具。

在其中的《白虎》一章中，汤亭亭为了使自己有别于母亲，有别于中国文化，在中国家喻户晓的花木兰故事中也添加了性的成份。花木兰故事早有许多改写的版本。在以往大多数版本中，花木兰都是到最后胜利的时刻才还其男儿身、显其女儿本貌的，但在汤亭亭笔下，战士们得知了木兰本是女儿身还继续与之并肩作战。虽然木兰身披男式战袍，满身盔甲，但他们还是把她视为美丽女神来拥护和爱戴。书中对木兰怀孕和孩子满月的细节描写更为这个角色增添了性别色彩。汤亭亭对木兰怀孕时的描写是这样的：“现在我脱去衣服之后剩下的的确是个怪人——后背刻着‘精忠报国’的大字，前面挺着个大肚子。”① 此处汤亭亭有意地把岳母刺字的传奇巧妙地镶嵌在木兰的故事中。这样一来，中国传统文化和神话便自然失去了本真或真实。正因如此，汤亭亭的中国叙事才获得了巨大的开放性意义。“换言之，她是在民族文化本真性的缺失中再造了属于华裔美国女性自己的神话。”②

再看印裔美国女作家穆克吉与汤亭亭在处理东方传统文化方面的相似姿态。在穆克吉的长篇小说代表作《嘉丝敏》中，嘉丝敏在印度故乡时便因为摔交在额头上留下一个伤疤。嘉丝敏把它称为“第三只眼”（third eye）：“我怎么向那些只看到些许暗淡而有皱纹的伤痕的男人们解释我的第三只眼？”③ 嘉丝敏这里提到的“第三只眼”具有很深的宗教文化内涵。湿婆（Siva）是印度教三大神之一。他的形象便为三眼五面四臂。第三只眼长在额心，其上或下有一弯新月，第三只眼可以射出神火。湿婆曾经用

---

① 转引自陆薇：《走向文化研究的华裔美国文学》，中华书局，2007年，第124页。
② 陆薇：《走向文化研究的华裔美国文学》，中华书局，2007年，第124页。
③ Bharati Mukherjee, *Jasmine*, New York: Grove Weidenfeld, 1989, p. 60.

它烧掉引诱自己的爱神和梵天大神五头中的一个，还烧掉妖魔的三座城市。在著名梵语作家迦梨陀娑创作的叙事长诗《鸠摩罗出世》第三章中，便描写了湿婆用头上的第三只眼烧掉爱神的生动细节[①]。因此，嘉丝敏的"第三只眼"暗示着她对加诸自身的种族、性别和阶级属性取坚决的湿婆式反击姿态，从而为更快地实现自己在异国的"文化定位"并求取可供自己生存的"第三度空间"创造条件。嘉丝敏第一次使用"第三只眼"的威力，是在被她称为"半边脸"的白人船长粗暴强奸后。作为印度寡妇，遭受强奸是奇耻大辱，嘉丝敏决定一死了之。但是，她的美国梦阻止了她的自杀。于是，嘉丝敏不再向赐福祛灾的象头神（Ganapati）祈祷，决心挣脱死神阎摩（Yama）的拥抱，将自己变为令人敬畏的迦利（Kali）女神。"我伸出舌头，割了一下……我的嘴里满是鲜血。我感觉到血流到了下巴上。"[②] 按照印度教传统说法，迦利女神是湿婆大神的妻子。她皮肤黝黑，相貌恐怖，伸出的舌头流着鲜血。她的身体由蛇缠绕，胸前悬挂着被她杀死的恶魔的脑袋。"从所有方面看，她代表一种暴怒而不仅仅是女神。"[③] 嘉丝敏现在不是普通的印度寡妇，而是代表第三世界女性对白人男权的种族和性别霸权进行解构的当代迦利女神。在穆克吉笔下，印度传统神话被用来塑造了印裔美国女性的新神话。对于某些男性作家或批评家的诘难或指责，汤亭亭曾经这样反驳道："汉学家们指责我不了解中国神话，扭曲了中国神话……他

---

① M. R. Kale, ed., *Kumarasambhava of Kalidasa*, Delhi: Motilal Banarsidass Publishers, 2004, p. 56.

② Bharati Mukherjee, *Jasmine*, New York: Grove Weidenfeld, 1989, p. 118.

③ John Dowson, *A Classical Dictionary of Hindu Mythology and Religion, Geography, History, and Literature*, London: Routledge & Regan Paul, 1953, p. 87.

们不明白，神话是要改变的，是要使用的，否则就会被遗忘，就像那些带着神话跨越了大洋的人们。对他们来说，神话就是美国神话了。我写的神话是新的美国神话。”① 与此相似，某些印度学者也认为，穆克吉等印度海外作家不能代表印度发声或言说，因为，他们对印度文化的书写很多是失真的。其实，穆克吉的创作目的与汤亭亭相似。她在《嘉丝敏》中书写的叛逆神话也是“新的美国神话”之一。有的学者认为，在汤亭亭笔下的“女勇士”怀孕时，性别的混淆和复杂达到了顶峰。因为，女勇士即概念化的花木兰可以在报家仇国恨的同时生儿育女，体现了汤亭亭对父权制社会男女分工的挑战，也体现了她对理想中的“异性同一体”的期盼。“难怪很多评论家把《女勇士》看着女性主义的力作。汤亭亭用消解性别二元对立的方式去消解父权中心，是对人类历史形成的两性间对立、冲突、压迫与反压迫关系的反驳；而塑造出‘女勇士’这样一个‘异性同一体’则寄托着她对两性间互补、融合、平等的关系的渴求。从这一点上看，《女勇士》堪称女性主义的杰作。”② 其实，穆克吉对印度宗教神话进行了颠覆式改写，将男性和女性合二为一的神圣的湿婆形象加之于嘉丝敏这样一个当代印度“女勇士”身上，并赋予她迦利女神的颠覆性力量，以达到塑造勇敢新移民形象的艺术旨趣。穆克吉的艺术手法和汤亭亭非常近似，这显示出亚裔美国作家书写移民主题的某些共同点，这和她们的创作理念、创作环境和移民身份等复杂因素不无关系。

---

① 转引自陆薇：《走向文化研究的华裔美国文学》，中华书局，2007 年，第 124 页。

② 蒲若茜：《对性别、种族、文化对立的消解：从解构的视角看汤亭亭的〈女勇士〉》，程爱民主编：《美国华裔文学研究》，北京大学出版社，2003 年，第 213 页。

有的中国学者在分析汤亭亭等人的写作姿态时指出:“在‘白色’的权威无处不在的美国,华裔美国人的‘美国认同’其实带有很强的自我蒙蔽的味道,但他们的‘中国认同’同样得不到中国的回应,这种‘夹缝’中的挤压导致了华裔美国人主体性的分裂,使他们不得不开始寻找霍米·巴巴所说的‘第三度空间’。”[①] “第三度空间”理论是后殖民理论的核心话语之一。这说明,中国学者研究华裔美国文学时,特别重视印裔美国理论家、出生于印度孟买的巴巴的后殖民理论。其他中国学者不仅重视巴巴的“模拟、含混、杂糅”理论,还特别推崇赛义德的“对位式阅读”法。这种“对位式阅读”深究殖民文学时期西方作家书写东方时头脑中潜在的、集体无意识的殖民主义观念,重视作家作品与其历史时代和时代思潮的“对位”或定位。其实,赛义德的代表作《东方学》与《文化与帝国主义》举出的很多例子都与西方作家的印度书写相关。这说明,巴巴也好,赛义德也好,出生于印度加尔各答的印裔美国理论家斯皮瓦克也好,他们的后殖民理论基本上都不同程度地与印度相关。一位中国学者不仅用巴巴的模拟或曰戏拟概念很好地解释了华裔美国戏剧家黄哲伦的《蝴蝶君》,还以巴巴的“文化翻译论”解释汤亭亭对中国文化的借用或挪用。她说:“汤亭亭对中国传统文化的借用从本质上来说无异于一个作家在另一种语言和文化中对本民族文化所做的文化翻译。她对本民族文化的改造和挪用实际上就是对其进行‘增益’和‘添补’的过程……汤亭亭对民族文化的再创造从空间上

---

① 蒲若茜:《族裔经验与文化想象:华裔美国小说典型母题研究》,中国社会科学出版社,2006年,第192页。

增补、丰富了民族文化的内涵，从时间上又对民族文化从过去到现在再到未来的发展进行了延续。”① 汤亭亭文本中潜在的“文化翻译”和穆克吉、拉什迪等人小说中的相关描叙完全值得比较研究。这位学者还以巴巴的“民族叙事论”阐释华裔美国女作家伍慧明的小说代表作《骨》。实际上，巴巴的民族叙事论应与印裔英国作家拉什迪出版于1981年的长篇小说代表作《午夜诞生的孩子》有关。巴巴在《文化的定位》中阐释“民族叙事论”和其他理论的时候，常常引用拉什迪文本作为佐证。因此，研究伍慧明的《骨》和其他华裔作家的中国叙事或曰印象中的民族叙事、家园叙事，如能结合拉什迪小说中的民族叙事进行比较，将会增加一种新的分析尺度。换句话说，因为文化翻译论、民族叙事论、第三度空间论等带有强烈解构色彩的思想均与印度海外作家的跨文化创作有关，研究华裔作家的民族叙事、身份探索等问题，如直接纳入印度海外作家的文本进行比较研究，将会更有说服力。这样一来，也就更能看出华裔美国作家与印度海外作家的一些异同，从而在更为诱人的文本层面、在更为宏大的理论视野中考察华裔作家的跨文化写作。

由于印度海外作家与华裔英美作家均不同程度地怀有东方情结，但又来自文化背景非常不同的第三世界，有时还受西方政府对他们不同政策待遇的影响，他们在思考跨文化命题时具有很多相似之处，但也存在很多不容忽视的差异。就相似之处而言，他们中的某些作家均以自传性写作方式描写流散之苦或曰自我流放者的文化困境，均描写种族、性别问题在寄居国呈现出的复杂面

① 陆薇：《走向文化研究的华裔美国文学》，中华书局，2007年，第120页。

貌，均描写华女阿五或嘉丝敏之类主动融人寄居国社会的动人形象，均以母邦文化传统为基础或武器表达自己的身份诉求。例如，贾布瓦拉和安妮塔·德赛等人描写的自我流放者遭受的文化休克症，在华裔作家笔下屡见不鲜。例如，关于跨界的文化阵痛或曰文化休克，雷祖威在小说中形象地写道："我拿起报纸，走到母亲坐的沙发前，一屁股坐在她身旁。我正想开始翻译标题给她听，好让她睁开眼睛瞧瞧世界上的事情时，我愣住了，舌头突然僵硬。我找不出词来翻译。自从我上学读书后，我的中文词汇就不再增加了，和我母亲谈话时我的中文太糟了。"① 在小说《支那崽》中，李健孙描写了主人公的父亲处于文化冲突困境中的突围之难。他这样写道："父亲处在一个难以防守的阵地上，给夹在了一个文化棋盘的中间：代表中国智慧的白色方格与代表西方工业的黑色方格相互遭遇。为了想在这个新世界获得成功，他变得越来越讨厌中国。"② 李健孙在《荣誉与责任》中意味深长地说过："真正成为一个美国人绝不是一件容易的事。"③ 这部小说的华裔主人公耐人寻味地声称："我是生活在一个美好新世界中的野蛮人。"④ 再如拉什迪和芭拉蒂·穆克吉等书写的第三世界移民主动融入白人社会的艰辛历史，在华裔作家笔下也有栩栩如生的艺术记录。黄玉雪笔下的"华女阿五"在征文比赛中打败了白人以后，华裔群体以及女主人公玉雪的家人的反应体现了华裔融入美国社会的渴望。小说写道："现在，甚至连唐人街都

---

① 雷祖威：《爱的痛苦》，吴宝康、王轶梅译，译林出版社，2004年，第3页。
② 李健孙：《支那崽》，王光林、叶兴国译，译林出版社，2004年，第247页。
③ 李健孙：《荣誉与责任》王光林、张校琴译，译林出版社，2004年，第121页。
④ 李健孙：《荣誉与责任》王光林、张校琴译，译林出版社，2004年，第188页。

感到一阵自豪——他们的一个女性公民在征文比赛中打败白种美国人。社区的激动甚至渗透到爸爸身上，让他一个晚上满面红光地回家，这是少有的……然后，爸爸第一次以真诚敬重的姿态向女儿伸出手，玉雪站起来和全家人一样默不作声，以美国人握手的方式握住爸爸的手。”① 关于华裔融入白人社会的方式，任璧莲和黄玉雪的设想有异曲同工之妙。任璧莲的创作打破了白人主流社会对华裔的偏见，反映了华裔争取话语权和主动融入美国社会的努力尝试。她的代表作《典型的美国佬》从题目看，显示了华裔主动求变的积极意识。小说中一位华裔拉尔夫的话就是例证：“我们应该有名字。中国的美国佬。简称张家佬。”② 拉尔夫还想使自己的孩子都美国化，以适应白人社会的文化习俗。一些华裔作家和印度海外作家一样，也对西方的东方表述表示不满，他们在小说或戏剧中对此进行逆写或驳斥。例如，为了像拉什迪笔下的某些人物一样抵抗西方的殖民表述，抵抗好莱坞电影以傅满洲和陈查理等畸形人物歪曲中国形象，赵健秀以关羽等《三国演义》中的英雄人物为艺术道具进行逆写和驳斥。在小说《甘加丁之路》中，他化用吉卜林笔下的一个印度悲剧人物，对如何维护中国文化形象进行初步探索。他在小说中写道：“表现在傅满洲身上的中国文明道德败坏，身在美国的华裔只有坚决抵制它，把我们自己从它的束缚中解放出来，像潘朵拉·托伊的前卫之作那样扼杀中国文明。”③ 赵健秀还在书中借一个人物的意识流写道：“嗨，记得我吗？我就是那个来自中国的孩子，把亚洲全部

① 黄玉雪：《华女阿五》，张龙海译，译林出版社，2004 年，第 180 页。
② 任璧莲：《典型的美国佬》，王光林译，译林出版社，2000 年，第 133 页。
③ 赵健秀：《甘加丁之路》，赵文书译，译林出版社，2004 年，第 306 页。

忘光了，得了东方健忘症。我曾经忘过一次。我可以再忘一次！活计们，《三国演义》是骗小孩的。我们不是桃园结义的兄弟，不是这本书里的刘、关、张三兄弟。”[①] 这可视为一种正话反说，体现了赵健秀欲以中国文化精髓抗衡某些白人对华裔的歧视或主流文化对中国形象的歪曲。

相比而言，印度海外作家中有的更加关注印度移民的精神危机状态，有的偏好表达印度文化与西方文化之间的不可通约，有的如拉什迪还以文学创作来阐释和传播自己的后殖民理论。总体上讲，因为普遍精通英语，印度海外作家在英美世界取得的文学成就似乎更大，在西方或印度国内的传播也更加广泛有力。华裔作家一般不具双重国籍，他们与中国的联系一般没有印度海外作家与印度的联系那么紧密。华裔英美作家关注的主题涉及中国传统的父子关系、母女关系在异文化场域的冲突，还涉及“唐人街”这一具有特殊意象的文化地理背景。华裔作家不像某些印度海外作家借宗教习俗等表现文化冲突，而是借家庭关系的失调表现东西文化冲突。家庭这一核心符码对于华裔而言具有特殊的象征意义，跨界之痛与家庭迁徙息息相关。有的学者正确地分析道：“通过追忆家族史的方式追寻文化之根成为华裔美国文学的重要题材和基本主题。”[②] 李健孙在《支那崽》中借人物的口写道：“我们这个家庭从它的种族文化连根拔起，然后阴差阳错地一头栽在一个不合适的国家里的一个不合适的地区。”[③] 关于华工们深入骨髓的思乡之情和故国之恋，汤亭亭在《中国佬》中饱

---

① 赵健秀：《甘加丁之路》，赵文书译，译林出版社，2004 年，第 452 页。
② 薛玉凤：《美国华裔文学之文化研究》，人民文学出版社，2007 年，第 136 页。
③ 李健孙：《支那崽》，王光林、叶兴国译，译林出版社，2004 年，第 85 页。

含真情地、诗意般地写道：“他们在地球上挖了一只耳朵，要把他们的秘密吐露给大地。‘我想回家！’伯公叫喊道，身子紧贴土地，闻着泥土的气息。‘我要我的家！’男人们一起大声喊道，‘我想家！家！家！家！家！’心中的话说出来后，他们用泥土把话儿埋葬，像是在种庄稼。”[①] 伍慧明在小说《骨》的结尾描写主动进行“文化身份翻译”的主人公莱拉决心融入美国社会时，也是联系到家庭这一传统文化符号来叙述的：“我重又有了信心。我知道藏在我心里的东西会指引我向前。所以，在汽车转弯，把旧门牌、鲑鱼巷、妈和利昂，还有一切的一切都留在那里的时候，我并没有担心。”[②] 再如，《典型的美国佬》虽然写三个中国移民的美国化历程，但家庭文化却深深地影响着主人公的命运。“中国传统家族观念的根却深深地扎在他们的骨子里，是他们无法摆脱，也无以摆脱的。特雷萨的回归家庭正表明了中国传统家庭观在他们各自心目中的份量。”[③]

总之，上述这些比较分析只是对两大跨文化写作群体的肤浅认识，但光是这些初步罗列的异同也是值得探索的迷人课题。这方面的探索等待着中国比较文学界有识之士的重视和努力。不过，应该清醒地看到，这种探索研究在目前还存在一些难题。例如，印度海外作家如印裔美国作家芭拉蒂·穆克吉和安妮塔·德赛等人与华裔美国作家黄玉雪、汤亭亭、李健孙、赵健秀等人基本没有什么交流，华裔英国作家与印裔英国作家、华裔加拿大作家与印裔加拿大作家等两方的情形基本上一样，这为我们探索双

① 汤亭亭：《中国佬》，肖锁章译，译林出版社，2000 年，第页，第 118 页。
② 伍慧明：《骨》，陆薇译，译林出版社，2004 年，第 182 页。
③ 薛玉凤：《美国华裔文学之文化研究》，人民文学出版社，2007 年，第 161 页。

方的跨文化写作带来了一些不便。另外，目前中国学者与印度海外作家的直面交流机会并不多，中国学者石海军和奈保尔在伦敦的交谈成为无比珍贵的交流个案。迄今为止，我们对于印度海外作家群体的系统研究尚未真正起步，只停留在对一些代表作家进行一般介绍的初级阶段，因此，关于印度海外作家的历史发展、创作总体成就、印度与西方的评论和接受等等还存在很多的未知数。这既可以视为对中国比较文学界的一大挑战，也可以视为一大机遇。从目前情况来看，印度和中国的同时崛起必将促使我们对印度文学和印度海外作家文学成就重新进行认识，并把它纳入比较文学范畴进行考察。认识到这一点，我们的印度海外作家研究乃至华裔文学研究必将更上层楼。

前边说过，国内的海外华人文学研究及翻译的确取得了不俗的成就。相比而言，中国的印度海外作家研究及其他国家的海外英语文学研究没有这般热闹。这种现象可以理解，因为，我们毕竟是在中国的环境中研究外国文学，关注外国、包括华裔外国作家的中国书写是很自然的事。但是，倘若我们从长远的学术发展来看，从比较文学的远景来看，这种研究姿态又潜伏着一些学术误区。比如，很多中国学者用“亚裔/华裔美国文学”或“华裔/亚裔美国文学”来指代华裔美国文学，误以为华裔美国文学其实就是亚裔美国文学卓越而典型的代表。这实际上暗含一种学术误判，是对印裔美国作家或来自其他第三世界的美国作家的严重忽视。这便是笔者曾经指出的“中西中心主义”对中国学者潜移默化的负面影响[①]。可以推测，当这些学者具体了解芭拉蒂·穆克

① 参见拙著：《英国文学中的印度》，巴蜀书社，2008年，第408页。

吉、安妮塔·德赛、贾布瓦拉、基兰·德赛等印裔美国作家以及奈保尔和拉什迪等印裔英国作家的创作成就和他们在美国文学界的影响后，也许会对上述表述持谨慎的态度。因此，如何拓展我们的学术视野，成为当前的学术急务。关注印度海外作家，或许是其中的有效策略之一。

正如前述，奈保尔、拉什迪等为代表的印度海外作家英语创作在当代世界文坛的地位或比重丝毫不亚于华裔欧美作家的英语创作。在某些国家如英国和加拿大等国，它甚至还超过了华裔作家英语创作的国际影响。因为，奈保尔、拉什迪和昂达吉等人的英语创作及国际影响比之韩素英和张翎们似乎要高一些。因此，笔者不惧浅陋，拟作抛砖引玉之举，试图以对印度海外作家群体的初步探索，尝试与其他中国学者一道拓展中国流散文学研究的界面。为此，笔者在本书中尝试将有代表性的八位印度海外作家串联起来进行考察，以探究他们作为一个创作群体的共同特征，也考察他们各自不同的一些创作特色。有一点需要特别说明，本书为了统一起见，也为了照顾文学研究圈内外的称谓习惯，常以“海外作家”取代“流散作家”、“离散作家”或“流亡作家”等概念。以此类推，本书也常常以“印度海外作家”的概念指代生活在美国、英国或加拿大等国的印裔流散作家。

本书第一章简要介绍印度学者关于印度海外作家的部分研究成果，以使国内学界对此有一个大致了解。然后，各章依次对奈保尔、拉什迪、尼拉德·乔杜里、芭拉蒂·穆克吉、贾布瓦拉、卡玛拉·玛康达雅、安妮塔·德赛和维克拉姆·赛特等八位重要的印度海外作家的主要作品或理论著述进行个案研究。限于资料和篇幅，某些重要的印度海外作家如罗辛顿·米斯特利、裘帕·

拉希里和基兰·德赛等人的文本暂不纳入本书研究范围。为了使读者对印度海外作家的创作根源及印度学者的相关研究视角有比较全面的了解，本书附录中对印度英语文学研究的相关信息作了简述。为了从多个角度考察这些流散作家的创作特色，本书在某些地方适当突出了纵向比较或横向比较的研究旨趣。例如，对奈保尔与泰戈尔的历史纵向比较、奈保尔与芭拉蒂·穆克吉的横向比较、拉什迪与奈保尔的横向比较、安妮塔·德赛与贾布瓦拉、芭拉蒂·穆克吉的横向比较等便属此类研究。维克拉姆·赛特的流散写作则以他的中国题材作品为分析对象，借以观察印度作家笔下的中国形象。芭拉蒂·穆克吉、贾布瓦拉或安妮塔·德赛等作家则选取其最有代表性的流散作品进行分析，基本排除了她们在印度期间创作的作品或其创作的与流散主题关系不太紧密的作品。如德赛于1988年初版的《鲍姆加特纳的孟买》便是笔者着力研究的对象。当然，这种选择对于全面考察德赛等人的创作和思想显然是不够的或不理想的。这主要是由本书着力探索印度海外作家的流散体验或跨文化思考所决定的。希望读者或专家以这样的心态和视角看待拙著尚不成熟的探索，并给予宝贵指点。笔者衷心希望这些尚不成熟的探索能为国内蓬勃兴旺的后殖民流散文学研究起到一点点建设性作用。希望国内能有更多的学者把研究视野转向印度海外作家甚或巴基斯坦裔、斯里兰卡裔、日本裔、韩国裔、越南裔、阿拉伯裔乃至非洲裔海外作家，并有意识地将华裔英美文学纳入与印度等其他第三世界海外作家的比较研究视野，以进一步促进中国的流散文学研究，为中国学者与世界流散文学研究界进行平等对话创造必要的学术前提。

第一章　海外流散文学研究在印度

如果说诺贝尔文学奖偏好欧洲作家的话，重要的英语文学奖如英国的布克奖和美国的普利策奖均青睐属于流散一族的印度海外作家。到2010年为止，已有五位印度（或印度裔）作家获得布克奖。他们是：1971年的奈保尔（V. S. Naipaul）、1981年的拉什迪（Salman Rushdie）、1997年的阿伦达蒂·罗易（Arundhati Roy）、2006年的基兰·德赛（Kiran Desai）和2008年的阿拉温德·阿迪迦（Aravind Adiga）。如加上有德国血统、后嫁给印度人并定居印度、再后来自动放逐英国的R. P. 贾布瓦拉（Ruth Prawer Jhabvala）就是六位，因为她的长篇小说《炎热与尘土》获得1975年布克奖。至今已有十本左右与印度题材有关的作品获得布克奖。维克拉姆·赛特以1400多页的长篇小说《如意郎君》获得1993年布克奖提名。裘帕·拉希里（Jhumpa Lahiri）获得了美国的普利策奖。安妮塔·德赛（Anita Desai）、芭拉蒂·穆克吉（Bharati Mukherjee）、罗辛顿·米斯特利（Rohinton Mistry）、维克拉姆·赛特（Vikram Seth）

等人也获得过西方的文学奖项。随着奈保尔、拉什迪、安妮塔·德赛、贾布瓦拉、维克拉姆·赛特、芭拉蒂·穆克吉、卡玛拉·玛康达雅（Kamala Markandaya)、基兰·德赛和裘帕·拉希里等一大批印度裔流散作家在西方文学界名声鹊起，印度学界开始关注他们的流散创作，有的学者还以更加包容的心态评价这些海外流散作家。1996 年 12 月，拉贾斯坦大学举办了题为“Expatriate Writing: Theory and Practice”（流散写作：理论与实践）的学术研讨会，会议论文结集出版，这就是 J. 贾延主编的大量涉及印裔流散文学的《印度流散作家：理论与实践》。近年来，包括博士候选人在内的印度学者越来越把目光投向印裔流散文学，这些领域的研究成果正变得越来越丰富。多年来，印度比较文学会议也把印裔流散文学列为重点探讨对象。由于印度实行双重国籍制，芭拉蒂·穆克吉、拉什迪、维克拉姆·赛特和罗辛顿·米斯特利等印裔流散作家均具有印度与美国、英国或加拿大国籍。这和华裔美国作家或华裔加拿大作家只有居住国国籍的情况显然不同。印度学者往往视芭拉蒂·穆克吉和拉什迪等人为印度英语作家。关注海外印度流散作家是世纪之交印度英语文学研究和比较文学研究的一大亮点。印裔流散作家在印度学界受到重视与华裔英美作家在中国学界走红互相呼应。

本章拟对印度学者关于印裔流散作家的研究进行简介。先对相关的研究著作分类择要说明，并对其研究特点进行概括[①]。对

---

① 关于流散（diaspora）一词，有的学者认为译为“离散”更妥。清华大学王宁先生认为，随着世界学界对流散文学研究的深入，“流散”一词已取得中性含义。故此处仍取一般译法。王宁的观点见高旭东主编：《多元文化互动中的文学对话》，北京大学出版社，2010 年，第 172 页。

于印度学者关于印度海外作家研究的介绍，将是我们进入印度海外作家的文学世界之前必备的一把钥匙。

第一节　个案研究

八十年代以来，散见于《贾达瓦普尔比较文学学报》等各种刊物的、涉及印度海外散文学研究的单篇论文不计其数，限于篇幅，此处不予归纳。在笔者所见范围内，就研究单个印裔流散作家而言，值得一提的是下边这些著作（包括论文集）：

关于奈保尔的研究著作有：C. B. 乔西的《V. S. 奈保尔的流亡之声》、M. K. 雷主编的《关于 V. S. 奈保尔论文集》、P. 潘沃尔主编的《新评 V. S. 奈保尔论文选》、V. S. 巴特尔的《论 V. S. 奈保尔笔下的印度》等。

C. D. 乔西的著作在 1994 年出版，七年后即 2001 年奈保尔获得诺贝尔文学奖。除引言外，该书主体部分分为六章。引言和第一章“流亡的声音”主要论述奈保尔流亡意识的实质和历史文化动因。乔西联系奈保尔的流亡意识来阐释其身份认同危机。他认为，就奈保尔而言，流亡和家园是同一枚硬币的两面。奈保尔流亡的基本动机是“寻求身份认同。他的创作便是发现自我的过程。当被一刀斩断实际的家园以后，他用语言来重建小说中的家园”①。艾勒克·博埃默认为：“奈保尔在文学上真正效仿的是

① Chandra B. Joshi, *V. S. Naipaul: The Voice of Exile*, Delhi: Sterling Publishers, 1994, pp. 3—4.

康拉德。"[①] 乔西也将创作过《黑暗之心》的康拉德拿来作为解释奈保尔存在主义思想的一个来源。他认为："在'存在的阴影'中关注自己命运这点上，奈保尔无疑是康拉德的继承人。"[②] 他认为，奈保尔还未具备深刻的洞察力和丰富的知识来就印度文明和印度教进行权威评判，但他同时承认，奈保尔对印度的某些批评是诚实的印度人不会拒绝的。作为一个"逆写帝国"的后殖民作家，奈保尔的复杂性远远超过了人们的想象。乔西清晰地意识到："奈保尔的近期作品（指《百万》）显示出一种关心和完全容纳印度的姿势，而这点恰恰将他与写作《中间通道》和《印度：受伤的文明》时的奈保尔拉开了距离。"[③] 第四章"从观光客到定居者：头四部小说"论述《米格尔大街》、《神秘的按摩师》、《埃尔维拉的选举权》和《比斯瓦斯先生的房子》等四部小说。第五章"流亡的自由"论述《斯通先生和骑士朋友》、《岛上的旗帜》、《模仿人》和《在自由的国度》等四部小说。第六章"没有遗产可以继承之地"论述《游击队员》、《河湾》和《抵达之谜》等三部小说。第四到第六章按照奈保尔生活与创作发展的历史线索进行追溯，深入考察了其创作蕴含的后殖民文化信息。通观全书，作者着力挖掘奈保尔生活背景和时代文化对其创作的历史影响，论述有力，考证翔实，是一部研究后殖民流散作家奈保尔的力作。

---

① 艾勒克·博埃默：《殖民与后殖民文学》，盛宁、韩敏中译，辽宁教育出版社，1998年，第204页。

② Chandra B. Joshi, *V. S. Naipaul*: *The Voice of Exile*, Delhi: Sterling Publishers, 1994, p. 5.

③ Chandra B. Joshi, *V. S. Naipaul*: *The Voice of Exile*, Delhi: Sterling Publishers, 1994, p. 87.

V. S. 巴特尔基于博士论文修改而成的《论 V. S. 奈保尔笔下的印度》比之乔西的著作缩小了研究范围。他集中研究奈保尔的“印度三部曲”即《黑暗地带》、《印度：受伤的文明》和《印度：百万叛变的今天》，考察奈保尔与母邦印度爱恨交加的文化互动。他的著作在 2005 年即奈保尔获奖后出版，该书除前言和序言外，分为九章：1、奈保尔其人其作，2、奈保尔的思想意识：三重身份，3、《黑暗地带》对印度的批判，4、《印度：受伤的文明》：奈保尔的印度文化观，5、奈保尔评价印度的一些错误，6、对印度民主的考验，7、对印度世俗主义的威胁，8、奈保尔的写作风格，9、结论。

作为奈保尔研究最新著作之一，巴特尔主要从奈保尔的印度现实观察、历史论述和文化身份认同等三方面考察印度三部曲。例如，面对奈保尔对于印度贫困问题的描述，巴特尔质问道：“奈保尔想展示什么？蔑视还是痛苦？很明显，这是一种轻蔑而非痛心。如果他对印度有同情心的话，他绝不会写出那些东西来。”之所以如此，原因在于，奈保尔是“通过西方眼光来评判印度”[①]。面对奈保尔的解构主义姿态，巴特尔指出：“没有任何个人或组织，任何党派或学会会赞成奈保尔的观点：食盐进军是没有任何严肃意义的象征之举……我们不能像奈保尔那样将食盐进军视为一个象征符号。它的确是对印度民族主义的一大贡献。要是甘地不将印度视为一个民族，这一成就根本不可能实现。”[②]

① Vasant S Patel, *V. S. Naipaul's India: A Reflection*, Delhi: Standard Publishers, 2005, p. 97.

② Vasant S Patel, *V. S. Naipaul's India: A Reflection*, Delhi: Standard Publishers, 2005, p. 162.

奈保尔说："印度缺少意识形态，这是甘地和印度的双重失败。印度人民没有国家观念。"[①] 巴特尔认为，奈保尔是错误的，因为："如果不是甘地，谁又赋予印度人以国家观念？奈保尔没有意识到，他忽视了甘地的伟大业绩，从而扭曲了自己的视线。"[②] 巴特尔以还原历史的方式进行反驳。就其文化身份，巴特尔说，奈保尔可以说是"双重流亡或曰二次流亡者"，"我们可用不同的术语来表述他的身份，如被放逐者、侨民、流亡者、移民、避难者或无家可归者"[③]。巴特尔还认为："奈保尔用他的笔力，将平凡男女关于殖民地的真实体验意象化。这是他对我们理解当代人困境的重大贡献。"[④] 他的评价比较中肯地揭示了奈保尔身份探索的当代意义。通观全书，和乔西的著作相比，巴特尔对奈保尔的印度三部曲显然是取批判姿态，这多少有些影响该书某些论断的客观理性。但是，巴特尔对于奈保尔印度书写的深入考察是基于印度历史现实的，这又体现出该书的重要学术价值。总体来看，这本著作是近年来关于奈保尔印度三部曲研究很有价值的一部。

M. K. 雷主编的《关于 V. S. 奈保尔论文集》[⑤] 和 P. 潘沃尔主编的《新评 V. S. 奈保尔论文选》均在奈保尔获得诺贝

---

① 奈保尔：《印度：受伤的文明》，宋念申译，三联书店，2003 年，第 206 页。

② Vasant S Patel, *V. S. Naipaul's India: A Reflection*, Delhi: Standard Publishers, 2005, p. 161.

③ Vasant S Patel, *V. S. Naipaul's India: A Reflection*, Delhi: Standard Publishers, 2005, p. 74.

④ Vasant S Patel, *V. S. Naipaul's India: A Reflection*, Delhi: Standard Publishers, 2005, p. 324.

⑤ Mohit K. Ray, ed., *V. S. Naipaul: Critical Essays*, Delhi: Atlantic Publishers & Distributors, 2002.

尔文学奖之后出版，这体现了印度学界对于奈保尔的高度重视。两书收录的论文绝大多数为印度学者所撰。其中有的文章在奈保尔获奖之前发表过。雷主编的论文集包括以下这些篇目：“奈保尔：不是印度人的印度人”、“身份问题：论奈保尔的印度游记和特立尼达游记”、“奈保尔小说：关于殖民社会祖先记忆的影响和自我分裂的故事”、“奈保尔的《半生》：两难境地中的身份探索”和“《米格尔大街》和《半生》的比较研究”等。

P. 潘沃尔的论文集包括以下这些篇目：“奇怪的动机：基拉米提亚变为周游世界者”、“奈保尔和历史的负担”、“清醒地带：奈保尔和狄里帕·帕达恭卡尔对话录”、“《黑暗地带》的重新定位”、“后殖民的生存寓言：奈保尔的《岛上的旗帜》”和“为诺贝尔奖两呼”等。其中，奈保尔与印度记者对话录即“清醒地带：奈保尔和狄里帕·帕达恭卡尔对话录”发表在 1993 年 7 月 18 日的《印度时报》上。从上述篇目来看，印度学者对奈保尔的论述非常全面。他们主要围绕奈保尔的印度书写及其文化身份探索等问题进行探讨。例如，关于奈保尔的身份追问，潘沃尔在该书引言中说：“奈保尔对自我身份和周围世界的探索，如关于民族、历史、族群和文化的探索，已经形成一种广义的‘自我流亡诗学’。”① A. 格拉认为：“奈保尔提出了一个最大的问题，归纳了流散者独特的意识形态并超越了它。他是一个以主人的工具对抗主人和他自己人民的模仿人，是一个没有家园的人，

① Purabi Panwar, ed., *V. S. Naipaul: An Anthology of Recent Criticism*, Delhi: Pencraft International, 2003, p. 22.

一个陌生人。他在没有家园的世界里随遇而安。”①

关于拉什迪的研究著作有G. R. 塔勒迦和R. K. 达万主编的《拉什迪的小说》、M. 穆克吉主编的《拉什迪〈午夜诞生的孩子〉解读》和G. 库马尔的《印度的审查制度：以〈撒旦诗篇〉和〈查泰来夫人的情人〉为例》等②。塔勒迦的论文集作者除了三位西方学者外，其余全部来自印度。他们的论文涉及拉什迪的几部小说和文论集，包括《午夜诞生的孩子》、《耻辱》、《美洲虎的微笑》、《哈伦与海的故事》和《想象的家园》等。这些论文探讨的内容包括拉什迪小说的描写主题、文学技法、历史文化信息即拉什迪风波、拉什迪的宗教态度和拉什迪受到的传统影响等等方面。整体来看，印度学者对拉什迪的评价比较客观。如有的学者认为，拉什迪与奈保尔一样，加入了解殖英语的行列。“单单研究他对解殖英语（decolonizing English）的贡献就足以形成一本著作。”③ 拉什迪获得布克奖的《午夜诞生的孩子》浓缩了整个二十世纪印度的历史。“拉什迪证明，印度青年充满希望。如果印度是充满希望、蓬勃成长的国度、如果印度能产生一批拉什迪，它就会迎来充满希望的世纪。1978 年不会成为民族死亡的日期。”④就其继承的文学传统而言，R. K. 达万认为，拉什迪追随着君特·格拉斯、梅尔维尔、加西亚·马尔克斯、乔

① Purabi Panwar, ed., *V. S. Naipaul: An Anthology of Recent Criticism*, Delhi: Pencraft International, 2003, P. 26.

② Meenakshi Mukherjee, ed., *Rushdie's Midnight's Children: A Book of Readings*, Delhi: Pencraft International, 1999.

③ G. R. Taneja & R. K. Dhawan, eds., *The Novels of Salman Rushdie*, Delhi: Indian Society for Commonwealth Studies, 1992, p. 192.

④ G. R. Taneja & R. K. Dhawan, eds., *The Novels of Salman Rushdie*, Delhi: Indian Society for Commonwealth Studies, 1992, p. 193.

伊斯和贝克特等西方作家的书写传统。“与其说拉什迪是印度英语文学的一部分，不如说他是世界文学主流的一部分。”[①] 拉什迪与奈保尔是当今印裔流散作家中进行印度书写者成绩最为卓著的二位。有的学者认为，他们两人在将东方世界黑暗化方面做了相同的工作。拉什迪在《耻辱》中所描叙的邪恶三姐妹住的地方尼沙普尔仿佛就是“奈保尔笔下的黑暗地带”[②]。两人存在一定的思想差异：“与奈保尔不同，拉什迪将移居视为某种形式的再生，他还认为，作家能够按照自己纯粹的意愿来对新世界进行改写。”[③] 还有学者认为，二人的共同点在于，都加入了“解殖运动的战斗文学”阵营，因为他们都属于“第三世界的世界主义者”[④]。

M. 穆克吉主编的《拉什迪〈午夜诞生的孩子〉解读》由十二篇论文组成，其中六篇是印度学者所撰。他们对《午夜诞生的孩子》的书写主题、后现代主义技巧以及对印度女性的描写、对印度民族命运的思考等等进行了探讨。哈利西·特里维迪认为，尽管拉什迪口口声声利用英语创作征服英语，从而达到异军突起并最终能“逆写帝国”、消解帝国中心的美学旨趣的目的，但其最终效果令人担忧，这是因为：“使用主人的语言不可避免地会

---

① G. R. Taneja & R. K. Dhawan, eds., *The Novels of Salman Rushdie*, Delhi: Indian Society for Commonwealth Studies, 1992, p. 267.

② G. R. Taneja & R. K. Dhawan, eds., *The Novels of Salman Rushdie*, Delhi: Indian Society for Commonwealth Studies, 1992, p. 78.

③ G. R. Taneja & R. K. Dhawan, eds., *The Novels of Salman Rushdie*, Delhi: Indian Society for Commonwealth Studies, 1992, p. 232.

④ G. R. Taneja & R. K. Dhawan, eds., *The Novels of Salman Rushdie*, Delhi: Indian Society for Commonwealth Studies, 1992, p. 196.

以主人的语气说话，会与主人妥协达成共谋。”①并且，一个明显的事实是：“并不清楚，拉什迪和那些与他同舟共济或追随他的人是否已经真的征服了英语，并因此在解殖英语事业中发起了重要的打击……但很明显的是，通过拉什迪对英语这样一种印度文学语言始料不及的卓越反应，英语确实又一次征服了全印！”②根据拉什迪在小说中对床单的描叙，R. B. 奈尔推断出其中的后现代解构意味：“这种碎片性由《午夜诞生的孩子》中那个‘穿孔的床单’（perforated sheet）的隐喻而体现出来。”③ 拉什迪不欣赏甘地对印度未来的设计。对此，R. B. 奈尔认为：“甘地在拉什迪小说中引人注目的缺席意味着拉什迪欣赏尼赫鲁所设想的世俗民族主义印度，而非甘地所期盼的那个印度。④”

在《印度的审查制度：以〈撒旦诗篇〉和〈查泰来夫人的情人〉为例》中，G. 库马尔考察了奈保尔创作的心理动机以及《撒旦诗篇》在印度受禁的原因，他把该书和奈保尔的《黑暗地带》联系起来进行考察。库马尔认为，拉什迪思想中的西方因素是他解构东方宗教权威的一个原因：“拉什迪有一副西方的头脑，但却完全缺乏东方意识。”⑤

关于安妮塔·德赛的研究著作有：乌莎·般德的《安妮塔·

---

① Meenakshi Mukherjee, ed., *Rushdie's Midnight's Children: A Book of Readings*, Delhi: Pencraft International, 1999, p. 71.

② Meenakshi Mukherjee, ed., *Rushdie's Midnight's Children: A Book of Readings*, Delhi: Pencraft International, 1999, p. 72.

③ Meenakshi Mukherjee, ed., *Rushdie's Midnight's Children: A Book of Readings*, Delhi: Pencraft International, 1999, p. 57.

④ Meenakshi Mukherjee, ed., *Rushdie's Midnight's Children: A Book of Readings*, Delhi: Pencraft International, 1999, pp. 45—46.

⑤ Girja Kumar, *Censorship in India: With Special Reference to the Satanic Verses and Lady Chatterley's Lover*, Delhi: Vikas Publishing House, 1990, p. 46.

德赛小说的人物角色与冲突研究》、R. K. 达万主编的《安妮塔·德赛的小说》、M. 索兰吉的《安妮塔·德赛小说中的生存策略范式》和R. K. 古普塔的《女性主义视野中的安妮塔·德赛小说》等。德赛在印度、英国和美国三地进行流散写作。她创作丰富，是当代印度学者争相评述的后殖民流散作家，其代表作包括《哭泣吧，孔雀》、《城市之音》、《今年夏天我们去哪儿》、《斋戒盛宴》和《伊萨卡之旅》等长篇小说。

乌莎·般德的《安妮塔·德赛小说的人物角色与冲突研究》分为七章：1、引言，2、第三种力量和文学人物，3、进入黑暗通道，4、无边的虚幻，5、绝望的尽头，6、快乐的视野，7、从黑暗到光明。该书着意揭示德赛作品中的存在主义思想和人物心理刻画等方面。作者认为：“安妮塔·德赛并非刻画对外在事物的体验，而是表达对心灵所见的客观真实的认识……为此，她把握住流动世界中人物角色的激动、情感与情绪。这就是为何她的长篇小说和短篇小说人物都具有内在隐秘生活的独特个性。”①

R. K. 达万主编的《安妮塔·德赛的小说》包括十一篇论文，分别论述德赛小说的一般特征、写作技巧、思想主题及各部具体作品，涉及《哭泣吧，孔雀》、《城市之音》、《今年夏天我们去哪儿》、《山火》、《白日悠光》、《海边村庄》和《在拘禁中》等。R. S. 帕塔卡认为：“安妮塔·德赛无可争议地属于当代最杰出的印度英语小说家之一。她表现了第二次世界大战以后开始兴起的、受人欢迎的女性意识的创造性表达。作为一位相当优秀

① Usha Bande, *The Novels of Anita Desai: A Study in Character and Conflict*, Delhi: Prestige Books, 1988, p. 18.

的小说家，德赛丰富了印度英语小说传统。"①

M. 索兰吉的《安妮塔·德赛小说中的生存策略范式》分为六章：1、引言，2、陷入困境的鸟，3、转身，4、毁灭的戏剧，5、织网，6、结论。索兰吉主要探索德赛作品中的存在主义思想。作者认为，安妮塔·德赛关注社会文化价值观飘忽不定的世界里，人们心灵深处感受的压力、焦虑和痛苦。"她是印度英语作家中主要从存在主义视角来看待生活的第一人。"②"安妮塔·德赛的小说注重描写人物生活中最困惑的部分。"③

R. K. 古普塔的《女性主义视野中的安妮塔·德赛小说》包括六章内容：1、引言，2、印度和西方的女性主义传统，3、主题研究，4、安妮塔·德赛小说中的男女关系，5、人物刻画艺术，6、结论。古普塔认为，印度独立以来，优秀的女作家们丰富了印度英语小说。其中，卡玛拉·玛康达雅和贾布瓦拉无疑最为耀眼。但这丝毫不影响安妮塔·德赛的地位。"安妮塔·德赛为印度女作家在英语小说方面的成就奉献了新的观念。"④ 贾布瓦拉的小说刻意揭示社会环境，玛康达雅也着力于揭示人物背后的政治、经济、社会和文化因素，而德赛为印度英语小说的贡献在于她探索那种"困惑的思想，那种典型的印度新现象"。"因此，安妮塔·德赛明显地走在了这批女作家的前面，揭示内心情

① R. K. Dhawan, ed., *The Fiction of Anita Desai*, Delhi: Bahri Publications, 1989, p. 17.

② Mrinalini Solanki, *Anita Desai's Fiction: Patterns of Survival Strategies*, Delhi: Kanishka Publishing House, 1992, p. 1.

③ Mrinalini Solanki, *Anita Desai's Fiction: Patterns of Survival Strategies*, Delhi: Kanishka Publishing House, 1992, p. 22.

④ R. K. Gupta, *The Novels of Anita Desai: A Feminist Perspective*, Delhi: Atlantic Publishers, 2002, p. 5.

感，揭示她的小说中的女性意识。"①

关于贾布瓦拉的研究著作有阿鲁纳·查克拉沃迪的《关于R. P. 贾布瓦拉的共鸣和流亡研究》等。贾布瓦拉生于1927年的德国，1939年举家逃亡到英国，后成为英国公民。1951年，她与一个印度建筑师结婚并移居德里，在那里定居二十四年。1975年，她离开印度定居纽约。贾布瓦拉的早期小说主要描写印度人，到了后来，她开始越来越关注在印欧洲人的命运，这与她自己的双重身份有关。查克拉沃迪该书分十二章，标题分别是：1、流散的传统，2、流散的体验，3、跨地的吸纳：《她追随谁》，4、传统与现代：《激情的本质》，5、物质主义者与理想主义者：《艾斯蒙德在印度》，6、追寻者和守护者：《户主》，7、天敌与天使：《准备战斗》，8、流散者的反应：《落后之地》，9、追寻者和受苦者：《新的领地》，10、复原：《炎热与尘土》，11、不起眼的主题：贾布瓦拉的短篇小说，12、寄生虫和性变态者：贾布瓦拉1975年后的小说扫描。从这些题目来看，作者意在揭示贾布瓦拉创作所代表的跨文化书写密码，为此在引言中还追溯了吉卜林到福斯特再到保罗·斯各特等人的英国作家印度书写谱系。《炎热与尘土》曾经给贾布瓦拉带来布克奖的荣誉。它延续了西方书写印度的传统，是对贾布瓦拉本人在印度二十三年痛苦生活的总结。查克拉沃迪认为，这部作品是作者"最后也是最有争议的关于印度的作品。比起她的任何其他作品来，《炎热与尘土》为她在印度招来了批评家们的辱骂，而在西方又获得大量的

① R. K. Gupta, *The Novels of Anita Desai: A Feminist Perspective*, Delhi: Atlantic Publishers, 2002, p. 6.

赞誉”。[①]

关于芭拉蒂·穆克吉的研究著作有纳根德拉·库马尔的《文化视野下的芭拉蒂·穆克吉小说》等。芭拉蒂·穆克吉是略晚于奈保尔、几乎与拉什迪同时进行创作的印度流散作家或曰移民作家。她于 1940 年生于印度，1969 年获得美国爱荷华大学英语与比较文学博士学位。经过印度、加拿大和美国三地的不断辗转后，1980 年，穆克吉最终定居美国。1988 年，她以短篇小说集《中间人》获得美国“全国图书评论界奖”。库马尔该著分为六章：1、引言，2、创作意识的变化，3、流放时期，4、变迁过渡期，5、移民期，6、最后评价。在库马尔看来，穆克吉已被“公认为表达流亡与移居意识的代言人”[②]。库马尔还认为，穆克吉的创作可以分为三个时期进行研究。从 1971 年出版处女作长篇小说《老虎的女儿》到 1979 年为第一个时期即自动流亡期；从 1980 年到 1988 年为第二个时期即自动流亡到移民定居的过渡期；1989 年到 1997 年出版长篇小说《留给我》为第三个时期即移居期。与拉什迪一样进行跨界书写的穆克吉，也以一种“文化翻译”心态观察印度移民在北美的“身份翻译”。库马尔说：“穆克吉本人便是一个‘被翻译过的人’（translated person）。穆克吉在小说中对印度与西方文化进行互译。”[③]

关于维克拉姆·赛特的研究著作有普拉萨德主编的《关于维

---

① Aruna Chakravarti, *Ruth Prawer Jhabvala: A Study in Empathy and Exile*, Delhi: B. R. Publishing Corporation, 1998, p. 203.

② Nagendra Kumar, *The Fiction of Bharati Mukherjee: A Cultural Perspective*, Delhi: Atlantic Publishers and Distributors, 2001, p. 14.

③ Nagendra Kumar, *The Fiction of Bharati Mukherjee: A Cultural Perspective*, Delhi: Atlantic Publishers and Distributors, 2001, p. 81.

克拉姆·赛特的近期论文》。维克拉姆·赛特曾经在牛津大学、斯坦福大学和南京大学学习，跨越印度、西方和中国三大文明圈的流散生活经历，对赛特的跨文化写作影响很大。赛特迄今为止创作甚丰，已经成为具有很高国际知名度的后殖民作家。1983年，他出版中国游记《自天池出发：穿越新疆西藏旅游记》。1985年出版第二部诗集《拙政园》，反映他在印度、中国、美国三地的生活感受。此书使他第一次获得英联邦国家诗歌奖。1990年和1992年，他分别出版诗集《你们那所有入睡者》和中国诗歌翻译集《三个中国诗人》。普拉萨德该书除引言外，包括十二位作者的论文，其中大多数为印度学者所撰。这些论文涉及赛特的几部中国题材作品以及《如意郎君》和《相同的音乐》等长篇小说代表作。对于赛特关于中印对比的书写姿态，南迪妮·钱德拉正确地指出：“和创作《黑暗地带》的奈保尔不同，赛特对印度的前途并不悲观，他的爱国主义精神使他不买奈保尔对印度文明全盘否定的账。然而，他读过的这本书中关于印度文明的批评部分，却帮助他从一个更好的角度观察中国。”[①] 钱德拉同时指出，赛特的中国游记并不完全具有“拯救和发现”使命的意识，而更多地属于西方那种为旅游而旅游的作品。但问题是，假如考虑到八十年代中国特别是中国西藏地区是西方世界一直关注的地方，那么可以说：“赛特的中国报道不可能‘清白无辜’。尽管是受过西方教育的世界公民，一个印度人在东方色彩浓烈的地方所

① GJV Prasad, ed., *Vikram Seth: An Anthology of Recent Criticism*. Delhi: Pencraft International, 2003, p. 27.

看到的东西，实在是出于强烈的政治动机。”① 赛特的问题还可以向深处追问，那就是：“既然赛特的旅行动机是试图揭示普通中国人的心灵脉动，具有讽刺意味的是，他的旅行是一次顽固偏执的行为。这是因为，身兼作家、诗人和学者的赛特正在从事西方旅行者在精神方面的探索。他也在意识形态的面纱掩盖下企图发现真正的中国。”②

关于其他印裔流散作家如罗辛顿·米斯特利和卡玛拉·玛康达雅等人的研究，限于资料和篇幅，此处不再进行介绍。

由于印度学者常常把印裔流散作家视为印度英语作家，因而对于他们及其作品的研究往往是在关于印度英语文学的研究著作中进行。这方面的例子不胜枚举，如G. S. 阿穆尔和S. K. 德赛主编的《英联邦文学中的殖民意识》③、A. K. 辛哈主编的《当代印度英语小说》④、K. A. 潘尼迦主编的《独立以来的印度英语文学》⑤、V. V. N. R. 普拉萨德的《五位印度小说家笔下的自我、家庭与社会：拉江、拉贾·拉奥、纳拉扬、阿伦·乔西和安妮塔·德赛》、G. 库马尔的《印度英语文学新视野》⑥、N. D. R. 钱德拉主编的《现代印度英语创作批评》（第一卷，

---

① GJV Prasad, ed., *Vikram Seth: An Anthology of Recent Criticism*. Delhi: Pencraft International, 2003, p. 22.

② GJV Prasad, ed., *Vikram Seth: An Anthology of Recent Criticism*, Delhi: Pencraft International, 2003, p. 27.

③ G. S. Amur & S. K. Desai, ed., *Colonial Consciousness in Commonwealth Literature*, Bombay: Somaiya Publications, 1984, p. 100.

④ Avadhesh K. Singh, eds., *Contemporary Indian Fiction in English*, Delhi: Creative, 1993.

⑤ K. Ayyappa Paniker, ed., *Indian English Literature since Independence*, Delhi: The Indian Association for English Studies, 1991.

⑥ Gajendra Kumar, *Indian English Literature: A New Perspective*, Delhi: Sarup & Sons, 2001.

2004；第二卷，2005》等等[①]。例如，很多研究印度英语文学的著作中都要涉及奈保尔研究，如C. D. 纳拉辛哈的论文集《印度批评界争鸣文选》就是如此。他就奈保尔第一次灰色的印度之行发表看法。他说，奈保尔所经历的是一种"无家无根者在无国无宗教也无赖以生息的一套价值信仰的情况下的痛苦体验"[②]。这点出了奈保尔的悲剧所在。K. A. 潘尼迦主编的《独立以来的印度英语文学》论及卡玛拉·玛康达雅、拉什迪、贾布瓦拉和安妮塔·德赛等人。G. 库马尔的《印度英语文学新视野》论及的流散作家包括安妮塔·德赛、罗辛顿·米斯特利等人，N. D. R. 钱德拉主编的《现代印度英语创作批评》第一卷论及安妮塔·德赛和贾布瓦拉等人，该书第二卷论及奈保尔、拉什迪、芭拉蒂·穆克吉和裘帕·拉希里等印度海外作家。

第二节 综合研究

就综合而系统地研究流散文学的著作而言，印度学者也有很多创获。下边依据笔者掌握的资料，对其中几部代表作进行简单说明。

维内尔·克巴尔于1989年出版《第三世界流亡小说：印度、西非和加勒比作家的流亡小说研究》，这是印度学者系统而全面

① N. D. R. Chandra, ed., *Modern Indian Writing in English: Critical Perceptions*, Vol. 1, Delhi: Sarup & Sons, 2004. N. D. R. Chandra, ed., *Contemporary Indian Writing in English: Critical Perceptions*, Vol. 2, Delhi: Sarup & Sons, 2005.

② C. D. Narasimhaiah, *The Indian Critical Scene: Controversial Essays*, Delhi: B. R. Publishing Corporation, 1990, pp. 108—109.

地研究流散文学的翘楚之作。该书是作者基于自己提交给普纳大学的博士学位论文修改而成。该书在中国与西方学界皆有引用，很好地传播了印度在后殖民文学研究中的理论话语。关于研究目的，克巴尔在序言中写道："尽管出现了第三世界向大都市国家大规模移民的现象，流亡（expatriation）作为第三世界文学的一个主题，还没有得到全面完整的分析阐释。只有少数一些移民作家（migrant writers），偶尔在一些短文中得以探讨。迄今为止，还没有人考察过作为文类的流亡小说的美学内涵。本书希望填补这一空白（fill the gap）。"① 该书除序言外，主体为三部分计八章：1、流亡意识，2、殖民化对流亡的冲击，3、移民体验：两个种族间的爱情、婚姻和离婚，4、回顾：儿子对母邦乱伦与俄狄浦斯式的挣扎，5、我们和他们：在冲突中寻求家园，6、流亡对人物角色的巨大影响：作为观念的人，7、流亡对艺术技巧的巨大影响：隐喻作为创造现实的方式，8、趋向沉默。从这些标题来看，克巴尔意在揭示第三世界流亡小说或曰流散文学背后隐含的跨文化密码。克巴尔引用的后殖民理论家包括赛义德、弗兰兹·法侬和诺斯诺普·弗莱等人，涉及的作家包括拉贾·拉奥、纳拉扬、安纳德、安妮塔·德赛、卡玛拉·玛康达雅、奈保尔、拉什迪等印度英语作家或印裔流散作家，也涉及沃勒·索因卡、齐努阿·阿切贝、乔治·拉明、德里克·沃尔科特、帕特里克·怀特等其他所谓"第三世界作家"。该书既有关于流散文学的理论思考，也有关于东西方流散作家的文本考察，是名副其实

① Viney Kirpal, *The Third World Novel of Expatriation*: *A Study of Emigre Fiction by Indian*, *West African and Caribbean Writers*, "Introduction," Delhi: Sterling Publishers, 1989.

的关于流散文学的系统研究。

在序言中，克巴尔就第三世界、第三世界文学及其政治文化内涵做了说明。这为印度流散文学研究进行了理论阐释与前瞻。在他看来，对于英联邦文学的持续争论说明这只是一个权宜的名称而已。由于这一称呼的政治和殖民意涵，人们一直对它存在抵触情绪。并且，英联邦文学局限于英语文学，排除了翻译作品。它还不承认那些非英国的欧洲前殖民地文学，然而，这一术语却一直用来指称“解殖文学”（literature of decolonisation）。克巴尔说：“在‘世界文学’、‘新文学’、‘第三世界文学’等诸如此类的其他术语中，我喜欢采用‘第三世界文学’（Third World Literature）这一术语表示那些既为发展中国家、又为非白人的、前殖民地世界的文学。这些国家在非白人的、前殖民地的历史方面存在相似，目前它们之间关系密切。再说，它们必须通过政治、经济、社会和文化诉求重新发现自己的身份，也是一种有趣的相似。这就使人顺理成章地把它们撮合在一起。”① 克巴尔认为，从理论上讲，第三世界指不结盟的世界，既非资本主义和第一世界，亦非共产主义和第二世界。但事实上，第三世界有的属于社会主义国家，有的属于资本主义世界，有的搞混合制经济。“因此，‘第三世界’这一术语只能用来宽泛地指称世界上这样的一些国家集团，它们是非白人国家，由于过去被殖民而贫穷不发达，目前正以高昂的代价努力发展，这些代价是富裕的西方白人的殖民和新殖民政策导致的。从经济学家的观点来看，‘第三世

---

① Viney Kirpal, *The Third World Novel of Expatriation*: *A Study of Emigre Fiction by Indian, West African and Caribbean Writers*, “Introduction,” Delhi: Sterling Publishers, 1989.

界’是贫穷和欠发达的同义词，但从社会文化角度看，它因其本土传统、民俗和信仰而视为富裕发达。正是因为后一方面即社会文化的富饶，第三世界作家刻意颂扬它，以为自己的民族找回它们的本土身份、尊严和自尊。第三世界流亡作家（expatriate writers）在这一点上的举动最为自觉和强烈。”① 在序言中，克巴尔还提出这样一个广为人引的观点：“第三世界的流亡小说是政治性的。它以轻松自如的写作、无可比拟的强烈和清晰，重新创造了殖民化的原型体验。通过抵抗被它视为另一种殖民形态的西方化，它阐释了民族身份。它顽强地植入自己所属的本土传统，以抵消殖民主义所带来的长期恶果。”② 克巴尔此处的“第三世界流亡小说”（Third World émigré fiction）应该视为他在书中探讨的“第三世界文学”的代名词。

在第一章开头，克巴尔引用了几位西方学者的观点。他们认为，这是一个“流亡的时代”或曰“自我流放的时代”，流亡作家亦即流散作家是“当代的普通人”，他们是流浪者，不想在任何地方扎下根来。二十世纪早期和中期的伟大作家如 W. B. 叶芝、约瑟夫·康拉德、T. S. 艾略特、贝克特和纳博科夫等人都可以视为在文化冲突之间“流亡”的“边缘人”。这一状况给世界文学带来了深远的影响：“过去两个世纪以来，富有创意的

---

① Viney Kirpal, *The Third World Novel of Expatriation: A Study of Emigre Fiction by Indian, West African and Caribbean Writers*, “Introduction,” Delhi: Sterling Publishers, 1989.

② Viney Kirpal, *The Third World Novel of Expatriation: A Study of Emigre Fiction by Indian, West African and Caribbean Writers*, “Introduction,” Delhi: Sterling Publishers, 1989.

文学文化的关注点似乎正从中心向边缘移动。”① 与这些西方学者的观点相呼应，克巴尔说：“尽管流散现象在新近非常普遍，它对个人的巨大影响一如既往地复杂。自我流放不仅是从自己的国家到移民者相信会更加满意的国度的旅行，还意味着移民者斩断了自己和母国心心相印的联系。”② 在第四章开头，克巴尔认为：“在第三世界移民小说中，旅行主题大行其道。这是一些大陆之间、国家之间、城市和同一城市不同地点之间的旅行……小说中人物尽管竭尽全力也难以发现家园的无奈感人肺腑、令人唏嘘。对于他们而言，寻求家园不仅是对于空间身份、也是对于文化之根的寻觅。”③ 在结论部分的开头，克巴尔重复他的观点：“正是由于移民，这些自我流放者命中注定处于一种居无定所的状态，尽管他们进入过两种文化之中。”④ 在第八章开头，克巴尔根据弗莱的原型理论等西方思想资源，提出这样一个观点：“本书研究中考察的所有第三世界移民作家都在创作讽喻：政治的、历史的、道德的和玄学的寓言。这兴许是移民迁徙对小说最

---

① Viney Kirpal, *The Third World Novel of Expatriation: A Study of Emigre Fiction by Indian, West African and Caribbean Writers*, Delhi: Sterling Publishers, 1989, p. 3.

② Viney Kirpal, *The Third World Novel of Expatriation: A Study of Emigre Fiction by Indian, West African and Caribbean Writers*, Delhi: Sterling Publishers, 1989, p. 45.

③ Viney Kirpal, *The Third World Novel of Expatriation: A Study of Emigre Fiction by Indian, West African and Caribbean Writers*, Delhi: Sterling Publishers, 1989, p. 71.

④ Viney Kirpal, *The Third World Novel of Expatriation: A Study of Emigre Fiction by Indian, West African and Caribbean Writers*, Delhi: Sterling Publishers, 1989, p. 165.

重要的影响。”① 这和美国文学理论家杰姆逊的思想有些相似。

克巴尔不仅在书中着力思考第三世界流散文学理论，还以更多篇幅研究具体的流散作家。他的研究特点是，将时间和空间打通，对安纳德、拉贾·拉奥、奈保尔、拉什迪和索因卡、沃尔科特等第三世界作家进行混合研究，以探究殖民文学与西方后殖民流散文学、后殖民地本土作家创作等诸多复杂文学之间的微妙联系。在研究中加入安纳德和拉奥等印度英语作家，其实体现出克巴尔对后殖民流散文学的深层思考。在这种眼花缭乱、令人晕眩的“混杂研究”中，克巴尔力求发现他所谓“第三世界流亡小说”的特殊规律和普遍原理。例如，在论述印裔流散作家卡玛拉·玛康达雅的长篇小说《占有》（Possession，1963）主人公瓦尔米基时，克巴尔认为：“瓦尔米基回归印度及其价值体系而不是倾心于卡罗琳所代表的英国及物欲主义观念，体现了第三世界流亡写作的基本模式。这一模式被另外一个印度流亡作家（指拉贾·拉奥）在《蛇与绳》中所重复。”② 综上所述，尽管克巴尔的理论思考和文本比较可能存在这样那样的缺陷甚或极端之处，但其敢于独辟蹊径以回应西方后殖民文学研究浪潮的勇气值得嘉许。他的著作可以视为当代流散文学研究的一个范本。

S. 曼达尔主编的《亚裔美国创作：小说》是研究亚裔、主要是印裔美国作家小说的论文集，绝大多数论文为印度学者所撰，包括以下这些篇目：1、D. 巴纳吉的《家园和我们》：重释

---

① Viney Kirpal, *The Third World Novel of Expatriation: A Study of Emigre Fiction by Indian, West African and Caribbean Writers*, Delhi: Sterling Publishers, 1989, p. 136.

② Viney Kirpal, *The Third World Novel of Expatriation*, Delhi: Sterling Publishers, 1989, p. 100.

齐德拉·巴纳吉·迪沃卡鲁妮和米娜·亚历山大作品中的南亚流散者身份认同，2、U. 巴拉特的《知心姐妹：齐德拉·巴纳吉·迪沃卡鲁妮小说中的女性关系》、3、S. 巴塔查利亚的《生活在美国：巴基斯坦裔美国作家的小说体验》，4、A. 贾延的《南亚女性改写美国小说：米娜·亚历山大、芭拉蒂·穆克吉和芭蒲西·希达娃及其成长小说》，等等。上述论文的研究对象均为南亚裔美国作家，基本上不涉及华裔、日裔或韩国裔美国作家。这显示出印度学者对南亚流散文学的特别关注①。

同样由S. 曼达尔主编的《亚裔美国创作：理论、诗歌与表演艺术》收录了一位中国学者赵小京（音译）和两位西方学者的论文，其他论文均为印度学者所撰，包括以下篇目：曼珠·迦伊德卡的《陀哩商古似的作家：印度人的国外创作》、L. 林迦查利的《论印度次大陆的女性流散写作》、S. 拉杰斯瓦兰的《殖民、后殖民与印度流散者历史书写的方法》、A. 南达的《从移民的‘飘忽不定’到合理的‘身份认同’：齐德拉·巴纳吉·迪沃卡鲁妮、沙弥丽·马宗达、米娜·亚历山大和普尔维·沙哈的诗歌中的横渡历程》、拉马·奈尔的《文本与语境：A. K. 拉玛努迦〈黑母鸡〉中的跨文化变异》、G. R. 卡塔利亚的《亚裔美国戏剧和后现代文本》和娑摩达特·曼达尔即该书主编的《汤水、色拉、混合辣酱与马萨拉：感受亚裔美国电影》等等②。上述论文均从跨文化和后殖民理论出发，分别论述亚裔美国创作的

① Somdatta Mandal, ed., *Diasporic Imagination: Asian American Writing*: Vol. 2, Delhi: Prestige Books, 2000.

② Somdatta Mandal, *ed.*, *Diasporic Imagination: Asian American Writing*: Vol. 3, Delhi: Prestige Books, 2000.

方方面面。如曼珠·迦伊德卡在《陀哩商古似的作家：印度人的国外创作》一文中，对南亚裔作家的流散写作进行了分析。在印度大史诗《罗摩衍那》中，甘蔗王族的后裔陀哩商古在众友仙人帮助下，想带着肉身升天，但遭到天帝因陀罗等众神阻拦而功亏一篑。众友仙人遂怒发神功，创造了另一组有星群的天空，与因陀罗的宇宙世界相抗衡。带着肉身的陀哩商古就此停留在那里，达到了肉身升天的目的。但是，他在众友仙人特意为他创造的这个新世界中立足的姿势有些奇特怪异："陀哩商古头朝下悬在那里，像一个不朽的神仙一样。"① 这个雄心勃勃的陀哩商古，打破凡身必先抛弃肉体才能升天的宗教神话惯例，在特意为他创造的另一空间立足，却获得了不幸的结局。迦伊德卡认为，陀哩商古的不幸实际上也折射了穆克吉本人的困境："从许多方面来看，陀哩商古的隐喻或许可以视为流散作家们的困境。"② 她认为可以从五个方面来进行说明。她还认为："家园是人们已经习惯的地方，是人们生息繁衍的熟悉之地。跨越这个熟悉的范围，就是流亡的国度。"③ L. 林迦查利在《论印度次大陆的女性流散写作》中认为，穆克吉等亚裔女性流散作家和拉什迪的乐观心态相似，而区别于奈保尔的灰色心态，她们的写作心态可以这样归纳："和拉什迪一样，印度次大陆的流散女小说家处于永久移居状态，她们把文化疏离的痛苦转化为欢欣鼓舞，此地的流亡尽管

---

① 蚁蛭：《罗摩衍那》（一）：（童年篇），季羡林译，人民文学出版社，1980年，第328页。

② Somdatta Mandal，ed.，*Diasporic Imagination*：*Asian American Writing*：Vol. 3，Delhi：Prestige Books，2000，p. 10.

③ Somdatta Mandal，ed.，*Diasporic Imagination*：*Asian American Writing*：Vol. 3，Delhi：Prestige Books，2000，p. 11.

伴随阵痛，也能帮助她们发现新的情感天地……她们用自己的片段回忆改写民族，从而创造自己的‘想象的家园’。”①

就全面研究流散文学的著作而言，值得一提的还有J. 贾延主编的《印度流散作家：理论与实践》②。该书除引言外，共十九篇文章，其中十八篇为印度学者所撰，主要探讨南亚裔流散文学。一些作者如阿西斯·古普塔（Ashis Gupta）等人便是印裔加拿大作家与学者。关于流散文学创作的理论思考有以下这些篇目：G. 辛哈的《流散作家与中心的问题：爱德华·赛义德和霍米·巴巴》、乌玛·帕拉玛斯瓦兰的《家园即你立足之地，愿你心安此地》、阿西斯·古普塔的《流散作家的杰作》和P. A. 亚伯拉罕的《加拿大与印度流散文学中的文化疏离危机》等。论及流散文学文本及流散作家的论文包括：S. M. 阿斯纳尼的《印度移民的身份危机：三部小说研究》、B. R. 纳戈帕尔的《后现代语境中的南亚移民女诗人》、拉珠尔·帕格瓦的《在当下的边界：芭拉蒂·穆克吉和罗辛顿·米斯特利的世俗策略》、J. 贾延的《地理疏离与流亡诗学：论阿西斯·古普塔和米切尔·昂达吉》、苏塔·奈的《昂达吉〈英国病人〉的思想与形式》、维纳·辛哈的《四维：阿西斯·古普塔在〈逝去的传统〉中对时间的处理》、A. K. 安萨里的《文本与亚文本：解读〈完美的平衡〉》、萨维塔·戈尔的《文学上的印度航程：罗辛顿·米斯特利的〈完美的平衡〉》以及维纳·辛哈对印裔流散作家的访谈录

① Somdatta Mandal, ed., *Diasporic Imagination: Asian American Writing: Vol. 3*, Delhi: Prestige Books, 2000, p. 34.

② Jasbir Jain, ed., *Writers of Indian Diaspora: Theory and Practice*, Delhi: Rawat Publications, 1998.

《移民作家纤弱的自我镜像：阿西斯·古普塔访谈录》等等。这些论文有的源自前述1996年12月在印度西部拉贾斯坦大学召开的流散文学研讨会。会议邀请了一些来自加拿大的印裔流散作家兼学者如阿西斯·古普塔等人与会。此次会议得到了印度很多加拿大研究机构与学者的支持，如印度加拿大研究会会长、德里大学比较文学学者钱德拉·莫汉（Chandra Mohan）也倾力支持。这本论文集多篇涉及印裔加拿大作家如昂达吉和阿西斯·古普塔等人。这种与流散作家面对面交流并产生学术结晶的研究，是印度流散文学研究的优势。印裔作家的英语创作和印度学者关于他们的英文论文，使印度流散文学研究一开始就站在世界学术传播的前沿位置。

另外，还有其他一些学术著作和论文集均涉及印裔流散文学研究。如米拉喀什·穆克吉的《神秘莫测的地方：文化和文学记忆》就是一例①。

综上所述，可以发现印度学者研究流散文学的一些特点，此处做些简单探索。

在研究方法上，印度学者喜欢采用女性主义、后殖民主义和跨文化比较等思想资源或理论模式。这与印裔流散文学本身所具有的丰富的跨文化内涵密切相关。例如，R. S. 帕塔卡主编的《印度英语小说的问题与前景》（1990）的论文既有以精神分析论解析安纳德的作品，也有以原型理论来解读拉贾·拉奥的《蛇与神》，既有以存在主义解读安妮塔·德赛的长篇小说《山火》

---

① Meenakshi Mukherjee, *Elusive Terrain: Culture and Literary Memory*, Delhi: Oxford University Press, 2008.

(Fire on the Mountain)，也有以后殖民理论探索拉什迪对文化疏离的艺术描写，还有以东西方对话的姿态探讨贾布瓦拉的长篇小说《艾斯蒙德在印度》(Esmond in India)。N. D. R. 钱德拉的两卷本《现代印度英语创作批评》也是如此。该书两卷中的多篇论文使用了女性主义、存在主义、后殖民主义等理论进行分析，多元文化主义、话语、流散写作、身份问题、身份探索等关键词在论文标题中随处可见。再以拉什迪研究为例。拉什迪在《午夜诞生的孩子》中有一段关于穿孔床单的描叙。他自己非常珍视这一段，因为它一定程度上代表了他的解构主义技法。后来他在1997年与人合编印度英语文学作品选时，毫不犹豫地将包含这一段情节的那一章收录进去[①]。娜丽妮·纳塔拉江在关于拉什迪的论文中认为，从女性主义批评的角度来看，拉什迪此处关于有孔床单的描写大有深意：“床单上的空洞变成一种欲望的空间……当他治疗她的部分肢体时，他开始想象起她的整个身体。这与他想象自己的‘整体’印度人身份而非克什米尔的地方身份相一致。”[②] 她认为，这是一种类似印度宝莱坞的电影制作法，与拉什迪曾为艺人的经历有关。

印度学者还有一种普遍的趋势，那就是将后殖民流散作家与殖民文学作家如吉卜林、康拉德和福斯特等人联系起来进行研究。以奈保尔研究为例。这方面最典型的例子当属P. 潘沃尔的《吉卜林、福斯特与奈保尔作品中的印度：后殖民批评》。潘沃尔

---

① Salman Rushdie & Elizabeth West, eds., *The Vintage Book of Indian Writing*: 1947—1997, Vintage, 1997, pp. 163—181.

② Meenakshi Mukherjee, ed., *Rushdie's Midnight's Children: A Book of Readings*, Delhi: Pencraft International, 1999, p. 170.

历史纵向地选取了三位不同时代的英国涉印题材作家作为考察对象，其中的奈保尔又属印裔流散作家。潘沃尔认为，奈保尔对印度的书写保持了对吉卜林和福斯特的思想承继。他说："一个眼光敏锐的读者阅读《黑暗地带》时会注意到，吉卜林作品和奈保尔早期作品存在相似处。"① 他还说："在后殖民时期，一些作家的殖民和霸权心态并没有随着殖民地政治独立而消失。"② 其他印度学者的著作也有这一趋势。例如，乔西在论著中将创作过《黑暗之心》的康拉德作为解释奈保尔存在主义思想的一个来源。他认为："在'存在的阴影'中关注自己命运这点上，奈保尔无疑是康拉德的继承人。"③ 旁遮普大学迈尼教授说："奈保尔笔下的印度不是我们的印度。"他认为，《黑暗地带》是"向自我内心世界进发、通往个人意识的刚果地区的旅行。它是奈保尔式的《黑暗之心》。"④ 不仅是研究奈保尔，研究其他流散作家如拉什迪、芭拉蒂·穆克吉和安妮塔·德赛等人时，印度学者也常常采取历史比较的方式，为后殖民流散创作进行历史定位。

印度学者的流散文学研究成果斐然，在国际学术界引起很多反响。但是，他们的研究也存在一些不容忽视的问题。例如，有的印度学者对于奈保尔、拉什迪、芭拉蒂·穆克吉等人的印度书写的评价，带有强烈的民族主义情绪，这在一定程度上影响了文

① Purabi Panwar, *India in the works of Kipling, Forster and Naipaul: Postcolonial Revaluations*, Delhi: Pencraft International, 2000, p. 100.

② Purabi Panwar, *India in the works of Kipling, Forster and Naipaul: Postcolonial Revaluations*, Delhi: Pencraft International, 2000, p. 136.

③ Chandra B. Joshi, *V. S. Naipaul: The Voice of Exile*, Delhi: Sterling Publishers Private Limited, 1994, p. 5.

④ G. S. Amur & S. K. Desai, eds., *Colonial Consciousness in Commonwealth Literature*, Bombay: Somaiya Publications, 1984, p. 101.

学研究的客观理性。例如，印度学者对于奈保尔关于印度卫生习惯的负面描写反应异常激烈。早在1965年即《黑暗地带》出版的第二年，迈索尔大学纳拉辛哈教授在一篇文章中进行反驳："奈保尔对印度人大便谈得太多了！"在纳拉辛哈看来，某些印度人随地大便实际上是印度农业社会向城市化社会转轨期发生的正常现象，越来越多的无地者涌进城市，而相应设施供不应求。纳拉辛哈认为："奈保尔先生应该学会接受这些明显的事实，然而他却指责印度人对这些熟视无睹。"[①] 纳拉辛哈的早期论断对后来印度学者的影响甚大，如旁遮普大学D. S. 麦尼教授认为，使《黑暗》得以出名的是奈保尔对印度人随地大便的"发现"。他不无尖刻地说："奈保尔对于这一问题太过痴迷，使人纳闷，他是否真的也患便秘"[②]。C. 查特吉则怀疑，奈保尔对于印度的负面描写是否"给白人提供一本真实可信的通往印度的指南"？[③] 从印度学者的反应来看，奈保尔的描写触动了他们敏感的神经。奈保尔以人类学家田野调查的方式进行创作，将印度的负面放大，展示给他心目中的西方读者，这当然会招致部分印度学者的批判。

印度学者的流散文学研究实质上是一种地地道道的跨文化研究，带有后现代研究的解构色彩。他们的优势在于具有双语（如印地语和英语、孟加拉语与英语）甚或三语的解读能力，这使他

---

① C. D. Narasimhaiah, *The Indian Critical Scene: Controversial Essays*, Delhi: B. R. Publishing Corporation, 1990, p. 107.

② G. S. Amur & S. K. Desai, eds., *Colonial Consciousness In Commonwealth Literature*, Bombay: Somaiya Publications, 1984, p. 100.

③ Purabi Panwar, ed., *V. S. Naipaul: An Anthology of Recent Criticism*, Delhi: Pencraft International, 2003, p. 109.

们的印裔流散文学研究比之西方或中国学者更有特色。但是，他们和研究华裔美国文学的中国同行一样，注重透视跨文化文本的政治、历史甚或其他各个方面的内涵，忽略甚至完全放弃思考流散文学的美学价值。他们的流散文学研究是一种文化研究而非文学研究，这就自动放弃或过滤了对于流散文学文学性的深度体验。语言层面的文学技巧、结构方面的文学叙事等等基本不在考察的视野中。无论对于流散文学创作还是流散文学研究，这均非福音。

印度学者的流散文学研究主要关注印裔流散作家、尤其是印裔英国作家、印裔美国作家和印裔加拿大作家。目前，中国已经有一些学者如梅晓云、石海军和黄芝等人关注印裔流散文学，其中，梅晓云曾经出版关于奈保尔研究的论著，并以南亚裔女性流散作家的研究课题获得教育部基金项目的资助，黄芝以关于当代印度英语小说的研究课题获得了 2010 年中国教育部人文社会科学研究青年基金项目的资助。奈保尔和拉什迪逐渐成为中国的学术研究热点，芭拉蒂·穆克吉、安妮塔·德赛和维克拉姆·赛特等人也逐渐进入学界的视野中。反观印度学界，很少有人关注华裔流散作家的研究。这是他们关于流散文学研究的最薄弱环节。这可能与华裔流散作家缺少引起世界学术界高度关注的奈保尔和拉什迪式代表作家有关。毕竟，汤亭亭和谭恩美等人没有斩获诺贝尔文学奖或布克奖。但是，华裔流散文学作为世界流散文学的重要组成部分，对其研究也是认识中国文化在海外传播变异的机会，印度学者在此领域应该有所重视。笔者所见的范围内，也有极少数例外，例如，2005 年印度第七届比较文学会议上，印度西孟加拉邦布达万大学英语系高级讲师 H. 拉希里（Himadri

Lahiri）提交的论文涉及华裔流散文学。该论文的题目是：《再现流散的边缘性：汤亭亭的〈女勇士〉和〈中国佬〉比较研究》（Representing Marginiality in the Diaspora：A Comparative Study of Kingston’s The Woman Warrior and China Men）。这说明，印度学者近年来有人开始关注华裔流散文学。

第二章　奈保尔：后殖民时代的印度书写

2001年10月，生于西印度群岛特立尼达的印裔英国移民作家奈保尔（V. S. Naipaul）被授予当年的诺贝尔文学奖。奈保尔的印度情结尤为强烈。他曾说过，印度是他的祖先之邦。“由于所受的教育，我对印度十分亲近。我在一个非常非常纯的印度家庭中长大。那就是我的世界。”① 他曾先后三次赴母邦印度“寻根”，并于1964、1977、1990年分别发表“印度三部曲”即《黑暗地带》（An Area of Darkness，又译《幽暗国度》）、《印度：受伤的文明》（India：A Wounded Civilization）和《印度：历经百万叛乱的今天》（India：A Million Mutinies Now）。本文拟从奈保尔的印度书写入手，并将其与殖民时期曾经书写印度的西方作家进行比较，从而探索奈保尔的印度叙事在殖民与后殖民文学研究中的深刻意义。

① 法·德洪迪著：《奈保尔访谈录》，邹海仑译，《世界文学》，2002年第1期，第115页。

第一节　奈保尔笔下的印度社会

奈保尔说过：“我从我的过去而来，我就得写我所来之地的历史——写被忘弃的人民。我必须写印度。”[①] 他的印度情结使他一次次走进母邦的怀抱亦即神秘古老的佛教发源地。

初次踏上印度次大陆，强烈的“文化冲击”迎面而来，几乎要将奈保尔淹没。在《幽暗国度》的开始部分，奈保尔便为我们展示了因为随身携带的两瓶洋酒被没收而闹出的风波。印度海关呆板机械的官僚作风于奈保尔而言是一场别开生面的“欢迎”仪式。取回洋酒的过程也就是感受印度的第一课。慢慢安定下来以后，奈保尔开始以西方人兼印裔后代的独特视角打量印度。

奈保尔印象很深的是印度落后的民间生活场景。印度的乡村到处是狭窄残破的巷弄、流淌污水的排水沟、狭小众多的泥巴屋子、混乱相处的垃圾、食物、牲畜和人。在马德拉斯，高等法院旁边的巴士站常被人们当作公厕使用。在果阿，清晨时分，居民们在河边蹲着长长一排方便。他们认为，大便是一种社交活动。他们对禁止污染河水的葡萄牙文广告视而不见。让奈保尔惊讶的是，北方邦一位英俊的穆斯林小伙子竟然将大便作了一番借题发挥。他说，印度人是具有诗人气质的，他自己因为是个诗人，热爱大自然，常常跑到旷野上大便。“在他心目中，人世间最美好、

---

① 法·德洪迪著：《奈保尔访谈录》，邹海仑译，《世界文学》，2002年第1期，第124页。

最具诗情画意的活动，莫过于黎明时分迎着朝阳蹲在河岸上”[①]。而这一切就发生在圣雄甘地号召向西方学习公共卫生几十年后的20世纪60年代。在奈保尔的疑惑面前，印度人的反应是，欧洲人的生活习惯才真的是令人不敢恭维。

印度种姓制度世界闻名。奈保尔的观察没有绕开它。在他看来，同样的种姓制度，在特立尼达不会影响人们的正常生活，而在印度却给人截然不同的感觉。“在印度，种姓却蕴含一种强制且残酷的劳力分工……在印度，种姓可不是好玩的东西。”[②]奈保尔以速记员和有留美经历的新上司发生冲突为例说明了这点。结论是：“种姓制度的恶果不止是不可接触制和对污秽之物的印度式神化，还在于它加诸于人的全面顺从、自我满足、不思进取以及人之个性和灵性的剥蚀。”[③] 奈保尔对于种姓制度持鲜明的否定态度。

因为对农民的同情和以印度局外人的视角，奈保尔对于至今一直困绕印度人、特别是广大农村的贫困问题非常关注：“印度是全世界最贫穷的国家。”[④]“印度的贫穷在颤抖。”[⑤]他引用印度作家的话说：“如今回想起来，我才领悟，透过卡纳克昌德，我生平第一次接触到印度那颤抖的贫穷。”[⑥]他认为，仔细玩味这个特别的措辞“颤抖的贫穷”，它虽然显得有些夸张，但用来描摹印度的贫困却也十分生动：“印度的贫困比任何机器都更加毁灭

① 奈保尔：《幽暗国度》，李永平译，三联书店，2003年，第79页。
② 同上，第16页。
③ V. S. Naipaul, *India: A Wounded Civilization*, London: Penguin Books, 1979, p. 171.
④ 奈保尔：《幽暗国度》，李永平译，三联书店，2003年，第35页。
⑤ 同上，第68页。
⑥ 同上，第71页。

人性。”[①] 在他第二次印度之行中，他观察到，印度农村生活仍然追随着自然的节拍。“12 小时的白昼后紧接着是 12 小时的黑夜。人们日出而作，日落而息，这与远古时代并无两样。”[②] 更令人担忧的是，农村的发展带来极端的不公平。印度的贫困问题成为印度政界和学术界所普遍关心和长期争论的问题。奈保尔对此问题的重视有其特殊意义。

在奈保尔的意识中，印度文化里充满了神秘和象征。在跟随香客前往艾玛纳锡洞窟时，他发现，被印度人称为神祇而供奉在洞中的是一根巨大冰冷的阳具。他由此感叹：“印度教的哲学思维是那么高超、繁复，而它的仪式却又是那么原始、单纯。”奈保尔认为洞窟中的阳具是印度的象征。借着西方的视角，奈保尔判定：“被它（阳具崇拜）贬损、摧残得不成人形的印度教徒，却依旧把它的标记看成欢乐的象征。”[③]这种看重象征的行为即使在民族英雄甘地也不例外。在他看来，身为印度人，甘地不得不跟象征打交道。甘地亲手操作的纺车，似乎不能提升印度劳工的尊严，因为纺车被吸纳进“庞大的印度象征体系”中，很快就丧失了意义。在奈保尔心目中，甘地是印度精神文明的最新象征，他已经被吸纳进印度混沌的精神世界里。以奈保尔的眼光看，不幸的是，在印度，甘地早已经退隐到历史中。感觉上，甘地仿佛活在遥远的古代。奈保尔觉得，印度人将对象征的崇拜天衣无缝地嫁接到对“圣雄”甘地的尊从上，而这又引起了更加不妙的后

---

① V. S. Naipaul, *India*: *A Wounded Civilization*, London: Penguin Books, 1979, p. 171.

② V. S. Naipaul, *India*: *A Wounded Civilization*, London: Penguin Books, 1979, p. 86.

③ 奈保尔：《幽暗国度》，李永平译，三联书店，2003 年，第 224 页。

果："印度毁了甘地。他变成了'圣雄'。印度人敬仰他的人格，至于他一生所传达的讯息，则无关紧要。"①

在奈保尔看来，印度人不敢正视历史和现实："印度人不愿正视他们的国家面临的困境，免得被他们看到的悲惨景况逼疯。这种心情我们能体谅。同样的，我们也能够理解，为什么印度人欠缺历史意识……哪一个印度人能够抱着平常心，阅读他们国家最近一千年的历史，而不感到痛苦和愤怒呢？在这种情况下，印度人只好退缩到幻想中，躲藏在宿命论里。"②他还认为，印度人有一种向后看的特性，他们喜好从历史深处打捞今日所需的东西。印度一贯地以旧融新，用老方法使用新工具。他认定，甘地作为古老印度文明的最新阐释者，已将印度导向末路。他说："印度的危机并非政治性的……这种危机也并非只关涉经济方面。政治或经济危机只是更大危机的一些方面而已。这是属于文明日渐衰朽的一种危机，摆脱它的惟一希望寄托在这种文明加速加倍的衰朽之上。"③ 印度作为一个伟大的东方文明古国，其珍视历史遵从元典早已成为不争的事实。从近代的拉姆莫汉·罗易到泰戈尔再到圣雄甘地，他们在向印度引介西学注入新风的同时，从未忘记到自己的经典和传统中去找寻革新印度乃至医治世界文明痼疾的良方。事实上，他们的成功是有目共睹的。甘地设计的印度独立路线经过实践证明是正确的。奈保尔虽有以极端凌厉的气势警醒印度人不要沉迷于历史之中的用意，但是他把印度文明的

---

① 奈保尔：《幽暗国度》，李永平译，三联书店，2003 年，第 95 页。

② 同上，第 294 页。

③ V. S. Naipaul, *India: A Wounded Civilization*, London: Penguin Books, 1979, p. 175.

希望寄托在其尽快的衰朽之上，这是典型的书生意气。不过，联系到当代印度政治中以原教旨主义色彩的“印度教特性”和“印度教认同”为强国之本，他的警示还是有其现实意义。毕竟：“印度教认同”等印度教原教旨主义思想“鼓励了印度教当中出现的向后看的顽固保守状况……不利于提升印度文化的国际影响力。”①

作为一位来自后殖民地区的印裔后代，奈保尔对于同样属于后殖民地区的印度与前宗主国英国之关系也即印度与西方之关系特别感兴趣。他认为：“直到今天，这个英国依然活着。它存活在印度的各个角落和层面。”②“印度当下着力信奉的清规戒律和实用技艺皆为舶来品。甚至印度人对于自己文明成就的认识，本质上也是19世纪欧洲知识分子启蒙之结果。单靠自己，印度不能重新发现或评价自己的历史。”③ 的确，奈保尔指出了英国殖民之于印度社会发展“建设性”的一面。他没有忽视西化大潮前印度本土保守的一面。奈保尔敏锐地注意到，印度人在张开双臂接纳西方的东西时，内心深处却不自觉地排拒这些东西所蕴含的价值观。基于此，奈保尔不无担忧：“印度和英国之间的这场历史邂逅终归破灭；它在双重的幻想中落幕。新的觉悟使印度人不可能回到从前，他们对‘印度民族性’的坚持，却又让他们无法迈开大步向前走。”他认为，印度人过分强调民族特性，会导致创造力的消退停滞，而这种状况在印度现实生活中已有反映。奈

---

① 邱永辉、欧东明：《印度世俗化研究》，巴蜀书社，2003年，第283页。

② 奈保尔：《幽暗国度》，李永平译，三联书店，2003年，第275页。

③ V. S. Naipaul, *India: A Wounded Civilization*, London: Penguin Books, 1979, p. 129.

保尔的结论有些夸张："湿婆神早已不再跳舞了。"[①]

综上所述，奈保尔关于印度的观察既有深刻准确的一面，也有偏颇失实甚至杞人忧天的一面，这是"文化无根人"直面和思考东方的必然现象。

第二节 殖民文学中的印度叙事：奈保尔的参照系

赛义德在《东方学》中断言："只要考虑东方就无法回避印度。"[②] 在东西方不断邂逅遭遇的历史进程中，印度成了西方知识分子（包括作家、历史学家等）无法回避且不断关注的主题。这种趋势从殖民时期一直延伸到当下奈保尔书写印度的后殖民时代。事实上，从吉卜林、E. M. 福斯特、列维·斯特劳斯等人再到奈保尔，西方英语世界关于印度的主题叙事连绵蜿蜒，值得研究梳理。

吉卜林是第一位获得诺贝尔文学奖（1907 年）的英国作家，他于 1865 年 12 月 30 日生于印度孟买，后来在印生活多年。在印期间，吉卜林遍游印度各地，他对印度的风土民情有了透彻的了解。这些都在他关于印度的作品中体现出来，其作品带有浓烈的殖民心态："吉卜林将印度问题视为白种人责任的一部分。因此，他竭力论证英国控制和规训新近被征服而不屈服的印度人的

① 奈保尔：《幽暗国度》，李永平译，三联书店，2003 年，第 318 页。
② 爱德华·W·萨义德：《东方学》，王宇根译，三联书店，1999 年，第 97 页。

合理性。照他看来，英国是为印度自己的利益而来……因此，吉卜林代表了一种高高在上的心态，它以冥顽不化的帝国主义姿态对待印度人。”① 吉卜林的笔下存在两个印度世界。首先是“个人化印度”，这一“印度”给他提供马车和仆人之类的物质便利以及文学声望；其次是“殖民地印度”，这一“印度”仿佛上帝恩赐英国托管，它有许多传奇故事供吉卜林编撰记录。吉卜林的作品基本上没有正面表现改变殖民地印度历史面貌的民族斗争。例如，在关涉印度世界的重要小说《基姆》中，弥漫着对印度淡淡的思念愁绪，殖民与被殖民者的冲突已经弥合，种姓林立、信仰风俗各异的印度没有内部冲突，即使俄国人的威胁也只是小菜一碟②。在《基姆》中，吉卜林有意隐蔽了大英帝国秩序的挑战者。为了涂抹一幅与大英帝国统治相和谐的虚幻图景，吉卜林将印度民族主义者完全排除在叙事场景之外。《基姆》中唯一一位受过西方民主教育的印度人穆克吉没有透露出一点民族主义情结。小说中基姆等人所玩的殖民色彩浓厚的“大游戏” (Big Game) 也不是用来对付印度民族主义者的。“基姆的所有敌人来自于英属印度边界以外，边界以内歌舞升平。”③ 吉卜林作品中的殖民地印度浮现出一派虚假的景象。我们发现，吉卜林笔下的印度是一个男孩眼中的印度，里面充满孩童的趣味。因此，有论者揶揄道，《基姆》中基姆眼中的印度面临两个敌人，其中之一

---

① K. Bhaskara Rao, *Rudyard Kipling's India*, Norman: University of Oklahoma Press: 1967, p. 10.

② Phillip Mallett: *Rudyard Kipling: A Literary Life*, London: Palgrave Macmillan, 2003, p. 118.

③ John A. McClure: *Kipling & Conrad: The Colonial Fiction*, Massachusetts: Harvard University Press, 1981, p. 80.

便是基姆的成熟长大。“吉卜林必须在基姆成年晓事以前结束小说。”[①] 这与着力表现印度下层贫民生活艰辛与社会潮汐动荡的奈保尔是一明显对比。奈保尔曾这样评价吉卜林：身为大英帝国的代言人，吉卜林“有时会装出一副忿忿不平的模样，大声疾呼，从而产生出一种假惺惺的、咄咄逼人的、自怜自艾的效果，简直就像一出‘戏中戏’。”[②]一句话，吉卜林没有真正走进印度、走进印度人的生活与心灵世界。吉卜林几成经典的殖民话语是：“东方就是东方，西方就是西方，二者永不聚首。”[③]

吉卜林的同胞 E. M. 福斯特于 1879 年 1 月 1 日生于伦敦。福斯特曾于 1912 年和 1921 年两度访问印度，其代表作为长篇小说《印度之行》(A Passage to India)。“Passage” 既暗示存在一条经由西方到达东方的通道，又隐喻西方求索通往印度乃至东方心灵世界道路之漫长。他曾说，他的《印度之行》是“一条搭设在东西方之间心灵感应的桥梁”[④]。与吉卜林傲慢自大的帝国心态相对应，福斯特的《印度之行》可以视为一种矫正。福斯特在书中着力表现印度人在英国统治下的含辛茹苦、忍辱偷生。福斯特在一种开明的政治和文化气氛中进行写作，这种自由主义气氛反对当时张伯伦政府侵略成性的帝国主义，严肃地质疑大英帝国在印存在的必要性。福斯特敢于直面印度惨淡的殖民现实景况，展示东西方文化冲突，而吉卜林却无此勇气，只得取回避姿态。

---

① Meenakshi Mukherjee, ed., *Rushdie's Midnight's Children: A Book of Readings*, Delhi: Pencraft International, 1999, p. 147.

② 奈保尔：《幽暗国度》，李永平译，三联书店，2003 年，第 278 页。

③ Rudyard Kipling, *Barrack-Room Ballads and Other Verses*, London: Methuen And Co. Ltd. 1913, p75.

④ Judith Scherer Herz, *A Passage to India, Nation and Narration*, New York: Twayne Publishers, 1993, p. 29.

该小说的价值不止于此，他还蕴涵了比较前卫的反欧洲民族中心主义观点，展示了文化相对主义的巨大精神力量。作者把东西方跨文化交流的希望寄托在民族文化平等和民族独立之上[①]。《印度之行》全书三章的题目分别是“清真寺”、“石窟”和“寺庙”，它们皆是印度各宗教神灵驻足之地，折射着印度民族文化精神。这使该书成为表现印度以及印度与西方关系的隐喻。奈保尔的《幽暗国度》中关于艾玛纳锡洞窟的描写以及对印度民族文化心理的分析，显示了福斯特与奈保尔潜在的思想关联。

列维·斯特劳斯，1907年生，法国20世纪最伟大的人类学家之一。他曾经实地考察过现今的印度和巴基斯坦等南亚地区。列维·斯特劳斯在其人类学代表作《忧郁的热带》里对印度有过描述。他在印度河河谷考察印度河文明发源地时抒发了如下感慨：“这整个遗址令造访者想到现代大城市的优点与缺陷；它预示了后来较进步的西方文明模式，那种模式的典范是今日的美国，连欧洲都得师法。”“当旧大陆（印度次大陆）还年轻新鲜的时候，它已经预示新世界的特色了。”[②] 这里，列维·斯特劳斯那种福斯特式反西方中心的立场隐约可见。他在观察印度次大陆的风土人情时心态暧昧复杂：“夹在无人之沙与无土之人的中间，印度具有一种非常暧昧的外观……印度绝对和新世界无任何关联。”[③]他还说：“在印度，我们深以为耻的那些东西，视为一种癫痫症的东西，是城市现象。”这种“城市现象”的具体表现是：

---

① 此处论述参考杨汨、朱望：《论〈印度之行〉的反欧洲民族中心主义观》，《国外文学》，1998年第3期，第40页。

② 列维·斯特劳斯：《忧郁的热带》，王志明译，三联书店，2000年，第155页。

③ 列维·斯特劳斯：《忧郁的热带》，王志明译，三联书店，2000年，第157页。

人群拥挤，脏臭混乱，残壁矮屋，泥泞灰尘，牛粪小便，脓汁排泄和溃烂。“印度城镇需要这种环境，才能繁盛。”[①]他对印度的贫穷落后印象颇深：“印度的伟大失败可以给我们上一课。”[②]他在参观印度的耆那教堂时有感而发：“在我看来，此地的石膏阁楼，外面饰有各式各样的玻璃镜子，到处都可闻到香水味，这是我们祖父母那一代人在年轻时所想象的高级妓院最野心勃勃的表现……印度人，我们的印欧弟兄，似乎是映照出我们自己的一幅色情形象。”[③]列维·斯特劳斯落入了东方主义俗套之中。

总之，由上所述，我们可以清楚地看见奈保尔印度叙事的“来时路”和参照系。虽然奈保尔与上述三位欧洲人相比，多了一层印度后裔的身份，也的确以“无根人”的身份寻找文化和意义之家园并有着人类写作意识，但仔细端详，他们的确存在某种思想血脉的隐蔽联系。

第三节　奈保尔印度叙事的后殖民观照

奈保尔的文化身份非常独特而复杂。他是印度最高种姓婆罗门的后裔，却远离母邦本土文化的大氛围；他出生在特立尼达，但不满其岛国历史文化之贫瘠；他接受的是英式教育并定居英国，可又无法摆脱身处“中心”时的“边缘”感。这样一种特殊复杂的文化身份使得奈保尔的印度书写呈现出一种斑斓多彩的和

---

① 列维·斯特劳斯：《忧郁的热带》，王志明译，三联书店，2000年，第159页。
② 同上，第179页。
③ 同上，第522页。

声复调，同时也使他与上述欧洲人的印度书写体现出异中有同且同中有异的格调。

吉卜林笔下的印度，有帝国话语笼罩下的殖民地一面，也有流浪的精神家园一面。1889 年吉卜林回国后，常常沉浸在对印度的思念之中，印度成为他精神流浪的永远故乡：“除了法国以外，也许只有印度才能让吉卜林完全感到宾至如归……吉卜林幻想重返印度，接近印度就仿佛走向家园。”① 《基姆》中基姆在印度大地上的东奔西串和精神探索象征了吉卜林对印度文明的某种回归。“喇嘛是基姆道德觉醒的主要源泉，对于基姆的身份认同至关重要。”② 通过基姆与精神导师喇嘛的亲近，吉卜林暗示，虽然英国在物质力量上强于印度，但印度人的宗教比英国人的要优越。因此，“《基姆》中关于基督教代表人物的描写很少有正面的赞许。”③ 或许是因为吉卜林对异质文化的热爱和创作中地理场景的不断变换，有人评价道：“无根性是吉卜林作品的本质特征。”④ 而对于奈保尔来说，自幼年时代起，他就形成一种“漂泊意识（a sense of dislocation）”。“奈保尔的漂泊意识也是文化和历史性的。”⑤ 与吉卜林的笔下存在两个印度世界相似，奈保尔心目中也有两个印度，即“个人化印度”与“后殖民地印度”。他的前一个“印度”带有寻找失落的精神家园之旨趣，后一个

① Hilton Brown, *Rudyard Kipling: A New Appreciation*, London: Hamish Hamilton, 1945, p. 45.

② B. J. Moore-Gilbert, *Kipling and "Orientalism"*, London: Croom Helm, 1986, p. 129.

③ Phillip Mallett, *Kipling Considered*, New York: St. Martin's Press, 1989, P37.

④ David Gilmour, *The Long Recessional: The Imperial Life of Rudyard Kipling*, London: Tohn Merray, 2002, p. 3.

⑤ Richard Kelly, *V. S. Naipaul*, New York: Continuum, 1989, p. 2.

“印度”则是他冷静观察印度后的实录而非吉卜林笔下的传奇，尽管其间也有诸多与事实不尽吻合之处。

奈保尔曾这样说明他创作《幽暗国度》的动机：“我认为它（指《幽暗国度》）不是那样的，不是攻击印度的。我认为它是对我的不幸的一个记录。我不是攻击任何人，实际上它是一个令人极为感伤的体验。”[①] 奈保尔将自己视为前殖民地的居民，而今成为一个“居无定所的世界主义者”。因为他的作品更多地表现自己和反映个人历史，人们可将之视为论述透析当代世界的“个人化体验”[②]。与吉卜林将印度视为提供物质便利的场所不同，奈保尔重在“无根人”心灵痛苦的衍射，对象就是印度这个“黑暗地带”或曰“幽暗国度”。因此，“他的心绪在对印度毫无掩饰的愤怒和痛苦的自我审视之间徘徊游弋”[③]。他在第一次印度之行结束时回顾道：“直到返回伦敦，身为一个无家可归的异乡人，我才猛然醒悟，过去一年中，我的心灵是多么的接近消极的、崇尚虚无的印度传统文化；它已经变成了我的思维和情感的基石。”[④] 尽管他接着声称回到西方世界以后，印度文化精神从他的身边悄悄溜走，但事实上，一场关于印度文化的个人体验已经发生。

奈保尔与福斯特既相联系又相区别之处在于，两人都在寻求东西方世界的汇合与人类心灵的沟通，并且都遇到了无法克服的阻碍。不同的是，前者以富含隐喻色彩的杰作《印度之行》为手

① （英）法·德洪迪著：《奈保尔访谈录》，邹海仑译，《世界文学》，2002 年第 1 期，第 116 页。

② Bruce King, *V. S. Naipaul*, London: Macmillan Press, 1993, p. 2.

③ Rob Nixon, *London Calling*, *V. S. Naipaul*, *Postcolonial Mandarin*, Oxford: Oxford University Press, 1992, p. 80.

④ 奈保尔：《幽暗国度》，李永平译，三联书店，2003 年，第 403 页。

段试图打通横隔在东西方民族之间的屏障，后者则以自己数次亲临母邦印度考察的经历来论证东西方在多大程度上可以互相信任、互相理解。

奈保尔作为印度后裔和英国居民，再兼之其深厚的西方学养，使其文化身份呈现出错综复杂的局面。如果说福斯特的两次印度之行是纯粹的西方人了解东方世界，那么，奈保尔的三度印度之旅也在一定程度上对其进行了克隆。虽然我们承认奈保尔的印度之行确有寻根之意，但这与他借助西方文化视角观察印度文明并不矛盾，也与他在印度无意中创造的东西方民族交往之个案并无抵触。

奈保尔的确踏上了去印度的文化寻根之旅，但有意思的是，他认为：“东西方之间的全面沟通和交流，是不可能的；西方的世界观是无法转移的；印度文化中依旧存在着一些西方人无法进入的层面，但却可让印度人退守其中。”[①]这仿佛吉卜林关于东西方关系断言的老调重弹，定下了他寻根之旅的基调，也预示了作为西方文化载体之一的他在邂逅印度文明时的陌生情感与逃避姿态。他说：“身在印度，我总觉得自己是一个异乡人、一个过客。它的幅员、它的气候，它那熙来攘往摩肩擦踵的人群——这些我心理早有准备，但它的某些特异的、极端的层面，却依旧让我觉得非常陌生。”印度的自然景观也过于苍凉杂乱，让他感觉“格格不入”[②]。也许正是这种与印度隔阂陌生的心理作梗，奈保尔竭力想认清他的印度朋友亚齐兹的本来面目，“虽然他对印度的

① 奈保尔：《幽暗国度》，李永平译，三联书店，2003年，第317页。
② 奈保尔：《幽暗国度》，李永平译，三联书店，2003年，第196—197页。

了解不可谓不多，但他仍然未能成功。对他而言，印度仍然是一个黑暗地带，不管他如何声称自己身在其中，他仍是一个局外人。"① 而一旦回到自己赖以安身立命和界定生存意义的西方文化中间，他就发现："印度精神悄悄地从我身边溜走了。在我的感觉中，它就像一个我永远无法完整表达、从此再也捕捉不回来的真理。"②

奈保尔提供的是一个非常生动的个案。它对探讨全球化时代东西方民族交往有着不可忽视的启示意义。奈保尔不经意之间点出了东方文明与西方文明的性质殊异，同时也提出一个世界性的命题：西方怎样看待东方？西方怎样走向东方？这是福斯特与吉卜林已经不同程度地给出过答案的问题。奈保尔在后殖民时代再次艺术性地提出这样的问题，的确值得人们三思。虽然他用语言和行动也给出了自己的答案，但是，按照当今全球化发展趋势来看，他的答案显然值得人们，特别是东方人质疑。

从希腊开始，奈保尔感到欧洲世界逐渐消逝。他觉得，希腊的食物甜腻腻的，充满东方风味，而一旦到了埃及，"东方世界正式展现在我眼前：脏乱、盲动、喧嚣、突如其来的不安全感——你突然发觉，四海之内皆非兄弟，你的行李随时都会被人摸走。"③奈保尔就以这样一种奇怪的感觉踏上印度次大陆。

据他观察，从希腊雅典到印度孟买，一路上，人与人的关系正在变化之中："你会发现一种对你来说崭新而陌生的权威和服从。""一路上你看到的人类，仿佛缩小了、变形了，他们一路跟

① Bruce King, *V. S. Naipaul*, London: Macmillan Press, 1993, p. 63.
② 奈保尔：《幽暗国度》，李永平译，三联书店，2003 年，第 403 页。
③ 同上，第 4 页。

着你，伸出手来苦苦哀求你赏几个钱。我的反应只能用‘歇斯底里’来形容。生平第一次，我意识到自己是一个高尚的、具有完整人格的人，不容人侵犯，因此，在恐惧心理驱使下，我对那些人的态度显得颇为凶暴、残忍。至于我究竟透过谁的眼光，看待东方世界，这一点都不重要；这会儿，我还没有时间和工夫从事这样的反省。”[①]在安德拉邦，奈保尔有了新发现：“那儿的居民个头非常瘦小，身体十分孱弱，让人怀疑大自然是不是在开玩笑，把印度人的进化过程往后推。在这样的地方，悲悯和同情实在派不上用场，因为它代表的是一种精致高雅的希望。我感受到的是莫名的恐惧。我必须抗拒内心涌起的一股轻蔑。”[②]这种不同于西方“精致高雅”的生活场景让奈保尔无所适从：“初抵印度，令人怵目惊心的现实宛如排山倒海一般，直向我逼近过来，而我却不能像在亚历山大港、苏丹港、吉布地港和卡拉奇时那样，逃躲回船上去。”[③]而参观孟买时，奈保尔则注意到：“戏院门口的印度电影海报，比英国和美国的电影海报还要酷和性感；剧照中的印度女明星，展示着比好莱坞姐妹们还要丰硕的臀部和乳房，浑身洋溢着无比旺盛的生殖力。”[④]

奈保尔毕竟是成长于英国亦即典型的西方文化环境里，他在观察印度文明时，不可避免地带有一种列维·斯特劳斯式的东方主义情调，它折射出奈保尔隐蔽而复杂的心态。

奈保尔虽然一次次走进印度世界，但他依然无法达成文化身

---

① 奈保尔：《幽暗国度》，李永平译，三联书店，2003 年，第 8 页。
② 同上，第 37 页。
③ 同上，第 38 页。
④ 同上，第 39 页。

份认同，其原因在于，他的文化血脉流淌更多的是西方的学养。他的视角是西方的视角，并且是一种列维·斯特劳斯式的目光，而这样的视角考察过的印度就成为典型的东方“他者”。印度也就顺理成章地成为“黑暗地带”或“受伤的文明”，印度的人与物也就似乎变得神秘诡异和令人恐惧。如此一来，奈保尔与印度及印度人的隔阂陌生也就成为必然。奈保尔所指代的西方与印度的文化交流就只是一场邂逅罢了。不过，正因如此，当我们不只从文化寻根的意义上、而且从全球化时代怎样处理东西方关系的层面来打量时，奈保尔的印度书写便具有非常丰富的内涵，值得人们思索。

当然，如果联系奈保尔“印度三部曲”的最后一部进行读解，我们会发现，他在长达二十多年的三次印度之行中，观察视角发生了一些十分微妙的变化，思考印度文明的心态逐渐变得客观而平和，这显示了一种积极的趋势。虽然不能说这极大地影响了他的文化身份建构，但也证明了跨文化交往的特殊规律，即直面对话好于长期隔膜。可以说，奈保尔的印度之行和他的“印度三部曲”不仅是后殖民时期印度海外作家的心态实录，也可视为21世纪东西方跨文化交流的参考指南。

第三章 奈保尔的印度书写在印度的反响

奈保尔曾经三次去印度寻根，并出版了“印度三部曲”即《黑暗地带》（又译《幽暗国度》，下简称《黑暗》）、《印度：受伤的文明》（下简称《文明》）和《印度：百万叛变的今天》（下简称《百万》）。作为本土学者，印度学者对奈保尔关于印度文明历史和现状的思考、关于甘地的评价、关于文化身份探索等问题进行了研究。本文即以笔者留印期间收集资料和对部分印度学者的访谈为基础，尝试将印度学界对奈保尔印度书写的研究成果介绍给中国学术界，以期获得中国和西方学界以外关于奈保尔研究的第三视角。

第一节 关于奈保尔的印度观察

奈保尔曾经说过：“我从我的过去而来，我就得写我所来之地的历史——写被忘弃的人民。我必须写印度。”[①] 作为海外游子的奈保尔，带着童年之梦前来寻根，他期望看到一个美好的印度形象，但他的“西方之眼”却使他更多地看到了印度社会种种愚昧落后的东西，更令他惊讶痛苦的是，印度人对此视而不见。西方文化的批判思维和立场使奈保尔在面对印度的落后现实时，采取了直言不讳的辛辣讥讽姿态。这使部分印度学者异常愤怒。

奈保尔发现，印度人喜欢光天化日众目睽睽之下随处大解。让奈保尔惊讶的是，北方邦一位英俊小伙竟然将大便作了一番诗意十足的借题发挥：“在他心目中，人世间最美好、最具诗情画意的活动，莫过于黎明时分迎着朝阳蹲在河岸上”[②]。在新德里国际机场的厕所里，情况同样糟糕不堪。而这一切就发生在甘地号召向西方学习公共卫生几十年后的二十世纪六十年代。

印度学者对于奈保尔关于印度卫生习惯的负面描写反应异常激烈。早在1965年即《黑暗地带》出版第二年，迈索尔大学纳拉辛哈教授在一篇文章中进行反驳：“奈保尔对印度人大便谈得太多了！”在纳拉辛哈看来，某些印度人随地大便实际上是印度农业社会向城市化社会转轨期发生的正常现象，越来越多的无地者涌进城市，而相应设施供不应求。纳拉辛哈认为：“奈保尔先生应该学会接受这些明显的事实，然而他却指责印度人对这些熟视无睹。”[③] 纳拉辛哈的早期论断对后来印度学者的影响甚大，如旁遮普大学D. S. 麦尼教授认为，使《黑暗》得以出名的是

---

① 法·德洪迪著：《奈保尔访谈录》，邹海仑译，《世界文学》，2002年第1期，第124页。

② 奈保尔：《幽暗国度》，李永平译，三联书店，2003年，第79页。

③ C. D. Narasimhaiah, *The Indian Critical Scene: Controversial Essays*, Delhi: B. R. Publishing Corporation, 1990, p. 107.

奈保尔对印度人随地大便的“发现”。他不无尖刻地说：“奈保尔对于这一问题太过痴迷，使人纳闷，他是否真的也患便秘。”[①]从印度学者的反应来看，奈保尔的描写的确触动了他们敏感的神经。奈保尔以人类学家田野调查的方式进行创作，将印度的负面放大，展示给他心目中的西方读者，这当然会招致部分印度学者的批判。如C·查特吉怀疑，奈保尔对于印度的负面描写是否“给白人提供一本真实可信的通往印度的指南”？[②]

奈保尔曾说过：“印度的衰败荒凉使访问者震惊。”[③] 这指的是印度的贫困问题。直至今日，印度处于极度贫困状态的人口仍达三亿多，相当于 1947 年印度独立时的人口总数。贫困问题是印度现代化道路上的最大障碍之一，有时还会导致严重的政治危机。作为一个时刻关注包括自己在内的人类生存状态的作家，奈保尔对印度突出的贫困问题自然不会疏忽。他在《黑暗》中说：“印度是全世界最贫困的国家。”[④] 在《文明》中他说，印度的贫困“比任何机器都更加毁灭人性”[⑤]。在第三次印度之行中，奈保尔清醒地观察到：“警钟已敲响，数百万人行动起来。不管是城市还是农村，人们要求土地的愿望异常急迫。”[⑥]

---

① G. S. Amur & S. K. Desai, eds., *Colonial Consciousness In Commonwealth Literature*, Bombay: Somaiya Publications, 1984, p. 100.

② Purabi Panwar, ed., *V. S. Naipaul: An Anthology of Recent Criticism*, Delhi: Pencraft International, 2003, p. 109.

③ V. S. Naipaul, *The Overcrowded Barracoon and Other Articles*, London: Penguin Books, 1972, p. 55.

④ 奈保尔：《幽暗国度》，李永平译，三联书店，2003 年，第 35 页。

⑤ V. S. Naipaul, *India: A Wounded Civilization*, London: Penguin Books, 1979, p. 171.

⑥ V. S. Naipaul, *India: A Wounded Civilization*, London: Penguin Books, 1979, p. 93.

印度学者乔西认为，使奈保尔感到恐惧的印度贫困其实是英国殖民统治的恶果而已。他引用尼赫鲁的话进行说明："印度曾经长期处于英国统治的那些地方今天是最贫穷的。"[①] 面对奈保尔对于印度贫困问题的描述，印度北古吉拉特大学英语系巴特尔博士质问道："奈保尔想展示什么？蔑视还是痛苦？很明显，这是一种轻蔑而非痛心。如果他对印度有同情心的话，他绝不会写出那些东西来。"之所以如此，原因在于，奈保尔是"通过西方眼光来评判印度"[②]。这说明奈保尔关于印度贫困问题的言论没有得到部分印度学者的积极回应，这似乎与他的"局外人"叙述风格有关。印度学者潘卡加·米什拉则分析了奈保尔的心理动因："奈保尔在印度瞥见的贫穷惨淡引起了他在童年时就熟悉的恐惧不安之感。对于印度现实的痛苦愤怒之情左右着《黑暗地带》的创作。"[③] 这种说法有些勉强。

上述部分学者对奈保尔的激烈回应反映了一些印度人的矛盾和尴尬心理。印度舆论界和政界对于卫生和贫困问题并非守口如瓶。当初甘地便号召印度人讲究卫生，独立以来印度大力开展反贫困运动也是一例。但是，当奈保尔等人对这些问题进行文学书写并公之于西方世界时，强烈的民族自尊使他们多数人取下意识的守势。笔者曾经在古吉拉特的沙达尔·巴特尔大学与该校英语系几位教授为奈保尔的上述描写进行讨论，他们几乎异口同声地赞成前述纳拉辛哈教授和巴特尔博士的观点，认为奈保尔的描写

---

① Jawaharlal Nehru, *The Discovery of India*, Boston: Beacon, 1967, p. 297.

② Vasant S Patel, *V. S. Naipaul's India: A Reflection*, Delhi: Standard Publishers, 2005, p. 97.

③ Pankaj Mishra, *India in Mind: An Anthology*, Delhi: Picador India, 2005, p. 227.

是对印度的不敬，但事后不久，其中一位年过六旬的老教授在单独场合对我说，奈保尔写得很客观，写的是事实。无独有偶，1983年，印度当代海外作家维克拉姆·赛特在他的中国游记中几次提到奈保尔。他说：“我断断续续地阅读奈保尔的书，过几分钟又放下来缓和一下头痛。我对他关于印度的话不禁感到恼火，但它比一百本更冷静却更少有洞见的书要好些。这是一本复杂而发人深思的书，它迫使我要么同意、要么与之论争。”① 而在八月十四日的日记中，赛特记录了这样一句话：“明天是印度独立日。阅读奈保尔使我产生悲哀和严肃的想法。我思索着过去三十年间中印两国都为自己人民做了些什么。”② 奈保尔的作品使赛特联想到中印两国的现状对比，对比的结果令他伤感。当然，赛特在对比中也发现了印度优越于中国的地方。赛特对奈保尔的接受和分析是理性的。可以说，奈保尔对于印度人的启示在赛特身上得到了充分体现。1997年，印裔移民作家拉什迪透露了一个重要信息。他说，许多印度评论家在奈保尔关于印度辛辣尖刻的言辞间挑刺，但有些评论家承认，奈保尔抨击了印度应该遭到抨击的东西。一位南印度小说家告诉拉什迪说：“当我访问西方时，我反对奈保尔。但回到印度时，我常常是赞成奈保尔。”③

因此，从这一逻辑出发便可部分理解上述学者的激烈和愤

---

① Vikram Seth, *From Heaven Lake: Travels through Sinkiang and Tibet*, Delhi: Penguin Books, 1990, pp. 91—92.

② Vikram Seth, *From Heaven Lake: Travels through Sinkiang and Tibet*, Delhi: Penguin Books, 1990, p. 102.

③ Salman Rushdie & Elizabeth West, eds., *The Vintage Book of Indian Writing: 1947—1997*, “Introduction”, London: Vintage, 1997.

怒。他们还刻意回避了奈保尔在印度贫困问题上的态度变化。如奈保尔在1990年时写道："在这里（印度），农业革命已有成果；粮食供应的增加显示了这个事实。几十万、甚至几百万人在印度全国为这一目标而努力，他们以最有效的方式工作四十年。"[①] 这说明奈保尔开始肯定印度的成就，他对印度的反贫困运动持有信心。

由于受到西方线形进步的历史发展观念的影响，奈保尔不自觉地以心中既有的模式来观察和评价印度。奈保尔发现，印度人有一种向后看的天性，他们喜好从往昔打捞今日所需的东西。在他看来，印度文化的内敛性和印度人历史意识的缺乏影响到人们正视历史和现实。在论述印度人向后看心理时，奈保尔提到印度英语作家R. K. 纳拉扬的小说《糖果小贩》（The Vendor of Sweets，1971）中的主人公贾干："贾干的溃退是印度教最后的溃退，因为它是从一个我们知道已最终瓦解的世界开始溃退的……这是文明的死亡，是印度教最后的倾塌。"[②] 奈保尔所谓印度乃"受伤的文明"，其实应该准确地表述为印度教是"受伤的宗教"，"文明的死亡"几乎等于"印度教的死亡"。奈保尔在《文明》中写道："印度的危机并非政治性的……这是属于文明日渐衰朽的一种危机，摆脱它的惟一希望寄托在这种文明加速加倍的衰朽之上。"[③]

乔西认为，奈保尔还未具备深刻的洞察力和丰富的知识来就

① 奈保尔：《印度：百万叛变的今天》，黄道琳译，三联书店，2003年，第165页。
② 奈保尔：《印度：受伤的文明》，宋念申译，三联书店，2003年，第45页。
③ V. S. Naipaul, *India: A Wounded Civilization*, London: Penguin Books, 1979, p. 175.

印度文明和印度教进行权威评判，但他同时承认，奈保尔对印度的某些批评是诚实的印度人不会拒绝的。他说：“奈保尔的独特观察有着惊人的穿透力。他真正把握住了普通印度人内省的一面，也感受到了人们由于种姓、种族和语言群体意识而造就的狭隘忠诚。”① 乔西对于奈保尔的判断基本上是公正的。奈保尔虽有警醒印度人的用意，但他把印度文明的希望寄托在其尽快的衰朽之上，这是典型的书生意气。只要留意一下当代印度迅速崛起的态势和印度欲成为世界大国的强烈愿望，我们就会明白，奈保尔的言辞似乎有些过激了。不过，联系到某些印度教领导人曾以“印度教特性”和“印度教认同”为强国之本，不难明白，奈保尔的警示还是有其独特价值的。毕竟，“印度教认同”等印度教原教旨主义思想“鼓励了印度教当中出现的向后看的顽固保守状况……不利于提升印度文化的国际影响力。”②

印裔美国后殖民理论家霍米·巴巴说过：“模仿是一种双重发声的符号，一套复杂的改革、管理与规训战略……对于殖民话语权威之模仿的结果是复杂而又激动人心的。”③ 奈保尔包含着“模仿说”的叙述值得一提。奈保尔认为：“在全世界各色各样的人种中，印度人最具模仿天赋。”④ 在他看来，模仿使印度的创造力衰竭。印度在模仿西方的道路上行走，但失去了自己活着的传统。对此，印度学者纳拉辛哈的评价是：奈保尔的“模仿说”

① Chandra B. Joshi, *V. S. Naipaul*: *The Voice of Exile*, Delhi: Sterling Publishers, 1994, p. 69.

② 邱永辉、欧东明：《印度世俗化研究》，巴蜀书社，2003 年，第 283 页。

③ Homi K. Bhabha, *The Location of Culture*, London: Routledge, 1994, p. 86.

④ 奈保尔：《幽暗国度》，李永平译，三联书店，2003 年，第 55—56 页。

“使印度人怀疑他在进行一种蛊惑人心的宣传”①。奈保尔此处的论述的确存在一些问题。众所周知，印度文明具有很强的包孕和吸纳异文化的能力。在历史上，几乎所有的外族统治者都无法从文化上完全征服印度。当代印度也在继承传统基础上不断推陈出新，如一些当代印度学者创造性地将梵语诗学理论运用于西方文学批评便是明显一例②。这一梵语诗学批评的研究模式开了印度古典诗学批评实践的历史先例，也是清除英国殖民时期在印度人文化心理中种下的某些“模仿”种子。奈保尔看到的是英国人留给印度人的殖民遗产。联系模仿给印度带来的有利一面进行思考，奈保尔的“模仿说”才具有可信度：“印度人对于自己文明成就的认识，本质上也是19世纪欧洲知识分子启蒙之结果。单靠自己，印度不能重新发现或评价自己的历史。”③ 奈保尔在这里无意中指出了英国殖民之于印度的“建设性”一面，这也是印度人主动“模仿”欧洲的结果。“西方在对东方进行殖民和半殖民统治的同时，东方也在借助于西方使自己逐步现代化，它采取的主要策略便是模仿西方。”④ 印度人在对英国人的战略性“模仿”中获得了实利，也借机发出了印度声音。这可从积极意义上视为模仿的反讽和变异。

随着奈保尔一次次地体验印度文明，他的观点也在不断的修正之中。对照《黑暗》和《文明》可以看出，奈保尔在《百万》

---

① C. D. Narasimhaiah, *The Indian Critical Scene: Controversial Essays*, Delhi: B. R. Publishing Corporation, 1990, p. 101.

② 参阅拙文：《梵语诗学、比较诗学及其它》，《思想战线》，2006年第1期。

③ V. S. Naipaul, *India: A Wounded Civilization*, London: Penguin Books, 1979, p. 129.

④ 石海峻：《关于殖民和后殖民模仿》，《外国文学评论》，2002年第3期，第16页。

中对曾被自己视为“黑暗地带”和“受伤”的印度文明之复苏和崛起有了新的信心。奈保尔对印度文明认识的方式也在改变，由外部视角转入了内部视角。这更有助于反映印度文明的本貌。乔西说：“人们开始听到奈保尔以欣赏的语调谈论具有印度特色的东西，而不再说印度一无所有。”① 他还对奈保尔的《百万》持赞赏态度。这说明，印度部分评论家也开始以宽容的姿态接纳奈保尔近期的印度书写。

第二节 关于奈保尔的甘地论述

甘地是印度独立运动的领袖，是现代印度的象征。奈保尔对甘地的有关论述以《黑暗》和《文明》为最集中。他对甘地的社会实践、宗教思想、民族主义意识等各个方面都进行了论述，其基调是贬斥，这不免引起印度评论家的高度重视。

印度人是世界上最漠视现实的民族，远离现实的人们需要“象征”，在这种象征氛围中，可以退避和集体盲目。就甘地而言，未来印度美好和平的保证在于杜绝现代文明，重建以精神为基础的社会。文化灵魂已经“西化”的奈保尔对此不敢苟同。他将甘地的有关活动与印度文化的“象征性”联系起来：“象征性的行动是一种诅咒，给印度带来无穷的祸害。然而身为印度人，甘地不得不跟象征打交道。”② 当然，甘地对印度教系列教义和

① Chandra B. Joshi, *V. S. Naipaul: The Voice of Exile*, Delhi: Sterling Publishers, 1994, p. 87.

② 奈保尔：《幽暗国度》，李永平译，三联书店，2003 年，第 95 页。

仪式所作的解释也说明，他与带着西方之眼的奈保尔的思想冲突在所难免。例如，甘地把偶像崇拜解释为对“人性的推崇”，“祈祷就是呼唤人性，就是一种向内自我纯化的号令”，他把保护母牛视为对动物的爱护，认为它象征着“普遍的爱的实现”①。诸如此类的言论说明了他与奈保尔之间的巨大思想距离。问题的复杂性在于，奈保尔将甘地的一切活动皆与印度的“象征性”联系之。他说：“象征性的行动是一种诅咒，给印度带来无穷的祸害。然而身为印度人，甘地不得不跟象征打交道。”② 在奈保尔看来，甘地亲手操作的纺车被吸纳进“庞大的印度象征体系”中，很快丧失应有意义。“甘地式纺轮已不再是无产者的求生工具，或是劳动和团结穷人的象征，而是一种神圣的工具，一种思想的支撑或是一种令人心潮平静的瑜伽式方法，是达到精神虚无的支撑。”③ 对于1930年甘地领导的“食盐进军”（Salt March），奈保尔的评价是：“长途跋涉（指“食盐进军”）的想法来自于甘地，但是却基于一种误解。甘地的行走或长征纯粹是象征性的；它们是一种姿态、一个展示而已。”④ 面对奈保尔的解构主义姿态，巴特尔正确地指出：“没有任何个人或组织，任何党派或学会会赞成奈保尔的观点：食盐进军是没有任何严肃意义的象征之举……我们不能像奈保尔那样将食盐进军视为一个象征符号。它的确是对印度民族主义的一大贡献。要是甘地不将印度视为一个

① 转引自黄心川：《甘地哲学和社会思想述评》，《南亚研究》，1985年第1期。
② 奈保尔：《幽暗国度》，李永平译，三联书店，2003年，第95页。
③ 奈保尔：《印度：受伤的文明》，宋念申译，三联书店，2003年，第133页。
④ 同上，第199页。

民族，这一成就根本不可能实现。”[1] 奈保尔的评价与他关于印度文明的所谓“象征性”特点的思维定势有关。他消解了甘地纺车与非暴力思想所负载的沉重历史和印度民族独立运动的光荣篇章。只要带着尊重历史的心态还原历史，就不难发现，奈保尔在哪里偏离了历史的航道，又在哪里触及了历史的暗礁。

奈保尔在《文明》中暗示甘地的洞察力有缺陷，并从甘地的《自传》中寻章摘句地批评他没有反映出伦敦的新颖性。巴特尔认为，这一推断是“无稽之谈”。其时其地，甘地正在经受一种西方世界的“文化冲击”，这使他只能加强内省。出发前当着母亲的面发誓在国外“不沾酒、不吃肉、不近色”，这也限制了甘地的视野。巴特尔说：“认真思索奈保尔判断甘地洞察力有缺陷的论据时，我们发现，奈保尔的概括是太过草率了。”[2]

奈保尔心目中甘地的又一个“洞察力缺陷”即甘地等人信奉的“罗摩之治”（Ramraj）。他认为，甘地等人“罗摩之治”的实质是“完全回归自身的印度，净化了的印度”[3]。根据奈保尔对印度思想界的观察，贾亚·普拉卡什·纳拉扬等人深受“罗摩之治”的影响。

甘地的空中楼阁式理想社会是完全非暴力的社会，其特征是以真理和非暴力为基础。它以农村而非城市为基础，由自由联盟的村社组成，每个村社都是一个自足自给的安居乐业的共和

① Vasant S Patel, *V. S. Naipaul's India: A Reflection*, Delhi: Standard Publishers, 2005, p. 162.

② Vasant S Patel, *V. S. Naipaul's India: A Reflection*, Delhi: Standard Publishers, 2005, p. 150.

③ 奈保尔：《印度：受伤的文明》，宋念申译，三联书店，2003年，第180页。

国[①]。这种强烈的乌托邦复古色彩与尼赫鲁的主张形成鲜明对比。它遭到经受西方民主自由气息熏陶的奈保尔之贬斥，应在情理之中。不过，奈保尔没有注意到甘地社会思想的变化。甘地在后来逐步改变了自己的一些观点。他对于组成现代文明的一些重要因素如城市、科学技术、工业机器和议会民主制度等都有了不同程度上的认同感。

或许囿于自己的宗教文化身份，印度学者在奈保尔评述方面有时会有所保留。巴特尔在他的论著中提到了“罗摩之治”并大段引用奈保尔的相关论述，但他对奈保尔“罗摩之治”的评价一反常态地未作任何实质性反应，这应该与巴特尔（其名字便指印度教种姓中一个亚种姓）本身的印度教徒身份有关。倘若我们联系近十多年来印度国内的“印度教特性政治”运动和发生在1992年以推倒清真寺、重建罗摩庙为目的的“阿约迪亚事件”来观察，“罗摩之治”应该是很值得评说一番的[②]。巴特尔在此虚晃一枪，只说“罗摩之治”与大史诗《罗摩衍那》中的罗摩被流放后又恢复王位有关，余者按下不提。这不能不说是一个遗憾。

带着“西方之眼”的奈保尔似乎发现了甘地的又一种“洞察力缺陷”，即只具宗教意识而缺乏明确的民族（种族）意识。他认为，甘地从来没有领会真正的民族意识，他的民族意识一直是一种宗教意识。为此，奈保尔还特意引用托尔斯泰的话，甘地的

---

① 参阅尚劝余：《尼赫鲁与甘地的历史交往》，四川人民出版社，2000年，第121—125页。

② 关于这方面的问题，参阅邱永辉、欧东明：《印度世俗化研究》，巴蜀书社，2003年，第285—291页。

“印度教民族主义玷污了一切”[①]。按照奈保尔的逻辑，作为种族领导，甘地失败了，因为他只有印度教民族主义意识，而非作为一个整体的印度民族意识。“印度缺少意识形态，这是甘地和印度的双重失败。印度人民没有国家观念。”[②] 巴特尔认为，奈保尔是错误的，因为：“如果不是甘地，谁又赋予印度人以国家观念？奈保尔没有意识到，他忽视了甘地的伟大业绩，从而扭曲了自己的视线。”[③] 巴特尔以还原历史的方式进行反驳。一是甘地曾经撰文驳斥《纳塔尔广告报》对印度人的攻击，他在替印度人辩护的过程中，已经清楚地显示了一种坚定的民族意识。再如，甘地在《印度自治》中自豪地将印度人作为一个种族来对待：“所有的印度人迫不及待地想获得自治，但他们确实还不明白自治的含义所在。”[④] 这样看来，甘地的确具有明晰的眼光和深厚的民族意识。这反映了奈保尔对甘地、乃至对印度民族独立运动历史的了解不够深入。事实上，在印度现代历史发展中，甘地提倡民族语言，把发展民族语言作为争取民族自决的一个重要条件。他说：“任何一种自治的方案，如果我们不尊重先辈所说的语言的话，都不能使我们成为自治的民族。”[⑤] 从这些话来看，甘地已经具有鲜明的民族意识。奈保尔的论断引起印度学者的不满是必然的。根据笔者在印度留学时观察，一些大学的印地语系便以甘地提倡民族语言的话作为该系的座右铭，指导正常的教学

① 奈保尔：《印度：受伤的文明》，宋念申译，三联书店，2003 年，第 117 页。

② 同上，第 206 页。

③ Vasant S Patel, *V. S. Naipaul's India: A Reflection*, Delhi: Standard Publishers, 2005, p. 161.

④ M. K. Gandhi, *Hind Swaraj or Home Rule*, Delhi: Navjivan Publishing House, 1984, p. 30.

⑤ 转引自黄心川：《甘地哲学和社会思想述评》，《南亚研究》，1985 年第 1 期。

秩序。

奈保尔还就甘地的宗教实践进行过评说。巴特尔指斥道："这已经超出了他的理解范围和能力。这一纯粹的印度观念对他而言太过复杂了。"[①] 潘沃尔认为："奈保尔没有能力理解甘地的实验、发现、誓言和他欲在外部和内部世界建立联系的努力，这表明了奈保尔眼光的局限性，而这又起源于他所受的殖民教育。"[②] 这二位学者的观点有正确的一面，但奈保尔对甘地不是绝对的无知，如他说过："甘地是被伦敦、法律学习、在南非的二十年、托尔斯泰、罗斯金和《薄伽梵歌》共同塑造的。"[③] 这表明，奈保尔对甘地的宗教思想有一些感悟。

奈保尔说，甘地的价值观正在受到败坏，甘地思想正被人们慢慢地遗忘。巴特尔对此回应道："奈保尔说甘地主义正在走下坡。但甘地本人并不承认有一种甘地主义的存在。甘地从来不认为他阐述了什么新的东西。"[④] 巴特尔此处的反驳没有抓住要害。甘地思想或曰甘地主义是一种客观存在，它以非暴力思想和理想社会设计为核心[⑤]。尽管奈保尔对甘地思想并不欣赏，但甘地思想的积极方面对于当代印度乃至世界确实有着非常重要的意义和影响。例如，甘地思想中重视农村的成分通过对尼赫鲁的影响，

---

① Vasant S Patel, *V. S. Naipaul's India: A Reflection*, Delhi: Standard Publishers, 2005, p. 162.

② Purabi Panwar, *India in the works of Kipling, Forster and Naipaul: Postcolonial Revaluations*, Delhi: Pencraft International, 2000, p. 118.

③ 奈保尔：《印度：受伤的文明》，宋念申译，三联书店，2003 年，第 197 页。

④ Vasant S Patel, *V. S. Naipaul's India: A Reflection*, Delhi: Standard Publishers, 2005, p. 175.

⑤ 林承节：《殖民统治时期的印度史》，北京大学出版社，2004 年，第 291—296 页。

而作用于当代印度的社会发展。甘地通过潜移默化的方式，影响了尼赫鲁执政期间奉行的不结盟政策、和平解决国际争端、提倡和平共处五项原则等外交政策，这对当代世界政治和外交实践影响深远。这说明了甘地思想的当代价值，也说明了奈保尔西方视角的不可靠性。

奈保尔还认为，甘地一身结合东方和西方、印度教和基督教的文化传统。与甘地相比，尼赫鲁可以说是“地道的印度人”①。巴特尔认为，甘地本质上是地道的印度人，而“尼赫鲁的视角则纯粹是西方式的”②。事实上的确如此。

与对印度文明的评价一样，奈保尔对于甘地的评价也存在一个渐进变化的过程，印度学者对此很少予以关注。在《黑暗》和《文明》中，奈保尔对甘地持贬低姿态，他对甘地的评价是与他对印度前景的悲观怀疑联系在一起的。到了创作《百万》的时候，他对甘地评价的心态开始摆正位置。《文明》中出场的某些印度人在讲述甘地时，多带有贬意。在《百万》中，印度工程师普拉瓦斯所叙述的甘地变得更加客观：“甘地找到了办法，把古老的真理变得很简单。我在成长过程中听了不少那些甘地式的口号。譬如‘多做少说’。”③ 德里出版家维斯瓦·纳塔深情地回忆道：“甘地把我们组成一个国家。我们像鼠类，他使我们成为人。”④ 这一内部视角的深情叙述，微妙曲折地传达出奈保尔对甘地评价的立场转变。

---

① 奈保尔：《幽暗国度》，李永平译，三联书店，2003 年，第 83—84 页。

② Vasant S Patel, *V. S. Naipaul's India*: *A Reflection*, Delhi: Standard Publishers, 2005, p. 95

③ 奈保尔：《印度：百万叛变的今天》，黄道琳译，三联书店，2003 年，第 184 页。

④ 奈保尔：《印度：百万叛变的今天》，黄道琳译，三联书店，2003 年，第 429 页。

第三节　关于奈保尔的文化身份探索

瑞典文学院诺贝尔文学奖授奖词中说："奈保尔是一个文学世界的漂流者，只有在他自己的内心，在他独一无二的话语里，他才真正找到了自己的家。"① 有意思的是，印裔美国后殖民小说家芭拉蒂·穆克吉曾经声称："与我心目中的榜样奈保尔一样，我努力探索那种艺术状态中的流亡。"② 这显示出奈保尔对于当代后殖民文学创作的示范价值。

正如乔西所言："奈保尔的印度书写本质上是对自己的一种身份追问。"③ 奈保尔关于自己的身份探索主要通过《黑暗》来表现，后持续到《百万》中。奈保尔接受诺贝尔文学奖发表演讲时说："我去了印度一年，那是我祖先的国度。那次旅行将我的生命分成两半。"④ 这里的"两半"指他心目中印度记忆与印度体验的极不协调，指他的文化身份追问遇到了严峻挑战，一种"分裂的意识"由此产生。自打踏上印度领土，强烈的文化冲击波扑面而来。在这里，奈保尔以前心目中的印度不见了，代之以一个让他失望之极的贫穷落后的印度。作为一个经历了文化悬挂（cultural suspending，特里尼达时期）和文化置换（cultural dis-

① "瑞典文学院二〇〇一年度诺贝尔文学奖授奖辞"，阮学勤译，《世界文学》，2002年第1期，第133页。

② Bharati Mukherjee , *Darkness*, London: Penguin Books, 1985, p. 2.

③ Chandra B. Joshi, *V. S. Naipaul: The Voice of Exile*, Delhi: Sterling Publishers, 1994, p. 64.

④ Mohit K. Ray, ed., *V. S. Naipaul: Critical Essays*, Delhi: Atlantic Publishers & Distributors, 2002, p. 13.

placement，英国时期）的印裔后代，奈保尔此时正在进入人称文化疏离（cultural estrangements）期里文化认同倒置和文化茫然的心理状态①。

背负文化疏离心态的痛苦无奈，奈保尔对近在咫尺却又仿佛远在天涯的印度文明无法达成文化包容姿势。他在《黑暗》中叹息道：“身在印度，我总觉得自己是一个异乡人，一个过客。”②奈保尔无法完成印度文化身份的建构，也就不能与娘家的印度人达成亲戚认同。第二次印度之行还是没有解开奈保尔心中对于印度文明的“陌生”情结：“印度，这个我1962年第一次探访的国度，对我来说是一块十分陌生的土地。”③

纳拉辛哈曾就奈保尔的第一次印度之行无果而终发表看法。他说，奈保尔所经历的是一种“无家无根者在无国无宗教也无赖以生息的一套价值信仰的情况下的痛苦体验”④。这很准确地点出了奈保尔的悲剧所在。作为海外游子的奈保尔，对于自己的文化之根，弃之不得又爱之不能。特里尼达使奈保尔形成虚幻非真、一触即碎的印度形象，而英国生活又使他在文化心灵上疏远了印度精神。

奈保尔既是一个“内在流亡者”即没有自己的精神归宿，也是一个“现实流亡者”即没有自己的祖国。后殖民理论家赛义德说过：“某种程度上，早期的奈保尔也是一位现代知识分子流亡

① 梅晓云：《文化无根：以奈保尔为个案的移民文化研究》，陕西人民出版社，2003年，第62、99、136页。

② 奈保尔：《幽暗国度》，李永平译，三联书店，2003年，第196页。

③ 奈保尔：《印度：受伤的文明》，宋念申译，三联书店，2003年，第3—4页。

④ C. D. Narasimhaiah, *The Indian Critical Scene*: *Controversial Essays*, Delhi: B. R. Publishing Corporation, 1990, pp. 108-109.

者。"[①] 因此，许多印度学者联系到奈保尔心中的流亡意识来阐释其身份认同危机。他们认为，就奈保尔而言，流亡和家园是同一枚硬币的两面。奈保尔流亡的基本动机是"寻求身份认同。他的创作便是发现自我的过程。当被一刀斩断现实的家园以后，他用语言来重建小说中的家园"[②]。潘沃尔说："奈保尔对自我身份和周围世界的探索，如关于民族、历史、族群和文化的探索，已经形成一种广义的'自我流亡诗学'。"[③] 巴特尔说，奈保尔可以说是"双重流亡或曰二次流亡者"。他属于彻底的文化无根，没有任何身份标记，只有一种奇特的"分裂意识"："我们可用不同的术语来表述他的身份，如被放逐者、侨民、流亡者、移民、避难者或无家可归者"[④]。巴特尔还认为："奈保尔用他的笔力，将平凡男女关于殖民地的真实体验意象化。这是他对我们理解当代人困境的重大贡献。"[⑤] 他的评价比较中肯地揭示了奈保尔身份探索的当代意义。他还认为，奈保尔在印度的文化寻根可用印度大史诗《罗摩衍那》的结构范式来阐释：流亡，受苦，挣扎，回归。具体说，奈保尔的寻根叙事"遵循着《罗摩衍那》的结构：《黑暗》可以称为流亡之书，《文明》则是受苦之书，《百万》则

---

① 赛义德：《知识分子论》，单德兴译，三联书店，2002年，第49页。

② Chandra B. Joshi, *V. S. Naipaul: The Voice of Exile*, Delhi: Sterling Publishers, 1994, pp. 3~4.

③ Purabi Panwar, ed., *V. S. Naipaul: An Anthology of Recent Criticism*, "Introduction," Delhi: Pencraft International, 2003, P. 22.

④ Vasant S Patel, *V. S. Naipaul's India: A Reflection*, Delhi: Standard Publishers, 2005, p. 74.

⑤ Vasant S Patel, *V. S. Naipaul's India: A Reflection*, Delhi: Standard Publishers, 2005, p. 324.

是挣扎之书，而近年出版的《半生》可以视为回归之书”[1]。应该承认，上述印度学者对于奈保尔流亡意识的探讨不无启迪意义。值得一提的是，维内·克巴尔在众多印度学者中独特地将奈保尔划归“西印度作家”之列，还将他与拉什迪等一道视为第三世界流亡作家进行研究[2]。

由于具有宗教方面的阐释优势，印度学界还探讨了奈保尔身上残存的“印度性”即他隐秘的婆罗门意识。乔西认为：“奈保尔对食物的挑剔，对古老风俗和仪式慢慢衰退的遗憾是一些思想表征，这完全可追踪到他的婆罗门意识那里。”[3] 巴特尔认为，奈保尔是一个“原始的传统的婆罗门”：“奈保尔是一个印度教徒，因为他身上有印度教徒的梵祭意识，不管他怎么否认。”[4] 的确，奈保尔的话也说明了这一点：“我那位印度出生的祖父于二十世纪二十年代在特里尼达盖了一栋房子，就在房子最顶端设了间礼拜室。我最熟悉的是不时举行的史诗及经文念颂仪式……这就是我成长时所接触到的印度教，而这就足够让我觉得莫测高深了。”[5] 奈保尔在1993年接受记者访谈时提到了上一年印度发生的有关印穆冲突的“阿约迪亚事件”：“在阿约迪亚这样一个被印度教徒视为神圣的地方建造清真寺，这意味着侮辱。这是对两

---

① Vasant S Patel, *V. S. Naipaul's India: A Reflection*, Delhi: Standard Publishers, 2005, pp. 343～344.

② Viney Kirpal, *The Third World Novel of Expatriation*, “Preface”, Delhi: Sterling Publishers, 1989.

③ Chandra B. Joshi, *V. S. Naipaul: The Voice of Exile*, Delhi: Sterling Publishers, 1994, p. 36.

④ Vasant S Patel, *V. S. Naipaul's India: A Reflection*, Delhi: Standard Publishers, 2005, p. 344.

⑤ 奈保尔：《印度：百万叛变的今天》，黄道琳译，三联书店，2003年，第229页。

三千年前罗摩的观念的侮辱。”[①] 奈保尔语出惊人，震惊了许多印度人，他被一些印度教徒称赞为“印度教特性”（Hindutva）的支持者，很多印度学者将此作为他拥有婆罗门意识的重要证据。

印度学者还认为，拥有婆罗门意识的奈保尔，对于穆斯林有一种疏远和不信任的感觉。与福斯特一样，奈保尔在《幽暗》里也描写了一个叫阿齐兹的穆斯林。他写道，仆人阿齐兹与自己分别时，他把几张卢比钞票递给对方：“阿齐兹接过钞票，眼泪扑簌簌地滚落腮帮。即使此时此刻，我都不敢断定，阿齐兹曾经当过我的仆人。”[②] C·查特吉认为，奈保尔在此表现出一种典型的殖民主义心态：“一方面，他想确认阿齐兹对自己的忠实，另一方面，他不敢确信自己是否信任阿齐兹，因为他是一个穆斯林。”[③] 巴特尔则认为，这与奈保尔自小养成的印度教婆罗门意识密切相关。“尽管阿齐兹是透明的，奈保尔不敢深信他，因为他只理解印度教婆罗门，而不懂得穆斯林的心思。”[④]

综上所述，印度学者认为奈保尔具有一种潜意识的婆罗门意识。但实际上，奈保尔的婆罗门意识已经非常微弱，它潜伏于其西方人格意识之中。夸大奈保尔的婆罗门意识是不恰当的，但否认它对奈保尔复杂身份人格的影响也不合适。

作为一个“逆写帝国”的后殖民作家，奈保尔的复杂性远远

---

① Purabi Panwar, ed., *V. S. Naipaul: An Anthology of Recent Criticism*, Delhi: Pencraft International, 2003, p. 62.

② V. S. Naipaul, *An Area of Darkness*, London: Penguin Books, 1968, p. 182.

③ Purabi Panwar, ed., *V. S. Naipaul: An Anthology of Recent Criticism*, Delhi: Pencraft International, 2003, pp. 105—106.

④ Vasant S Patel, *V. S. Naipaul's India: A Reflection*, Delhi: Standard Publishers, 2005, p. 41.

超过了人们的想象。乔西观察到：“奈保尔的近期作品（指《百万》）显示出一种关心和完全容纳印度的姿势，而这点恰恰将他与写作《中间通道》和《印度：受伤的文明》时的奈保尔拉开了距离。”[①] 随着与印度文明一次次的邂逅和亲密接触，奈保尔心头文化疏离的陈年冰块逐渐融化。这使他对印度文明的看法在发生积极变化，同时也牵涉到他身份意识的演变。在《黑暗》中，奈保尔把自己放在被表述者位置之外，尚未摆脱东方主义表述他者的传统影响，到了二十多年后创作《百万》时，奈保尔开始让“他者”说话，自己表述自己。这是“作家身份意识的一个根本性转变”，显示他已经“重建了在《黑暗》中失去的自我同一性/身份”[②]。换句话说，他以《百万》为新的起点，认真地作出了拥抱印度文明的一种可贵姿态。

第四节　关于奈保尔与其他作家的比较

印度学者对于殖民时期和后殖民时期西方作家描写印度的文本高度重视。他们曾将奈保尔与英国作家吉卜林、福斯特、康拉德和印裔英国作家如N·乔杜里、拉什迪等人进行比较研究。

奈保尔在《黑暗》中多次提到R·吉卜林。吉卜林是1907年诺贝尔文学奖获得者，殖民文学中描写印度的典型代表。潘沃

① Chandra B. Joshi, *V. S. Naipaul*: *The Voice of Exile*, Delhi: Sterling Publishers, 1994, p. 87.

② 张德明：《后殖民旅行写作与身份认同：奈保尔的“印度三部曲”解读》，《外国文学评论》，2005年第2期，第56页。

尔揣测，奈保尔对吉卜林有一种“崇拜之情”。奈保尔的作品表现出一种对印度爱恨交加的情绪，这与当初吉卜林在《基姆》中表现出的情绪有些相似。不同的是，吉卜林对印度的爱与他的殖民主义情结分不开。奈保尔在以殖民教育培养的西方眼光看待印度这点上与吉卜林又有相同之处。潘沃尔说：“一个眼光敏锐的读者阅读《幽暗》时会注意到，吉卜林作品和奈保尔早期作品存在相似处。”[①] 这说明：“在后殖民时期，一些作家的殖民和霸权心态并没有随着殖民地政治独立而消失。”[②]他的观点正确地说明了殖民文学与后殖民文学微妙复杂的思想关系。

E·M·福斯特的《印度之行》已成为英语文学的经典之作。纳拉辛哈认为，奈保尔的《黑暗》是福斯特再加上奈保尔自己关于后独立时期印度印象的“奇怪的混杂体”[③]。潘沃尔认为，奈保尔在《黑暗》创作中表现的记者风格和福斯特的日记书信相似。与福斯特相比，奈保尔来印度的次数更多，但他并不能很好地理解印度精神，这是因为，奈保尔“没有带着一种开放心态来到印度”[④]。巴特尔则从奈保尔和福斯特对穆斯林的描写中得出结论：“奈保尔和福斯特对于穆斯林的评价在感情上相通。”[⑤]

---

① Purabi Panwar, *India in the works of Kipling, Forster and Naipaul: Postcolonial Revaluations*, Delhi: Pencraft International, 2000, p. 100.

② Purabi Panwar, *India in the works of Kipling, Forster and Naipaul: Postcolonial Revaluations*, Delhi: Pencraft International, 2000, p. 135.

③ C. D. Narasimhaiah, *The Indian Critical Scene: Controversial Essays*, Delhi: B. R. Publishing Corporation, 1990, p. 98.

④ Purabi Panwar, *India in the works of Kipling, Forster and Naipaul: Postcolonial Revaluations*, Delhi: Pencraft International, 2000, p. 111.

⑤ Vasant S Patel, *V. S. Naipaul's India: A Reflection*, Delhi: Standard Publishers, 2005, p. 59.

艾勒克·博埃默认为：“奈保尔在文学上真正效仿的是康拉德。”[①] 乔西将创作过《黑暗之心》的康拉德拿来作为解释奈保尔存在主义思想的一个来源。他认为：“在‘存在的阴影’中关注自己命运这点上，奈保尔无疑是康拉德的继承人。”[②] 巴特尔说：“《黑暗地带》里的印度就在奈保尔的心目中。”[③] 奈保尔的自述也证明了他与康拉德的思想继承关系。他说，他通过父亲的引荐了解到的第一个现代作家就是康拉德。康拉德的价值观是他六、七十年来一直在世界上琢磨的东西，直到现在才参透它。“那是一种关于康拉德式思索的主题，它告诉我们关于这个新世界的一些东西。”[④] 旁遮普大学迈尼教授说：“奈保尔笔下的印度不是我们的印度。”他认为，奈保尔的《黑暗地带》是“向自我内心世界进发、通往个人意识的刚果地带的旅行。它是奈保尔式的《黑暗之心》。”[⑤]

尼拉德·乔杜里（Nirad Chaudhuri）是从印度移居英国的英语作家，他在印度是一个颇有争议的人物。F·阿兰认为，虽然表面上看，奈保尔和乔杜里没有什么共同点，但事实上，他们二人“在奔赴英国的动机上非常相似，他们的散居意识和永无尽头的文化寻根也是相同的”。两人都属于世界大都市伦敦的“寓

---

① 艾勒克·博埃默：《殖民与后殖民文学》，盛宁、韩敏中译，辽宁教育出版社，1998年，第204页。

② Chandra B. Joshi, *V. S. Naipaul: The Voice of Exile*, Delhi: Sterling Publishers, 1994, p. 5.

③ Vasant S. Patel, *V. S. Naipaul's India: A Reflection*, Delhi: Standard Publishers, 2005, p. 97.

④ V. S. Naipaul, *Literary Occasions: Essays*, Delhi: Picador India, 2004, p. 180.

⑤ G. S. Amur & S. K. Desai, eds., *Colonial Consciousness in Commonwealth Literature*, Delhi: Somaiya Publications, 1984, p. 101.

客”。阿兰认为，奈保尔无疑是个比乔杜里更伟大的作家。在身份探索方面，奈保尔在《抵达之谜》和《寻找中心》两本书里做了乔杜里无能为力的事情。尤其是《抵达之谜》，它“真正体现了奈保尔在后帝国主义时代、为自己作为二十世纪一个现象进行时空定位的动机”①。

有的印度学者说：“奈保尔和拉什迪是最近时期里最臭名昭著的棕色洋大人（brown sahibs）。”② 拉什迪以《午夜诞生的孩子》在西方英语世界名声鹊起，又以《撒旦诗篇》换来自己的厄运。将这两位作家进行比较是一些印度学者感兴趣的事情。巴特尔认为，由于奈保尔近年风头正旺，他在今日英国文坛已经“取代了拉什迪的名望”③。拉什迪和奈保尔的移民观不同。对奈保尔来说，抵达文化家园是一个幻想、是不可能的，但拉什迪在《撒旦诗篇》中暗示，对移民而言，抵达的概念有多重涵义。在路上便是回家，有回家的念头便是回家。因此，印度学者认为，拉什迪与奈保尔之间最明显的差异是心态问题：“拉什迪并不愤世嫉俗、玩世不恭地描述印度形象，而奈保尔在他的《黑暗地带》和《印度：受伤的文明》中就是这样做的。”④

---

① Purabi Panwar, ed., *V. S. Naipaul*: *An Anthology of Recent Criticism*, Delhi: Pencraft International, 2003, p. 195.

② Ziauddin Sardar, *Orientalism*, Delhi: Viva Books, 2002, p. 88.

③ Vasant S Patel, *V. S. Naipaul's India*: *A Reflection*, Delhi: Standard Publishers, 2005, p. 32.

④ G. R. Taneja & R. K. Dhawan, eds., *The Novels of Salman Rushdie*, Delhi: Indian Society for Commonwealth Studies, 1992, p. 15.

第四章　泰戈尔与奈保尔比较研究

罗宾德拉纳特·泰戈尔（Rabindranath Tagore，1861—1941）是闻名世界的印度文学巨匠，他的文学活动主要是在19世纪后期到20世纪三四十年代，他于1913年为亚洲第一次获得诺贝尔文学奖。印裔英国移民作家奈保尔（V. S. Naipaul）于1932年出身于西印度群岛特立尼达的一个印裔婆罗门家庭。他于2001年获得诺贝尔文学奖。这两位生活年代不同、生活地域相异的作家，表面上看来似无任何联系，实际上，他们之间存在许多值得比较的地方。本文拟从环绕在他们头上的诺贝尔文学奖“光晕”和二人关于印度社会现实的论述入手，探寻他们的同中之异与异中之同。

第一节　诺贝尔文学奖“光晕”

首先从环绕在泰戈尔与奈保尔头上的诺贝尔奖“光晕”入

手，分析一下殖民与后殖民时期诺贝尔奖的某些共同特征。

无可置疑的是，作为殖民时期与后殖民时期的强势语言，英语在泰戈尔与奈保尔的获奖中扮演着举足轻重的角色，这充分显示了作为西方权力话语之一的诺贝尔文学奖的一大特点。

近代以来，生活在英国殖民统治之下的孟加拉精英分子，因急于“分享英语带给他们的显而易见的技术、文化和政治进步，急于满足梵语和波斯语不能给予他们的对现代世界的知识渴望，还因为开阔眼界，甚至是他们自己灵魂健康的需要，感到印度人必须学习英语，并通过英语掌握欧洲古代、近代的智慧知识”[①]。泰戈尔的父亲也深受时代风尚的熏陶。他对孩子们采取本土文化与外国文化并行不悖的教育方式。他既要求泰戈尔学习梵语和孟加拉语，又亲自教他学习英语。泰戈尔后来回忆道：“父亲教我学英文，随身携带了一些彼得·伯尔利故事丛书，从中挑选一本班治敏·弗兰克林传记作为我的英文课本。”[②]通过不断努力，泰戈尔的英语达到了很高水平，为他 1878—1880 年留学英国及后来进行英语创作或英语翻译打下了坚实的语言基础。

1912 年初去英国伦敦前夕，泰戈尔首次用英语翻译了他自己用孟加拉语写成的《吉檀迦利》中的部分诗歌。泰戈尔后来回忆说，他用英语翻译的那些诗歌使自己在西方引人注目：“那些翻译的书成了我访问西方世界的资本。命运使我逐渐在印度以外的世界获得了地位，虽然这并非我的本意。”[③] 同年 5 月，泰戈

① S. K. Chatterji, *World Literature and Tagore*, Santiniketan: Visva Bharati, 1971, p. 161.

② 刘安武等主编：《泰戈尔全集》第 19 卷，河北教育出版社，2000 年，第 152 页。

③ 刘安武等主编：《泰戈尔全集》第 21 卷，河北教育出版社，2000 年，第 130 页。

尔到达伦敦后，便给他的英国友人、时任伦敦皇家美术学院院长的威廉·罗森斯坦看了一些自己的译诗。罗森斯坦认为，泰戈尔的诗非常神秘但又新颖别致。他把泰戈尔的诗歌给朋友安德鲁·布拉德雷看时，后者也有同感。罗森斯坦依稀觉得，一位东方大诗人来到了西方世界。他将此事告知爱尔兰著名诗人叶芝。叶芝后来于1923年获得诺贝尔文学奖。当时的西方文坛，处于领导地位的是后期象征主义文学思潮，后期象征主义作家往往从对个人命运的思考扩展到对历史命运的思考，从对个体的生命探秘扩展到对永恒的普遍真理的探求，而在这方面表现最突出的就是后期象征主义诗歌的杰出代表叶芝。叶芝看了同样充满神秘象征色彩的泰戈尔译诗后写道："这些诗向我展示出平生梦寐以求的一个世界。这些诗篇尽管属于无比高尚的文化，但却仿佛从普通的土壤里生出的青草和灯心草。"[1]叶芝对泰戈尔诗歌的赞颂鼓舞了罗森斯坦。后者"热情崇拜泰戈尔，并急于让其他的人都来了解泰戈尔的诗作。他觉得他有了一个伟大的发现：泰戈尔不仅是印度诗人，而且也是整个人类的诗人并属于整个世界"[2]。罗森斯坦向英国的印度学会建议，它应为自己的成员泰戈尔出版诗选，叶芝同意为之作序。可以说，他为西方世界"发现"泰戈尔助了一臂之力。于是，英文版《吉檀迦利》第一版于1912年11月问世了。所有英国报纸都对这本书的出版表示欢迎，这使泰戈尔立即蜚声于西方世界。这为泰戈尔竞争诺贝尔文学奖提供了一个有

---

① Krishna Kripalan, *Rabindranath Tagore: A Biography*, Calcutta: Visva-Bharati, 1984, p. 225.

② Marjorie Sykes, *The Story of Rabindranath Tagore*, London: Orient Longman Ltd, 1976, p. 63.

利的平台。这从瑞典文学院给予泰戈尔的获奖评语中便可看出："泰戈尔的《吉檀迦利》是一部宗教颂诗集……这部作品已完全地、实实在在地归属于英语文学了。虽然作者本人就文化教养和创作实践而言，是印度本民族语言的诗人，但他却给他的诗披上了新装（英语），而这新装在形式与灵感的独立性上都同样完美。由于克服了语言的障碍，这使英格兰、美国以及整个西方世界中那些对贵族文学抱有兴趣并予以重视的人士都能接受和理解他的诗作。"①

再看奈保尔。奈保尔与泰戈尔不同，他的家庭虽然也属于印度的高种姓婆罗门种姓，但却非常贫穷。他的父亲只受过很少的正规教育，年轻时打过各种各样的短工，但依靠自学成了特立尼达《卫报》的一名记者，他还写过一些短篇小说。奈保尔之所以能够成为一名作家，很大程度上是受了他父亲的影响。更有意义的是，奈保尔还在童年时，他父亲常常会把他叫去，给他读自己特别喜欢的一些英国文学作品的片段，如莎士比亚剧本《尤利乌斯·恺撒》中的几段演说，狄更斯小说《雾都孤儿》、《大卫·科波菲尔》中的一些片段，等等。他一边朗读，一边讲解。奈保尔很快就对父亲所喜欢的东西产生了兴趣。在殖民地学校里，他学习的是《科林斯经典系列》等。可以看出，奈保尔接受的文学教育主要是以英国文学为代表的西方文学。父亲得到了在《卫报》的工作后，奈保尔一家搬家到了西班牙港。据他自己回忆，这座城市只有十二英里远，但他却像是到了另外一个国家。他们把不

① 毛信德等译：《20世纪诺贝尔文学奖颁奖演说词全编》，百花洲文艺出版社，2001年，第137页。

足挂齿的印度乡村世界，一个记忆中正在变得模糊的印度形象抛在了脑后。他再也无法返回那种熟悉的生活，他与印度的母语失去了联系，他从未再读过《罗摩衍那》。在父亲的鼓励下，14 岁的奈保尔就立志要去英国学习。1950 年，奈保尔终于如愿以偿。他以优异的成绩，从特立尼达的殖民政府那里获得一笔丰厚的奖学金，这样的奖学金在当地一年只有四个名额。接下来，奈保尔前往英国牛津大学学习，并于 1953 年获得英语文学学士学位。这时，他已经完全具备了用西方强势语言即诺贝尔文学奖评委所熟悉的英语进行创作的实力。

不可否认的是，一定程度上，泰戈尔和奈保尔的获奖皆与西方人的身份认同有着千丝万缕的联系。毕竟，诺贝尔文学奖代表了过去乃至今日政治经济处于强势地位的西方世界的权力话语。

泰戈尔的英文版诗集《吉檀迦利》在伦敦出版后，英国皇家文艺协会负责人、正为当时的大英帝国物色诺贝尔文学奖候选人的 T. S. 摩尔向瑞典文学院寄出了推荐泰戈尔角逐 1913 年诺贝尔文学奖的信函。摩尔当时是英国皇家文艺协会的一位要人，他从 1912 年起便开始负责一项艰巨的任务：为当时显赫的大英帝国争取诺贝尔文学奖，此前颁发的 12 届诺贝尔文学奖，英国只有鲁德雅德·吉卜林（Rudyard Kipling）在 1907 年获奖。“日不落帝国”傲慢的自尊心受到了严重打击。作为英王治下的英属印度的一介臣民，泰戈尔无形中担当起了为印度也为大英帝国争取殊荣的特殊使命。

另一方面，1857 年，印度民族大起义后，英国女王于 1858 年直接掌握英国殖民政府对印度的控制权。印度正式成为英国的殖民地。此后，“英属印度”（British India）无论作为一个政治概念还是文化地理概念，都已经深入英国人乃至一部分欧洲人的心目中。1912年泰戈尔抵达英国时，摩尔视其作品为英语文学的一部分并举荐之，瑞典文学院则视其为西方文学的一部分而属意之，应是非常自然的事情。从此意义上来说，泰戈尔真是国家不幸诗家"幸"。一位英国评论家于泰戈尔获奖后在英国的《伯明翰邮报》上带着殖民帝国心态所讲的话可以佐证："从今以后，谈到印度英语诗歌（Indian-English poetry），谁也不能忽视这一事实：就这种诗歌而言，只有这两大代表人物成为获得诺贝尔文学奖的作家。这是一对奇怪的伙伴：吉卜林与泰戈尔！"[①]

瑞典文学院在诺贝尔文学奖授奖辞中解释道："奈保尔是康拉德的继承者，他从道德观的角度，也即从对人类造成何种影响的角度，记录了（殖民）帝国的兴衰变迁。"[②] 这曲折地反映出诺贝尔文学奖评委会的隐蔽心态。在他们那里，奈保尔关于第三世界的英语书写就如同康拉德在其小说代表作《黑暗之心》(Heart of Darkness) 里对"野蛮"之地黑非洲的文学叙事。奈保尔与康拉德在某些方面画上了等号。事实上，奈保尔1953年在英国牛津大学获得学位后，便于1955年与英国姑娘黑尔（P. Hale）喜结连理并定居英国，在形式上完成了从"边缘"（殖民地）向"中心"（宗主国）的转移过渡。1956年，他成为英国广播公司（BBC）的自由撰稿人，同时开始创作生涯。奈保尔自1957年发表处女作《神秘的按摩师》起，迄今已经出版了各种

---

① Krishna Kripalan, *Rabindranath Tagore*: *A Biography*, Calcutta: Visva-Bharati, 1984, p. 241.

② 阮学勤译：《瑞典文学 2001 年度诺贝尔文学奖授奖辞》，《世界文学》，2002年，第1期。

作品20多部。获得诺贝尔奖以前，他已经获得众多文学奖，其中包括英国的约翰·鲁林·里斯纪念奖、毛姆奖、布克奖、艾略特奖和首届戴维·可恩英国文学奖等。虽然奈保尔是一外来移民，但他的成就不能不让特立尼达的前宗主国英国引以为荣。鉴于他对英语文学的重要贡献，英国女王伊丽莎白二世于1990年授予他爵士头衔（这与1916年英王授予泰戈尔爵士称号何其相似）。他逐渐获得了包括诺贝尔奖评委在内的欧洲主流社会的认可。奈保尔的创作属于“后殖民地文学”的范畴。所谓“后殖民地文学”是指原来英法等国的殖民地诸国的文学创作。但是，无论作为理论概念还是文学现象，“后殖民地文学”都只是英语界的产物。因此，“后殖民地文学”也被称为“英联邦文学”或“第三世界文学”。这些后殖民地作家用英语写作，他们的作品可以称为“小写的英语文学”（english literature）。在20世纪60—80年代，奈保尔和其他一些作家如萨尔曼·拉什迪（Salman Rushdie）等拒绝“英联邦作家”这一暧昧的称号，但事实上，他们已经有意无意间进入了一种“新殖民文化安排”的秩序里[①]。从这个角度来说，奈保尔的获奖也许应该是民族不幸（特立尼达被殖民）自家“幸”。

泰戈尔获奖在很大程度上也与西方人的东方观有一定的关联。某种程度上，这是一种东方主义的心态。奈保尔的获奖也或多或少与此相关。

当代后殖民理论家认为，“东方”（The Orient）是“学者的

① 吉尔伯特：《后殖民理论——语境、实践、政治》，陈仲丹译，南京大学出版社，2001年，第35页。

一种话语，它代表着现代欧洲近来从仍属于异质的东方所创造出来的东方”[①]。进一步说，这种东方主义思想无形中已成为西方人的集体无意识，潜移默化地影响着瑞典文学院诺贝尔奖评委的旨趣和判断。瑞典文学院在颁奖词中如是说，泰戈尔用任何人都能理解的英语，传达了长期存在于西方人臆测之中的“东方宝库的福音”。“泰戈尔向我们展示的是另一种完全不同的文化，这种文化在印度辽阔的、平静的、奉为神圣的森林中达到了完美的境界。这种文化寻求的是灵魂的恬静和安宁，这与自然本身的生命是互相和谐的。”[②] 对于奈保尔，诺贝尔奖评委们则说，在他的小说《抵达之谜》中，“就像一位人类学家在研究密林深处尚未被开发的一些原始部落那样”，他“创作出了旧殖民地统治文化悄然崩溃和欧洲邻国默默哀亡的冷峻画卷”[③]。“东方宝库”也好，“原始部落”也罢，均可看出他们阅读泰戈尔诗歌与奈保尔小说时一种积极而隐蔽的“误读”心态。

两相比较，泰戈尔之所以受到诺贝尔文学奖评委会的青睐，还与他的诗作中体现出来的东西合璧的人道主义精神有关。而奈保尔的获奖，则又与后殖民时期或全球化时代里文化身份认同及人类生存境况受到世人普遍关注有关。这里，明显地体现出时代语境对于文学审美的制约和影响。

印度学者曾经说过：“与所有伟大的世界诗人一样，泰戈尔

---

① 萨义德：《东方学》，王宇根译，三联书店，1999年，第119页。

② 毛信德等译：《20世纪诺贝尔文学奖颁奖演说词全编》，百花洲文艺出版社，2001年，第142页。

③ 阮学勤译：《瑞典文学2001年度诺贝尔文学奖授奖辞》，《世界文学》，2002年，第1期。

既属于祖国也属于全人类。”[①] 美国女作家赛珍珠（Pearl Buck）也曾评价道：“可以坦率地说，泰戈尔是一位世界诗人。他使用的语言是美丽之辞，带来审美愉悦而非世俗快感，其中不只包容了神灵慈爱和人神关系，还有人类之爱。浓郁的美弥漫了泰戈尔的作品并使之更显高贵，从而征服每颗心灵。”[②] 泰戈尔因之获奖的《吉檀迦利》是一部献给神的颂歌集，他无限崇敬的神，实质上是以博爱为核心的人道主义思想的化身。泰戈尔一生都在思考神、自我和自然界三者之间的关系。《吉檀迦利》正是用“西方近代资产阶级的信仰标准——自由、平等、博爱——来包装印度传统宗教的神，其实质是他的以人为本的宗教，而非以神为本的宗教。这里面包含了与大自然的和谐感和与万物的亲近感，并在追求有限之中达到无限的美”[③]。诺贝尔文学奖评委很大程度上是欣赏这一点的。瑞典文学院在颁奖词中说，泰戈尔的诗歌能为整个西方世界所赏识，泰戈尔诗歌里充满了“为全人类所理解的真正的人性”。“这位诗人的动机之一是在努力调和人类文明的两极分化；这种两极分化的状态乃是我们当今世界的特征，因为它构成了我们在当前这一时代的首要任务和面临的问题。”[④] 众所周知，泰戈尔获奖时，欧洲正处于第一次世界大战爆发的前夜。可以说，人心惶惶的西方人在一定程度上是抱着寻找救世良方、解除欲来之危机的心态去阅读泰戈尔的。一战后，泰戈尔在

---

① S. K. Chatterji, *World Literature and Tagore*, Santiniketan: Visva Bharati, 1971, p. 171.

② J. H. Terres & M. Tucker, *Modern Commonwealth Literature*, Frederick Ungar Publishing Ltd., 1977, p. 471.

③ 曹顺庆等著：《比较文学论》，四川教育出版社，2002 年，第 92 页。

④ 毛信德等译：《20 世纪诺贝尔文学奖颁奖演说词全编》，百花洲文艺出版社，2001 年，第 139 页。

西方世界宣讲他以东方“良方”拯救西方文明危机的主张，曾经在欧美大陆引起非常强烈的反响。这与早年诺贝尔文学奖评委赏识泰戈尔诗歌中神人交融的人道主义思想一脉相承①。

奈保尔将自己视为前殖民地的居民和一个居无定所的世界主义者（a homeless cosmopolitan）。因为他的作品更多地表现自己和反映个人历史，人们可将之视为论述和透析当代世界的“个人化体验”②。瑞典文学院认为，奈保尔的作品主题最初是关涉特立尼达这个西印度群岛的，而现在他的文学范畴已经延伸得很远，涵盖了印度、非洲、美洲和亚洲的伊斯兰教国家，以及“占有相当重要地位的英国”。奈保尔是“一个文学世界的漂流者，只有在他自己的内心，在他独一无二的话语里，他才真正找到了自己的家”③。奈保尔的文化身份的确复杂而特殊。他虽是印度高种姓婆罗门的后裔，却远离了印度文化的大氛围；他出生在特立尼达，但对这个曾被西班牙和英国先后殖民过的岛国的贫瘠历史文化并不认同；他接受了英国教育并定居此地，但又无时不在一种“中心”和“边缘”感觉之间徘徊。基于此，奈保尔的作品一方面关注后殖民社会边缘人的根基丧失、家园失却、归属不定的虚无感和无根感，另一方面也反映后殖民地边缘文化与欧洲主流文化的冲突。他的第一部印度游记《黑暗地带》（An Area of Darkness，又译《幽暗国度》）非常典型地体现出他对自己文化身份和精神归属的追问与思索。对奈保尔而言，没有家园不是一

① 参阅尹锡南《世界文明视野中的泰戈尔》，巴蜀书社，2003年，第318—334页。

② Bruce King, *V. S. Naipaul*, London: Macmillan Press, 1993, p. 5.

③ 阮学勤译：《瑞典文学2001年度诺贝尔文学奖授奖辞》，《世界文学》，2002年，第1期。

个学术上的问题，而是一种实际的人生境况。他的无根是文化性的。这种“无根”问题涉及当代人类世界地缘政治、殖民历史、种族矛盾等多方面的问题，进一步说，它还关涉人类“精神家园、文化认同和价值探寻”①。再具体到作品上，在被瑞典文学院誉为杰作的《抵达之谜》中，叙述者最终拥有的“房子”，已经不是前期小说表现的对扎根与安身立命的渴望和象征，它更是奈保尔“生存在这个急遽变化、动荡不安的世界中，重新发现和创造出的自我栖居之所”②。本来，正如有的论者指出的那样，奈保尔的生活哲学也许应该称为存在主义。“尽管后来他受加缪和萨特作品的影响，他还从自己的观察和对世界的体验出发，形成一种自己的生存哲学”③。奈保尔苦苦追寻后殖民时代的“诗意的栖居”，恰与当代世界人们普遍关注人的生存境况、探讨人的生存哲学暗相契合。如果说他与曾获诺贝尔文学奖的苏联作家索尔仁尼琴等人的相同点在于自愿或被迫地放逐流亡的话，那么，诺贝尔文学奖对于深深影响他的关心人类生存状态的作家萨特、加缪等人的青睐，则可解释奈保尔与该文学奖的某些深层关联。

第二节 关于印度社会的观察论述

泰戈尔与奈保尔虽然生活在不同时代与不同地域，但是由于

① 梅晓云：《无根人的悲歌——从“黑暗之地”读解 V. S. 奈保尔》，《外国文学评论》，2002 年第 1 期。此处论述多参考该文。

② 梅晓云：《维·苏·奈保尔及其创作》，《东方研究》，国际文化出版公司，2002 年，第 181 页。

③ Bruce King, *V. S. Naipaul*, London: Macmillan Press, 1993, p. 15.

他们与印度文明有着千丝万缕的联系，他们的视线始终没有离开印度这方神奇的土地。下面分析这两位隔代作家在印度社会观察论述上的异同。

首先必须承认，泰戈尔与奈保尔都有一种浓郁的印度情结。泰戈尔对于母邦印度非常热爱，他常常在诗歌、小说等作品中抒发这种挥之不去的爱国热情。例如，在长篇小说《戈拉》中，他借女主人公苏查丽达对弟弟萨迪席所说的话表达了这种激情："我们的祖国是一个了不起的国家……在这个国家，产生了多少伟大的人物，发生了多少伟大的战争，创造了多少伟大的真理，修炼了多少伟大的苦行！这个国家从多少不同的方面研究了宗教，提出了多少解释生命奥秘的答案！这就是我们的印度！"[①]言辞间透露出他对印度文化无比珍爱的感情。而作为有着印度血统的移民作家，奈保尔的印度情结也有迹可寻。他说，印度是他的祖先之邦。"由于所受的教育，我对印度十分亲近。我在一个非常非常纯的印度家庭中长大。那就是我的世界"。因此，他说："我从我的过去而来，我就得写我所来之地的历史——写被忘弃的人民。我必须写印度。"[②] 他曾先后三次赴母邦印度"寻根"，并于 1964、1977、1990 年分别发表"印度三部曲"即《黑暗地带》、《印度：受伤的文明》和《印度：历经百万叛乱的今天》。印度文明的方方面面在奈保尔的笔下得到了充分的展现。

印度的问题非常复杂，深谙印度国情的泰戈尔曾说过："我们印度的真正问题不是政治问题，而是社会问题。"[③]正是因为两

① 刘安武等主编：《泰戈尔全集》第 13 卷，河北教育出版社，2000 年，第 427 页。
② 法·德洪迪：《奈保尔访谈录》，邹海仑译，《世界文学》，2002 年第 1 期。
③ 倪培耕编：《泰戈尔集》，上海远东出版社，1997 年，第 339 页。

位作家都有一种强烈的印度情结，他们把关注的焦点首先集中在印度文明的社会问题上。具体说来，泰戈尔与奈保尔在论述印度的社会问题时，涉及了印度的种姓制度、宗教问题、农民问题、民族心理特性以及印度与英国的关系等许多方面。

种姓制度可谓印度社会的万恶之源。它阻挡了印度文明的前进步伐。就印度历史发展而言，种姓制度值得一提。正如印度种姓制度研究专家、中国学者邱永辉先生所言：“整个印度历史都是一部外族入侵史，种姓制度妨碍人们组织起强大的抵抗力量。”① 作为一个学贯东西的大学者，泰戈尔既接受了东方文化传统的有益成分，又受到西方人道主义思想的浸染熏陶。因此，他从尊重人的价值出发观照和打量种姓制度，认为它是一种贬低人的尊严和价值的东西。泰戈尔深信：种姓思想“根据某种机械的分类调整人。它突出人的消极面——与他人格格不入。它损害人们心中完美的真理”②。泰戈尔从印度教的特性入手分析了种姓制度之于印度民族团结的弊端：“印度教不赞成抹掉差异，实现统一，而赞成在尽可能保持差异的前提下实现统一。然而，这样的统一不是天然的，缺少坚强的凝聚力。”③他还将批判眼光从种姓制度本身延伸到受其影响的家庭和社会领域。他认为，种姓制度把印度家庭和乡村社会像项链一样栓在一起，使其失去应有的活力。“确实，我们和他们（西方）的社会状况有着巨大的差别。我们的社会局限于家庭与村落，在这个圈子里，关于人际关

① 邱永辉：《现代印度的种姓制度》，四川人民出版社，1996 年，第 260 页。
② 刘安武等主编：《泰戈尔全集》第 21 卷，河北教育出版社，2000 年，第 249 页。
③ 刘安武等主编：《泰戈尔全集》第 20 卷，河北教育出版社，2000 年，第 186 页。

系，有几条刻板的原则，规定我们应该做什么，不应该做什么。”①

在奈保尔看来，同样的种姓制度，在特立尼达不会影响人们的正常生活，而在印度却给人截然不同的感觉。他说：“在印度，种姓却蕴含一种强制且残酷的劳力分工……在印度，种姓可不是好玩的东西。”②他还说：“印度的种姓阶级把每个人禁锢在他的身份里。”③这说明，奈保尔与泰戈尔都看到了印度种姓制度的实质与弊端所在。奈保尔以一位印度速记员与其有留美经历的新上司之间发生的一场冲突说明，种姓意识在印度人心中已根深蒂固，没有哪个印度人能够彻底摆脱他的种姓根源。奈保尔的结论是：“种姓制度的恶果不止是不可接触制和对污秽之物的印度式神化，还在于它加之于人的全面顺从、自我满足、不思进取以及人之个性和灵性的剥蚀。”④可以看出，虽是婆罗门种姓后裔但却有着西方生活经历和西学背景的奈保尔，对于种姓制度持鲜明的否定态度，这与泰戈尔相似。

印度是一个典型的宗教博物馆。根据印度政府 1981 年的调查，印度人口的 99.36%是当今印度七大宗教的忠实信徒。信仰人数最多的是印度教，其次是伊斯兰教、基督教、锡克教等宗教。在印度可以找到所有的世界性宗教（印度教、伊斯兰教、佛教、基督教）和地方性宗教（耆那教、锡克教等）。印度的多样性使得政治统一并不是印度古代史的正常特征。对此，泰戈尔异

---

① 同上，第 379 页。
② 奈保尔：《幽暗国度》，李永平译，三联书店，2003 年，第 16 页。
③ 同上，第 86 页。
④ V. S. Naipaul, *India*: *A Wounded Civilization*, London: Penguin Books, 1979, p. 171.

常清醒。他说，印度不像任何一个欧洲国家，印度颇似有多种语言但民族不同的欧洲。“印度的问题是世界问题的缩影。”[①] 具体说来，泰戈尔对教派问题的关注集中在印度教和伊斯兰教上。在他的心目中，印度教与伊斯兰教的矛盾对立成为一个无法容忍的恶例。他认为，历史上的印度教和伊斯兰教是从最初的冲突走向融合的。印度教与伊斯兰教的融合采取的是一种前者同化后者的特殊方式进行的。泰戈尔指出：“穆斯林通过武力征服了印度大陆，印度则按照大自然的正确规律，凭借人口的众多和内在的生命力，同化了穆斯林。”[②]泰戈尔还认为，穆斯林文明与印度教文明互相交织，两者之间有过无数正常的交流。印度教的音乐、文学、艺术和习俗都与穆斯林有关，两者互相融合。印度这幅织锦是印度教徒和穆斯林共同织成的，是两大教派合作的结晶。循着这种逻辑，泰戈尔发出了民族团结的呼声：“如果有印度民族这么一个民族存在，那么，这个民族无论如何不可以将穆斯林排斥在外。”[③]泰戈尔的论述充满了理想化色彩。事实上，从他那个时代起，历经印巴分治时期的种族大屠杀一直到 2002 年的古吉拉特教派冲突，印度教与伊斯兰教在印度的融合团结仍然是一个艰难的过程。由此也可见泰戈尔关于教派问题论述的宝贵理论价值。

在对待印度民族和宗教矛盾问题上，奈保尔体现了一种耐人寻味的姿态。他在“印度三部曲”之二《印度：受伤的文明》中认为，延续了五、六个世纪的穆斯林对印度的统治已经极大地削

① 倪培耕编：《泰戈尔集》，上海远东出版社，1997 年，第 347 页。
② 刘安武等主编：《泰戈尔全集》第 23 卷，河北教育出版社，2000 年，第 207 页。
③ 刘安武等主编：《泰戈尔全集》第 23 卷，河北教育出版社，2000 年，第 208 页。

弱了印度教。此时的印度文明已经成为一种“受伤的文明”（wounded civilization），迫人改宗皈依、难容异端的伊斯兰教历史性地改变、删节和毁坏了印度文明，印度文明成为一片废墟。奈保尔惊世骇俗地说，印度的危机不只是政治危机或经济危机，它更属于古老文明的“受伤的危机”①。在2001年出版的小说《半生》里，奈保尔借主人公威利的父亲的口表示，穆斯林征服了印度之后，印度教徒变穷了。英国人来了之后情况变得更坏了。这反映了印度教徒对伊斯兰教及基督教的反感。奈保尔在小说中表现了一种维护印度教的旨趣，体现出对不遵守印度教的人进行惩罚的意图。奈保尔在《半生》中是用暗示的手法来表达他的宗教好恶，而在其他小说如《在信徒之间：一次伊斯兰之旅》中把这种情绪表达得更加强烈。有的学者评价说：“作为印度婆罗门后裔的奈保尔似乎对印度教的纯洁性和不可侵犯性怀有堂吉诃德式的感情，这使他小说中的宗教意味非常强烈而偏颇。”②由上所述，奈保尔在认识印度的民族与宗教问题上与泰戈尔有着明显的差异。原因是，泰戈尔始终根在印度、爱在印度，他对印度文明近代以来某些衰败迹象的原因要比“无根人”奈保尔了解得更加清楚。事实上，正是种姓制度、印度教徒与穆斯林的内讧以及英国等殖民势力入侵等众多因素，造成了印度文明的落后挨打。因此不难理解为何泰戈尔要提倡穆斯林与印度教徒共同团结。而奈保尔除了对印度历史及国情现状所知有限外，他那异乡游子追寻文化血脉的隐蔽心理再加上难以彻底磨灭的微妙的种姓

① V. S. Naipaul, *India: A Wounded Civilization*, London: Penguin Books, 1979, p. 18.

② 周长生：《奈保尔的最新小说〈半生〉》，《外国文学》，2002年，第2期。

意识，使其采取常人不可理解的态度来对待印度的宗教和民族矛盾问题。

农民是印度人口的主体。农民问题对于印度社会发展至关重要。对于多年来备受贫穷愚昧折磨的这一弱势群体，泰戈尔特别关注。他说：“我经常思考如何改善农民的命运，却一直苦于找不到他们乐于接受的方法。他们世世代代因袭懦弱，没有发愤图强的习惯。虽然为他们找出路很难，但我从未停止探索。”[①]他不仅在理论著述上重视，还身体力行地进行改善农民问题的实践探索。泰戈尔告诫同胞，必须高度重视农民问题。他认为，印度文明的生命力理应在农村。开拓农村的潜力，才能使一切问题迎刃而解。具体到农村的发展问题上，泰戈尔开出的是一纸“合作”药方。他认为，合作社制度是以人们的共同富裕为基础的，它能够消除人们之间可怕的竞争嫉恨，从而使人们得以真诚相待、互相提携、和睦相处。他把合作社制度与保护印度文明健康发展的时代大课题紧密结合起来。他呼吁农民开阔眼界，与外部世界在互动中谋求发展。他强调农业与科学技术联姻。他将自己的儿子送到美国的大学里学习农业技术，这在当时是一个需要勇气和胆识的举动，这反映了泰戈尔的与时俱进。

奈保尔曾说过：“我没有忘记自己的农民身份。我们是没有保护的……我们没有发言权。”他还说：“印度的作家不知道他们的国家陷于这样的困境的原因。他们无法理解印度的贫穷，他们不知道为什么 17、18 世纪的旅行者谈到（印度）被抛弃的乡

① 倪培耕编：《泰戈尔集》，上海远东出版社，1997 年，第 372 页。

村。”[1]正因如此，他对至今一直困扰印度人、特别是广大农村的贫困问题非常关注。他认为：“印度的贫困比任何机器都更加毁灭人性。”[2] 在他第二次印度之行中，他观察到，60%的村庄无电，印度农村生活仍然追随着自然的节拍。12 小时的白昼后紧接着是 12 小时的黑夜。人们日出而作、日落而息，这与远古时代并无两样。更令人担忧的是，农村的发展带来极端的不公平。到了最后，反抗的怒火不光在贫民心中、也在同情他们的青年学生心中燃烧。奈保尔观察到这一情形：“不管是城市还是农村，人们要求土地的愿望异常急迫。在印度，任何不考虑贫民获得土地的呼吁的思想都是毫无价值的。”[3] 奈保尔谈到的印度贫困问题有目共睹。实际上，作为世界上主要的农业国之一，印度的贫困问题牵涉农业发展问题。印度的城市贫民大多来自农村，城市贫困是农村贫困的延伸。印度农村贫困主要是土地分配不合理和严重的失业所造成的。奈保尔所关注的贫困问题目前在印度还未得到彻底根治。在此意义上，他对此问题的重视才更显其特殊价值。两相比较，奈保尔主要凭着知识分子的感性，将目光锁定在印度农村及城市的贫困问题上，并发出了饱含人道关怀的呼吁。而作为社会活动家的泰戈尔，他的思考范围显然要比奈保尔宽泛得多，并提出了一些富有远见卓识的农业发展计划，这充分显示了泰戈尔的睿智和不凡。

另外，泰戈尔和奈保尔就印度人民族心理的论述有一些值得

---

① 法·德洪迪：《奈保尔访谈录》，邹海仑译，《世界文学》，2002 年第 1 期。

② V. S. Naipaul, *India*: *A Wounded Civilization*, London: Penguin Books, 1979, p. 171.

③ V. S. Naipaul, *India*: *A Wounded Civilization*, London: Penguin Books, 1979, p. 93.

分析比较的地方。

印度人民与生俱来的生活方式，广泛地体现了他们对大自然的无比爱恋。在泰戈尔的理解中，缺少与自然的协调和谐，真正意义上的印度文明就无从谈起。泰戈尔虽然对印度特色的“森林文明”赞不绝口，但他又为印度的惨淡现状而焦虑：“印度教文明是沐浴和数着念珠念咒，由于持斋而憔悴，它放弃了同世界上每一样东西的接触，非常拘谨地站立在一个角落里。但是有过一天，这印度教文明曾经是生气勃勃的。”[①]他还说：“我们的民族现在与其他民族已没有任何区别。如果有不同之处，那就是我们民族由于长期以来对外部事物不感兴趣，已经失去了进取精神，不善于奋斗、拼搏。”[②]印度人注重精神层面的修炼而轻视了物质进步和社会发达。泰戈尔认为，这来源于印度人的传统观念：“我们的国家曾经看不起财富，曾经学会把贫穷当作幸福和伟大。”[③]这就导致了印度的积贫积弱、积重难返，以致遭受不断的外侮。面对这一不利局面，泰戈尔呼吁，印度人“需要跳出自己的小圈子，在文化知识、爱情、工作等各个领域增进与全人类的相互了解，我们需要从事各种发明创造，需要创业精神，在这些方面，我们不仅要自己觉醒，而且要唤醒我们的同胞。”[④]这里，泰戈尔从分析印度人思维方式和生活哲学入手，探寻印度落后挨打的原因，并提出补救之法。他强调印度人思维特性对于文明衰败的影响，显示了他对印度历史现状睿智而清醒的反思。

---

① 刘安武等主编：《泰戈尔全集》第22卷，河北教育出版社，2000年，第350页。
② 刘安武等主编：《泰戈尔全集》第23卷，河北教育出版社，2000年，第161页。
③ 刘安武等主编：《泰戈尔全集》第23卷，河北教育出版社，2000年，第98页。
④ 同上，第144页。

一定程度上，泰戈尔的反思精神无形中被奈保尔所继承。在奈保尔看来，印度文化的内敛性影响到人们正视历史和现实："印度人不愿正视他们的国家面临的困境，免得被他们看到的悲惨景况逼疯……哪一个印度人能够抱着平常心，阅读他们国家最近一千年的历史，而不感到痛苦和愤怒呢？在这种情况下，印度人只好退缩到幻想中，躲藏在宿命论里。"[①]在剖析至今为止一直困扰着亿万印度人民的贫困问题及印度人的民族心理时，他与泰戈尔的观点相似："印度的贫困比任何机器都会夺去人性。……社会各阶层的贫困不仅不可触动，而且在充满污物的印度被奉为神明。在印度，除了这种以贫为荣外，全面的顺从、天生的满足感、冒险精神的退化、剥夺人的个性和成功的机会，都在不断地膨胀。"[②]奈保尔发现，印度人有一种向后看的特性，他们喜好从历史深处打捞今日所需的东西，如有的印度人就认为印度数千年前就存在乡村共和国。按照这种逻辑，印度的民主并不是外来之物，而是古已有之。奈保尔认为："那种人为建构的印度历史和关于整体与纯粹的幻象遮蔽了今日印度的睿智清醒。"[③] 循着这种思路，奈保尔不无偏激地说道："印度的危机并非政治性的……这种危机也并非只关涉经济方面。政治或经济危机只是更大危机的一些方面而已。这是属于印度文明日渐衰朽的一种危机，摆脱衰朽的唯一希望寄托在这一文明加速加倍的衰朽之上。"[④]

---

① 奈保尔：《幽暗国度》，李永平译，三联书店，2003 年，第 294 页。

② 转引自弗朗西斯·福山：《历史的终结及最后之人》，黄胜强等译，中国社会科学出版社，2003 年，第 260 页。

③ V. S. Naipaul, *India*: *A Wounded Civilization*, London: Penguin Books, 1979, p. 144.

④ V. S. Naipaul, *India*: *A Wounded Civilization*, London: Penguin Books, 1979, p. 175.

总之，泰戈尔与奈保尔在对印度现状的分析中，透过表象看本质，把握住印度人的民族心理特性，这是一种难能可贵的思想契合。但奈保尔作为后殖民时代的印度侨民，他的矫枉过正又显示出他对印度问题解决方略的简单草率，这与他和印度母邦长期疏离的移民身份倒是相称的。他毕竟是长期身处印度之外的海外移民后代，对于印度问题的复杂性显然缺乏更为深入的探索。他给出的“药方”与其说是一副猛药或解毒剂，不如说只是一剂毒药。

生活在殖民时代的泰戈尔深知英国殖民统治的民族利己本质，对于英国与印度的关系进行了深入的思考。他认为，英国的殖民掠夺是造成印度社会发展滞后的重要原因。同时，英国人的到来之于思想落后、发展滞后、民族不和的印度未尝不是福音。他号召印度人勇敢地学习西方文明，借以达到民族独立之目标。泰戈尔强调，学习西方文明要与印度的实际相结合。“印度的变化应该沿着印度自己的道路前进，如果忽然走英国历史的道路，那么从头到脚都会变成畸形，一切都会彻底失败。”[1]他认为，在学习西方文明的途中，自身的素质非常重要，否则这种学习达不到预期目的。在他看来，印度人目前尚不具备一个自由文明社会的人所需具备的基本素质，因此，他不无偏激地说：“我认为，英国人要是平等对待我们，与我们平起平坐，对我们来说反而更不平等，因为这样一来，与英国人的崇高相比，我们的自豪显得更少了。”[2]在泰戈尔的叙述逻辑里，隐藏着“内部建设”这样一

① 刘安武等主编：《泰戈尔全集》第13卷，河北教育出版社，2000年，第395页。
② 同上，第255页。

条理论红线：用爱、服务、团结的精神解决好印度内部的问题，使自己成为强者。一句话，泰戈尔强调的是心灵改变，自强救国，是“感化英国人”[①]。这充分反映了他的思想局限性。

作为一位来自后殖民地区的印裔后代，奈保尔对于印度与前宗主国英国之关系特别感兴趣。他通过对印度进行“田野调查”得出结论：“直到今天，这个英国依然活着。它存活在印度的各个角落和层面。”[②] 就积极方面而言：“印度虽然古老，但她仍在前进。印度当下着力信奉的清规戒律和实用技艺皆为舶来品。甚至印度人对于自己文明成就的认识，本质上也是19世纪欧洲知识分子启蒙之结果。单靠自己，印度不能重新发现或评价自己的历史。”[③] 的确，奈保尔指出了英国殖民之于印度社会发展“建设性”的一面。更有意义的是，奈保尔没有忽视西化大潮前印度本土保守的一面。他敏锐地注意到，印度人在张开双臂接纳西方的东西时，内心深处却不自觉地排拒这些东西所蕴含的价值观。基于此，奈保尔不无担忧地说：“印度和英国之间的这场历史邂逅终归破灭；它在双重的幻想中落幕。新的觉悟使印度人不可能回到从前，他们对‘印度民族性’的坚持，却又让他们无法迈开大步向前走。”他认为，印度人过分强调民族特性，会导致创造欲望和动力的消退及生命的停滞，而这种状况在印度现实生活中已有反映。奈保尔有些杞人忧天地慨叹道：“湿婆神早已不再跳舞了。”[④]

---

① 林承节：《印度民族独立运动的兴起》，北京大学出版社，1984年，第465页。

② 奈保尔：《幽暗国度》，李永平译，三联书店，2003年，第275页。

③ V. S. Naipaul, *India: A Wounded Civilization*, London: Penguin Books, 1979, p. 129.

④ 奈保尔：《幽暗国度》，李永平译，三联书店，2003年，第318页。

由上所述来看，两位隔代作家在英国之于印度社会发展进程中的建设性一面都给予充分的肯定。有趣的是，他们在首肯印度学习西方的时候，却表现出不同的态度：泰戈尔强调学习西方要与保持印度民族特色相结合，这反映了他开放的心胸背后有着一颗强烈的民族自尊心。奈保尔以文化移民者的眼光来观照印度文明，非常敏锐而准确无误地发现了某些印度人保守的一面，因此，对于某些强调以保守的“印度教特性”和“印度教认同”为强国之本的印度人而言，他的担忧不无现实意义[①]。

---

① 关于“印度教特性”和“印度教认同”与印度现实问题的关联及对印度政治社会的消极作用，参阅邱永辉、欧东明：《印度世俗化研究》，巴蜀书社，2003 年。

第五章 拉什迪的后殖民诗学观

引言

后现代主义是二十世纪中叶出现的一种世界性文化思潮。二十世纪六十年代初，随着科技和经济的迅速发展，现代西方社会进入后工业阶段，而现代西方文化也经历了一次次新的裂变，随之推进到后现代时期，这深深反映在文化哲学理论的更新中。后现代主义思潮是后现代社会（或称后工业社会、信息社会）的产物，它孕育于现代主义的母体（二十世纪三十年代左右），并在第二次世界大战后与母体撕裂，而成为一个毁誉交加的文化“幽灵”，徘徊在整个西方文化领域。后现代主义的正式出现是二十世纪五十到六十年代，其锋芒毕露是七十到八十年代的事情。到了上个世纪九十年代初，后现代主义开始由欧美向亚洲地区传播，使后现代主义成为一个热门话题。后现代主义在整个思想界引起了一场“后现代转折”。这一颠覆性逆转和标新立异，已经远远超出艺术和文学领域，而深达哲学、心理学、宗教等各个领域。其中，在哲学和社会领域的重要思想家包括丹尼尔·贝尔、哈贝马斯、利奥塔德、德里达、福科等人，文艺理论方面则有罗兰·巴特、伊哈布·哈桑等，文学家中则有纳博科夫和加西亚·马尔克斯等人。

就后现代主义思想资源而言，贝尔认为，作为反文化的后现代主义是现代主义极端扩张而导致的文化霸权主义，它意味着话语沟通的制约的无效，它鼓励文化渎神与信仰悼亡。后现代主义比现代主义更“现代”，是现代主义的推进，它的特征是张扬非理性，认为艺术即标新立异，即游戏，抹杀艺术与生活的界限等。贝尔指出，后现代主义文化是一种反文化，其目的是通过对人的感觉方式的革命，以反文化的激进方式，使人对旧事物一律厌倦而达到文化革命的目的。哈贝马斯通过谱系学分析指出，二十世纪后尼采主义从两个方向进一步发展了后现代主义，其一便是德里达、福科等人的“解构主义”思想资源。而利奥塔德认为，随着后现代的来临，学者的使命变了，由“元话语”的使用转向日趋精细的局部论证剖析，由知识的启蒙变为知识专家控制信息。他认为，后现代知识最为推崇的是想象力，具有这种不断创新的想象力，就具有了将分离的知识有系统地整合并迅速清晰表达的可能。想象力可以包容整个后现代的知识领域。后现代是一种精神、一套价值模式。它表现为消解、去中心、非同一性、多元论、解“元话语”、解“元叙事”、不满现状、不断创新。哈桑则认为，后现代主义趋向一种多元开放、玩世不恭、离散、不确定的形式，一种断片和反讽的话语，一种分解的渴望和对复杂的无声的创新。哈桑对后现代主义文艺特征的第一个概括是“解构性”，它指不确定性、无我性、无深度性、无原则性、零散性、卑琐性等。其中的非原则性是对一切准则和权威的合法性加以消解。哈桑还借用巴赫金的"狂欢"一词来表现后现代反系统的、颠覆的、包孕着苏生的要素①。

包含这种思想因素的后现代思潮对于包括印度海外作家在内的东西方作家影响深远。拉什迪由于长期身处欧洲，思想活跃，容易在诗学著述和文学创作中感染后现代思想。有人评价说："拉什迪消解了只有不变身份和单数历史的民族观念，继而使人就消解的民族概念产生怀疑或渐失信心。"② 还有学者认为，在世界范围的解殖浪潮前，拉什迪努力"将英语文学传统国际化"，他的诗学观可以视为"第三世界后现代主义"的诗学观③。这说明，拉什迪不仅受到后现代主义的深刻影响，还以第三世界的后殖民作家身份主动发声，以创造后殖民诗学话语的"第三度空间"。例如，石海军说："后现代与后殖民本来是互相对立的，但当拉什迪以文化杂交的身份出现时，后现代与后殖民之间的界限被他轻易弥合了：拉什迪既是西方后现代主义的先锋人物，又是一个非西方的后殖民作家；后殖民与后现代所关注的民族、种族、性、性别与阶级等问题因此重叠在一起。"④ 以上学者准确地把握住了拉什迪深受后现代解构立场与后殖民思想双重影响的事实。

---

① 朱立元主编：《当代西方文艺理论》，华东师范大学出版社，1997 年，第 360—382 页。此处对西方后现代主义的粗略介绍主要参考该书相关内容写成。特此致谢主编及该书各位作者。

② Meenakshi Mukherjee, ed., *Rushdie's Midnight's Children: A Book of Readings*, Delhi: Pencraft International, 1999, p. 29.

③ Timothy Brennan, *Salman Rushdie and the Third World: Myths of the Nations*, London: Macmillan, 1989, p. 166.

④ 石海军：《破碎的镜子："流散"的拉什迪》，《外国文学评论》，2006 年，第 4 期，第 13 页。

拉什迪作品体现出后殖民时代第三世界作家跨文化写作的许多共同特点，他的诗学观更是因其强烈的后殖民语境和后现代解构色泽而引人注目。他的文学创作和诗学观对霍米·巴巴等人的文论著述产生了非常重要的影响。巴巴在其后殖民文论代表作《文化的定位》中常常引用或借鉴拉什迪的思想资源，这一点尚未引起中国学者足够的重视。拉什迪的诗学观涉及历史书写、第三世界民族叙事、小说与政治、文化身份建构、文化混杂、流亡散居、边缘写作、英语内部解殖、英联邦文学等诸多重要问题，本文尝试对此进行简介。

一

拉什迪（Salman Rushdie）于1947年生于印度孟买。1961年，年仅14岁的他来到英国上中学。1965—1968年间，拉什迪在剑桥大学学习历史和表演艺术。大学阶段所受的历史专业训练对他日后的诗学观和创作两方面均产生了深刻影响。例如，他评价自己的小说《午夜诞生的孩子》时说，主人公萨利姆的故事虽然不是真正的历史，但又“以历史的形式演绎发展”①。1988年，他在论及小说《耻辱》时说，历史是他所接受的专业训练。他常常以一种历史的方法进行创作，但为小说之故，采取的是完全没有条理的方式。“我始终认为，必须牢记历史和故事之间的关联。”② 2009年，拉什迪在接受中国《新京报》记者金煜的电子

① Salman Rushdie, *Imaginary Homeland: Essays and Criticism* (1981－1991), London: Grant Books, 1991, p. 25.

② Michael Reder, ed., *Conversations with Salman Rushdie*, Mississippi: University Press of Mississippi, 2000, p. 69.

邮件专访时承认道："我的历史学专业对我影响很大，而在我出生的印度文化中，到处都有人讲着神奇美妙的寓言和真实的故事，我也一直都将两者结合起来。至于引起的争议，剧烈的社会矛盾到处都有，我的一本书只是成为这种社会矛盾的时空坐标。"[①] 这些话表明，拉什迪在创作中尊重历史事实并借鉴历史方法进行创作，同时，他还自觉借鉴印度丰富的文化传统以增强作品的艺术感染力。

拉什迪接受媒体采访时回忆道："我想起当初学习历史时，学院的老师给我一条建议，而今我以非历史的原因采纳之。他说，没有听见人们开口说话，你就不能书写历史。我不知他用意何在。我从未书写历史，但我的确发现，听不见人们的声音是很难下笔的。"[②] 拉什迪似乎与 20 世纪西方两位批判的历史哲学派代表人物产生了思想共鸣。意大利的克罗齐断言："一切历史都是当代史。"[③] 英国的柯林武德将其观点引申为："一切历史都是思想史。"[④] 历史是过去时代思想的再现。历史学家的任务就是把过去的思想纳入到现在历史学家活的思想中。但拉什迪的兴趣毕竟不在专业的历史研究上，而在于借用历史方法和视角书写东方第三世界和西方第一世界，因此，他更看重当代的历史流变而非过往的历史风云。他说："一个历史学家会被那些最终再现过

① 金煜：《本报记者专访争议作家拉什迪："奈保尔先生不怎么样"》，载《新京报》，2009 年 8 月 8 日。

② Michael Reder, ed., *Conversations with Salman Rushdie*, Mississippi: University Press of Mississippi, 2000, p. 98.

③ 转引自张广智：《西方史学史》，复旦大学出版社，2000 年，第 279 页。

④ 同上，第 292 页。

去历史的当前事件而感染。”[1] 这似乎代表了拉什迪自己的历史理念。拉什迪显示了比较成熟的历史意识，他心目中宽泛的历史是包容过去、现在与未来的混合时间。这与哥伦比亚作家马尔克斯在《百年孤独》中体现的三维时间观有些相似。

拉什迪站在后殖民时期的土地上，以一种复杂的眼光阅读过去和现在，他的结论是：“历史始终是复义不定的。历史事实很难确立，人们可以赋予不同的意义。真实来自我们的偏见、误解和无知，如同来自我们的感悟和理解。”[2] 拉什迪告诉读者，阅读萨利姆在《午夜诞生的孩子》中那些不太可靠的叙述，好比我们每天“阅读”纷繁复杂的大千世界。每个人可以有自己对历史、对世界的不同理解。历史的复义含混造成据以书写的文学文本的阅读张力。在这里，拉什迪与20世纪后期诞生在西方的新历史主义学派找到了思想契合点。新历史主义发展了一种文化诗学观，尔后形成一种新历史诗学。这一诗学还原存在的历史性，敞开存在的意义，恢复历史意识，延伸文本维度，使文本的写作和阅读成为生命诗性的尺度。新历史主义领袖人物、美国学者格林布拉特的文化诗学旨在将“大历史”（History）转化为“小历史”（history），某种程度上是对于官方大写历史的一种反动，它体现了新历史主义诗学锐意创新、关注民间话语和历史的旨趣。拉什迪以其论述和文本实践艺术地回应了这一点。他将自己的小说《午夜诞生的孩子》称为“历史的混合辣酱”（chutnifi-

---

① G. R. Taneja & R. K. Dhawan, eds., *The Novels of Salman Rushdie*, Delhi: India Society for Commonwealth Studies, 1992, p. 126.

② Salman Rushdie, *Imaginary Homeland: Essays and Criticism* (1981 − 1991), London: Grant Books, 1991, p. 25.

cation of history)[1]，分明暗示了他将1947年独立以来印度官方大写历史和普通民众历史等而观之、合而书之。烹制这种五味俱全的“辣酱历史”，便是一种新的历史诗学建构的过程。也许正因为如此，有人评价道：“拉什迪小说是对历史文本的反思，特别是对建构民族国家的官方历史的反思。”[2]

在将历史与小说联姻的过程中，拉什迪择己所需地过滤历史，他既尊重历史又超越或虚构、改写历史。拉什迪以《午夜诞生的孩子》中的萨利姆为例进行说明。萨利姆当初剪报，拼凑一封给萨巴马提少校的匿名告密信，可以视为他即拉什迪本人剪裁历史以满足自己（小说）的需要。那封简短的匿名信只有十三个单词，这是西方视为不吉利的数字。信虽简短，但却蕴涵深意：“萨巴马提少校，星期日早上你的妻子为何要去卡拉巴路？”[3] 这十三个单词来自不同的剪报，象征历史过滤后的沉淀物。拉什迪的作品具有深厚的历史感，这与他善于剪裁、浓缩历史风云有很大关系。

关于拉什迪的历史书写，论者褒贬不一。有人认为，他的四部小说即《午夜诞生的孩子》、《耻辱》、《撒旦诗篇》和《摩尔的最后叹息》只是塑造了一种“精英历史”，没有多大价值。有的则认为，拉什迪小说如《午夜诞生的孩子》讲述动人的故事，是引人入胜的历史记录，拉什迪改变了西方心目中的印度形象，他对印度和巴基斯坦充满激情的描述使他胜过了表达同样主题的吉

---

① Timothy Brennan, *Salman Rushdie and the Third World: Myths of the Nations*, London: Macmillan, 1989, P. 106.

② Meenakshi Mukherjee, ed., *Rushdie's Midnight's Children: A Book of Readings*, Delhi: Pencraft International, 1999, p. 29.

③ Salman Rushdie, *Midnight's Children*, New York: Avon Books, 1982, p. 312.

卜林、福斯特、拉贾·拉奥和R. K. 纳拉扬等人[①]。不管怎样，拉什迪在历史诗学的指导下，融历史因子于文学创作之中，其作品的史诗风格卓尔不群，其所取得的成就足以让人深思。

二

拉什迪曾经不无深意地说：“与成千上万的人一样，我是一个历史的混血儿。”[②] 的确，拉什迪的身世非同寻常。他出生于孟买，祖父是乌尔都语诗人，父亲是穆斯林商人，但他自幼接受了英语教育，内心深处认同西方文化。他的足迹踏遍了印度、巴基斯坦和英国三地。他的心灵深处打上了“混血”的痕迹。更重要的是，他还见证了印度次大陆的历史变迁，这对他的第三世界民族叙事有着直接影响。如同眼花缭乱的拉美历史变迁影响了马尔克斯的魔幻笔法一样，印度次大陆在现代历史发展进程中的数次政治和文化地图重绘使拉什迪感慨良多。

拉什迪曾经在1987年的一篇文章中指出：“总之，扫描印度几千年的历史风云，从未存在一个完整的印度。没有谁能统摄整个印度，莫卧儿人和英国人也不例外。”但是，1947年8月，尼赫鲁在午夜宣布印度独立却把一个敏感的问题带到了世人面前：“印度真的存在吗?”拉什迪的答案是：“我来自于孟买，出身于一个穆斯林家庭。我心目中的印度建立在多样、复数和混杂的理

---

① Meenakshi Mukherjee, ed., *Rushdie's Midnight's Children: A Book of Readings*, Delhi: Pencraft International, 1999, p. 71.

② Salman Rushdie, *Imaginary Homeland: Essays and Criticism* (1981 - 1991), London: Grant Books, 1991, p. 394.

念之上。”[①]换句话说，拉什迪所理解的印度是处于历史和民族叙事时段中的印度，是存活在新历史主义视界中的后殖民地印度。这是拉什迪借用西方话语对印度进行历史观照。不止于此，拉什迪还认为，跨文化的英印文学只有采取一种民族加国际的双重身份姿态，才能“赢得自己的境界、视阈和自信”[②]。

拉什迪曾被人称为国际作家，在东西方世界游刃有余。他与芭拉蒂·穆克吉、马尔克斯等人一样，是典型的“第三世界世界主义者”[③]。出于一种跨文化的世界主义写作姿态，拉什迪在《午夜诞生的孩子》中将东西方文化元素有机地调和在一起。印度文化、阿拉伯文化、基督教文化在这里汇聚，萨利姆的混血儿身份，“历史的混合辣酱”，“基督徒保姆的泡菜”等无不隐喻着印度次大陆的复杂多元。小说《耻辱》里主人公奥马尔三位母亲的“三位一体”，故事首尾场景的循环模式，“民主、自由、博爱”理念观照下的独裁者众生相，这一切展示了拉什迪采取双重身份写作的神奇魅力。引发一场轩然大波的《撒旦诗篇》更是极尽调和东西文化之能事。由于深受魔幻现实主义影响，拉什迪的第三世界民族叙事呈现出非常复杂的色调。单单一个“民族寓言”（national allegory）不能包容他作品的复义，也不能用来定义他的第三世界民族叙事。

从更深一层意义上说，拉什迪的第三世界民族叙事是对他的

---

① Salman Rushdie, *Imaginary Homeland: Essays and Criticism* (1981－1991), London: Grant Books, 1991, p. 33.

② G. R. Taneja & R. K. Dhawan, eds., *The Novels of Salman Rushdie*, Delhi: India Society for Commonwealth Studies, 1992, p. 16.

③ Timothy Brennan, *Salman Rushdie and the Third World: Myths of the Nations*, “preface”, London: Macmillan, 1989.

同胞、同样出生于孟买的后殖民理论家霍米·巴巴的深刻启示。如果说赛义德的后殖民理论始于批判东方主义，霍米·巴巴的后殖民理论则开始于民族神话的解构。在这种解构中，巴巴重新建构了现代的民族概念即一种存在于历史叙述之中的民族观念。巴巴认为，民族如果追溯它的源头的话，只是一个神话而已。作为现代意义上的民族观念，来自于西方的政治和文学传统。他认为，拉什迪的《撒旦诗篇》意图便是重新阐释西方意义上的“民族”边界问题。拉什迪通过对意义、时间、国家、文化疆界和历史传统的系列消解暗示着，民族文化的根本变革将会导致生活与写作的崭新形式。民族叙事还是一种“矛盾的身份定位的场所”①。在此意义上，巴巴将《撒旦诗篇》赞誉为“混杂的民族叙事的先声”②。由此看来。拉什迪对巴巴后殖民理论具有宝贵的启迪意义。

三

西方当代作家中，将小说乃至自身与社会政治紧密联系在一起的不乏先例，如萨特、索尔任尼琴等，拉什迪也不例外。早在1984年，他在接受别人采访时坦率承认：“我觉得自己是一个政治小说家。”③ 他还自称“一个不折不扣的政治动物”。他认为，

---

① Homi K. Bhabha, *The Location of Culture*, London: Routledge, 1994, pp. 166～167.

② Catherine Cundy, *Salman Rushdie*, Manchester & New York: Manchester University Press, 1996, p. 106.

③ Michael Reder ed., *Conversations with Salman Rushdie*, Mississippi: University Press of Mississippi, 2000, p. 61.

自己的作品与政治、与个人和历史的关系联系紧密①。别人也认为，他与奈保尔一样，半遮半掩地加入了“解殖运动的战斗文学”行列②。

就哲学世界观而言，拉什迪与霍米·巴巴一样，受到马克思主义的一定影响。他曾经将自己的政治观念与马克思主义挂钩，认为马克思主义对于印度等东方国家仍然适用。有人评价他：“人们不应该怀疑拉什迪欲以平等主义和社会主义方式解决世界问题的认真态度，就哲学观而言，他是一位严肃的马克思主义者。”③ 众所周知，马克思是在活生生的社会政治实践中创立马克思主义学说的。作为受其影响的作家，拉什迪不同于一些纯粹的书斋学者。道义、责任、使命感使他的创作充满了政治激情，《午夜诞生的孩子》和《耻辱》在这方面是突出的例子。这两部小说对于印巴两国的政治现实作了艺术描绘，抛开其中的东方主义等因素，历史感的厚重加上政治批判意识的强烈使得它们引人注目。印度学者 A. 巴纳吉这样评价《耻辱》：“由于对 1971 年后巴基斯坦历史发展的真实报道，拉什迪的小说与美国的非虚构小说或新新闻风格建立了联系。”④

1982 年，在一篇题为《想象的家园》（Imaginary Homeland）的文章里，拉什迪展示了一个有着高度政治意识的作家机

---

① G. R. Taneja & R. K. Dhawan, eds., *The Novels of Salman Rushdie*, Delhi: India Society for Commonwealth Studies, 1992, p. 118.

② G. R. Taneja & R. K. Dhawan, eds., *The Novels of Salman Rushdie*, Delhi: India Society for Commonwealth Studies, 1992, p. 196.

③ Catherine Cundy, *Salman Rushdie*, Manchester & New York: Manchester University Press, 1996, p. 10.

④ G. R. Taneja & R. K. Dhawan, eds., *The Novels of Salman Rushdie*, Delhi: India Society for Commonwealth Studies, 1992, p. 72.

智而犀利的一面：“作家与政客是天然的对手。双方都想按照自己的印象表述这个世界，他们在同一领域里进行争夺。小说是拒斥那种官方政客版展现真实的一种方式。”[①] 1984 年，拉什迪在另一篇文章中写道：“如果作家们把描述世界的营生拱手让给政客们，那将是历史上一个巨大而可耻之极的弃权行为。”[②] 这充分体现了拉什迪关注社会政治的程度。他为此身体力行。1983年，他接受采访时告诉别人，《午夜诞生的孩子》是在一个非常黑暗的年代里创作的。次年，他告诉另一位采访者，这部小说是从 1975 年开始创作的，而当时正值印度总理英·甘地在全国实行“紧急状态法”。小说中有大量情节抨击英·甘地及其儿子，因此，拉什迪心知肚明：“很明显，这是一场罕见的危险赌博。”小说完成后，拉什迪马不停蹄地进行下一轮“文学赌博”即创作关涉巴基斯坦“独裁政治”的长篇小说《耻辱》。拉什迪承认：“《耻辱》不是一幅民族的画像，而是对统治阶层的刻画。”[③] 即使我们不能用“铁肩担道义，辣手著文章”来形容拉什迪这位始终充满争议的作家，但他将笔作剑、直面政治现实的一面还是值得深思。当然，拉什迪对印度和巴基斯坦的现实批判还与其带着“西方之眼”考察东方不无关联。对于他的相关论述和文学叙事，需要联系他的复杂思想背景深入思考才能得出结论。

拉什迪坦诚地说过：“我既不是一个训练有素的神学家，也

① Salman Rushdie, *Imaginary Homeland*: *Essays and Criticism* (1981－1991), London: Grant Books, 1991, p. 14.

② Salman Rushdie, *Imaginary Homeland*: *Essays and Criticism* (1981－1991), London: Grant Books, 1991, p. 100.

③ Michael Reder, ed., *Conversations with Salman Rushdie*, Mississippi: University Press of Mississippi, 2000, p. 66.

非职业政客，因此不敢声称有任何专门的本事。但我发现，我的小说不能避开政治问题。当今时代，个人与国家事务的距离如此之小，我们再也不能埋头写作，而对大众社会视而不见。”① 拉什迪敏锐的触角不光伸探到印度和巴基斯坦，还延伸到以英国社会为代表的西方内部。1982 年，在一篇题为《英国内部的新帝国》的文章中，拉什迪对英国社会歧视外来移民的种族主义行径进行了猛烈抨击，他还大胆地就当时英国首相撒切尔夫人的新帝国论调进行斥责②。《撒旦诗篇》中有这样一个情节：主人公之一萨拉丁遭到三个英国移民局官员的非法虐待。英国人抓住他的生殖器，逼迫他进行手淫。事后身为穆斯林后裔的萨拉丁“感到格外痛苦和耻辱。似乎他身上的自然生理过程也成了替罪羊。真是奇耻大辱!”③ 将此一情节与近年曝光的英美士兵虐待伊拉克战俘的事实相比较，小说与政治亦即作家与现实的关系清晰可见。这部有争议的小说还描叙了一场劫机事故，一伙包着头巾的憎恨西方的穆斯林劫机者制造了一场空难，这是否 2001 年“9·11”事件的艺术预演？我们在这里似乎看到了拉什迪惊人的艺术想象力。

虽然浸染了很浓的后现代解构文化氛围，拉什迪毕竟无法避开生活万象与残酷的现实政治，他的选择就是以心以笔融入其间。这对当代中国一些已经深深陷入“象牙塔”中的知识分子不啻于一道清醒剂。

---

① Salman Rushdie, *Imaginary Homeland*: *Essays and Criticism* (1981－1991), London: Grant Books, 1991, p. 376.

② Salman Rushdie, *Imaginary Homeland*: *Essays and Criticism* (1981－1991), London: Grant Books, 1991, pp. 129～138.

③ Salman Rushdie, *The Santanic Verses*, New York: Viking, 1988, pp. 157～160.

四

有论者指出：“印度已经对世界文学作出了重要贡献。这主要是通过印度的英语创作来实现的，其中，英语小说首当其冲。”[①] 在对世界文学作出贡献的当代英语小说家中，有着印度血统的拉什迪显然占据特殊的位置。拉什迪以本人“行为艺术”般的跨文化生活实践及文学著述，生动地诠释了东西方世界当下流行的关键词如“流亡”、“移民”、“混杂”“身份”、“文化翻译”、“边缘写作”等。

1990 年，拉什迪回顾自己的人生历程时说：“我生在印度。我不仅是印度人，也是一个孟买人。”“作为一个孟买人（后为英国人），也就意味着与大都会一见钟情。”[②] 拉什迪记忆中的孟买是印度最具国际性、最混杂无序的一个城市。在这样的环境中，他的思想和创作深受印度文化、伊斯兰文化和西方文化的浸染。因此他说：“我已变成一个混血儿，一个历史的私生子，这在伦敦生活加剧这一状况以前就已成为现实。”[③] 这种文化混血儿身份使得拉什迪展现出与众不同的一面。1982 年，他在伦敦接受采访时说：“一定意义上，我既身在印度与英国文化之内，又身处两种文化之外。在许多方面我不再是印度人。同样我也从未成为英国人。我仍然讲印度语言。在印度我有回家的感觉，在这里

---

① G. R. Taneja & R. K. Dhawan, eds., *The Novels of Salman Rushdie*, Delhi: India Society for Commonwealth Studies, 1992, p. 255.

② Salman Rushdie, *Imaginary Homeland: Essays and Criticism* (1981 - 1991), London: Grant Books, 1991, p. 404.

③ Salman Rushdie, *Imaginary Homeland: Essays and Criticism* (1981 - 1991), London: Grant Books, 1991, p. 404.

我也实实在在地感到轻松自如。”[①] 1983 年，拉什迪在接受另一次采访时语气有了变化：“至少我明白我的确是外国人。我不认为自己是地道的英国人。”但他又说，他不是靠护照，而是靠朋友、政治亲和力和写作等界定自己的国籍。“我为印度、巴基斯坦和英国等三国都接纳我而高兴，我认为没有必要在其中进行选择。”[②] 1989 年他说：“我认为自己不是一个印度作家，因为我的确没有住在那里。某种程度上，这种散居人的生活体验更有意思。”[③] 这种穿越东西方文化界限的“文化骑墙”（culture straddle）姿态，使得拉什迪与另一位印裔英国作家，带有“文化无根”情结的奈保尔形成鲜明对照。

某种程度上，拉什迪优雅的“文化骑墙”姿势只是表面，作为一个从东方走向西方、从边缘走向中心的作家，作为一个政治意识、历史记忆比较鲜明的印度海外作家，拉什迪在英国并非始终生活得轻松自如。1983 年，他在小说《耻辱》中道出了内心的一丝彷徨：“我们已经远离陆地。我们在历史中漂逝，在记忆间漂浮，在时间里飘逸。”[④] 在小说《午夜诞生的孩子》和《撒旦诗篇》里，“流放”一词屡见不鲜，“孟买”等怀旧的词汇和情节也不少见。1984 年，在论述被他称为“半个移民者”的德国作家君特·格拉斯时，拉什迪根据希腊语“隐喻”（metaphor）与“移居”（migration）的词义联系，对于移居现象作了如下阐

---

① Michael Reder, ed., *Conversations with Salman Rushdie*, Mississippi: University Press of Mississippi, 2000, p. 5.

② Michael Reder, ed., *Conversations with Salman Rushdie*, Mississippi: University Press of Mississippi, 2000, p. 56.

③ Michael Reder, ed., *Conversations with Salman Rushdie*, Mississippi: University Press of Mississippi, 2000, p. 120.

④ Salman Rushdie, *Shame*, New York: Alfred A. Knopf, 1983, p. 91.

释："移居者就本质而言是隐喻性的人，而作为隐喻的移居，在我们身边随处可见。我们都在跨越疆界；在此意义上，我们都是移居的人。"[①] 因为时时处于一种自动的流放或曰流亡状态，拉什迪对于自己的个人体验有着很深的感慨："移居他国必定失落自己的语言与家园。"这将使人经历生活变迁、遭受灵魂折磨。拉什迪由此引申开来："但移民者不单只为自己的行动而改变，他也创造自己的新世界。移民者可能会蜕变，但正是在这种混杂化的过程中，新颖性涌现出来。"[②] 这说明，拉什迪这位天才作家不甘寂寞，硬是要在强挣脸面的移居或曰自动流放状态中发出自己独特的声音，而这声音便是后殖民文学大合唱里最响亮的领唱。

《撒旦诗篇》典型地体现了拉什迪的上述创作旨趣。有论者称其为"充满创造想象力的后现代文本"，并揭开了这部争议小说主旨之"冰山"一角："拉什迪的《撒旦诗篇》给予我们无数视角，让我们观察那些在这个世界里穿梭往来的精神文化孤儿。"[③] 论者还说："这不是一本关于宗教的书，亦非宗教书籍，而是一本对自己的身份表达质疑的书。"[④] 1989 年 3 月，拉什迪曾经自我剖析过创作《撒旦诗篇》的动机由来。他很迷惑，移民移居国外会给他们的语言、社会地位造成怎样的变化，移民又是

---

① Salman Rushdie, *Imaginary Homeland: Essays and Criticism* (1981 - 1991), London: Grant Books, 1991, p. 278.

② Salman Rushdie, *Imaginary Homeland: Essays and Criticism* (1981 - 1991), London: Grant Books, 1991, p. 210.

③ Dan Cohn-Sherbok, ed., *The Salman Rushdie Controversy in Interreligious Perspective*, New York: The Edwin Mellen Press, 1990, p. 109, p. 131.

④ Dan Cohn-Sherbok, ed., *The Salman Rushdie Controversy in Interreligious Perspective*, New York: The Edwin Mellen Press, 1990, p. 109, p. 131.

怎样适应一个崭新的世界。他的写作完全融入了自己的身心体验："创作《撒旦诗篇》时，我想这是我第一次全身心投入。其中既有身为英国人的我，也有身为印度人的我。这一半爱着伦敦，那一半怀念孟买。"[①] 他以一种复数身份创作之。这种复杂的身份兼具内部和外部的二元视角，真正体现了跨国界、跨文化的创作特色。拉什迪在1990年回顾这部惹祸的小说时说："如果问《撒旦诗篇》究竟是什么的话，它是一个移居者眼中所看到的世界。"他相信这部小说可以视为"人类的一个隐喻"[②]。在这个二元视角的隐喻世界里，历史和记忆的碎片随着意识流不断漂来浮去，东西方宗教教义难分彼此，混杂和模拟比比皆是，这是一幅真实的后殖民文化景观。拉什迪说："混杂化是小说最关键的原动力。"[③] 他还认为："《撒旦诗篇》欣赏混杂，杂糅，混合，推陈出新，也赞赏人与人和各种文化、观念、政治、电影、歌曲之间的随意联结。它还欢呼混血化但却害怕纯粹的独断专行……《撒旦诗篇》为融合与联合产生的变化而欢呼。它是为我们自己的混杂而作的一首情歌。"[④] 对于两位主人公萨拉丁和吉布列尔来说，他们"都是演员，都擅长种种模拟行为。他们都是文化变色龙（cultural chameleons）"[⑤]。这些后殖民时期擅长模拟的

---

① Dan Cohn-Sherbok, ed., *The Salman Rushdie Controversy in Interreligious Perspective*, New York: The Edwin Mellen Press, 1990, p73.

② Salman Rushdie, *Imaginary Homeland: Essays and Criticism* (1981－1991), London: Grant Books, 1991, p. 394.

③ Salman Rushdie, *Imaginary Homeland: Essays and Criticism* (1981－1991), London: Grant Books, 1991, p. 403.

④ Salman Rushdie, *Imaginary Homeland: Essays and Criticism* (1981－1991), London: Grant Books, 1991, p. 394.

⑤ Catherine Cundy, *Salman Rushdie*, Manchester & New York: Manchester University Press, 1996, p. 69.

“文化变色龙”以一种复数亦即混杂的身份生活在一个混杂的隐喻世界。正如《逆写帝国》所言：“混杂性是所有后殖民文本的基本特征。”① 这也许就是拉什迪所谓“混杂化”产生的“新颖性”之一。他的《午夜诞生的孩子》也有突出的混杂因素，主人公萨利姆血缘身世的东西混杂既是印度这一“想象共同体”的文化隐喻和命运写照，又是后殖民文本在复数的文化语境里生存并不断产生“新颖性”的典范。

值得注意的是，拉什迪还将“翻译”（translation）、“隐喻”（metaphor）与“移居”（migration）三个英语单词联系在一起，阐释了他别具一格的文化翻译观。他说，translation 来自拉丁语，而 metaphor 来自希腊语，二者同为“带走”之意。这样，二者就与 migration 近义。他的理解是：“移居国外将会改变一个人的面貌，变成一个被翻译的人，或者说进入一种隐喻状态，这时他们会本能地以一种隐喻而富于想象的方式看待这个世界。”② 对于所谓的“翻译”路径，他的解释是：“我所谓的‘翻译’是指自我被带入另一地域和另一语言之中。”③ 拉什迪在小说《耻辱》中借主人公现身说法道：“我也是一个被翻译过的人（a translated man）。”一般人认为，有些东西在翻译中一定会失落，他却抱定这样一种信念：“有些东西也能在翻译中获得。”④ 拉什迪这里的“翻译”已经超越了纯粹的文学语言范围而达至人

① B. Ashcroft, G. Griffiths, H. Tiffin, *The Empire Writes Back: Theory and Practice in Post-Colonial Literatures*, London: Routledge, 1989, p. 185.

② Michael Reder, ed., *Conversations with Salman Rushdie*, Mississippi: University Press of Mississippi, 2000, p. 77.

③ Dan Cohn-Sherbok, ed., *The Salman Rushdie Controversy in Interreligious Perspective*, New York: The Edwin Mellen Press, 1990, p72.

④ Salman Rushdie, *Shame*, New York: Alfred A. Knopf, 1983, p. 24.

生哲理和政治文化层面。《耻辱》里有过类似含蓄表达："诗人奥马尔·哈亚姆的情形有些古怪。他的诗在故土波斯从不被人看好。在西方，他一直生活在翻译中，这是一种对自己诗歌的完全改写。这种改写在许多情况下，不用说内容，就连原来的精神实质也已判若两样。"① 《撒旦诗篇》也可视为通过这一特殊"翻译"产生的混杂物即"新颖性"。移居者不断"翻译"他们所接触的异文化，也在异文化中"被翻译"而改变原来的文化身份。主人公萨拉丁和吉布列尔空降伦敦后，前者成为头上长角、半人半兽的怪物，他通过"文化翻译"得以生存，获得崭新的文化身份即"新颖性"，后者成为神的信使，这暗示他是不可"翻译"者，最终只得扣动枪机自杀。临死前，他对萨拉丁这位成功的"被翻译者"伤感地说："很久前我告诉过你，假如我认为不能摆脱这种疾病的折磨，它终将再袭我身。我再也难以忍受。"② 如果将吉布列尔的话放在后殖民语境的隐喻中解读，其含义自然明了。对移居者来说，不能主动"翻译"自己者将是危机重重，主动"翻译"自己者如同拉什迪在小说里化用的印度宗教精神："不，这不是死亡，是新生。"③

霍米·巴巴认为："作为一种生存战略的文化既是跨国界的（transnational），也是翻译性的（translational）。"④ 一位是后殖民"文化翻译"理论的鼓吹者，一位在后殖民文本创作和论述里实践"文化翻译"，由此可见巴巴与拉什迪思想的契合。巴巴无

① Salman Rushdie, *Shame*, New York: Alfred A. Knopf, 1983, p. 24.
② Salman Rushdie, *The Santanic Verses*, New York: Viking, 1988, p. 546.
③ Salman Rushdie, *The Santanic Verses*, New York: Viking, 1988, p. 87.
④ Homi K. Bhabha, *The Location of Culture*, London: Routledge, 1994, p. 172.

意中还道出了拉什迪“文化翻译”成功的另一个秘诀：“正是在历史与语言的边界上行走，在种族和性别的分界处生活，我们才拥有一个位置，得以将它们的区别翻译成一种相关一致。”① 这是对后殖民作家边缘写作的一种肯定，拉什迪借助这种“文化骑墙”的写作姿态获得了成功。当然，我们应该清楚，这种“翻译”过来的“相关一致”不是纯粹的，而是混杂的“新颖性”。

五

第一次世界大战前，大英帝国占全球陆地总面积的四分之一，统治着全世界四分之一的人口。一战后，英国议会通过《威斯敏斯特法案》，承认各自治领的平等地位。此后，英国为加强与各自治领的联系又建立了英联邦。1983 年，拉什迪在《英联邦文学并不存在》一文中，对习以为常的“英联邦文学”（Commonwealth Literature）这一概念大胆质疑道：“现在，‘英联邦文学’这一说法显得实在站不住脚。它不光是一个少数人聚居区，还是一个排他性的聚居区。使用这一术语会缩小‘英语文学（English literature）’这一意义本来宽泛的概念，从而将其变为更加狭窄的、局限的、民族主义的、甚至可能是种族隔离性质的东西。我心目中的英语文学仅指英语语言文学（the literature of the English literature）。”拉什迪将“英联邦文学”这一术语称为不真实的怪物，一种相当独特的“经典怪物”：“它长着狮子头，有着山羊腰，拖着毒蛇尾。”②

---

① Homi K. Bhabha, *The Location of Culture*, London: Routledge, 1994, p. 171.

② Salman Rushdie, *Imaginary Homeland: Essays and Criticism* (1981 – 1991), London: Grant Books, 1991, p. 63.

拉什迪对“英联邦文学”这一术语的反感有其复杂的原因。首先，这与他强烈的政治意识有关。在他看来，迄今英语已经成为世界语言，这在某种意义上是大英帝国统治四分之一地球的物质殖民所致。现在英语的如日中天不单是大英帝国的一份遗产，它还来源于美国在世界事务中的超强优势。他把这第二种促使英语兴盛的因素称之为“语言新殖民主义（linguistic neo-colonialism)”[①]。事实上，与英语的兴盛相一致，英联邦文学正是站在殖民主义立场上对英联邦范围内的文学进行研究，它把英语文学建构成反对“地方”性的英联邦文学的规范，寻求一种理想的政治文化共性。这一立场使得它对背离英语文学“伟大传统”的现象非常反感。霍米·巴巴曾将研究英联邦文学和历史者指斥为古板的民族主义者和扩张主义者，其他批评家在英联邦文学的背后看到的是英国的新殖民文化安排[②]。拉什迪自我解构不掉的第三世界文化背景使他对此不无警惕。从这里可以看出，他在同年出版的小说《耻辱》里对巴基斯坦的独裁统治大加针砭，在此前小说《午夜诞生的孩子》中对被他称为“黑寡妇”的英·甘地总理在印度实行“紧急状态法”极力讥讽，与他对“英联邦文学”的反感有其政治思想的一致和呼应。

其次，拉什迪的反感还与他那带有强烈解构意识的世界文学观有联系。拉什迪曾经在 1997 年 4 月 4 日阿姆赫斯特学院授予他名誉学位的演讲中说，独立后印度的英语创作是“帝国的混血

① Salman Rushdie, *Imaginary Homeland: Essays and Criticism* (1981－1991), London: Grant Books, 1991, p. 64.

② 吉尔伯特：《后殖民理论——语境、实践、政治》，陈仲丹译，南京大学出版社，2001 年，第 35 页。

儿（*Empire's bastard child*）”[①]。他道出了印度文学的复杂特征之一。尽管1947年独立后的印度在英语运用上还存在争论，但至今为止印度政治和文化精英对英语的娴熟运用有目共睹。印度已经有了英语文学，确切说是英语语言文学的一个分支，但它毕竟也是印度文学。这和“英语文学”之间没有调和性。因此，英语可以视为印度的文学语言，由于泰戈尔、奥罗宾多和拉贾·拉奥等作家的努力，印度英语文学已经骄傲地独立门户。尽管英国、爱尔兰和美国的英语语言文学要比印度等国的历史悠久，但倘若将世界各地相对年轻的英语文学贯以“英联邦文学”的称呼，这只能是一个丑陋不雅的名字。在此意义上，拉什迪一针见血地指出：“所谓‘英联邦文学’不过是是奉‘英语文学’为正统，或是像我的那位朋友一样，将英国的英语文学作为中心，使世界其他地区的英语文学边缘化。”[②]

信奉“英联邦文学”的人们认为，文学是民族性的表达。他们幻想在帕特里克·怀特那里发现澳大利亚性，在多丽丝·莱辛那里寻觅非洲性，在奈保尔那里邂逅西印度性。拉什迪本人便常常苦恼地被人问起究竟是英国人还是印度人，人们生造出“印度出生的英国作家”来界定他的身份。他认为，试图将作家局限在护照里来认识是愚蠢的。照拉什迪看来，“民族性”也好，“身份界定”也好，其实都天真地以为世上还存在一种“本真”（Authenticity）的东西，他将此种“本真”称为带有异国情调的幼

---

① Meenakshi Mukherjee, ed., *Rushdie's Midnight's Children: A Book of Readings*, Delhi: Pencraft International, 1999, p. 187.

② Salman Rushdie, *Imaginary Homeland: Essays and Criticism* (1981－1991), London: Grant Books, 1991, p. 66.

稚而陈旧的妖怪。信奉“本真”者固执地以为存在一种同质性的不变传统。但以印度为例，它的传统文化精华也是一种混合的文化，是各种古代文化如莫卧儿文化与当代美国可口可乐文化等成分的混杂体（a mélange of elements）。因此，拉什迪说，寻觅民族本真性的最荒诞之处在于：“它完全错误地以为存在一种纯粹的东西，一种可以利用的未经融合的传统。对此信以为真的只有那些宗教极端主义分子。”[①] 总之，“英联邦文学”遇到他的这番解构主义挑战，其大厦似乎已经倾斜。拉什迪高歌猛进的结论是：“到了承认中心不能维持下去的时候了。”[②]

以法国哲学家德里达为代表的解构主义是西方整个后结构主义思潮最重要的部分。它兴起于上个世纪六十年代末期，盛行于七十年代，在西方知识界反响巨大。身在欧陆的拉什迪恐难幸免它那激进思想的波及和浸染。解构主义在与结构主义比较中显出它的特点，即以无中心反中心，以文字对抗语言，以解构消解结构，以游戏抗衡严谨等。这里的“中心”指权力中心和逻各斯中心。结构主义“权力中心”论信奉金字塔一样自上而下的结构，而解构主义的权力观则是蜘蛛网式，无中心的平行组织。这一思路与拉什迪呼吁不能维持“英联邦文学”的“中心”不谋而合。逻各斯中心主义信奉语言贬低文字，坚信有一种存在于语言之外的宇宙精神，语言是其神圣载体。与解构主义者的语言观相呼应，拉什迪认为：“不能赋予语言以绝对价值……语言用于表述

---

① Salman Rushdie, *Imaginary Homeland*: *Essays and Criticism* (1981 – 1991), London: Grant Books, 1991, p. 67.

② Salman Rushdie, *Imaginary Homeland*: *Essays and Criticism* (1981 – 1991), London: Grant Books, 1991, p. 70.

那些不能表达的东西是不够的，因为我们并未认识到语言的这一无能，语言就变得实在讨厌、咄咄逼人且欺人视听。”[①] 这种近似于中国“言不尽意”的思想，使拉什迪站在与解构主义并肩作战的同一战壕里，对着结构主义的语言观猛烈开火。

借重这种解构主义思想，拉什迪不光是在诗学观中消解“英联邦文学”的权力中心，还在文本创作中消解西方话语的权力中心，有时甚至以匪夷所思的方式进行。这以《撒旦诗篇》为最典型。很多人认为，他在小说里用西方对先知（Muhammad）的蔑称“Mahound”来称呼先知，是一种亵渎神灵的行径。他辩解说，《撒旦诗篇》的主要目的是移居者从对手即东道主那里收回语言表达权，借以挑战西方的话语中心权。萨拉丁头上长角是西方对于移居者妖魔化的象征。这与西方以妖魔化的 Mahound 来贬称先知一个道理。被妖魔化者怎么办呢？在美国，被种族主义者给予的侮辱人格的称呼“black”（黑人），却被黑人引为自豪，将它当成“美丽”的代名词。黑人们将侮辱转化成斗争的勇气和力量：“黑人们都乐意而自豪地使用别人轻蔑地赠与的名字。”拉什迪由此得到启发：“他们有表述别人的权力，我们只能屈服于他们的描画。如果移居团体被别人称为恶魔，那并不意味着他们真的就是恶魔。如果恶魔并不必然是恶魔，天使也就并不必然是天使。”[②] 由此可以明白，拉什迪是以怎样的动机和什么手段得罪了视先知为神圣不可侵犯的伊斯兰世界，从而招来杀身

---

① Dan Cohn-Sherbok，ed.，*The Salman Rushdie Controversy in Interreligious Perspective*，New York：The Edwin Mellen Press，1990，p125.

② Salman Rushdie，*Imaginary Homeland*：*Essays and Criticism*（1981－1991），London：Grant Books，1991，p. 402.

之祸。

世上存在所谓“神圣”的东西吗？拉什迪坚决予以否认。他说，观念、文本甚至人都可以人为地神化之。“敬神无异于被它所麻痹。神圣的理念在任何文化中仅是一种最保守的思想，因为它试图将变化、进步和革新等其他一些理念变成令人遗憾的东西。”[①] 这些话除了可以用来解释他对先知大胆亵渎的世俗化处理外，还可间接地说明他对西方权力话语的抨击解构。

六

最后再看一看拉什迪关于英语解殖问题的论述和实践。解构主义诗学观否定意义的终极性，倡导意义的游戏性。这种观念认为，索绪尔的语言中心主义淹没了文字的强劲功能，转而提倡颠倒语言和文字的历史次序和等级差别，用文字的差异性说明文学和文化的开放性、边缘性，多重性和多义性、否定结构主义的语言中心论。它强调文本是无限开放的世界，可以对文本采取“对立”、“分裂”、“拆散”等方法建构新的文本。拉什迪用他的文本实践证明了这一点。

关于拉什迪，有人说：“单是研究他对解殖英语（decolonizing English）的贡献就足以构成一篇专题论文。”[②] 拉什迪“解殖英语”与《逆写帝国》的作者思路一致，都是一种解构“神圣”和“去中心”的姿态。阿什克罗夫特等人主张以“排拒”和

---

① Salman Rushdie, *Imaginary Homeland*: *Essays and Criticism* (1981－1991), London: Grant Books, 1991, p. 416.

② G. R. Taneja & R. K. Dhawan, eds., *The Novels of Salman Rushdie*, Delhi: India Society for Commonwealth Studies, 1992, p. 192.

"挪用"手法质疑英语(English)这个大写词语神圣而合法的中心地位，并呼吁世界文坛展现小写而多元的英语(englishes)[①]。人称拉什迪魅力之一来自于他在文本中进行的"语言体操(gymnastics with language)"[②]。这种别具一格的"语言体操"艺术地展示了他"解殖英语"或"解构英语"的企图。先以《午夜诞生的孩子》为例说明。在小说里，拉什迪采取了以下方法进行"语言体操"游戏：一、将北印度方言天衣无缝地镶嵌在英语句子里："'Chhi，chhi，' Padma covers her ears，'My God such a dirty-filthy man，I never knew!'"[③]二、将方言词组放在英语句子中："Hey bhaenchud! little sister-sleeper，wher you running?" bhaenchud 即为 sister-sleeper 之意。(第 320 页)三、译写印度习语："donkey from somewhere!"(第 118 页)四、连用旧词表达新义："tea-cup-kissery"(第 264 页)五、生造畸形英语词："Whatdoyoumeanhowcanyousaythat."(第 272 页)"I swear Iswearonmymother'shead."(第 282 页)六、巧妙省略追求滑稽效果："Sir an animal sir!""I yelp：'Aiee sir an animal an animal please sir aiee!'"(第 277 页)七、颠覆传统语法："Who am I? Who were we? We were are shall be the gods you never had."(第 319 页)再举《撒旦诗篇》为例："We're bhai-bhai!"(第 438 页)"think that such a fufufuck function，which

---

① B. Ashcroft，G. Griffiths，H. Tiffin，*The Empire Writes Back：Theory and Practice in Post-Colonial Literatures*，London：Routledge，1989，pp. 38—39.

② G. R. Taneja & R. K. Dhawan，eds.，*The Novels of Salman Rushdie*，Delhi：India Society for Commonwealth Studies，1992，p. 181.

③ Salman Rushdie，*Midnight's Children*，*New York*：*Avon Books*，1982，p. 319. 此段引用该书在文中用括号标明页码，不再加注。

is to be most ista ista ista istudded, will be good for their bibuild up cacampaign."[①] 这里将 function（功能）变为 fufufuck 便暗含粗俗的贬义，而将 build（建构）进行解构变为面目全非的 bibuild，不正契合了解构主义的美学旨趣吗?

可能因为拉什迪带有解构色彩的“语言体操”太为显眼，论者认为，他的文本重要特色是“玩弄文字游戏和拨弄句子结构，试图改变殖民者关于移民的一些偏见”，而其最终目的是：“借助这种复调音乐式的语言呈现，以乘机积极地重新建构分裂的移民身份。”[②] 这样来看，拉什迪的“语言体操”显然是大有深意的，他的语言战略起点正如斯皮瓦克指出的那样：“在我看来，语言可能是帮助我们理解自身的众多因素之一……理解自身亦即产生身份认同。”[③] 拉什迪的“语言体操”采取“复调音乐”形式，这是因为他深信，文学的长处在于它是进行对话的场所，是展现语言斗争的地方。他说：“在任何社会里，文学都是这样一个所在，我们在自己大脑的隐秘处，可以听见各种声音以各种可能的方式谈论世间万物……世上不管哪里，文学对话的小屋一旦关闭，文学大厦之墙迟早就会坍塌下来。”[④] 他的文学对话观使他和倡导复调小说理论的巴赫金接上了思想轨道。拉什迪的作品完美地证实了巴赫金的理论。巴赫金认为，复调小说的世界是一个复杂的世界。在这一世界中，一切都存在于同一空间，相互作

---

① Salman Rushdie, *The Santanic Verses*, New York: Viking, 1988, p. 421.

② Catherine Cundy, *Salman Rushdie*, Manchester & New York: Manchester University Press, 1996, pp. 82—83.

③ J. Munns & G. Rajan, eds., *A Cultural Studies Reader: History, Theory, practice*, London & New York: Longman. 1995, p. 464.

④ Salman Rushdie, *Imaginary Homeland: Essays and Criticism* (1981—1991), London: Grant Books, 1991, p. 429.

用。巴赫金的狂欢化诗学意在提倡文学内容和形式的开放性，寻求各种文学因素的融合，如反讽、幽默、夸张等各类手法和口语、俚语、方言等各类语言的相互联系。这和解构主义有相似性，强调打破逻各斯中心主义，以狂欢化思维方式颠覆理性思维结构①。由以上分析可以看出，拉什迪文本的确达到了这一境界。我们生活的时代是一个语言竞争的时代，在小说这一理想世界中，各种互相冲突的语言频频聚首，借助张力和对话，小说不仅把彼此水火难容的各式人物，还将互不相干的历史年代，社会状况乃至东西文明等统统汇聚一处，“展示人类生活的真实一面”②。抛开某些争议因素，某种程度上可以认为，拉什迪在小说中展示了人类生活真实而迷人的一面，而这又与他的“语言体操”艺术密不可分。

拉什迪自己在1988年的一次访谈中说，如果你是来自一个黑人聚居区的人，你会发现，别人描述你的气势要远远胜过你对他们的描述。这显然是不公平的一场斗争，因为我们被人描述并被逼进死角，因此，只要可能的话，我们必须利用自己的描述摆脱困境。他承认：“这就是我一直努力在做的事情之一：我在勉力进行描述的斗争。”他还承认这是一种政治性的、类似于“逆写帝国”或曰“帝国反击”的“描述反击（a description back，或译“逆向描述”）”③。他的反击是成功的，至少让第一世界某些傲慢者看到了文学狂欢化所奏出的“复调音乐”。鉴于拉什迪

① 朱立元主编：《当代西方文艺理论》，华东师范大学出版社，1997年，第266页。

② Catherine Cundy，*Salman Rushdie*，Manchester & New York：Manchester University Press，1996，p. 83.

③ Michael Reder，ed.，*Conversations with Salman Rushdie*，Mississippi：University Press of Mississippi，2000，p. 99.

在世界文坛的突出表演，论者认为，作为作家，拉什迪对当代文坛的影响不可低估："他的创作已经影响了整个一代作家，正是这些人现在组成了文坛'逆写帝国'（empire writing back）的阵容，形成崭新的英国和后殖民文学规范。"① 在受拉什迪影响的作家中，包括了印度海外作家维克拉姆·赛特等人。他们与拉什迪一道指引着英语后殖民文学新方向。

当然，对于拉什迪的成功，也存在质疑的声音。有人尖锐地指出，尽管拉什迪口口声声利用英语创作征服英语，从而达到异军突起并"反击帝国"的目的，但其效果令人怀疑："使用主人的语言不可避免地会以主人的语气说话，会与主人妥协而达成共谋。"② 拉什迪的某些言论也给他的目的抹上了一丝暗淡色彩。他在1984年的访谈中告诉别人，他开始创作时只能使用一种语言即英语。他虽然也讲乌尔都语，但是，这种语言存在一些问题。他说："尽管这是一种非常美丽的语言，它也只能适合以我自己不能适应的方式来运用，如创作玄奥抽象和抒情浪漫的作品。它的语法，句法非常僵硬刻板，不像英语那么柔和流利。这样看来，它不是一种非常灵活的语言……在日常会话方面很难使用乌尔都语。它很适合在月亮上使用。"③ 应该承认，拉什迪关于乌尔都语这种巴基斯坦国语（一部分印度人也使用之）的论述是有问题的。实际上，纯正的乌尔都语语调起伏很大，它柔韧并

---

① Michael Reder, ed., *Conversations with Salman Rushdie*, "Introduction", Mississippi: University Press of Mississippi, 2000.

② Meenakshi Mukherjee ed., *Rushdie's Midnight's Children: A Book of Readings*, Delhi: Pencraft International, 1999, p. 71.

③ Michael Reder, ed., *Conversations with Salman Rushdie*, Mississippi: University Press of Mississippi, 2000, p. 64.

存，且婉转甜美，用这种语言创作的文学作品中有很多传世名作。如果借用美籍华人学者刘禾评价印度学者、文化翻译理论研究者妮南贾娜的话来说明拉什迪的个案，将会有一定的意义：“她无意间让欧洲语言作为主方方言（或者客方方言）享有一种决定意义的特权。如果这位后殖民批评家继续在其有关东西方语言相互作用的论述中强调欧洲语言的重要性，并且使那一历史/故事的没有说出的部分仍旧处于不可名状的状态，那么在她本人许诺的重写历史的道路上，她究竟能走多远呢？”① 拉什迪、妮南贾娜的困境也同样反映在霍米·巴巴身上。巴巴的重要使命是从内部摧毁西方中心主义堡垒，他的策略是从内部使其失去本真性，进而消解其权威性。但具有讽刺意味的是，巴巴由于身在西方，其思想不可避免地受到西方中心论的影响，所以有人批评他不知不觉间重复了那些“新帝国主义”或“新殖民主义”思维模式之于第三世界的话语霸权②。再回到拉什迪身上，问题或许可以这样提出：如果他继续借重英语这一强势语言在西方文学内部“逆写帝国”，那么，他解构西方强势话语的脚步究竟能跨多远？

---

① 转引自刘禾：《跨语际实践》，宋伟杰等译，上海三联书店，1999年，第33页。

② 王宁：《叙述、文化定位和身份认同：霍米·巴巴的后殖民批评理论》，《外国文学》，2002年第6期。

第六章　拉什迪后现代姿态中的印度书写

萨尔曼·拉什迪是当代印度海外作家乃至全球英语作家中最重要也最具争议的人之一。拉什迪的文学创作具有强烈的实验色彩，《撒旦诗篇》将他身不由己地推向了“文明冲突”的旋涡之中。有人评价他说：“因为将所有解殖问题的相关论争带入人们的议题之中，比之任何英语作家而言，拉什迪将英语文学传统更进一步推向国际化。”[1] 无论如何，拉什迪将印度英语文学带入了世界文学的前沿。

拉什迪是印度海外作家中的传奇式人物。他于 1947 年 6 月生于印度孟买，此时距印度独立只有两个月左右的时间。拉什迪的祖父是乌尔都语诗人，他父亲也酷爱文学并深有造诣，他有文学方面的家族遗传细胞。拉什迪童年时代在孟买接受教会学校的英语教育，十四岁时被送到英国上学，后入剑桥大学国王学院攻

① Timothy Brennan, *Salman Rushdie and the Third World: Myths of the Nations*, London: Macmillan, 1989, p. 166.

读历史学，但他热衷于文学和演艺事业。1968年取得硕士学位后，举家迁居巴基斯坦。不满一年，拉什迪即回到英国定居并加入英国国籍，还娶英国女子为妻，生子扎法尔。自1975年出版处女作《格里姆斯》(Grimus) 起，拉什迪就走上了专业的创作道路。1981年，他的第二部长篇小说《午夜诞生的孩子》(Midnight's Children，下简称《午夜》) 出版，获得多项大奖，其中包括1993年获得为纪念英国最负盛名的布克奖二十五周年而设立的"特别布克奖"。这是拉什迪印度书写中最有代表性的一部。他以此书一举成为世界著名作家之一。西方学者评价说："拉什迪是当今英语创作中最著名、同时也具有争议性的最重要的小说家之一……他的创作影响了整整一代作家，这些作家正组成'逆写帝国'阵营，这一'逆写帝国'姿态是英国和后殖民时代的新文学标准。"① 拉什迪对印度英语作家也产生了巨大的影响。他们似乎共同掀起了一场"重塑英语文学语言"的文学运动。2009年，拉什迪在回答中国记者专访时说："是的，我觉得一大群印度作家正在重塑英语文学语言，我无法解释为什么这会发生，但很为他们高兴。"② 这证实了拉什迪的巨大文学影响。评论界将他与加西亚·马尔克斯、德国1999年诺贝尔文学奖得主君特·格拉斯和捷克作家米兰·昆德拉等相提并论。1983年，他出版了巴基斯坦政治题材作品《耻辱》(Shame)，获得布克奖提名。1988年出版的《撒旦诗篇》(The Santanic Verses) 为他

---

① Michael Reder, ed., *Conversation with Salman Rushdie*, "Introduction", Mississippi: University Press of Mississippi, 2000.

② 金煜：《本报记者专访争议作家拉什迪："奈保尔先生不怎么样"》，载《新京报》，2009年8月8日。

带来了杀身之祸。他此后在隐居状态中出版了评论集《想象的家园》(Imaginary Homelands: Essays And Criticism, 1991)、短篇小说集《东方，西方》(East, West, 1994)和长篇小说《摩尔的最后叹息》(The Moor's Last Sigh, 1996)等。限于篇幅，本章只论述他涉及印度书写的两部代表作即《午夜》和《撒旦诗篇》，偶尔涉及他的长篇小说《耻辱》等作品。

第一节　"反讽性史诗"：《午夜诞生的孩子》主题探索

拉什迪曾经说过，他是一个历史的混血儿。他足跨东西，深受印度教文化、伊斯兰文化和基督教文化的影响，思想深处打上了混血的烙印。拉什迪对印度的理解是："我心中的印度建立在多样、复数和混杂的理念之上。"[①] 这样看来，拉什迪心目中的印度是民族叙事中呈现的混杂而历史、真实而虚幻的印度。这一复杂而具有后现代色泽的印度形象集中体现在他的《午夜》中。

作为历史意识浓厚的作家，拉什迪在《午夜》开头借主人公萨利姆的意识流将读者引入历史深处："我出生在孟买城里……这是从前的事。不，那不准确。出生的时间我没有遗忘：我是1947年8月15日出生在纳利卡医生的护养院里。时间呢？时间也很重要。对了，是夜晚。不，是更重要的时间……其实，是在

① Salman Rushdie, *Imaginary Homelands: Essays And Criticism* (1981 - 1991), London: Grant Books, 1991, p. 33.

午夜钟声敲响的时刻，时针和分针交织在一起庆贺的时刻，我来到这个世界。噢，我明白了，明白了：是在印度获得独立那一刻到来时，我跌跌撞撞地降临人间……我的命运与祖国的命运不可分割地联系起来。接下来的三十年间，我怎么也逃脱不了这种联结。”[①] 拉什迪别出心裁的开端将故事一下子带到了印度现代历史的特殊时刻。故事以萨利姆的全能全知视角展开情节叙述。

有学者说：“我认为拉什迪的艺术手法更接近于君特·格拉斯和品钦，最好把它称为寓言，以使其区别于马尔克斯的魔幻现实主义手法。”[②] 实际上，拉什迪深受马尔克斯的艺术手法影响。马尔克斯曾经在他的代表作《百年孤独》开头写出了被评论家们称为传世经典的句子：“许多年之后，面对行刑队，奥雷良诺·布恩地亚上校将会回想起，他父亲带他去见识冰块的那个遥远的下午。”[③] 这个句子包容了过去、现在和未来三种时态，它将文本的阅读张力一下子拉长。深谙历史三昧的拉什迪也不乏此举。《午夜》开头部分是1947年印度独立的大事件，但拉什迪马上将笔触闪回到主人公萨利姆的祖父一辈，时间在1915年左右即印度独立三十多年以前。这样就将作品的历史跨度拉长，一种泰戈尔所谓的“历史情味”（Itihasa Rasa）悄然酝酿着。

《午夜》由三卷组成，以萨利姆的意识流为故事情节发展的动力。叙述者萨利姆在书中突发感叹说：“我们是一个健忘者组

---

① Salman Rushdie, *Midnight's Children*, New York: Avon Books, 1982, p. 3.

② Meenakshi Mukherjee, ed., *Rushdie's Midnight's Children: A Book of Readings*, Delhi: Pencraft International, 1999, p. 45.

③ 加西亚·马尔克斯：《百年孤独》，黄锦炎等译，上海译文出版社，1989年，第1页。

成的民族。”[①] 这暗示了拉什迪创作旨趣的一个侧面。因此，开始部分第一卷中约 120 页的篇幅是对外祖父及其家族历史记忆的闪回，同时还穿插了萨利姆出生的有关信息。尽管拉什迪否认《午夜》是自传性质的作品，但从其描写来看，还是浸透了他浓厚的怀旧意识。小说间出现了 1919 年阿姆利则惨案、非暴力不合作运动、S. 胞斯的联日抗英活动、印巴分治与大移民等历史场景。外祖父和外祖母来自克什米尔，俩人就保持当地穆斯林女性文化传统的问题发生了激烈的争执。如外祖母拒绝照相，因为这不符合她的生活传统。她还担心丈夫教孩子们外国东西太多了。拉什迪还花费了一定的笔墨描写祖父三个女儿的婚姻情况。从整个倒叙来看，既有关于一个穆斯林家族史的深情回望，也同时交织着印度民族独立运动的历史曲线，它显示了拉什迪娴熟的叙述技巧。在第一部分快要结束时，萨利姆作为主角登场了。他回忆起他出生时的非凡情景。这是对故事开头叙述的循环照应，显示了印度宗教文化中生命轮回观对《午夜》叙事模式的影响。萨利姆的出生具有强烈的隐喻性质。在他降临人世间时，印度总理尼赫鲁正在发表标志印度独立而获得新生的“午夜演说”：“多年以前，我们曾订下与命运相约的时刻，而现在，实实在在地履行我们誓言的时刻终于到来。随着午夜钟声的敲响，世界寂然入睡了，而印度的生命却重新唤醒，去拥抱自由。一个历史上不可多得的时刻已经来临，我们从过去走向新生，一个时代结束了，

① Salman Rushdie, *Midnight's Children*, New York: Avon Books, 1982, p. 37.

我们民族长期以来饱受欺凌的灵魂终于扬眉吐气。”① 萨利姆和另外一个孩子湿婆在尼赫鲁讲话中来到人世，象征着独立的印度和巴基斯坦两个新国家的诞生。但不幸的是，萨利姆一生下来，接生的护士玛丽·伯丽拉便将他与另外一个有西方基督教徒和印度人血统的孩子交换了姓名标牌。这样，真正的萨利姆变成了以后流落街头的印度教穷儿湿婆，而那个东西结合的混血儿成为了“真正”的萨利姆。拉什迪此时借这个真作假时假亦真的萨利姆的视角叙述道：“由于玛丽的罪过，我成为特选而诞生在午夜的孩子，而这个孩子的父母不是他的父母，他父母的儿子又不是他们的儿子……玛丽抱走了来自我母亲子宫的孩子，这孩子将不再是她的儿子。”② 这里的叙述非常有深意。“有罪过”的玛丽似乎是英国殖民者的代表，错抱的孩子即英印混血儿成为印度人的孩子，似乎象征了印度这个新独立国家的“混杂性”，这一混杂性来自于玛丽所代表的几百年英国殖民统治，玛丽的接生似乎象征了最后一任印度总督蒙巴顿勋爵，因为独立时的印巴分治是他参与设计并一手操纵的。成为特选而诞生在午夜的孩子萨利姆流着东西方的混合血液，他感叹孩子的父母不是孩子的父母，父母的孩子不是父母的孩子，这似乎是对印度这个民族国家的“神话解构”。《逆写帝国》的作者说过：“混杂性是所有后殖民文本的基本特征。”③ 拉什迪在这里基于印度和巴基斯坦现代历史的混杂

---

① Salman Rushdie, *Midnight's Children*, New York: Avon Books, 1982, p. 134. 采纳张力先生译文，见张力：《印度总理尼赫鲁》，四川人民出版社，1997年，第108页。

② Salman Rushdie, *Midnight's Children*, New York: Avon Books, 1982, p. 136.

③ Bill Ashcroft, Gareth Griffiths & Helen Tiffin, The Empire Writes Back, London and New York, 1989, p. 185.

性民族叙事，印证了《午夜》这一后殖民文本的书写特征。另外，萨利姆身上有着基督教和印度教的遗传血液，他以这一混合身份再进入穆斯林富商家庭，这似乎又隐喻着拉什迪自己身上三大文化因素的东西结合。这里可以明显看出《午夜》的自传性质。

在午夜钟声响起以后，一个接一个的婴儿诞生了，最后的总数是一千零一个。这暗示了阿拉伯神话经典《天方夜谭》对拉什迪创作的潜意识渗透。这些孩子死亡率极高，最后只有五百八十一个存活下来。他们肩负重新建设印度的重任，个个都有特异功能。这似乎显示了马尔克斯《百年孤独》的魔幻手法对拉什迪的影响。萨利姆降临人世后，尼赫鲁还在继续着他的著名演说："现在没有时间进行琐碎或破坏性的批判。没有时间留给恶意。我们必须建造自由印度的高贵大厦，使她所有孩子都能居住其间。"① 但萨利姆这时的意识流却还在解构民族"神话"的路上徘徊，他想道："事实上，我们全印度的孩子在做同一个梦。我们这些不断出生的孩子只有部分的父母血统。午夜的孩子同时也是时间的孩子，你知道，我们是被历史所创造。这是可能发生的事情，特别是在印度这样一个本身即梦的国家里。"② 尼赫鲁关于印度民族的建构性叙事和萨利姆对于民族"神话"的解构性叙事几乎是并行不悖的，这是拉什迪民族叙事的独特魅力所在。在第一卷结尾处，尼赫鲁祝贺萨利姆诞生的信中这样写道："一个迷人的宝宝萨利姆·辛奈，他恰恰在我们国家昨夜获得独立的一

① Salman Rushdie, *Midnight's Children*, New York: Avon Books, 1982, p. 136.
② Salman Rushdie, *Midnight's Children*, New York: Avon Books, 1982, p. 137.

瞬间来到人世，他是那个辉煌瞬间的幸福孩子。”① 而萨利姆对于某些人的言辞反应似乎也大有深意地与尼赫鲁作对：“然而，我仅仅只会感谢他们欢庆我来到人间，并原谅他们没有真正的历史意识。”② 总之，独立印度的诞生毕竟是开天辟地的大事，萨利姆就在这样辉煌的时刻走进印度崭新的历史中。

《午夜》第二卷是全书的重头戏之一。借萨利姆的活动，风云变幻的印度当代史以及拉什迪关于印度“民族神话”的解构得以全面展示。这里的开头部分又出现了尼赫鲁祝贺萨利姆诞生的信，其中写道：“亲爱的宝宝萨利姆，我延迟了祝贺你诞生的幸福瞬间！你是印度那古老而又永远年轻的脸庞的最新代言人。我们将密切关注你的一生；某种意义上，你的一生将是我们自己的一面镜子。”③ 这些话仿佛是一种预言，预示着萨利姆终将以自己独特的人生轨迹来折射印度发展历程的艰难曲折。

在这一部分中，拉什迪通过萨利姆的眼睛，向人们展示了次大陆一系列的历史风云。萨利姆感受体验了印度各邦语言冲突问题的复杂性。他除了在印度活动以外，还自我流放似地到了巴基斯坦，看到了巴基斯坦军法管制下社会现实“黑暗”的一面。此后他回到了孟买，将他的回忆象征性地埋在了孟买的花园里。在此前后，他还见证了印度收复果阿、1962 年中印边境冲突、1965 年第二次印巴战争等历史事件。他参加了西巴基斯坦对东巴的军事行动，并幸免于难。此外，萨利姆的外祖父和尼赫鲁相继逝世。

---

① Salman Rushdie, *Midnight's Children*, New York: Avon Books, 1982, p. 138.
② Salman Rushdie, *Midnight's Children*, New York: Avon Books, 1982, p. 138.
③ Salman Rushdie, *Midnight's Children*, New York: Avon Books, 1982, p. 143.

就隐喻象征层面而言，萨利姆出世以后，与其他午夜诞生的孩子一样，享有特异功能。萨利姆还能轻松地变形化身，甚至包括变成尼赫鲁，后来又变为佛陀。这仿佛是大神们化身无穷的翻版。萨利姆神通广大，具有心灵感召力。拉什迪在小说中叙述道："这些午夜诞生的孩子们都是一些具有变形、飞翔、预言和巫术本能的婴孩……但只有两个孩子诞生在午夜钟声响起的时刻：萨利姆和湿婆，湿婆和萨利姆。"① 萨利姆有自己的人生理想和社会政治目标，于是，他利用自己的特异功能，每天午夜召集那些午夜诞生的几百个孩子的灵魂开会，此即"午夜孩子议会"。他企图团结所有午夜诞生的孩子，把他们培育成为建设强大印度的栋梁之材。这里暗示了萨利姆将不同宗教、种姓、阶层的印度人团结起来，建设一个理想国家的企图。但是，他的理想却在现实生活中屡屡碰壁，并且，使他沮丧的是，他感应灵魂的特异功能丧失了。他失去了召集午夜孩子的能力。有人认为，在《午夜》中，拉什迪"不是在尼赫鲁与甘地之间来作出印度命运的选择，而是在萨利姆和湿婆之间作出选择"②。的确如此。拉什迪笔下的湿婆象征了萨利姆的对立面，也影射了印度社会的动乱不安，暗示着印度文明处于危机之中。湿婆这个印度教的毁灭之神，在小说中以恶魔形象出现，他在任何时刻都与萨利姆作对，让他不得安宁。湿婆的出现使整个印度处于人心惶惶的状态。印度教徒视为保护和吉祥之神的湿婆在拉什迪笔下却代表了"邪恶"势力，这是拉什迪对印度教神圣的解构。小说中湿婆的

---

① Salman Rushdie, *Midnight's Children*, New York: Avon Books, 1982, p. 239.

② Meenakshi Mukherjee, ed., *Rushdie's Midnight's Children: A Book of Readings*, Delhi: Pencraft International, 1999, p. 45.

“堕落”又隐喻印度文明前途暗淡。萨利姆特异功能的丧失便是一个信号。拉什迪在书中叙述道：“但这是黑暗时代（Kali Yuga）。这些孩子是在黑暗的时间中降生的。我想，他们是在黑暗时代中间诞生的。因此，尽管我们发现这很棒，但我们一直为这种棒而迷惑不解。”[①] 拉什迪认为印度独立以来一直处于“黑暗时代”，这意味着他对萨利姆所代表的“午夜孩子”即印度的命运持哲学层面的悲观心态。按照印度宗教神话体系，宇宙时间分为圆满时（4800 天年）、三分时（3600 天年）、二分时（2400 天年）和争斗时（1200 天年）。1 天年等于 360 天日，1 天日等于尘世 1 年。圆满时大家相处和睦，生而有德；三分时人们道德开始堕落；二分时人变得无知而追逐财利；争斗时人们彻底堕落，吠陀经典失去权威，人们自私无情，金钱至上。人的寿命从圆满时到争斗时由 400 岁减少到 100 岁。争斗时毁灭后，一个新的圆满时会再创造出来[②]。由此可以看出，拉什迪将萨利姆等“午夜孩子”所处的“黑暗时代”用来描叙刚获得独立三十年左右的印度，走向象征幸福的圆满时还需要漫长而又遥远的跋涉，这说明，他心目中的印度近似于奈保尔心目中的“黑暗地带”，一个目前很难见到希望曙光的“受伤的文明”。该卷在萨利姆对于第二次印巴战争的严峻反思中结束，背景是 1965 年 9 月印巴双方在联合国调停下停火。

《午夜》的最后一卷是全书的高潮。在这一卷中，涉及的历史事件包括 1967—1971 年印度共产党人领导的纳萨尔巴里农民

---

① Salman Rushdie, *Midnight's Children*, New York: Avon Books, 1982, p. 239.

② 黄心川主编：《南亚大辞典》，四川人民出版社，1998 年，第 92—93 页。

武装斗争、1971年初东巴基斯坦死伤数万人的流血政治事件、印度军队于1971年11月进入东巴协助孟加拉国获得独立即第三次印巴战争、英迪拉·甘地颁布紧急状态法等。

在这一卷开头，萨利姆大难不死，开始深刻地反省人生，思考关于巴基斯坦和孟加拉国的文化脐带和历史关系。他想遗忘这不幸而痛苦的民族历史和家族历史，成为一个新的自我。萨利姆在血腥屠杀和死亡威胁面前幻想幸存的自己变为佛陀。这似乎使人想起印度历史上伟大的孔雀王朝皇帝阿育王抛弃血腥战争、皈依佛门的历史典故。他后来告诉帕德玛说，不是他，而是佛陀逃过了死亡的劫难①。萨利姆和其他士兵逃进了一座大森林。他在树下如佛陀安坐。丛林里鬼魂似的猴子们在夜晚唱着泰戈尔的歌曲《金色的孟加拉》，士兵们不堪忍受歌声便用泥塞住耳朵。人们在这神秘的丛林中变得透明，他们也能看穿其他人和物。这里的丛林使人仿佛见到吉卜林笔下那任人驱使的丛林动物世界。拉什迪的丛林里则有着供人消遣享受的印度教寺庙神女。这是拉什迪和吉卜林东方主义手法的前后相因。七个月后，萨利姆和其他人安全返回人间。萨利姆在战争反思中突然想起了流亡一词。他的感受是："在战争的废墟中间，我发现了公平与不公平。不公平闻起来就像洋葱，其味之强烈使我眼中流泪。"② 这分明反映了拉什迪的战争观，也隐约地透露了他对印巴战争，特别是对西巴镇压东巴的彻底反感。这是他身上政治意识的再现，也是自称"政治动物"者的必然反应。拉什迪还提到了叶海亚（Yahya

① Salman Rushdie, *Midnight's Children*, New York: Avon Books, 1982, p. 431.
② Salman Rushdie, *Midnight's Children*, New York: Avon Books, 1982, p. 442.

Khan）和布托（Z. A. Bhutto）等前巴基斯坦领导人和中国领导人周恩来的名字。从战火弥漫的达卡回到印度，萨利姆兴奋之余还在思考“午夜孩子”们的命运。他不解地自问：“为什么在五亿多人口的国家里，我应该来承受历史的重担?”[①]

1975 年 2 月 23 日，萨利姆和被湿婆抛弃的帕拉瓦蒂结婚了。湿婆越发堕落，仿佛是印度宗教理念恶有恶报的应验，他最后被与他通奸的一个贵族妇女开枪打死。萨利姆的儿子即湿婆和帕拉瓦蒂的儿子终于出生了。但是，帕拉瓦蒂为了生下这个儿子花了十三天时间，这一过程与英迪拉·甘地克服政治危机的进程完全同步，这显示了拉什迪匠心独具的艺术安排。萨利姆的出生与帕拉瓦蒂的儿子出生都是在历史的紧要关头，这又是一种特别的隐喻。帕拉瓦蒂的儿子其面部特征近似于象头神，这与印度教神话完全契合。印度教大神湿婆和雪山神女帕拉瓦蒂的儿子就是象头神，它至今是印度民间最受欢迎的神之一。关于这个孩子，拉什迪的描述是：“这是一个听得太多而永远不开口说话的孩子。过多的喧闹已使他变成哑巴。”[②] 萨利姆以灵敏的嗅觉闻出了英迪拉·甘地带有古代帝王专制的独裁气息。这一气息使得人们暂时失去历史记忆。萨利姆号召午夜的孩子们团结起来与之斗争，但是他们都不幸被投入监狱。黑暗时代真正地来临了。接近故事尾声时，萨利姆再次回到家乡孟买，他在品尝“历史混合辣酱”似的泡菜时，邂逅了当年为她接生的玛丽，他已经原谅了当年玛丽的错过，因为：“我像需要父亲一样需要母亲，而母亲总是不

① Salman Rushdie, *Midnight's Children*, New York: Avon Books, 1982, p. 457.
② Salman Rushdie, *Midnight's Children*, New York: Avon Books, 1982, p. 501.

能受到责备的。”萨利姆这时已经不再痴迷于纠缠“纯洁性”了，他已经开始习惯复杂的泡菜制作程序。拉什迪在这里的叙述有些深意：“架上的三十个泡菜坛子等待一个患健忘症的民族来品尝。但在它们的旁边，有一坛是空的。”① 如果说泡菜影射了混合辣酱似的印度次大陆历史，品尝将会是别具一格的收获。

小说的尾声终于来到。萨利姆恋恋不舍地辞别亲切的克什米尔，并念叨着它的名字进入天国。1978 年 8 月 15 日，即第三十一个印度独立日到来之际，三十一岁的萨利姆的末日终于来临。这一特殊日子的选择与小说开头萨利姆在印度独立的午夜钟声里诞生形成寓意深刻的对照，既反映了拉什迪对于萨利姆所代表的印度命运前途的思考，又体现了印度生死轮回观对小说叙事首尾照应模式的影响。此前的一天即 8 月 14 日，萨利姆想道：“明天，或者是后天。8 月 15 日将迎来爆炸。只有一点点时间了：明天我将了结。”② 萨利姆说，他是孟买上空的一颗炸弹，随着爆炸粉身碎骨从天而降，以后成千上万的人们会将他的骨灰踩在脚下，甚至将他的儿子、儿子的儿子也踩在脚下。在从天而降的“解脱”过程中，他在一种复杂含混的意识流中结束了关于印度的混杂性叙事之旅，也结束了小说最后一个段落：“是的，他们会将我践踏在脚下……他们也会踩踏那不是我儿子的儿子、不是他儿子的儿子、不是他儿子的儿子的儿子，直到第一千零一代，直到一千零一个午夜赠与他们可怕的礼物、一千零一个孩子已经死亡，因为那些午夜诞生的孩子们拥有特权和咒语成为他们时代

① Salman Rushdie, *Midnight's Children*, New York: Avon Books, 1982, p. 549.
② Salman Rushdie, *Midnight's Children*, New York: Avon Books, 1982, p. 546.

的主人和牺牲品，并放弃隐私而被吸纳进巨大的毁灭性漩涡里，生与死都不得安宁。”① 某些印度学者对于这种悲观的民族叙事评价说：“拉什迪的《午夜》给人们展示了一个沉重压抑的印度形象，尽管它前半部分的叙述调子轻松有趣。”② “《午夜》的最后几页最令人心情抑郁。有关萨利姆的叙述充满灰心绝望之感，他将印度写成一个没有希望的国家。萨利姆宁愿消极死去，也不愿以战斗来改变印度的现状。”③ 关于这个结尾，拉什迪在 1983 年在印度接受访谈时表示：“常常有人指责我是悲观的，但我认为，这本书（指《午夜》）的结尾并不意味消极心态。萨利姆的个人命运确实导致绝望，但他并不代表整个印度，而只体现一段特殊的历史进程，体现导致萨利姆死亡的一种丧失的希望。何况在书中我以这种方式也暗示了印度能够产生许多相反的可能。我想我已经说明，尽管萨利姆所代表的可能性已不复存在，新的更强壮的一代刚刚开始。”④ 应该承认，拉什迪的辩解有些道理，因为他替萨利姆的“后现代死亡”注入了印度的生命轮回观。通观《午夜》，以印度梵语诗学术语而论，其中蕴涵的“悲悯味”（Karuna Rasa）浓得化不开，这使全书充满了一种悲观的气息。而萨利姆粉身碎骨的结尾虽然被某些印度学者视为古典神话中的原人普鲁沙（Purusa）的形象再现，但其悠远的“平静味”（Santa Rasa）让人回味着生命的可悲和命运的无情。因此，拉

① Salman Rushdie, *Midnight's Children*, New York: Avon Books, 1982, p. 552.

② Viney Kirpal, *The Third World Novel of Expatriation*, Sterling Publishers, 1989, p. 84.

③ Viney Kirpal, *The Third World Novel of Expatriation*, Sterling Publishers, 1989, p. 84.

④ Michael Reder, ed., *Conversation with Salman Rushdie*, Mississippi: University Press of Mississippi, 2000, p. 19.

什迪的辩解似乎又有些苍白。《午夜》就是充满悲悯味的民族叙事，印度命运在最后的平静味中被拉什迪以解构姿态进行悬置。

要破解《午夜》的悲悯味密码及其遗传基因，还得鉴定拉什迪的创作旨趣。有人评价拉什迪的《午夜》说，这是一部“关于后独立时代的印度的反讽性史诗”，它以反讽的姿势来“撼动这个民族”[①]。《午夜》之所以是史诗作品，是因为它所反映的历史时间跨度之大，几可比拟前苏联作家肖洛霍夫的史诗巨制《静静的顿河》。拉什迪的历史意识和早年的历史学专业训练对他创作《午夜》并获得巨大成功影响不小。至于“撼动这个民族”的“反讽”手法的运用，其实就是拉什迪后现代解构姿态在《午夜》中对所谓印度民族“神话”的消解。拉什迪曾经说过：“至少就印度来说，寻求民族性本真的一个最荒诞的方面是：完全错误地设想这里有一种纯粹稳定而可资利用的东西。唯一信以为真的人就是那些宗教极端分子。我们其他人都深信，印度文化的本质是我们拥有一种混合的传统。”[②] 学者评论说：“《午夜诞生的孩子》试图探究这种弹性的混杂性，并不能显示以线形而同质的文学形式来理解印度次大陆的复数多义性。”[③] 从更深一层意义看，拉什迪的第三世界民族叙事观是对他的同胞、印裔美国后殖民理论家霍米·巴巴的理论启迪。巴巴从拉什迪的创作中得出启示，建构了一种现代的民族观念，即一种存在于历史叙述之中的民族。

① G. R. Taneja & R. K. Dhawan, eds., *The Novels of Salman Rushdie*, Delhi: Indian Society for Commonwealth Studies, 1992, p. 178.

② Salman Rushdie, *Imaginary Homelands: Essays And Criticism* (1981－1991), London: Grant Books, 1991, p. 67.

③ Meenakshi Mukherjee, ed., *Rushdie's Midnight's Children: A Book of Readings*, Delhi: Pencraft International, 1999, p. 151.

巴巴认为，民族如果追溯它的源头的话，只是一个神话而已。现代意义上的民族观念，来自于西方的政治和文学传统。在此意义上，巴巴将《撒旦诗篇》赞誉为“混杂的民族叙事”[①]。其实，将拉什迪在《撒旦诗篇》面市七年之前出版的《午夜》视为“混杂的民族叙事”似乎更为妥当。例如，在小说第一卷临近结束时，拉什迪借萨利姆的意识流对即将诞生的独立印度作如是解构性评价：萨利姆想，人们正将庆祝一个“新的神话（new myth)”，即一个“此前从未存在过的民族国家将赢得自己的自由”，这个国家就是印度。这里的“神话”即“myth”一词在英语中有“虚构”即不现实之意。萨利姆认为，尽管印度有着五千年的悠久历史，并有过象棋等许多发明，但一个民族国家的“神话”还是将人们心目中的印度很快转化为一个“虚构的神话似的国度”，一个依靠集体幻想存在的国家，一个大家在梦里都梦见的国家。萨利姆还认为，印度这个概念是“孟加拉人、旁遮普人、马德拉斯人、贾特人等不同程度上怀有的一种大众幻象，它要不时得到神化和更新，这只能由血的仪式来达成。印度这个新的神话，是一种任何事情都有可能发生的集体虚构，是一个与其他两种幻想即钱和神紧相偎依的寓言。”[②] 而在《午夜》接近尾声时，在印度独立纪念日前夕，萨利姆靠灵敏的嗅觉发现：“暗淡晦涩的气味：幻灭、贪污、玩世不恭……将近三十一年的印度自由神话已经不再存在。需要一种新的神话，但那与我无关。”[③]

---

① Homi K. Bhabha, *Nation and Narration*, London: Routledge, 1990, p. 318.

② Salman Rushdie, *Midnight's Children*, New York: Avon Books, 1982, pp. 129—130.

③ Salman Rushdie, *Midnight's Children*, New York: Avon Books, 1982, p. 546.

作为一个东方古国，印度的文明传承一直香火不断。虽然它在历史上遭受过多次外族入侵，并遭到英国人对它各个方面前所未有的殖民，但都保存了自己最核心的文明价值体系。印度独立以来，虽然其现代化进程步履蹒跚，但是其深厚的文化底蕴使其不至于在前进的道路上彻底停滞。虽然它至今还不同程度地存在着教派冲突、种姓制度、贫穷失业等内部问题，但它毕竟是世界上最大的民主国家，民主体制使它在现代化道路上从未完全丧失发展活力。二十一世纪以来，印度经济发展进一步加快，国际地位进一步提高，其官方民间都在议论一个话题即印度什么时候能够赶超中国，一些印度领导人毫不讳言地提出了印度的大国战略构想，并断言二十一世纪是印度的世纪。因此，作为一个民族国家的印度不是虚构的“神话”。拉什迪对印度的“神话”式消解，只是后现代文化气候中的一种“神话”而已。或许正因如此，有评论家说：“要是《午夜》在十八后（1999 年）的今天出版的话，在当前这种社会和政治气候中，它不太可能获得同样热情的欢迎。要是它由印度的出版社出版的话，它不太可能获得布克奖。要是没有来自印度以外的喝彩，印度国内就不会有人那么如饥似渴地阅读它。”[①] 这些话是对拉什迪后现代姿态写作的背景分析，有助于解开围绕在《午夜》上的个个谜团。

关于拉什迪印度书写的后现代解构主义姿态，学者们进行了研究。在《午夜》中，萨利姆外祖父阿齐兹医生去给后来成为萨利姆外祖母的纳西姆诊治病情。由于穆斯林女性的深闺回避制，

① Meenakshi Mukherjee, ed., *Rushdie's Midnight's Children: A Book of Readings*, Delhi: Pencraft International, 1999, p. 208.

纳西姆被她的家人以一幅被单覆盖，只在患病部位剪开一个七英寸的洞。纳西姆的母亲说，她女儿是个乖孩子，不能在陌生人面前显露肢体。拉什迪对阿齐兹的描写是：“他不敢看被单上那个洞里都是什么。也许她是丑陋的，这或许可以解释她父母为何将她放在被单后面……他看见了。他瞧见了一张光滑的并不丑陋的脸庞。”[①] 拉什迪自己曾经说过，作为历史学家，一个人只能了解历史记录的碎片性、模糊性和独特性。根据上述《午夜》中的描叙和拉什迪的言论，有学者推断道：“这种碎片性由《午夜诞生的孩子》中那个‘穿孔的被单’（perforated sheet）的隐喻而体现出来。萨利姆的外祖父阿齐兹医生最初通过这个被单孔窥视他的病人的部分肢体，那人后来成为他的妻子。”[②] 这种碎片书写法是后现代解构姿态的一个重要手段，它被拉什迪运用得非常娴熟。因此有人称他的《午夜》与“后结构主义”（post-structuralism）即解构主义挂上了钩[③]。拉什迪对关于被单的这段描叙非常重视，他在1997年与人合编印度英语文学作品选时，毫不犹豫地将《午夜》中包含这段情节的一章收录进去[④]。还有学者认为，从女性主义文学批评的角度来看，拉什迪此处关于有孔被单的描写可以说大有深意：“被单上的空洞变成一种欲望的空间……当他治疗她的部分肢体时，他开始想象起她的整个身体。这与他想象自己的‘整体’印度人身份而非克什米尔区域性身份

---

① Salman Rushdie, *Midnight's Children*, New York: Avon Books, 1982, p. 25.

② Meenakshi Mukherjee, ed., *Rushdie's Midnight's Children: A Book of Readings*, Delhi: Pencraft International, 1999, p. 57.

③ Meenakshi Mukherjee, ed., *Rushdie's Midnight's Children: A Book of Readings*, Delhi: Pencraft International, 1999, p. 95.

④ Salman Rushdie & Elizabeth West, eds., *The Vintage Book of Indian Writing: 1947—1997*, Vintage, 1997, pp. 163—181.

相一致。”[①] 这是一种类似于印度孟买宝来坞娱乐业的一种电影制作法，这与拉什迪曾经作过艺人的经历有关。

后现代主义趋向一种多元开放、玩世不恭、不确定的形式，一种碎片和反讽的话语，一种分解的渴望和对复杂含混的创新。后现代主义作品的特征是解构性等，它对一切准则和权威的合法性加以消解。有学者称，后现代理论可以适用于拉什迪。因为，他的《午夜》可以视为“历史书写元小说（historiographic metafiction），这一术语是用来界定那些既有强烈自省意识，同时又自相矛盾地涉及历史事件和人物的著名小说”[②]。综上所述，拉什迪是一个典型的后现代主义作家，不仅那幅带孔的被单是一个经典的范例，而且连萨利姆最后在孟买上空爆炸时粉身碎骨从天而降也可以按照前述思路进行分析：“萨利姆·辛奈发现自己与印度一样，爆炸成为细小的碎片，如同他的外祖父爱上他外祖母的那些碎片和他母亲试图爱上他父亲的那些碎片，但是，如同印巴分治，他最后的零散分裂不可避免，就像他祖父从来没有看到妻子的整个身体，像他的母亲从来不能全身心爱着丈夫一样。”[③] 当然应该看到，拉什迪对印度民族国家的解构叙事，除了他的后现代姿态外，还有他对印度人自治能力的低估：“事实上，拉什迪小说的核心反讽就是，独立已经损害了印度的精神意

① Meenakshi Mukherjee, ed., *Rushdie's Midnight's Children: A Book of Readings*, Delhi: Pencraft International, 1999, p. 170.

② Catherine Cundy, *Salman Rushdie*, Manchester & New York: Manchester University Press, 1996, p. 100.

③ Meenakshi Mukherjee, ed., *Rushdie's Midnight's Children: A Book of Readings*, Delhi: Pencraft International, 1999, pp. 199—200.

志，他的证据是，印度与英国以前的做法一样的糟糕透顶。”[①] 这说明，已经某种程度西化的拉什迪与福斯特等英国作家在某些方面存在共同语言。

拉什迪曾经告诉别人，他在英国有时觉得自己是外国人，自己身上的英国性不是很强。但是他又补充道：“我不以国籍来界定自己。我的护照不能说明我是谁。我根据朋友、政治亲和力和团体来界定自己……我喜欢到三个不同国家去，我认为自己不必在其中进行选择。”[②] 但他在其他一些场合告诉别人说，他将自己呆过一年的巴基斯坦视为父辈呆过的地方。比起巴基斯坦，他更喜欢英国。因为他对英国更熟悉些。尽管拉什迪否认《午夜》是其自传性质的小说，并再三强调他在英国生活得多么舒适，但是字里行间还是透露出一种浓烈的怀乡病情结。例如，他在小说中频繁地使用“exile”这个流亡作家潜意识里使用频率最高的一个词汇。他在《午夜》中借助于一个穆斯林家族反映印度现代历史发展轨迹，这在很大程度上是他自己家族曾经脚踏英印巴三地不断迁徙和自动流亡的最真实写照。当然，他的怀乡病所指向的地方主要是印度，特别是自己的出生地孟买。有人说：“孟买是《午夜诞生的孩子》的灵魂。”[③] 拉什迪在小说开头的第一个句子便是：“我曾经出生在孟买城里。”[④] 然后，主人公萨利姆不断地回到孟买或提到孟买。后来，萨利姆在孟买品尝辣酱时又邂逅了

---

① Timothy Brennan, *Salman Rushdie and the Third World: Myths of the Nations*, London: Macmillan, 1989, p. 27.

② Michael Reder, ed., *Conversation with Salman Rushdie*, Mississippi: University Press of Mississippi, 2000, p. 56.

③ Meenakshi Mukherjee, ed., *Rushdie's Midnight's Children: A Book of Readings*, Delhi: Pencraft International, 1999, p. 217.

④ Salman Rushdie, *Midnight's Children*, New York: Avon Books, 1982, p. 3.

与他命运息息相关的玛丽。最后，他化为孟买上空的一颗炸弹，在粉身碎骨的悲剧意识流中扑向自己的诞生地。正所谓生于斯，亡于斯也。不过，拉什迪对于孟买的感情要比萨利姆复杂得多。他曾经在 1983 年接受西方人采访时说过一些惊人坦率的话："我不喜欢卡拉奇，然而我非常喜欢孟买。但即使孟买也被多少毁损得不像一个城市……要是我现在回到印度的话，我不愿住在孟买……孟买一直勾起我的故乡之情，但它不再是一个我感到舒适自如的地方。"① 这就是说，拉什迪对于孟买的故园感情也只是停留在一个浅层次上，因为他所依据的是西方发达社会的评价标准。小说临近结束时萨利姆对不能看到自己亲爱的克什米尔而惆怅不已，这还是怀乡病的暗示。由于怀乡病的时常发作，《午夜》打上了印度文化烙印。有人评价道："《午夜诞生的孩子》运用了印度经典神话，其中一个主要的神话来自于帕拉瓦蒂和湿婆的结合，以及此后他们生下的如象头神一样的小孩加勒西。"②

拉什迪与奈保尔是当今印裔英国作家中进行印度书写者成绩最为卓著的二位。他们的生活经历、印度书写等各方面都值得比较。例如，有印度学者认为，拉什迪和奈保尔两人在将东方世界黑暗化方面做了相同的工作。拉什迪在《耻辱》中所描叙的邪恶三姐妹住的地方尼沙普尔仿佛就是"奈保尔笔下的黑暗地带"③。但是在批判巴基斯坦政治现实方面，拉什迪比之奈保尔更为严

---

① Michael Reder, ed., *Conversation with Salman Rushdie*, Mississippi: University Press of Mississippi, 2000, p. 31.

② Timothy Brennan, *Salman Rushdie and the Third World: Myths of the Nations*, London: Macmillan, 1989, p. 109.

③ G. R. Taneja & R. K. Dhawan, eds., *The Novels of Salman Rushdie*, Delhi: Indian Society for Commonwealth Studies, 1992, p. 78.

厉。这应该与自称“政治动物”的拉什迪的性格有关。两人在对待移民迁徙问题上存在一定的思想差异：“与奈保尔不同，拉什迪将移居视为某种形式的再生，他还认为，作家能够按照自己纯粹的意愿来对新世界进行改写。”① 这说明，拉什迪的文化无根意识远未达到奈保尔那么强烈的痛苦程度。因此，奈保尔不断地书写和解码自己的“抵达之谜”，而拉什迪则没有这种“不能抵达”的迷惘，这既是二人创作个性的差异，也是拉什迪对英国文化融入程度比奈保尔要深的缘故。因此，拉什迪对印度次大陆的书写一直都带着后现代解构主义的调侃味道，而奈保尔的印度书写则没有那么优雅轻巧。印度学者还认为，拉什迪和奈保尔的共同点在于，二人都加入了“解殖运动的战斗性文学”阵营里，因为他们都属于“第三世界的世界主义者”②。与同样西化的奈保尔相似的是，拉什迪也不欣赏甘地对未来印度的形象设计。这从《午夜》关于甘地的描写一带而过和很大程度上悬置了印度民族主义运动便可看出。对此，有人认为：“甘地在拉什迪小说中引人注目的缺席意味着拉什迪欣赏尼赫鲁所设想的世俗民族主义印度，而非甘地所期盼的那个印度”③。当然，奈保尔在早期印度书写中虽然同样不欣赏甘地，但却花费了很多笔墨进行探讨。

对于《午夜》，因为其抨击英迪拉·甘地时期印度实行的“紧急状态法”和第三次印巴战争，曾经遭到当政的国大政府的

① G. R. Taneja & R. K. Dhawan, eds., *The Novels of Salman Rushdie*, Delhi: Indian Society for Commonwealth Studies, 1992, p. 232.

② G. R. Taneja & R. K. Dhawan, eds., *The Novels of Salman Rushdie*, Delhi: Indian Society for Commonwealth Studies, 1992, p. 196.

③ Meenakshi Mukherjee, ed., *Rushdie's Midnight's Children: A Book of Readings*, Delhi: Pencraft International, 1999, pp. 45—46.

查禁。但即使在1989年拉什迪因《撒旦诗篇》在印度及全世界闹出麻烦以后的时间里，也有印度学者对他的《午夜》给予高度评价，如有的人认为："《午夜》包容了整个二十世纪的印度历史……拉什迪向我们显示，印度的年轻人充满希望。如果印度是一片希望和成长的土地，如果它能产生一大批拉什迪式人物，它就会拥有即将到来的新世纪，1978年也不会成为民族死亡的日期。"① 这些话反映了印度学者的积极观点。它肯定了拉什迪的小说创作对推动印度英语文学发展和为世界文学增添拉什迪式解构主义亮色的贡献。

第二节 "创造性想象的后现代文本"：《撒旦诗篇》的移民主题

印度德里大学教授R. K. 达万先生认为，拉什迪尽管本质上是一个印度英语小说家（Indo-English novelist），但他明显是西方文学传统培育出来的作家。他追随着斯泰恩、果戈里、君特·格拉斯、梅尔维尔、加西亚·马尔克斯、乔伊斯和贝克特等西方作家的书写传统。"与其说拉什迪是印度英语文学这个支流的一部分，不如说他是世界文学主流的一部分。"② 当今世界文学主流之一即为移民文学的兴盛，拉什迪在这方面的成绩有目共睹。

---

① G. R. Taneja & R. K. Dhawan, eds., *The Novels of Salman Rushdie*, Delhi: Indian Society for Commonwealth Studies, 1992, pp. 192—193

② G. R. Taneja & R. K. Dhawan, eds., *The Novels of Salman Rushdie*, Delhi: Indian Society for Commonwealth Studies, 1992, p. 267.

这里以他的《撒旦诗篇》作一说明。

有学者曾经就“后现代主义者”与“第三世界世界主义者(Third-World cosmopolitan)”两个概念进行区分。他认为，后现代主义者的书写姿态是模仿、与政治相关的幽默性反讽、利用电影等媒介意象引发历史健忘症、怀乡情结和拥抱大众通俗文化等；相反，第三世界世界主义者则多表现或强调口述传统的分离与并列、关于当前政治反派角色的幽默反讽、描述当前历史、回归传统、拥抱史诗、神圣经典和民族传奇等“高级文化”[①]。以这一区分来看，拉什迪无疑属于后现代主义者，或更准确地说，是来自第三世界的后现代主义者。拉什迪曾经暗示读者，不仅应将《撒旦诗篇》作为一种宗教批评作品来阅读，也应该将它当作一本“创造性想象的后现代文本”进行阅读[②]。评论家认为，拉什迪的《撒旦诗篇》给人们提供了无数种视角，借助于这些视角，我们可以观察那些“在这个世界里穿梭旅行的精神文化孤儿”[③]。一种观点认为，人类关于世界上少数人团体或宗教群体身份认同的理解要么缓慢、要么不真实。更严重的是：“少数人宗教群体常常丧失自己的文化身份或面临可能到来的灭绝状态……《撒旦诗篇》在这一争论中的贡献应该是，它呼吁这样一条原则，每个人都该有表述自己身份和生活信仰的自由。”[④] 与奈

---

① Timothy Brennan, *Salman Rushdie and the Third World: Myths of the Nations*, London: Macmillan, 1989, pp. 141－142.

② Dan Cohn-Sherbok, ed., *The Salman Rushdie Controversy in Interreligious Perspective*, New York: The Edwin Mellen Press, 1990, p. 109.

③ Dan Cohn-Sherbok, ed., *The Salman Rushdie Controversy in Interreligious Perspective*, New York: The Edwin Mellen Press, 1990, p. 131.

④ Dan Cohn-Sherbok, ed., *The Salman Rushdie Controversy in Interreligious Perspective*, New York: The Edwin Mellen Press, 1990, p. 147.

保尔不同的是，拉什迪将移居或流亡视为“某种形式的再生，他还认为，作家能够按照自己纯粹的意愿来对新世界进行改写。”[①]他的这一思想艺术地体现在他最惹人争议、同时也带给他死亡威胁的长篇小说《撒旦诗篇》中。

1987年即《撒旦诗篇》出版前一年，拉什迪在接受《印度邮报》（Indian Post）记者采访时，对他即将面市的新作作了说明。他说，《撒旦诗篇》的主角不是天使长，而是一个精神错乱者。这位印度电影明星想改换行业，就离开印度来到了伦敦。几乎是同时，他丧失了自己的意识，似乎确信自己就是一个天使长。拉什迪说：“《撒旦诗篇》是关于天使与魔鬼的书，它讨论在一个充满变数而难以确定发生了什么事情的世界里怎么确立道德观念的问题。”这本书试图描叙正在坍塌的道德意识，也体现重建传统思想的必要性。他说：“从概念上来说，我在这本小说里思考的是移民的有关问题，是混杂性问题以及人们互相结合的方式。其中可以在孟买甚至在全印能观察到的是那种文化的混杂性。”[②] 1989年，他在另外一篇文章中说：“我所表达的是一种对于复数身份（plural identity）的不适应……我们的世界正在变成一个移民世界，它由这里那里的许多零散碎片组成。”[③] 这便是前边提到的拉什迪以“破碎的镜子”来映照自己历史的心声。

《撒旦诗篇》主要内容大致由三条情节线索组成。首先是探

① G. R. Taneja & R. K. Dhawan, eds., *The Novels of Salman Rushdie*, Delhi: Indian Society for Commonwealth Studies, 1992, p. 232.

② Michael Reder, ed., *Conversation with Salman Rushdie*, Mississippi: University Press of Mississippi, 2000, pp. 83–84.

③ Dan Cohn-Sherbok, ed., *The Salman Rushdie Controversy in Interreligious Perspective*, New York: The Edwin Mellen Press, 1990, p. 73.

讨移民困境的两位主人公，即生活在印度孟买和英国伦敦的当代印度穆斯林青年沙拉丁·尚沙和吉布列尔·法利斯塔，他们在东西方世界的喜剧或悲剧体验全面深入地展示了拉什迪关于当代移民问题的思考；其次是穿插书中的关于伊斯兰教经典《古兰经》的相关叙述，这里牵涉后文将要专门论及的所谓“撒旦诗篇”的严重问题；再次是关于十九岁少女阿伊莎率领村民们从浩瀚大海向伊斯兰教圣地麦加进发的故事。

先看看《撒旦诗篇》关于移民主题的探讨。身为孟买著名电影演员的吉布列尔和同胞沙拉丁在去欧洲的飞行途中突然遇到劫机事件。在到达英格兰海岸线上空时，劫机者引爆了身上的手榴弹。于是，悲剧发生了。拉什迪此处的叙述是：“不，这不是死亡，这是新生。”① 这部小说的故事情节采取倒叙，这似乎与拉什迪对电影叙事艺术的熟悉有关。《撒旦诗篇》开头与《午夜》有点相似。第一个句子便是吉布列尔从“天堂”即两万英尺高空掉下时喊出的话：“想再生，你首先就必须死去。”这一句子在小说后半部分再次出现②。它象征了拉什迪关于移民困境的诗学思考，即移居或流亡乃是“某种形式的再生”。拉什迪以一个带有印度生死轮回观的句子开始了叙述。小说的叙述一如既往地展示了拉什迪式的神奇想象：“一个冬天的早晨，接近新年黎明时刻，两个活生生的男子汉从两万九千零二英尺的清朗高空掉入英吉利海峡，他们没带降落伞也没有其他滑翔装置。”③ 而他们所乘坐的失事飞机则被拉什迪以马尔克斯式手法黑色幽默而富含深意地

① Salman Rushdie, *The Satanic Verses*, New York: Viking, 1989, p. 87.
② Salman Rushdie, *The Satanic Verses*, New York: Viking, 1989, p. 3, p. 403.
③ Salman Rushdie, *The Satanic Verses*, New York: Viking, 1989, p. 3.

描写成："飞机破裂成两半，仿佛一只豆荚吐出了种子，又似一只鸡蛋破壳露出它所有的秘密。"① 仿佛是从孟买上空坠落的萨利姆，吉布列尔在坠落过程中开始了他漫长的身份探索之旅。他先问吉卜林笔下的基姆老是在问的一个问题："我是谁?"这样的问题在后面被再次提起②。因为以后他在陌生的西方世界面对的事实是："我的鞋子是日本的，裤子是英国的。头上戴着俄罗斯的红草帽，归根到底我的心是印度的。"③

在登上飞机时，即将西行欧洲的沙拉丁心绪极其复杂："英格兰在他前面，父亲钱盖茨·查穆查瓦拉在他旁边，家乡与美丽在他下方。"④ 沙拉丁与同胞吉布列尔带着这种心情从"印度性"飞到"英国性"的那一边去。移民体验之旅就此开始。在拉什迪魔幻现实之笔的安排下，沙拉丁在欧洲劫机事件中大难不死，登上了英格兰的海滩和领土。但等待他的并不是美妙的开局，在移民局里，他接受了非人的待遇，被剥光衣服并遭到变态色情的移民官员斯泰恩、布鲁诺和诺瓦克等人的性侵犯。此处的叙述回到了新闻写实的风格中来："斯泰恩一边咒骂沙拉丁，一边不停地踢他。布鲁诺也加入进来。斯泰恩咒骂道：'畜生！你也一样。别指望你这样的畜生会得到文明的待遇！'"⑤ 躺在病床上的沙拉丁还要忍受女医生的非人疗法，即骑在伤痕累累的他身上用拳头猛揍。最后，沙拉丁在英国妇女的帮助下逃出了病院。这里的叙述反映了"政治动物"作家拉什迪直面并实录某些英国人曾经歧

① Salman Rushdie, *The Satanic Verses*, New York: Viking, 1989, p. 4.
② Salman Rushdie, *The Satanic Verses*, New York: Viking, 1989, p. 4, p. 191.
③ Salman Rushdie, *The Satanic Verses*, New York: Viking, 1989, p. 5.
④ Salman Rushdie, *The Satanic Verses*, New York: Viking, 1989, p. 40.
⑤ Salman Rushdie, *The Satanic Verses*, New York: Viking, 1989, p. 159.

视和迫害外国移民的严酷事实。在这里，移民们被剥夺了表述自己的权利，如一位和沙拉丁遭遇相似的移民说道：“他们描述我们，就是这样。他们有描述我们的权力，而我们只能屈从于接受他们建构的形象。”① 拉什迪继续在小说中表述这些自动流放者的复杂心态。例如：“他是谁？一个流放者。这个词不能与人们使用的其他词汇相混淆：流亡者、移居者、避难者、移民、沉默或狡猾。流放是光荣回归之梦。流放是革命性的意识。它是没有尽止的矛盾：前瞻而又一直回望。流放者是只高高投入空中的球。”② 尽管拉什迪对于自动流放者的处境和心态作了乐观的阐释，但实际上，这个代表流放者的离乡之“球”落下的地方是天堂还是地狱，就很难未卜先知了。找寻替代家园（surrogate homeland）成为这些自动流放者在异国他乡一生的目标，但这是一个很难达到的目标。用拉什迪的话来说，原因就是：“流放是一个没有灵魂的国度。在流放状态中，家具是丑陋而昂贵的，它们是非常匆忙地在同一时间、同一店铺里购买的……在流放状态中，所有的人都试图扎根当地，这看上去仿佛是背信弃义，他们很容易失败。”③ 实际上，拉什迪在这里就移民问题的探索与他本人的移民体验密切相关。虽然拉什迪曾经多次表示，他在英国的生活非常轻松自如，但实际上，他“很难完全拥抱收养他的国家。相反，他在英国呆的时间越长，他心中矛盾的感情就变得越来越深。这与英国人对待殖民地人狭隘势利的眼光部分相关”。因此，可以认为：“拉什迪的移民体验和意识使其创作充满了对

① Salman Rushdie, *The Satanic Verses*, New York: Viking, 1989, p. 168.
② Salman Rushdie, *The Satanic Verses*, New York: Viking, 1989, p. 205.
③ Salman Rushdie, *The Satanic Verses*, New York: Viking, 1989, p. 208.

英国的敌意，这在《撒旦诗篇》中表现得特别明显。”①

沙拉丁和吉布列尔等移民或曰自动流放者就在这样的心境中开始“翻译”自己的文化身份。对沙拉丁而言，他在适应伦敦生活的同时，也以一种骇人听闻的方式投入到“逆写帝国”的阵营中，尽管这是一条注定坎坷不平的道路。仿佛是卡夫卡笔下那个变为甲壳虫的变形人格里高利，身体状态每况愈下的沙拉丁在某一天头上长出了角。“他的情况的确糟糕透顶。他的那些角长得又厚又长，扭曲成阿拉伯花纹状，以包裹黑骨头的头巾缠绕在他的脑袋上。”沙拉丁尴尬地告诉朋友：“我真的说不出我身上发生了什么事情。有时我害怕自己正在变成什么，变成别人一定会称为糟糕的东西。”② 到了后来，他的朋友们、邻居们都梦见他怪异吓人的模样。“在那一千零一个梦里，每一个梦都有肢体庞大、头上长角的沙拉丁在唱歌，那歌声如此诡异恐怖、喉音不清，人们难以确定是哪首歌词。”③ 这样的噩梦夜夜光临，使人们惊魂不定。沙拉丁的歌声可以视为一种对抗殖民话语和“逆写帝国”的特殊方式，而他畸形的角则是“文化休克”和白人话语双重压迫环境里启动的防护机制和紧急预案。斯皮瓦克认为，《撒旦诗篇》打破梦幻与现实的边界，这应该为它带来一个副标题：“帝国主义与精神分裂症（Imperialism and Schizophrenia）。”这是因为：“帝国主义搅乱了身份认同。”④ 与此思路一致，印度后殖民

---

① Daniel Pipes, *The Rushdie Affair*: *The Novel*, the Ayatollah and the West, London: Transaction Publishers, 2003, p. 43.

② Salman Rushdie, *The Satanic Verses*, New York: Viking, 1989, pp. 275—276.

③ Salman Rushdie, *The Satanic Verses*, New York: Viking, 1989, p. 285.

④ Catherine Cundy, *Salman Rushdie*, Manchester & New York: Manchester University Press, 1996, p. 76.

理论家阿西斯·南迪（Ashis Nandy）从精神病理学角度分析后殖民时代移民的身份认同困境。南迪认为，殖民主义导致自我与非自我的分野、梦与现实行走的结构性分野。如头上长角的沙拉丁变成异形人便是一种“精神崩溃即自我意识的丧失”，自我与非自我分离，这是一种特殊的“分野”。南迪将这一分野视为“后殖民时代主体人的一种防卫机制”[①]。对南迪来说，人的主体变成“他者”或与自己相异化，其目的是“拒斥那些在他自我本质要素中受到的暴力伤害和精神侮辱”，这将在一定程度上使他的世界“变得梦幻一般或虚幻模糊”[②]。《撒旦诗篇》里的一些描叙与南迪的理论相一致。吉布列尔的精神困惑也说明了精神分裂症的“防卫冲动”：“他的自我意识被分为两个本体……吉布列尔将其中一个当作另外的自我加以刻画，他保存、培育之并悄悄地变得坚强起来。”[③] 这种防卫机制的启动实际上也是一种文化心理的“翻译”程序。经过“翻译”，吉布列尔似的移民者似乎变得“坚强”起来。

在这样一种特殊环境中成长的沙拉丁逐渐被西方文明所“改写”，他后来回到故土时感受到奈保尔似的又一种“文化休克”。他因想砍掉象征传统文化的老夹竹桃树而与父亲闹得不可开交。他不喜欢别人不预约就来拜访他。他忘记了祭祀祈祷的颂词和仪式规则。他对人说，“在自己长大的城市里，只要我走自己的路，我就迷失方向。这不是家。它使我迷惑，因为我感觉它既是家又

---

① Ashis Nandy, *The Intimate Enemy*: *Loss and Recovery of Self Under Colonialism*, Delhi: Oxford University Press, 1983, p. 107.

② Ashis Nandy, *The Intimate Enemy*: *Loss and Recovery of Self Under Colonialism*, Delhi: Oxford University Press, 1983, p. 109.

③ Salman Rushdie, *The Satanic Verses*, New York: Viking, 1989, p. 340.

不是家。它使我心跳，使我头晕。”[①] 在受到同胞的呵斥后，他取出了返回伦敦的机票。但不管怎样，沙拉丁与奈保尔一样，还是没有完全忘记自己的文化之根。小说接近尾声时，这个在东西方文化之间来回摆渡者回到了东方岸边。沙拉丁的父亲将要去世。他对父亲的温柔动作是：“沙拉丁走到父亲前面，把头低在老人抚摩他的手掌下面。”[②] 再一个标志性动作是语言传统的回归：“现在沙拉丁找到了更好的词语，他废弃已久的乌尔都语又回来了。”于是，他用传统语言跟即将辞世的老父亲说：“阿爸，我们大家都在你身边。我们大家都非常爱你。”[③] 父亲虽然不能言语，但以轻轻点头表示认可。可以说，在《撒旦诗篇》中，正是文化差异和精神失衡导致了萨拉丁等印度海外移民的自我分裂。“萨拉丁的自我分裂为世俗与社会、伦敦与孟买、东方与西方；吉伯列勒则是灵魂的分裂，他失去了自我原有的信仰，渴求但又找不到新的信仰。”[④]

与沙拉丁稍微不同的是，吉布列尔在移居状态中的体验相对来说更是宗教上的。虽然他曾有过与白人女性艾妮短暂的跨种族结合，但这并未给他带来多大心灵的冲击。吉布列尔充分发挥他的演技，在梦里成为萨利姆般具有特异功能的“宗教变色龙”即一个天使长。他具有过人的胆识和未卜先知的特异本领，变成了虔信者顶礼膜拜的对象。这些对象中包括了处于强势地位的西方白人。他们对这个移民身份没有公开的天使长打心眼里佩服。吉

① Salman Rushdie, *The Satanic Verses*, New York: Viking, 1989, p. 58.
② Salman Rushdie, *The Satanic Verses*, New York: Viking, 1989, p. 523.
③ Salman Rushdie, *The Satanic Verses*, New York: Viking, 1989, p. 530.
④ 石海军：《破碎的镜子："流散"的拉什迪》，《外国文学评论》，2006 年，第 4 期，第 7 页。

布列尔高高地翱翔在伦敦上空。"他俯视这个城市，瞧见了英国人。英国人的麻烦就在于他们是英国人。这些该死的冷鱼！"[①]吉布列尔非常亢奋。"他想给他们炫耀一下他的权力，对，权力！这些软弱无能的英国人！他们难道不知道他们的历史会回过头来纠缠他们吗？……英国妇女拿他再没办法；阴谋已经败露！它和雾一样消失了。他将使这片领土变得崭新。他是天使长吉布列尔。他说：'我回来了！'"[②] 在叙述中间，拉什迪颇有深意地穿插了后殖民理论始祖之一法侬的两个句子："本地人是被压迫者。他永远梦想成为迫害者。""以这种方式，每个人接受上帝赐予的变化，向定居者和命运低下头去。"[③] 将吉布列尔的颠覆性梦想和法侬解构殖民帝国话语的理想两相对照，可以发现拉什迪借吉布列尔的魔幻之梦解构西方话语的意图，这是一种典型的"逆写帝国"姿态。从这个意义上说，印度学者的话有些道理："第三世界的流亡小说是政治性的。"[④] 不过，悲剧的是，吉布列尔对西方的大胆解构被发挥到极至，运用到东方文化经典的颠覆和改写上。于是，他的命运急转直下。故事接近尾声时，吉布列尔回到了孟买重操电影旧业。他决定改编印度大史诗《罗摩衍那》。他将史诗中神圣的印度教英雄罗摩写成腐败邪恶分子，印度教妇女视为贤妇榜样的罗摩之妻悉多被写成轻浮之女，而掳掠悉多的魔王罗波那被刻画为正直忠厚之人。这招来了愤怒的反对声。一个叫乔治的外国人说："吉布列尔在玩弄罗波那。看起来吉布列

① Salman Rushdie, *The Satanic Verses*, New York: Viking, 1989, p. 352.
② Salman Rushdie, *The Satanic Verses*, New York: Viking, 1989, p. 353.
③ Salman Rushdie, *The Satanic Verses*, New York: Viking, 1989, p. 353.
④ Viney Kirpal, *The Third World Novel of Expatriation*, "Preface", Delhi: Sterling Publishers, 1989.

尔是故意与宗教保守者最后摊牌，尽管他明知自己赢不了，还将身败名裂。”[1] 这些评价似乎是拉什迪对自己后来厄运的准确预见，但这实在太过悲剧的味道，令人叹息。这或许是解构主义自我作对的活生生的例子。结合拉什迪自己的思想再往深处思考，我们发现，他的解构姿态来自于他对母邦传统文化的逐渐疏离。有一次，拉什迪从印度回到英国时透露说，访问印度使他感到相当的不舒服，因为：“我对印度的疏离感已经接近于一种纯粹的文化休克（cultural shock）状态。”[2] 在故事的最后，吉布列尔告诉他相依为命的同胞沙拉丁：“很久以前我就告诉过你，如果我觉得疾病缠身并不断发作，我就不可能再忍受下去。”[3] 说完，吉布列尔将枪筒伸进嘴里，扣动扳机，一切就此结束。吉布列尔的灵魂升天与罗摩、悉多等神祇的灵魂汇合。吉布列尔这个先以西方“权力”话语解构西方的移民代表，将其解构主义手法运用到本土印度，失败在所难免。吉布列尔的自杀和《午夜》结尾处萨利姆身亡、乃至《耻辱》的黯淡尾声也显示了拉什迪印度书写的某些微妙心思。黑色结局暗示着许多复杂的信息。

总之，沙拉丁的回家之路和吉布列尔的生死轮回具有典型的象征意义，体现了拉什迪关于后殖民时代世界移民问题的深刻思考。例如，拉什迪借书中一个人物的口说：“我们将改变事物。我曾经承认我们自己也将被改变。非洲人、加勒比人、印度人、巴基斯坦人、孟加拉人、塞浦路斯人、中国人，我们可能不会成

---

① Salman Rushdie, *The Satanic Verses*, New York: Viking, 1989, p. 539.

② G. R. Taneja & R. K. Dhawan, eds., *The Novels of Salman Rushdie*, Delhi: Indian Society for Commonwealth Studies, 1992, p. 232.

③ Salman Rushdie, *The Satanic Verses*, New York: Viking, 1989, p. 546.

为现在的模样，假如我们没有跨越海洋，假如我们的父母不穿越天空去寻找尊严和为孩子们创造更好的生活。我们已经被再造了，但我想说，我们也将重建这个社会，从底层到表层来改变它的面貌……现在轮到我们了。”① 这说明，拉什迪相信，世界移民大潮将改变移民者的文化心灵，而移居地国家也将因为这些身份各异的世界移民或曰世界公民而改变面貌。这就是《撒旦诗篇》在移民主题上的新思考。正因如此，有人指出：“拉什迪的《撒旦诗篇》是已经出版的关于英国移民体验的最雄心勃勃的小说，尽管它无论如何不是此类书中的第一本。”②

有人说：“拉什迪在《撒旦诗篇》中关于移民身份问题的积极判断，一定程度上可与奈保尔此前出版的《抵达之谜》相比较。历史与当前现实的定位（location）、疏离（dislocation）这一相同问题被两人所检视。两人都在作品中呈现了相似的意象和场景，然其得出的结论和唤起的感情却有天壤之别。”③ 具体说来，两人都从自身历史与身份出发，探索了移居者自我身份认同的问题，这包括适应新环境或与之疏离的问题。在《撒旦诗篇》与《抵达之谜》中，移民者关于新家园的幻象与他创造出来以与这一幻象挂钩的新身份成为共同的关注焦点。对奈保尔而言，这一新身份的创造会导致对英国的模仿（mimicry），他的《黑暗地带》已描叙过这一点。但对拉什迪来说，真实身份与家园幻象二者之间并非截然分开，而是互相交融。“沙拉丁与吉布列尔都是

① Salman Rushdie, *The Satanic Verses*, New York: Viking, 1989, p. 414.

② Timothy Brennan, *Salman Rushdie and the Third World: Myths of the Nations*, London: Macmillan, 1989, p. 149.

③ Catherine Cundy, *Salman Rushdie*, Manchester & New York: Manchester University Press, 1996, p. 68.

演员，都擅长彼此间互相模仿。他们是文化变色龙。”① 在《撒旦诗篇》中，沙拉丁的人格是“模仿与声音的半组合”，而吉布列尔的身份似乎是一种“暂时而过渡的建构”，他的快速裂变似乎与神的死亡相似。“与文本相似，吉布列尔在影片内部和外面的身份建构，打破了幻象与现实、世俗与神性、神圣与亵渎的界限。”② 吉布列尔的身份是一种“破碎的、有裂痕的人格”。吉布列尔对于现实的思考和奈保尔的移民观有点不同。吉布列尔能看清“水面下隐藏的冰山的十分之九”，他有超自然的坚定信仰，而奈保尔似乎很轻视幻象和不真实。另外，对奈保尔来说，死亡是变化和衰败腐烂的流程，而拉什迪在《撒旦诗篇》里将死亡视为一种比较积极的因素，尽管他的积极心态也是不彻底的。对奈保尔来说，抵达文化家园是一个幻想、是不可能的，但拉什迪在《撒旦诗篇》中暗示，对移民而言，抵达的概念有多重涵义。旅行本身便是回家（The journeying itself was home），有回家的念头便也是回家。仿佛一种心中有佛即是佛的味道。说到底，拉什迪与奈保尔之间最明显的一个书写差异是心态问题。因此，有人说：“拉什迪并不愤世嫉俗、玩世不恭地描述印度形象，而奈保尔在他的《黑暗地带》和《印度：受伤的文明》中就是这样做的。”拉什迪充满魔幻激情的笔触则将将读者带入一个“怦怦心跳、热血沸腾、色彩斑斓的文学世界里”③。

---

① Catherine Cundy, *Salman Rushdie*, Manchester & New York: Manchester University Press, 1996, p. 69.

② Catherine Cundy, *Salman Rushdie*, Manchester & New York: Manchester University Press, 1996, p. 70.

③ G. R. Taneja & R. K. Dhawan, eds., *The Novels of Salman Rushdie*, Delhi: Indian Society for Commonwealth Studies, 1992, p. 15.

值得一提的是，名字的变化是后殖民创作的一个基本道具。对拉什迪所有文本而言，名字的消隐和重新获得是身份印证的一个关键索引，因此非常重要。沙拉丁和吉布列尔的名字和身份几经变化说明了这点。

印度学者认为，拉什迪的《午夜》、《耻辱》和《撒旦诗篇》都属于自传性质，因为它们“将拉什迪自己精神生活和知识生涯的各个阶段进行小说化”①。从《午夜》和《耻辱》着力思考印度次大陆历史风云与现实政治再到《撒旦诗篇》探讨移民主题，这反映了拉什迪关注中心的显著变化，反映了他由思考家园文化到思考跨越东西文化的思想轨迹，这与他在西方文化的漩涡里“出生入死”并自得其乐有很大关系。正如克巴尔所说，我们生活的时代是“流亡和避难”的时代，而此前就有许多这方面的范例：“叶芝、康拉德、乔伊斯、劳伦斯和艾略特等二十世纪初期的伟大作家都是边缘人（marginal man），他们在冲突文化的无人地带不同程度上黯淡地生活着，六十年代最有趣的作家如贝克特、巴德温、纳博科夫、贝娄等人也以清高姿态这样生活着。”②因此，我们可以将拉什迪视为西方世界书写移民主题或自我流放谱系上一个坚固的链环，他的艺术之花开在东西方文化传统交融的土壤里。

---

① Bam Sewak Singh, ed., *Spectrum History of Indian Literature in English*, Delhi: Atlantic Publishers and Distributors, 1998, p. 225.

② Viney Kirpal, *The Third World Novel of Expatriation*, Delhi: Sterling Publishers, 1989, p. 3.

第三节　“愤怒的‘Fatwa’”：“拉什迪事件”及其文化内涵

1984 年，拉什迪在接受访谈时说：“我正在写一部小说，我很惊讶，这本小说的背景又是印度……它似乎不是政治小说，而是关于神和宗教的小说。”这本小说就是后来为他带来杀身之祸的《撒旦诗篇》。拉什迪接着说：“然后我确实还有一个更大的小说创作计划……一本背景设定在西方并涉及移民观念的小说。”① 这说明，拉什迪原本准备在《撒旦诗篇》之后，再另外写一本以自己移民体验为主的小说，而不是实际上将移民与宗教因素结合在一起的《撒旦诗篇》。《撒旦诗篇》出版后第二年即 1989 年，拉什迪在一篇文章中补充说明道：“我原来打算写一本小说，其最基本层面是有关变异的问题……我对语言、社会、地域的自我传统之根怎样在移民迁徙中崩溃断裂很感兴趣……那才是我真正想写的东西。”② 但十分遗憾的是，拉什迪没有坚持最初设想，而是将移民主题和宗教探索混在一起，形成一个名副其实的混杂性叙事。《撒旦诗篇》整个五百四十七页英文首先就是一个主题情节的大杂烩。第 1、3、5、7、9 章讲述沙拉丁和吉布列尔两个从飞机上掉下又奇迹般生还的印度移民的故事；第 4、8 两章以

---

① Daniel Pipes, *The Rushdie Affair: The Novel, the Ayatollah and the West*, London: Transaction Publishers, 2003, p. 55.

② Dan Cohn-Sherbok, ed., *The Salman Rushdie Controversy in Interreligious Perspective*, New York: The Edwin Mellen Press, 1990, p. 72.

发生在巴基斯坦一个村子的真实悲剧为基础，叙述阿伊莎率领民众走向大海无一生还的故事；第2、6两章则涉及伊斯兰教先知穆罕默德某些方面的故事，这一故事部分基于历史事实，部分来源于作者的想象。实际上，就是第2、6两章最先引发了穆斯林世界的抗议怒潮，并最终升级成为东西方外交危机和二十世纪后期最引人注目的国际文化现象之一即“拉什迪事件”。

《撒旦诗篇》之所以如此“臭名昭著”，是与它在描叙伊斯兰教时涉及的三个方面问题有关，即小说名字、小说人物描写和小说情节的叙述等方面[①]。

首先是对伊斯兰教来说非常敏感的书名《撒旦诗篇》（Satanic Verses）。在小说中，拉什迪曾经暗示性地提到这一书名：“在声明抛弃了那些撒旦的诗行（Satanic verses）后，先知穆罕默德回到了家，他发现，一种惩罚正等着他。”[②]实际上，“撒旦诗篇”这一书名出自安拉的使者穆罕默德传教生涯的一个偶然事件。根据一些专门从事阿拉伯历史研究的学者称，穆罕默德在编撰《古兰经》时，曾经遭受恶魔撒旦的诱惑，把不是真主教诲的一些内容写进了《古兰经》里，把三个异教徒的女人视为真主的女儿。但穆罕默德马上意识到自己的过错，便将其从《古兰经》中删去，而这一删去的部分则被后人称为所谓“撒旦诗篇”或曰“撒旦的诗行”。然而，正是这段被后世穆斯林学者们断然否认、而又被西方某些基督教徒加以讥讽的“穆罕默德的过失”的历史却堂而皇之地成为拉什迪小说的书名，这是格外刺眼的“亵渎神

① 吴锡民：《“拉什迪风波”论》，《外国文学研究》，1998年第1期，第41页。
② Salman Rushdie, *The Satanic Verses*, New York: Viking, 1989, p. 124.

灵”的行为，它无形中诱发了伊斯兰世界的愤怒情绪。拉什迪曾经于 1989 年 1 月 22 日发表文章辩解道：“甚至连小说的题目都已经被认为是亵渎神灵的，但是这个词语不是我的。它来自于伊斯兰教经典文献之一……后来，天使长加布列尔告诉了穆罕默德，那些诗行是撒旦的诗行，是他在伪装的恶魔诱惑下错误地说出来的。于是，那些撒旦的诗行就从《古兰经》中删掉了。”[①] 拉什迪的辩解似乎有些苍白无力。穆斯林们认为这一显眼的题目是亵渎性的。事实上，正如有的学者所说的那样：“拉什迪关于书名的辩解需要仔细地分析，因为它包含着巨大的误解因素在内。”因为，“Satanic verses”这个词汇不是直接来自那个他提到的穆斯林历史学家塔巴里（Tabari）。塔巴里的原文被译成英语大致是：“Satan threw（something）into his formulation，and these verses were revealed… Satan caused to come upon his tongue.”从这里的译文来看，塔巴里所写的只是“非常接近于‘撒旦诗篇’，但是并不完全等同于拉什迪所用的那个词汇”[②]。这说明，拉什迪在思索书名时，有意加进了一些自己的创造性因素。作为一种文学想象无可厚非，但在涉及极为敏感的宗教因素时，拉什迪似乎忘记了一些基本原则。当然，这涉及拉什迪本人思想中一些复杂的因素，其中便有强烈的解构主义意识和涉及移民问题的政治意识对其创作的交互影响。他认为，第三世界作家和后殖民作家应该要有从“主人”那里收回表述自己权利的意

---

① Daniel Pipes，*The Rushdie Affair*：*The Novel*，*the Ayatollah and the West*，London：Transaction Publishers，2003，pp. 114－115.

② Daniel Pipes，*The Rushdie Affair*：*The Novel*，*the Ayatollah and the West*，London：Transaction Publishers，2003，p. 115.

识。从这一角度出发，拉什迪认为：“《撒旦诗篇》这个书名是试图收回表述权的一个方面。”他以沙拉丁头上长角为例，对他使用“撒旦诗篇”这个引人注目的书名进行解释：“就如同小说中那个自豪地戴着玩具似的妖魔角、骄傲地表明自己身份的亚洲小伙子（沙拉丁）一样，这本小说也自豪地拥有这样一个妖魔似的题目。这一举动试图靠拢美国的一种断言，即将‘黑色’（black）这样一个标准的种族主义贬义词转化为‘美丽’（beautiful）这样一个表示文化自豪的词。”[①] 无论如何，穆斯林世界对拉什迪“逆写帝国”的解构意图并不买账，这说明，他的确需要好好反省一下他的原始意图与社会现实、与尊重东方文化传统之间的巨大落差。

再看看《撒旦诗篇》对于所谓“撒旦诗篇”的具体描写。小说中先是描述先知受诱惑吟出的“撒旦诗篇”：“这时候，没有丁点犹豫或疑虑，他（先知）朗诵起另外两行诗句来：‘你们是否想过拉塔、乌扎和玛纳特这第三个人，或是其他人？她们是高贵的姑娘，她们的同情的确是必要的。’”[②] 然后，拉什迪交代说，这个恶魔撒旦是以天使的面目伪装出现的。他在先知的耳边念叨上述句子，使其犯下大错。受他诱惑的先知后来发现了这一点，知道自己朗诵的诗句“不是真实的，而是可耻的相反，不是神圣的，而是邪恶的”。他决定尽快删除这四个邪恶的句子即“撒旦诗篇”。按照拉什迪的叙述，他永远删除了“撒旦诗篇”，而在贾希利亚城的大黑石前当着信徒的面朗诵了他改正过来的诗句：

---

① Salman Rushdie, *Imaginary Homelands: Essays And Criticism* (1981－1991), London: Grant Books, 1991, p. 403.

② Salman Rushdie, *The Satanic Verses*, New York: Viking, 1989, p. 114.

"他将拥有女儿，你将拥有儿子吗？那种分配将会很好。这些只是你们梦见的名字，你们和你们的父亲。安拉没有给予他们任何授权。"① 有学者指出，拉什迪此处的叙述犯了一个严重的错误。因为，按照他的叙述，先知的前言不搭后语就意味着"整本《古兰经》不是从真主安拉传给迦百利，而是通过穆罕默德本人传授给迦百利的。他将那些话塞进迦百利口中。如果这是真的，那么《古兰经》就是人为的，伊斯兰教信仰就是一场骗局。什么也没有了"②。因此，拉什迪挑战了伊斯兰教的神圣权威。

《撒旦诗篇》中的一些人物描写引发了很大争议，书中出现的有些宗教人物的名字招来穆斯林世界的不满。拉什迪改写了伊斯兰教中的著名人物的名字，如他将先知穆罕默德（Muhammad）改为马訇德（Mahound），将天使长加布列尔（Gabreel）改为吉布列尔（Gibreel）。明眼人一看就知道他影射宗教人物的真实用意。有人说："马訇德是中世纪时一些欧洲学者对穆罕默德的贬称，他们喜欢将先知描叙成为一个疯狂的骗子。从这个意义上说，拉什迪使用马訇德这一个词汇来颠倒自己不可逆转的意图是非常恰当正确的。他的意图是，将侮辱转化为反击的力量。"③ 拉什迪在《撒旦诗篇》里的描写可以说印证了这一点："要将侮辱变成力量。辉格党、托利党、黑人们都选择并使用那些被人以鄙视的姿态给予他们的名字。"④ 这说明，拉什迪以解

---

① Salman Rushdie, *The Satanic Verses*, New York: Viking, 1989, p. 124.

② Daniel Pipes, *The Rushdie Affair: The Novel, the Ayatollah and the West*, London: Transaction Publishers, 2003, p. 61

③ Timothy Brennan, *Salman Rushdie and the Third World: Myths of the Nations*, London: Macmillan, 1989, p. 155.

④ Salman Rushdie, *The Satanic Verses*, New : York: Viking, 1989, p. 93.

构主义手法对待东方文化并进行寓言式写作。他曾在1990年的一篇文章中辩解道：“指责我的人说，我应该明白，我使用中世纪欧洲人贬低穆罕默德的邪恶旧名马旬德会引起怨恨。实际上，这是解互文性（de-contextualization）策略导致意义完全逆转的一个例子而已……《撒旦诗篇》的核心目的是从对手手中收回语言的权利。”拉什迪接着还以沙拉丁头上长角隐喻着反抗“宗主文化（host culture）”对移民的妖魔化为例，旁敲侧击地说明他采用马旬德这个有贬义的词汇的深意：“如果移民群体被他人称为恶魔，这并非真的意味着他们是恶魔。并且如果魔鬼不一定是魔鬼，天使也就不一定是天使。”[①] 看得出，拉什迪此处的辩解与他对小说题目的辩护走的是同样一条费力不讨好的“逆写帝国”路径，而其招致穆斯林世界的反感也就成为一种必然。实际上，细读小说中其他一些关于先知的描叙也可看出拉什迪魔幻手法的大胆过火。

还原伊斯兰教的本相就会发现，拉什迪在解构路上走得太远，以致难以回头。伊斯兰教和印度教的多神信仰有巨大差异，主要是伊斯兰教为一神信仰，即只信奉真主安拉，一切由安拉前定。在伊斯兰教圣典《古兰经》中关于真主的描写是：“真主是天地的光明，他的光明像一座灯台，那座灯台上有一盏明灯……真主引导他所意欲者走向他的光明。”[②] 在信仰安拉的基础上，伊斯兰教又派生出其他五种信仰，即信诸天使、信诸使者，信《古兰经》等。诸位天使和使者是安拉派出向人类传达启示的。

---

① Salman Rushdie, *Imaginary Homelands*: *Essays And Criticism* (1981－1991), London: Grant Books, 1991, p. 402.

② 《古兰经》，马坚译，中国社会科学出版社，2003年，第263页。

天使中地位最高的是迦伯利（即加布列尔）。使者是安拉在人间选定的一些特殊人物。安拉通过“默示”与使者保持联系，这些使者就是人们通常看到的先知和警告者。安拉在人间有著名的六大使者即阿丹、努海、易卜拉欣、穆萨、尔撒和穆罕默德。“在先知中，穆罕默德是最后一名‘封印’使者，因而是最伟大的先知。”[①] 小说中以吉布列尔一介印度移民的血肉之躯来附会神圣的天使长迦伯利，本来就十分不妥，再让天使长与穆斯林崇拜的伟大先知赤身裸体摔交过招，穆斯林世界怒火万丈也就可以理解了。有人很形象地表述了拉什迪写作策略的失当：“拉什迪走进了清真寺，但是他却不得体地拒绝脱掉鞋子。”[②] 拉什迪在书写东方并吸纳和利用伊斯兰教的文化资源时，没有照顾穆斯林世界的宗教情绪，换句话说，他没有按照宗教文化原则的常理“出牌”，而是一味地实践自己后现代姿态中令人眼花缭乱的“解构叙事”，其受讨伐和追杀势所难免。

评论家指出：“《撒旦诗篇》有时是用非常色情淫秽和伤害感情的语言来创作的。”[③] 这主要表现在两个方面。首先是关于先知及其信徒的人物形象塑造。例如，先知被描绘成堕落的淫荡之徒，一个不可自拔的醉鬼（第120页，指英文小说页码）。他还被描绘成裸身而失去知觉地躺在妻子门前（第121页）。书中还有多处对穆斯林来说属于挑衅性和侮辱性的描叙。

其次是关于贾希利亚妓院的露骨描写。小说中妓院的名称

---

① 许晓光：《天方神韵：伊斯兰古典文明》，四川人民出版社，2002年，第62页。

② Dan Cohn-Sherbok, ed., *The Salman Rushdie Controversy in Interreligious Perspective*, New York: The Edwin Mellen Press, 1990, p. 18.

③ Dan Cohn-Sherbok, ed., *The Salman Rushdie Controversy in Interreligious Perspective*, New York: The Edwin Mellen Press, 1990, p. 12.

“门帘（Curtain）”值得注意，有人指出：“门帘是来自于阿拉伯语‘al-hijab’的翻译词。这个词是指妇女用来遮挡脸部的面纱。‘门帘妓院’的十二个妓女使用了马訇德十二个妻子的名字甚至涉及个性人格。还有什么能够超过这种亵渎神灵的事情?”[①] 的确，面纱是穆斯林妇女用来遮挡自己尊容的神圣之物，但在书中却被用来充当妓院的招牌，这是一种典型的“去神圣化”姿态，对于穆斯林世界而言，是可忍，孰不可忍？作为一位出生于穆斯林家族的作家，拉什迪对于穆斯林生活习俗不会不熟悉，这只能说明他的大胆妄为。小说中还直接点出了先知妻子的名字。像这种明目张胆地将与伊斯兰教有关的神圣人物进行色情化，恐怕很难用后现代或解构叙事来为拉什迪贴标签了。在接下来的叙述中，前边提到过的巴尔出场了。作为落魄诗人的他因为逃避追捕而“幸运”地躲进了这个“门帘妓院”。他可以同时拥有十二个妓女。巴尔在这个妓院里浪荡了两年多以后，终于有一天“东窗事发”，妓院被士兵们查封了。在他的妓女妻子们呼天抢地的呼救声中，巴尔成为胆小鬼，不敢去救那些被士兵带走的妓女。巴尔的十二个妓女妻子因为有伤风化而被一一处决，巴尔也被判斩首。在走向断头台一瞬间，他对站在一边的马訇德喊道：“妓女和作家，马訇德！我们是些你不能忘记的人。”马訇德答道：“作家和妓女，我看没什么差别。”[②] 这里的描写恰好迎合了某些西方人的阅读口味。《撒旦诗篇》之所以获得西方奖励，这里的东方主义描叙也许是一个重要因素。从以上叙述来看，拉什迪不光

① Daniel Pipes, *The Rushdie Affair: The Novel, the Ayatollah and the West*, London: Transaction Publishers, 2003, p. 65.

② Salman Rushdie, *The Satanic Verses*, New York: Viking, 1989, p. 392.

当得起穆斯林世界对他“亵渎神灵”的指责抨击，还当得起后殖民理论大家赛义德的严肃质疑：“为什么一位本来能够保护和带着同情态度阐释我们自己的穆斯林，现在竟然以如此粗鲁而又不敬且非常熟练的手法来向读者表现我们的传统？那些西方读者本来就已经准备好抨击我们的传统、现实、历史、宗教、语言和民族起源。换句话说，为什么我们穆斯林文化中的一员，要加入到那些将伊斯兰教如此极端而又不公平地东方化的人群中去？”①虽然拉什迪承认自己不是虔诚的穆斯林，但他无法面对同样来自东方的赛义德义正词严的批判。

以上是关于《撒旦诗篇》中对伊斯兰文化传统进行东方主义化的大略介绍。现在来看看穆斯林世界的激烈反响。1989 年 2 月 19 日即对拉什迪的宗教追杀令（Fatwa）发出后的第五天，有位西方人士在《观察家》(The Observer) 杂志上撰文说：“在中心地带，一个人（一些人视为亵渎神灵的背叛教义者，一些人视为纯洁的小说家）被追逐着。追逐他的有无数杀手、文明的冲突、地缘战略的竞争和神的愤怒！甚至发生了流血事件，血已经在伊斯兰堡、克什米尔和孟买流淌，并且很可能在任何地方流淌。”② 这里的叙述就是《撒旦诗篇》所引发的波及整个东西方世界的“拉什迪事件”，引发它的就是文中所言的“背叛教义者”拉什迪。

《撒旦诗篇》所引发的争议首先来自拉什迪的母邦印度。

---

① Dan Cohn-Sherbok, ed., *The Salman Rushdie Controversy in Interreligious Perspective*, New York: The Edwin Mellen Press, 1990, p. 84.

② Daniel Pipes, *The Rushdie Affair: The Novel, the Ayatollah and the West*, London: Transaction Publishers, 2003, p. 15.

1988年9月26日，一位印度的穆斯林从《今日印度》（India Today）上知道了拉什迪的《撒旦诗篇》在英国出版的消息后，就在这家杂志上写文章预测，这本书将引发不同阵营之间的“雪崩似抗议”。不久，印度穆斯林议会成员有人读到了这本书，就开始了在印度禁止该书的运动并很快获得成功。当年10月5日，按照印度财政部海关法令，禁止该书在印度发行。因为，印度当局害怕该书引发国内的印穆教派冲突。其后，围绕该书的争议再向英国本土、美国、南非、巴基斯坦和伊朗等地蔓延。时间延续了半年之久，即从1988年9月到1989年3月左右。其间经历了公开焚烧《撒旦诗篇》、示威游行甚至流血冲突等各种事件。1989年2月14日，伊朗什叶派宗教领袖霍梅尼（Khomeini）在德黑兰国际广播电台宣判拉什迪和《撒旦诗篇》的出版商死刑，并且悬下重赏：杀死拉什迪者，外国人可以获得赏金一百万美元，伊朗人可以获得三百万美元。此即“拉什迪事件”的最高潮阶段。霍梅尼在宗教审判法令（Fatwa）中说道：“以至高无上的真主的名义。只有一个我们大家都将回报的神。我通告穆斯林世界的热心者：反对伊斯兰教、先知和《古兰经》并已编辑、出版、发行了的《撒旦诗篇》的作者和知悉此书内容且涉足此事的出版商被判处死刑。我号召所有积极的穆斯林，无论在任何地方发现他们，尽快地执行这一法令，以便无人敢侮辱穆斯林的圣殿。真主的旨意是，谁在执行这一法令的路上被杀，谁就是烈士。”① 随着霍梅尼宗教法令的颁布，形势变得更加严峻。2月

① Daniel Pipes, *The Rushdie Affair*: *The Novel*, *the Ayatollah and the West*, London: Transaction Publishers, 2003, p. 27.

19日，拉什迪不得不认错道歉。他的道歉信刊登在当天的《国际先驱论坛报》上："作为《撒旦诗篇》的作者，我意识到，世界上许多地方的穆斯林都为我的小说出版而痛苦。我为该书出版给虔诚的穆斯林信徒带来的痛苦表示深切的遗憾。我们生活在一个有着多种信仰的世界里，生活经验提醒我们，我们必须意识到他人的感情不可伤害。"①

但是，已经愤怒的穆斯林世界丝毫不理会他的道歉。到了1991年3月，伊朗政府把追杀拉什迪的赏金提高一倍。《撒旦诗篇》的日文译者、日本筑波大学比较文学副教授五十岚一被暗杀，意大利文译者和挪威出版商遇刺受重伤。1992年春，拉什迪出访欧美寻求支持，并于1993年3月与妻子玛丽安妮·威金斯离婚，以免后顾之忧。世界舆论则分为两派。霍梅尼的宗教判决得到伊斯兰教会议组织四十六个成员国的确认，伊朗、印度、巴基斯坦、孟加拉国、马来西亚、印度尼西亚、沙特阿拉伯、埃及、南非、索马里等国均把《撒旦诗篇》列为禁书。随即，很多有穆斯林的国家均声讨拉什迪和他的《撒旦诗篇》并举行示威游行。面对穆斯林世界的愤怒，英国朝野上下也不甘示弱，严厉谴责伊朗冒犯英国主权，声言要保护本国公民拉什迪的人身安全。为此，支持英国立场的欧共体十二国，纷纷谴责申斥伊朗践踏国际法准则，并为此招回驻伊朗外交使节。英国与伊朗断交，伊朗与西方国家的关系降入冰点。而君特·格拉斯、纳丁·戈迪默、阿契贝、索因卡、帕特里克·怀特等世界知名作家公开签名支持

① G. R. Taneja & R. K. Dhawan, eds., *The Novels of Salman Rushdie*, Delhi: Indian Society for Commonwealth Studies, 1992, p. 207.

拉什迪。1993 年 11 月，美国总统克林顿在白宫接见了拉什迪。1996 年 3 月 11 日，时任伊朗总统拉夫桑贾尼在记者招待会上宣布，处死拉什迪的命令“从未被认真地执行过”，今后也不打算执行。但由于这是霍梅尼遗留的圣喻，因此不可更改。为什么霍梅尼处死拉什迪的宗教命令会演变为一个国际性事件？一些评论家认为，这与伊朗当时的国内政治紧张有关。一些人则用伊朗的外交政策来解释。霍梅尼的支持者将他的举动视为一种“对侵犯宗教的最基本的宗教反应”。总之，霍梅尼和穆斯林世界对拉什迪《撒旦诗篇》的强烈反应，其动因“部分地来自穆斯林生活中强烈的禁忌意识，部分地来自伊斯兰原教旨主义者对这一小说的理解方式”[①]。另外，穆斯林世界特别是伊朗的激烈反响还与他们和西方长期复杂的历史纠葛和政治关系有关，其中包括对于西方的不信任，因此，他们在保卫伊斯兰教的心态下作出了迅速的激烈回应。

这本小说对于东西方国际政治与文化关系的影响不可忽视。印度学者认为：“《撒旦诗篇》在西方文明与伊斯兰文明之间引发了种族间冲突的历史记忆。拉什迪确实并没打算造成这样一个复杂的局面，但他的书无疑已创造一段特殊的历史。”[②] 事实上，“拉什迪事件”是长期以来，特别是冷战以来东西方复杂关系的一个缩影。可悲的是，拉什迪对于这一点的理解缺乏政治头脑和清醒认识。他在 1993 年接受《纽约书评》的访谈时说：“理解伊

---

① Daniel Pipes, *The Rushdie Affair: The Novel, the Ayatollah and the West*, London: Transaction Publishers, 2003, p. 104.

② Girja Kumar, *Censorship in India: With Special Reference to The Satanic Verses and Lady Chatterley's Lover*, Delhi: Vikas Publishing House, 1990, p. 13.

朗的国内政治不是我的事情。伊朗对《撒旦诗篇》的禁止和宗教法令的执行是一种恐怖主义行径。”[①] 拉什迪有意无意中卷入了一场旷日持久的东西方“拔河”运动中。这是身为“政治动物”的他的宿命。例如，前联邦德国即西德一个组织当时就断言，霍梅尼对拉什迪的处死命令是“对西方文明核心价值观念的直接挑战”[②]。“拉什迪事件”爆发后，西方各大媒体纷纷抨击穆斯林世界的反应。遗憾的是：“大多数西方人的注意力不在小说《撒旦诗篇》上，不在争论的起源上，而是关注穆斯林世界对拉什迪生命的威胁上。”因此，大多数西方人没有冷静分析事件的真正起因，而是将穆斯林比作“羞辱英国的纳粹分子”，而处死拉什迪的命令则被视为“毫无宽容心的野蛮行为”[③]。一时间，西方的激烈反应甚嚣尘上。实际上，在西方世界对穆斯林世界的大肆舆论攻击中，他们也有采取“双重标准”的嫌疑。例如，二十世纪中期西方的一部正面表现耶稣基督的电影《基督的最后诱惑》(The Last Temptation of Christ)，在西方基督教徒中间引起抗议，影片制作人和影院都受到威胁。而另外一部将耶稣表现为骗子和小丑的电影只放映几个星期旋即消失。但是，经历过这些不愉快事件的西方世界，对穆斯林世界关于《撒旦诗篇》的激烈反响不予理解，这是耐人寻味的。有人评价说：“基督教世界和穆斯林世界双方都需要发展一种更大的宗教宽容和怀疑精神。双方

---

① Michael Reder, ed., *Conversation with Salman Rushdie*, Mississippi: University Press of Mississippi, 2000, p. 153.

② Daniel Pipes, *The Rushdie Affair: The Novel, the Ayatollah and the West*, London: Transaction Publishers, 2003, p. 250.

③ Dan Cohn-Sherbok, ed., *The Salman Rushdie Controversy in Interreligious Perspective*, New York: The Edwin Mellen Press, 1990, p. 78.

都不必站在教训对方的立场上说话。”①

拉什迪在《撒旦诗篇》上惹出的麻烦，除了东西方关系的复杂因素外，很大程度上也有他自己的因素在起作用。这就是他的宗教意识。有人称他为穆斯林群体的“背叛教义者”，可实际上，他的宗教意识已经非常淡薄。这对他创作《撒旦诗篇》的心态有很大影响。早在1983年，拉什迪在解释他是否有强烈宗教意识的问题时说：“不，我没有真正意义上的宗教意识……在那种意义上，我不是穆斯林，不是任何实际意义上的穆斯林。”② 1985年，拉什迪在一篇文章中说：“在我十五岁那年，上帝、撒旦、天堂和地狱一起从我的世界里消失，我非常突然地丧失了信仰。我相当清楚地记得这一点，那时我在英国上学……从那天起到现在，我将自己视为一个完全世俗的人……也许我的创作部分地是以其他梦想填补精神真空。因为毕竟这是一个等待梦想的空间。”③ 1989年9月，拉什迪在另一次访谈中说：“是的，我是一个不正宗的穆斯林（lapsed Muslim）。我以前比现在更有宗教感。‘不正宗’意思是我不信神……我从未想过我在写自己的《古兰经》。我书中的核心是关于文本中不同观念的争执，关于一本书中什么是神圣，什么是亵渎的争论。”④ 1995年，在接受《今日印度》访谈时，拉什迪坦率地说到自己缺乏信仰的问题：

---

① Dan Cohn-Sherbok, ed., *The Salman Rushdie Controversy in Interreligious Perspective*, New York: The Edwin Mellen Press, 1990, p. 89.

② Michael Reder, ed., *Conversation with Salman Rushdie*, Mississippi: University Press of Mississippi, 2000, p. 54.

③ Salman Rushdie, *Imaginary Homelands: Essays And Criticism* (1981－1991), London: Grant Books, 1991, p. 377.

④ Michael Reder, ed., *Conversation with Salman Rushdie*, Mississippi: University Press of Mississippi, 2000, p. 115.

“事实上，我不是伊斯兰教的敌人……但是我不是信教的人。我知道，这对每个人都有宗教信仰的印度是很惊讶的事，但对我来说，我从未发觉有什么必要用信仰来解释这个世界。”① 这些话应该是解读《撒旦诗篇》的几把钥匙。1999年，拉什迪接受访谈时说：“古代的神灵不是榜样和典范，而只是人类被放大到神性的一个例子。”② 这里分明透露出一种近似于无神论者的思想痕迹。这使他对敏感的宗教主题采取一种随意处理的有害方式。《撒旦诗篇》中有一句很显眼的话：“哪里没有信仰，哪里就谈不上亵渎神灵。”③这是拉什迪自己以后现代游戏心态消解经典神圣的最好注解。1990年2月6日，拉什迪在伦敦的一次讲座中说过：“尊敬神圣就是被神圣所麻痹。神圣这个观念仅仅只是任何文化中最保守的观念之一，因为他寻求将其他观念如不确定性、进步、变化等转变为犯罪行为。”④ 这暗示了拉什迪曾经打破神圣和经典的权威进行创作的心态。西方学者比较公正地评价道：“拉什迪给我们大家帮了一个倒忙。他在《撒旦诗篇》里使用的贬损言辞，破坏了宗教传统中我们认为非常宝贵的东西，利用这些传统，人们能够界定身份，有的人仍然借以教育他们的孩子。”⑤ 当然，拉什迪思想中的西方因素也是他解构东方宗教权

---

① Michael Reder, ed., *Conversation with Salman Rushdie*, Mississippi: University Press of Mississippi, 2000, p. 170.

② Michael Reder, ed., *Conversation with Salman Rushdie*, Mississippi: University Press of Mississippi, 2000, p. 226.

③ Salman Rushdie, *The Satanic Verses*, New York: Viking, 1989, p. 380.

④ G. R. Taneja & R. K. Dhawan, eds., *The Novels of Salman Rushdie*, Delhi: Indian Society for Commonwealth Studies, 1992, p. 104.

⑤ Dan Cohn-Sherbok, ed., *The Salman Rushdie Controversy in Interreligious Perspective*, New York: The Edwin Mellen Press, 1990, p. 35.

威的一个原因。印度学者认为：“拉什迪有一副西方的头脑，但却完全缺乏东方意识。”① 拉什迪曾经在 1991 年的一次讲演中说，他想让全世界的穆斯林明白，他不是伊斯兰教的敌人，同时也希望西方更多地理解伊斯兰文化。然后，他话锋一转说道：“我的一位伊斯兰极端主义对手说：‘言论自由不是一个开端。’不，先生，不是这样。言论自由就是全部，是游戏的全部。言论自由是生命本身。”② 他以所谓民主自由的思想指导创作，这种解构伊斯兰教权威的荒唐可悲也就可以想见了。

其次，拉什迪的麻烦有时来自于他不太严谨的创作态度。按照某些学者的总结，拉什迪的《撒旦诗篇》对于移民和流亡的主题探索是很出色的，但书中有关宗教的两章却是败笔。原因是：“首先，这两章中某些部分反映出一种低级趣味，并以相当粗鲁无礼、冒犯尊严的语言处理重大的主题；其次，这两章体现出拙劣的文学判断，拉什迪应该以一种避免与伊斯兰教历史类似的方式来轻易地驾驭宗教主题……第三，拉什迪缺乏卓越的政治判断力。”③ 通观《撒旦诗篇》，人们不得不同意上述评判。

拉什迪的政治批判倾向也无形中影响了人们，特别是印巴两国对他的小说评价，尽管这是间接的。有人认为：“拉什迪对于已经建立起来的组织机构天生地有种不敬的倾向。他写巴基斯坦

---

① Girja Kumar, *Censorship in India: With Special Reference to The Satanic Verses and Lady Chatterley's Lover*, Delhi: Vikas Publishing House, 1990, p. 46.

② Salman Rushdie, *Imaginary Homelands: Essays And Criticism* (1981－1991), London: Grant Books, 1991, p. 439.

③ Dan Cohn-Sherbok, ed., *The Salman Rushdie Controversy in Interreligious Perspective*, New York: The Edwin Mellen Press, 1990, p. 93.

的小说《耻辱》显示了他在这方面的趋势。”[①] 这里的话是说明拉什迪对现实政治的文学干预问题。政治批判进入文学领域不是一件坏事，但作家在处理政治题材时的态度非常重要。拉什迪在《耻辱》中对于巴基斯坦领导人的批判讥讽是以寓言形式进行的，在《午夜》中是以近乎漫骂的方式来批评英迪拉·甘地的。因此，这两本书在印巴引起过不良反响并一度遭到禁止。《撒旦诗篇》揭露的是英国歧视移民的政策，但到了 1995 年，拉什迪在《摩尔的最后叹息》中，再次使用了将印度领导人漫画化的不敬手法[②]。他在当年接受《今日印度》的访谈中说：“我听见传言说，索尼亚·甘地对我在小说（指《摩尔的最后叹息》）中关于狗的命名很难过。我猜想有人试图在印度其余地方禁止这本小说，因为在这本小说中有只狗叫做贾瓦哈拉尔（即尼赫鲁的名）。我觉得禁止它是相当可笑的一个问题。”[③] 无论如何，《摩尔的最后叹息》将尼赫鲁的名用在狗身上和《午夜》里将英迪拉·甘地称为“寡妇”有异曲同工之“丑”。这本小说在印度书写方面是有缺陷的。

影响拉什迪创作的不利因素还包括前述的东方主义心态和笔法。恰恰是这一点，最合西方读者，包括一些著名作家的胃口，例如，全力支持拉什迪的捷克著名作家米兰·昆德拉就曾经说过：“正是它（指《撒旦诗篇》）使我理解了伊斯兰教和伊斯兰教

① Girja Kumar, *Censorship in India: With Special Reference to The Satanic Verses and Lady Chatterley's Lover*, Delhi: Vikas Publishing House, 1990, p. 47.

② Salman Rushdie, *The Moor's Last Sigh*, London: The Vintage, 1996, pp. 117—118.

③ Michael Reder, ed., *Conversation with Salman Rushdie*, Mississippi: University Press of Mississippi, 2000, p. 168.

世界的诗，此乃生平第一次。”而关于阿伊莎的传奇冒险故事也让他感动。他断言，《撒旦诗篇》“不是攻击，是模棱两可”。拉什迪是在写小说，小说是“另一个星球，是建立在另一本体论上的宇宙”，“小说的艺术本身被加之以罪最为令人难过”[①]。拉什迪后来就曾经将昆德拉作为捍卫自己艺术理念的一个榜样。但是，西方作家对东方的阅读习惯以及由此形成的虚假和歪曲印象是拉什迪察觉不到的东西。正是在这点上，《撒旦诗篇》栽了跟斗。

需要提到的是，吉布列尔进行“宗教变色龙”的消解游戏外，《撒旦诗篇》还穿插进了神奇少女阿伊莎的传奇冒险。这是一个十九岁的姑娘，她的外貌体形非凡，头发雪白，肌肤亦如初生的婴孩般嫩白。但她与萨利姆甚至马尔克斯笔下的人物一样，有着非凡的特异功能。拉什迪的叙述是这样的：“在她失踪后第七天里，人们看见阿伊莎正朝村子里走去，她再次裸着身子，以金色蝴蝶为衣，银色头发飘荡在微风中。”当天晚上，阿伊莎在村子的潘查亚特会议即古代印度村庄的“五老会”上告诉大家：“我与天使在最高的天上飞过，是的，我们甚至飞过了最顶端的罗特树。天使吉布列尔带给我们一个圣训，也可以说是命令……天使的意思是我们所有人，包括村子里所有男女小孩马上准备朝圣之旅。他要求我们徒步走向麦加圣地，去亲吻圣地中心克尔白的黑石。我们确实必须去那里。”[②] 后来，阿伊莎带着村民们艰难地走向阿拉伯海，深信海水会让给他们一条路道通往麦加圣

① 吴锡民：《“拉什迪风波”论》，《外国文学研究》，1998年第1期，第41—42页。
② Salman Rushdie, *The Satanic Verses*, New York: Viking, 1989, p. 235.

地。一路上，无数的蝴蝶飞在他们的头顶，像一把巨大的伞遮住了灼热的阳光。到了海边，阿伊莎等人走进海水里。不幸发生了："刹那间，阿伊莎朝圣队伍中的每个人都消失在人们视野里。他们没有一个人再露面。没有一个出来透气的脑袋或一只击水的手臂。"① 到了最后，阿伊莎尚活在人世间的丈夫米拉扎·赛义德在阿伊莎复活的灵魂召唤下，像《午夜》中的萨利姆一样自爆而亡，与妻子合而为一。"在他们打开的一瞬间，海水分开来，他们经过阿拉伯海底走向麦加。"② 这个带有玄妙色彩的传奇故事虽然不可避免地也带有消解宗教权威、亵渎宗教人物的嫌疑，但它的确反映了拉什迪与马尔克斯等后现代作家艺术技法的相似之处。分析家认为，这里关于阿伊莎及村民朝圣遇难的故事，是基于 1983 年巴基斯坦卡拉奇霍克斯海湾所发生的一场真实悲剧。一位什叶派穆斯林妇女相信，她得到启示，命令她徒步穿越阿拉伯海，到伊拉克的一个宗教圣地进行朝觐。最后，这个妇女与她的信徒们溺水而亡。有人认为，《撒旦诗篇》中关于阿伊莎等人溺海而亡的描写，是影射伊朗宗教领袖霍梅尼于 1978 年领导的"伊斯兰革命"运动，带有政治讽喻色彩。当然，除去这一故事的东方主义因素和政治寓言外，拉什迪在此套用了印度宗教生即是死、死即是生的文化概念。

关于拉什迪的总体创作成就，西方人赞誉说："他单枪匹马，使英语返回到魔幻现实主义的传统：那条充满魅力的线索，从塞万提斯经过斯特恩，一直延伸到最近的米兰·昆德拉和加西亚·

---

① Salman Rushdie, *The Satanic Verses*, New York: Viking, 1989, p. 503.
② Salman Rushdie, *The Satanic Verses*, New York: Viking, 1989, p. 507.

马尔克斯……拉什迪创作了一种最高品味的小说，具有魔幻性、艺术性和紧迫的政治性。”[①] 关于拉什迪创作存在的主要问题，中国学者评价说，他的问题是，把多元文化和全球意识绝对化，仅仅把自己看作一位世界公民，而没有充分考虑到自己的文学艺术之根是深深地扎在本民族文化土壤之中。拉什迪在“揭露本民族的缺点时，似乎没有充分顾及本民族同胞的思维定势、心理反应和承受能力”[②]。这些评价是有道理的。拉什迪的这个缺陷加上前述有关因素，构成了拉什迪风波的起因。

平心而论，拉什迪是一位极富天才的作家。他为印度的英语文学走向世界做出了贡献，同时也使后殖民英语文学成为一大亮点。如果不是拉什迪事件的影响和其他因素，诺贝尔文学奖或许将归属于他。他的悲剧也是很多后殖民作家的共同悲剧，但发生在拉什迪身上就更加典型。1991 年，拉什迪告诉一个记者说：“过去两年里，最糟糕的事情之一是，我与自己的人民分离开来，并被他们所排斥的痛苦感觉。印度是我生命中本质性的一部分。”[③] 这显示了他有家难回的痛苦。拉什迪、奈保尔和其他后殖民作家都是“在路上”的一代，他们共同的命运只有“在路上”。套用贾布瓦拉的一部小说集题目，拉什迪们的文化脉搏永远跳动“在印度之外”。

1991 年 1 月，拉什迪接受访谈时对自己的风波进行了清醒

---

① 转引自任一鸣、瞿世镜：《英语后殖民文学研究》，上海译文出版社，2003 年，第 166 页。

② 任一鸣、瞿世镜：《英语后殖民文学研究》，上海译文出版社，2003 年，第 204 页。

③ G. R. Taneja & R. K. Dhawan, eds., *The Novels of Salman Rushdie*, Delhi: Indian Society for Commonwealth Studies, 1992, p. 200.

总结："我觉得，如果要从所谓的'拉什迪事件'中吸取教训的话，那就是，在这个小小世界里，存在两种非常大的文化，广义上说即西方文化和伊斯兰文化。非常遗憾的是，它们之间的互相了解就是通过一种陈旧的心态来看待对方。我想，启动一种程序极为重要，它能增进我们对两种文化之间的互相了解。"[①] 同时，他呼吁西方世界不要用"拉什迪事件"高潮时采取的黑白二分模式简单处理东西方关系。这些思想应该视为拉什迪在处理东西方关系上的新思考。虽然他后来在《摩尔的最后叹息》中仍然沿袭了一种不太严肃的创作手法，而导致印度一度禁止该书，但从总体上说，他的创作还是开始偏离《撒旦诗篇》似的引人争议的手法。这显示了拉什迪创作的积极变化。1997 年，他与人合编印度英语文学精品选[②]，并在引言中对印度英语作家品头论足、如数家珍，这表明，印度文化还在他的精神血脉中汩汩流淌，印度永远不会从他心中消失。

① Michael Reder, ed., *Conversation with Salman Rushdie*, Mississippi: University Press of Mississippi, 2000, p.145.

② Salman Rushdie & Elizabeth West, eds., *The Vintage Book of Indian Writing*: 1947—1997, London: Vintage, 1997.

第七章 “通往英格兰之路”：尼拉德·乔杜里的印度书写

尼拉德·乔杜里（Nirad C. Chaudhuri）于1897年出生在孟加拉的一个乡村，1999年逝世于英国。1970年起，乔杜里定居英国达二十九年之久，并成为合法的英国公民，因此，他的身份与奈保尔等移民作家一样，可以视为印裔英国作家。乔杜里的主要作品多为自传或文集形式，严格说来，他不是一位纯粹意义上的文学家，但由于他的作品在英国与印度都曾经引起过强烈反响，并受到当代批评家们的高度关注，因此，本文拟对他的印度书写作一非常简单的介绍。

乔杜里曾经自述道，他是五十岁时开始进行创作的。他的第一部书是《一个不知名的印度人自传》（The Autobiography of an Unknown Indian，1951，下简称《自传》），第二部书是寓意深刻的《通往英格兰之路》（A Passage to England ，1959）。其后，乔杜里还出版过《印度的知识分子》（The Intellectual in India，1967）、《循环的大陆》（The Continent of Circle：An Essay on the Peoples of India，1974）、《印度教思想》（Hinduism，

1979）等[①]。限于资料问题，乔杜里非常重要的代表作《循环的大陆》在此不论，本文只对《自传》、《通往英格兰之路》和《印度的知识分子》等作品进行简单评述。

《自传》虽然是乔杜里的第一部作品，但作者此时已经五十四岁，进入思想成熟期，因此，该书对于了解他的印度书写有着非常重要的意义。在乔杜里之前，西方读者已经看过甘地和尼赫鲁的自传，但乔杜里似乎后来居上，超过了尼赫鲁著作的读者量。因为他的作品首先考虑西方读者。乔杜里曾经说自己兴趣在于历史追踪，他的《自传》是“对当代历史的贡献”，与其说它是自传，不如说是“描述性民族学的实践”[②]。他宁愿用《一个不知名的印度人自传》作为书名，以吸引那些对甘地和尼赫鲁的著名传记非常熟悉的西方读者的眼睛和耳朵。在这本厚达500多页的自传中，乔杜里没有遗漏任何机会浓墨重彩地描叙与他相关的任何东西，如他住过的房子，到过的集市，庆祝过的节日，他珍藏并喜欢的书画和培养的嗜好等都一股脑地端给他意向中的西方读者。例如，他在书中的过分琐碎的叙述已经达到令人昏昏入眠的地步：“甘地在1947年1月2日称赞曾为哈罗与剑桥大学毕业生和律师的尼赫鲁。”[③] 印度学者讽刺他说：“势利话充满他书中的每一页。读者多么希望乔杜里曾经小有名气啊！”该学者还认为，乔杜里在自传中不仅炫耀他房间里所陈列的每一样英国物

① Salman Rushdie & Elizabeth West, eds., *The Vintage Book of Indian Writing*: 1947－1997, London: Vintage, 1997, p. 570.

② C. D. Narasimhaiah, *The Indian Critical Scene: Controversial Essays*, Delhi: B. R. Publishing Corporation, 1990, p. 86.

③ Nirad C. Chaudhuri, *The Autobiography of an Unknown Indian*, London: Macmillan, 1951, p. 117.

品，还使用过时的英语习惯语和比喻等渲染自己的感情。由此引出的问题是：“这种手法是殖民献媚还是真诚的羡慕？也许这是羡慕，但在作品中它似乎显得是一种迷恋。”① 如乔杜里的“殖民献媚”式句子：“他的小侄子就像阿略拉桥上的拿破仑那样飞奔过去救母牛。”② 接下来这个句子更是典型地表现了一种“殖民献媚”：“罗马帝国的消亡不只是一个帝国的死亡，也是世界秩序和普世文明的死亡。”③有时，乔杜里将印度形象廉价地兜售给西方，如：“事实上，尽管我被历史的动力带向前去，我的大多数同胞却被印度的惰性拉住了后腿。”④ 乔杜里对福斯特的《印度之行》曾经有过思想回应。乔杜里认为，《印度之行》对于英国的帝国政治也许要比它对英语文学之影响更大⑤。福斯特笔下的阿齐兹充满争议性。由于福斯特的东方主义手法，他有一副色情的面具，他对阿德拉小姐非礼，还与费尔丁讲述色情语言。乔杜里对这一形象的反应非常激烈：“福斯特先生对这些印度人太过仁慈。要是我的话，就绝不许他跨过我的门槛，更别说平等待他。即使在自由印度这种人也是害人虫。”⑥ 乔杜里的这篇文章发表在伦敦的英语杂志上，它有一点“殖民献媚”的嫌疑。它是

---

① C. D. Narasimhaiah, *The Indian Critical Scene: Controversial Essays*, Delhi: B. R. Publishing Corporation, 1990, p. 90.

② Nirad C. Chaudhuri, *The Autobiography of an Unknown Indian*, London: Macmillan, 1951, p. 13.

③ Nirad C. Chaudhuri, *The Autobiography of an Unknown Indian*, London: Macmillan, 1951, p. 478.

④ Nirad C. Chaudhuri, *The Autobiography of an Unknown Indian*, London: Macmillan, 1951, p. 479.

⑤ M. K. Naik, ed., *The Image of India in Western Creative Writing*, Dharwad: Karnatak University Press, 1971, p. 277.

⑥ Nirad C. Chaudhuri, “Passage to and from India”, in *Encounter*, June 1954, London, p. 21.

乔杜里在思想上找寻“通往英格兰之路”的一次成功尝试。由此看来，乔杜里对西方读者阅读趣味的把握相当到位，但是，印度形象却被蒙上一层阴影。对此，印度学者的评价是：“乔杜里先生，你怎么就这样毫不知情?”[①] 相对于印度学者的愤懑，西方论者对于《自传》却是好评如潮。《曼彻斯特卫报》载文称：“该书尽管有点学究气，但确是非常具有穿透力的分析性作品，是对现代印度社会、政治、种族和宗教压力等复杂问题的一种研究。”《民族》杂志载文称：“乔杜里的书乃是精雕细刻，展示了一种气质优雅、丰富敏感的现代印度的人格魅力，这是西方人很难邂逅的。”[②] 不难发现，乔杜里赢在哪里，又输在哪里。

乔杜里的第二本书《通往英格兰之路》从题目上看，与他的自传一样，已经在销售市场上先声夺人，占据了有利的畅销位置。根据乔杜里 1967 年的自述，当时英国书市每年有二万五千种新书上市。尽管大多数印度评论家认为《通往英格兰之路》是一本“毫无价值的书”，但事实上，在该书出版后第一年中就已经卖出二千五百本[③]。乔杜里的这一本书从题目看，是对他所熟悉的英国作家福斯特的《印度之行》（A Passage to India，或译“通往印度之路”）的有意模仿，但实际上该书属于散记观感性质。该书正文分四个部分，即英国场景、英国人、英国的文化生活及英国的民族与国家政治等。该书虽然与福斯特一样，也探讨

---

① C. D. Narasimhaiah, *The Indian Critical Scene: Controversial Essays*, Delhi: B. R. Publishing Corporation, 1990, p. 95.

② C. D. Narasimhaiah, *The Indian Critical Scene: Controversial Essays*, Delhi: B. R. Publishing Corporation, 1990, p. 95.

③ Nirad C. Chaudhuri, *The Intellectual in India*, Delhi: Vir Publishing House, 1967, p. 75.

东西关系，但其重点是谈论印度与英国在各个方面的差异。这与福斯特《印度之行》的主旨显然不同。

在该书开头部分，乔杜里说，他是在五十七岁时第一次出国：1955 年春天去英国访问了五个星期，去巴黎呆了两个星期，在罗马一个星期。对西方世界的观感使乔杜里处于极度兴奋状态。回到印度后，他开始写文章，与印度同胞分享这一喜悦，谁知这些发表在印度报纸上的文章带给读者的是沮丧和羞辱：“因为一种不审慎的热情，似乎我已经深深得罪了许多爱国的印度同胞……我被人称为亲英分子，这在当代印度是最羞辱人的说法。”[①] 该书第一部分由多篇文章组成，其中在《幻象的世界》一文里，乔杜里对西方世界将印度教徒的生活姿态称为“幻象”（illusion）进行了驳斥，他说，印度教徒认为自己在这个古老的世界里会不断再生，永远地生存下去，这是西方没有的生活观念。在《遭遇第三维度》中，乔杜里认为，英国文明与印度文明存在深刻的差异性。英国的一切似乎显得和印度截然不同，这就产生了一种奇怪的第三维度的真实感。东方与西方艺术的不同特点就反映了这一点。在《东方就是东方，西方就是西方》中，乔杜里对吉卜林东方和西方“永远不会相遇”的观点作出回应：“与我众多读过吉卜林格言的同胞一样，我强烈反对他的观点。我相信那种已成为定论的观点：东方与西方的精华可以结合在一起，这当然确实意味着西方化。”[②] 但是，随着与来印的西方人接触的增多，乔杜里开始对自己的信念产生了怀疑。而访问西方

① Nirad C. Chaudhuri, *A Passage to England*, London: Macmillan, 1959, p. 1.
② Nirad C. Chaudhuri, *A Passage to England*, London: Macmillan, 1959, p. 28.

更是让他的怀疑变成真实，他抛弃了以前的观点，认为东方与西方没有什么地方是相似的，相遇也就十分困难。以东方人对待自然的态度为例，它就显示了东方最独特的地方：“在东方人既不是自然的寄生虫也不是她的牺牲品。在这里，人与自然一起创造了一些共同的东西。”① 这与泰戈尔等的人与自然关系的思想有一定的联系，但又存在一些微妙的差异。在《谁创造了城市》一文中，乔杜里认为，古代印度人对城市的态度并不亲切。婆罗门对城市生活很反感。就是在近代印度民族主义浪潮汹涌的时代，以城市为代表的欧洲文明受到贬损，印度人认为，印度文明是神圣森林的产物，这暗示着“我们的印度文明更优越一些”②。实际上，泰戈尔在他的某些文章里就表达了印度森林文明优越性的相似观点。他说：“印度文明的最高典型在净修林之中。”“从森林栖居中流出的文明之河，滋润整个印度，至今汩汩流淌……印度不是在物质财富上展示文明，印度文明的舵手是隐士，是衣不蔽体的苦修者。”③ 泰戈尔的话将印度人特别是印度教徒对待自然与城市生活的不同心态揭示得惟妙惟肖。这说明，乔杜里的论述是可信的。沿着东西文明比较的路径，乔杜里还探索了印度教徒和西方人生活态度的不同。在该书第二部分的《他们看上去像什么》一文中，他说，印度教徒信仰吠檀多哲学体系，信仰灵魂的解脱和身体的轮回再生，而西方人则相信进化论，崇尚通过自己的努力以达到改变命运的目的。乔杜里还区别了印度和西方妇女在服饰和美感上的不同心态。在《爱的哲学》中，乔杜里对印

① Nirad C. Chaudhuri, *A Passage to England*, London: Macmillan, 1959, p. 28.
② Nirad C. Chaudhuri, *A Passage to England*, London: Macmillan., 1959, p. 42.
③ 刘安武等主编：《泰戈尔全集》第 21 卷，河北教育出版社，2000 年，第 415 页。

度与西方在理解表达和实践爱的问题上进行了区分。在第三部分的《福利国家：事实还是吹牛》中，乔杜里探讨了印度的贫穷问题，并把它拿来与西方福利国家的语境进行比较分析。以上这些文章集中体现了乔杜里对于印度和西方，特别是印度与英国的深刻比较。

值得注意的是，在《基督教文明》一文中，乔杜里对于印度教徒的一些生活与思想姿态进行了非同寻常的批评。他说，印度教徒在神前的匍匐跪拜仿佛是埃及人和日本人在他们的皇帝前顶礼膜拜。他接下来的引申有点骇人听闻：“现代印度人在圣雄甘地面前也做着同样的事情。现在他们又对贾瓦哈拉尔·尼赫鲁顶礼膜拜。在这些世俗的跪拜和神灵前的跪拜之间只有程度的差异，没有性质种类的不同，因为印度最有权势的政治领导本身就是宗教性的。但英国人确实不去教堂朝拜神圣的统治者和观察他的日常生活。”① 乔杜里这里对印度人的批评是以后的奈保尔在《印度：受伤的文明》中所采用的。奈保尔和乔杜里在讽刺印度人将自己的宗教崇拜转移到世俗崇拜方面有了共同语言。这反映了两位西化严重的知识分子在以西方标准审视印度中所取的共同姿态。实际上，甘地等人在印度的所作所为经过了历史的公正检验，并不是像乔杜里和奈保尔所说的那么荒唐。他在印度学界不受欢迎，从这里的论述便可见一斑。远一点说，乔杜里和奈保尔、贾布瓦拉、拉什迪等人一样，在思考印度历史与现状的问题上都先以西方为标准。问题的复杂和严峻就在这里。

《通往英格兰之路》还透露了作者的一些个人信息。在《钱

① Nirad C. Chaudhuri, *A Passage to England*, London: Macmillan, 1959, p. 177.

与英国人》一文中，他承认自己从小就对英国的一切东西非常感兴趣。在《莎士比亚在当今的英国》一文中，乔杜里说，孟加拉人过去常常崇拜莎士比亚，他自己则是在崇拜莎士比亚的氛围中长大的最后一批健在的孟加拉人。在《通往英格兰之路》的许多文章中，乔杜里非常娴熟地运用英语或法语来表达自己的思想，也经常信手拈来地引用英国文学家如莎士比亚、本·琼森的作品或思想观点，看来的确与他的西化程度有很大关系。乔杜里这么做固然有他面对西方读者的战略考虑，但也留下了“殖民献媚”的痕迹，给抨击他的印度同胞以口实。换句话说，乔杜里在英语世界的如鱼得水也就是他创作的一种实际困境，这在当代后殖民创作中是非常普遍的现象，怎么评价这一现象，如何突破作者有意无意给自己设置的创作困境，值得作家和学界深刻反思。

《通往英格兰之路》曾经涉及乔杜里对印度历史的一些思考。他在其中的一篇文章《一位褐色人探索文明的冒险》中说：“作为印度教徒和历史学者，我常常想邂逅印度的古代文明，理解它的本质和体验它活生生的真实。”他还说，对于大多数印度人来说，在文化人类学意义上来讲，印度文明是“一种文化”[①]。这说明，乔杜里的历史意识非常敏锐，而这一意识在他的《印度的知识分子》一书中得到了最为典型的表现。这本书于 1967 年出版，它短短八十页的篇幅包括七章，即“世纪之初的知识分子传统”、“印度复兴的意识形态”、“知识分子活动对全体印度人的影响”、“知识界活动的衰落及其原因”、“知识分子的生存”、“知识分子的敌人和朋友”与“作为生产者与销售者的知识分子”。和

① Nirad C. Chaudhuri, *A Passage to England*, London: Macmillan, 1959, p. 157.

赛义德关注知识分子在当下后殖民语境中的地位和困境不同，乔杜里重点探讨的是印度知识分子对传统文化的认识及对西方文明的反应。

在第一章中，乔杜里按照印度教传统、伊斯兰传统和现代西方文化传统三个部分，对于现代印度知识界所受影响及其反应进行了较为全面的探讨。乔杜里认为，印度的伊斯兰知识传统完全独立，并未受到印度教传统的影响，二者之间没有什么实质性的接触。他对真纳、伊克巴尔等人的泛伊斯兰运动作了论述。在论述现代西方的影响时，乔杜里的论断具有启迪性：“印度对于西方知识传统的采纳基本上是印度人自愿进行的。这是一种文化殖民主义，但却受到那些不再拥抱本土文化体系的印度人欢迎。”① 乔杜里在这一章中还介绍了“现代印度之父”拉姆·莫汗·罗易的活动情况，以及近代以来印度文化与西方文化互动关系的三个发展阶段。他认为，西方文化导致了印度文化、宗教、政治及社会生活等四个方面的变革。

乔杜里在第二章中，集中笔力对现代印度文艺复兴作了介绍。他认为，印度文艺复兴有两个动力，即异族统治（包括伊斯兰教统治）和西方文化观念的冲击。他还探讨了印度的自由派与保守派在对待印度宗教传统和工业革命上的两种不同姿态。乔杜里注意到，封闭社会中的印度知识界有识之士强调精神自由，而自由派与保守派都愿意回到吠陀哲学、吠檀多哲学等印度经典中去寻找对策，但在实际操作上有差异。他说：“从拉姆·莫汗·

① Nirad C. Chaudhuri, *The Intellectual in India*, Delhi: Vir Publishing House, 1967, p. 9.

罗易到泰戈尔，所有现代印度思想家都赞成以所谓精神方法来应对政治问题。这一趋势在圣雄甘地的思想中也能发现蛛丝马迹。”他认为：“在一个更为广大的全球范围来说，这使得印度思想家将他们的人格和个性当作生命的目的来珍视。”① 乔杜里的这一论述非常具有现实意义，他对我们关于奈保尔等人的印度论述之思考有着参考价值。乔杜里还对印度模仿西方的社会政治理念、民族主义意识等做了介绍，他还介绍了印度学界看待印度河文明后的文明的不同观点，并对印度知识界以西方观念阐释印度古代文明的情况进行了解说。他还提到自由派和保守派在对待西方文明优越性方面的一些差异。

在第三章中，乔杜里采用了英国历史学家汤因比的“占统治地位的少数人”和“内部无产者”理论，来解释印度文明的发展状况。他提到，传统知识分子不承认雅利安入侵印度，或是认定雅利安人早就住在印度，以建立一种特殊的印度历史。他还认为，1799 到 1833 年间编订的孟加拉语词典中表示英语中“伟人”（great man）的词是“圣人”（saint）或“高尚者”（nobleman）。他认为，这种对知识分子权势的尊敬完全是文艺复兴运动所导致的结果。印度知识界的这一运动还导致了社会阶级进行分层。

在第四章中，乔杜里对印度知识界在现代西化大潮前的动向进行了追踪，他说：“印度理论正变得越来越具有模仿性……印度现代知识界正试图将西方思想的形式和成果嫁接到印度。但是

---

① Nirad C. Chaudhuri, *The Intellectual in India*, Delhi: Vir Publishing House, 1967, p. 19.

随着这个世纪时间的推移，这一模仿的性质发生着变化。”[1] 在这一章中，乔杜里还以西方思想为标准，对印度教知识理论进行评判。他还介绍了西方技术及西方电影等通俗文化对于印度人文化心理的深刻影响。在该章最后部分，乔杜里还对甘地领导的民族主义运动进行了评估。他认为，甘地的民族主义运动降低了印度知识分子的智慧水平，他的负面有害因素使印度知识界的活力受到了削弱。甘地的道德政治观念是对印度知识界传统思想的反动。他说，某些无所适从的印度知识分子“很容易在甘地那里找到避难所”[2]。乔杜里这些论述与奈保尔关于甘地的论述很有些相似之处。

在第五章中，乔杜里认为，印度是一个反对知识分子的国家。他还对知识分子进行定义。他认为，一个典型的知识分子必须完成下列三方面事情：运用他的知识才能去理解和阐释周围的世界；在研究观察和实践基础上，形成他所认为真实的、或至少比以前更可信的结论；将他的观点与同僚进行交换，以期影响他们的思想、生活与行动[3]。在第六章的继续论述中，乔杜里还坦率地说：“印度的官僚政治是知识分子自由的最冷酷的敌人。”[4] 为此，他还推出了诗人泰戈尔为自己进行辩护。乔杜里的知识分子论与赛义德的观点有很大的相似之处，如后者在《知识分子

---

① Nirad C. Chaudhuri, *The Intellectual in India*, Delhi: Vir Publishing House, 1967, p.40.

② Nirad C. Chaudhuri, *The Intellectual in India*, Delhi: Vir Publishing House, 1967, p.53.

③ Nirad C. Chaudhuri, *The Intellectual in India*, Delhi: Vir Publishing House, 1967, p.55.

④ Nirad C. Chaudhuri, *The Intellectual in India*, Delhi: Vir Publishing House, 1967, p.66.

论》中曾经说过，在民族危亡关头，知识分子为了确保社群生存的所作所为具有不可估量的价值，但忠于团体或民族的生存之战并不意味着知识分子丧失或削弱其社会政治的批判意识，因为这些都是应该超越的问题。赛义德的观点是：“知识分子的忠诚必须不限于只是加入集体的行列迈进。”像印度的泰戈尔等人就是知识分子的伟大典型，虽然他们“一直是民族主义者，但绝不因为民族主义而减低他们的批评”[①]。两相比较，赛义德的知识分子论述因为其在美国和在巴勒斯坦两地明显的尴尬处境，而显示出一种斗争意识和人格感召力。乔杜里虽然也有不如意之处，但其生活环境与遭遇没有赛义德那么大起大落，这就使得他的知识分子论温和得多。

该书第七章主要是乔杜里为欲在英国出版作品的印度人支招说法。这显示了乔杜里形而下的圆滑一面。

乔杜里对于印度教的某些看法和议论曾经激起印度学者的普遍反感，如他认为，印度教徒天生具有好战性，1962 年中印冲突，印度方面应该为此多负反思责任。他的这些言论使他在印度评论界获得的待遇没有好过拉什迪和奈保尔等人。客观地看，乔杜里的亲英心态使他在“通往英格兰之路”上走得越来越远，他之所以在晚年的七十三岁时定居英国并感到舒适，不是没有早期思想基础的。

---

① 赛义德：《知识分子论》，单德兴译，三联书店，2002 年，第 39 页。

第八章 从流亡到移居：芭拉蒂·穆克吉的跨文化体验

全球化时代是一个非常独特的时代。一些人认为，这是一个“流亡的时代”，“流亡作家”即“流散作家”或曰“自我流放作家”是“当代的普通人”，他们是流浪者，不想在任何地方扎下根来。二十世纪早期和中期的伟大作家如W. B. 叶芝、约瑟夫·康拉德、T. S. 艾略特、贝克特和纳博科夫等人都可以视为在文化冲突之间“流亡”的“边缘人”。这一状况给世界文学带来了深远的影响：“过去两个世纪以来，富有创意的文学文化的关注点似乎正从中心向边缘移动。”[①] 在这种文学关注点向边缘移动的过程中，最受世界关注的诺贝尔文学奖也频频授予那些在文化边缘之间来回穿梭的“流亡”作家，这便有了奈保尔、库切、纳丁·戈迪默等人的荣耀加冕。“流亡”、“流散”、“移居”、“移民”、“少数族裔”等成为当代文学评论中习以为常的词汇。值得

① Viney Kirpal, *The Third World Novel of Expatriation*, Delhi: Sterling Publishers, 1989, p. 3.

一提的是，亚裔英语文学中的一些杰出代表如华裔作家韩素音、汤亭亭、谭恩美、黄哲伦，印裔作家奈保尔、拉什迪、芭拉蒂·穆克吉、安妮塔·德赛、贾布瓦拉，日裔作家石黑一雄等人已经在世界文学版图上刻下了自己清晰的坐标。他们成为后殖民文学创作的主力军。在这一文化大气候的影响下，包括亚裔在内的少数族裔文学研究，特别是华裔美国文学研究，成为当前中国学界的一个探讨热点，出现了一批高质量的博士、硕士论文和专著，丰富了中国比较文学的研究领域。有鉴于此，本文选取的研究对象便是国内学界极少关注却又非常重要的印裔美国女作家、与华裔作家汤亭亭同岁的芭拉蒂·穆克吉（Bharati Mukherjee，1940—）。

全球范围的移民由来已久，但真正的大规模移民现象却出现在地理大发现之后，是随着欧洲掀起的殖民狂潮开始的。时至如今，世界移民还处于现在进行时。根据专家的研究，目前海外华人和海外印度人大约在 3000 万人和 2500 万人。海外印度人被认为是世界第三大海外移民群体，仅次于分布于全世界的英国后裔和海外华人群体[①]。二十世纪中后期的印度移民多涌向英国、美国和加拿大等西方发达国家。目前，在美国的印度移民便有 168 万。这些印度移民中包括了一大批科技与文化精英，当代后殖民文学的佼佼者、出生于加尔各答的印裔作家穆克吉便是其中的一员。

在当代英美后殖民文学创作领域里，穆克吉是略晚于奈保尔、几乎与拉什迪同时进行文学创作的印裔英语作家。她于 1940 年生于印度，1961 年获得英语硕士学位后离开印度去美国。

① 贾海涛、石沧金：《海外印度人与海外华人国际影响力比较研究》，山东人民出版社，2007 年，第 41 页。

之后，她与加拿大作家克拉克·布莱丝结婚，并于1969年获得爱荷华大学英语与比较文学博士学位。经过印度、加拿大和美国三地的不断辗转后，1980年，穆克吉夫妇最终定居美国，由加拿大公民变为美国公民。在二十多年的创作生涯中，穆克吉创作了五部长篇小说、两部短篇小说集和其他一些题材作品。1988年，她以短篇小说集《中间人》成为美国第一个获得"全国图书评论界奖"的流散作家。印度学者注意到，作为印裔美国小说家的穆克吉已经在过去短短的二十几年里，受到了几乎世界各地评论家的高度关注。"她被大家公认为表达流亡与移居意识的代言人。"① 穆克吉二十多年的创作可以分为三个时期进行研究。从1971年出版处女作长篇小说《老虎的女儿》到1979年为第一个时期即流亡或曰自我流放时期；从1980年到1988年为第二个时期即自动流亡到移民定居的过渡期；1989年到1997年出版长篇小说《留给我》为第三个时期即移居期②。这样三个时期的划分可以清晰地表达穆克吉跨越印度与西方文化边界时的创作心态及其复杂微妙的变化轨迹。

第一节　自我流放的痛苦迷惘

在第一个时期即自我流放期里，穆克吉创作了长篇小说《老

① Nagendra Kumar, *The Fiction of Bharati Mukherjee: A Cultural Perspective*, Delhi: Atlantic Publishers and Distributors, 2001, p. 14.

② Nagendra Kumar, *The Fiction of Bharati Mukherjee: A Cultural Perspective*, Delhi: Atlantic Publishers and Distributors, 2001, p. 28.

虎的女儿》、《妻子》，并与丈夫合作出版了印度游记《加尔各答的日日夜夜》。这些作品典型地体现了穆克吉在自我流放心态中对自我文化身份的追问以及对印度文明、西方文明的观察感受。她曾经这样说过："我在自己身上隐隐约约地发现了奈保尔的影响痕迹。正是他以最感人的笔触描写了文艺和流亡的痛苦荒诞，这是一种'第三世界的文艺'和在前殖民国家中间的流亡；他描写了寄居国主人可以忍受的心理隔膜，以及流亡者获得一个家园或祖国（desh）的绝对不现实。"[①] 事实上，创作过"印度三部曲"的奈保尔对第三世界自我流放者向前殖民国家即西方寄居国"流亡"的痛苦的描写，在穆克吉第一期创作中表现得最为充分。

《逆写帝国》的作者认为："后殖民文学的主要特征是对地理方位和空间置换的关注。这就形成了特殊的后殖民身份认同危机。"[②] 后殖民文学中的空间置换本质上涉及跨文化书写的后殖民作家在东西文化场域的审美变异和思维转换，这一转换不可避免地影响了奈保尔、穆克吉等人关于东方文化（此处指印度文化）的认识，它以文化身份认同的焦虑困惑表现出来。奈保尔和穆克吉一样，都在青少年时代或多或少地受到印度文化的熏陶，但成年后均未生活在印度本土。当年，经历了"文化悬挂"、"文化置换"的奈保尔第一次邂逅印度文明这一"黑暗地带"，便痛苦地陷入与印度的"文化疏离"状态中。同样，1973 年携夫回乡探亲的穆克吉也有过类似的遭遇，这在 1977 年出版的她与丈

---

① Clark Blaise & Bharati Mukherjee, *Days and Nights in Calcutta*, New York: Doubleday & Company, 1977, p. 287.

② Bill Ashcroft, Gareth Griffiths & Helen Tiffin, *The Empire Writes Back: Theory and Practice in Post-Colonial Literatures*, London and New York: Routledge, 1989, pp. 8—9.

夫合著的印度游记《加尔各答的日日夜夜》中有过记载。虽然相对而言，她与印度文化的疏离并未达到奈保尔那么严重而沉痛的程度，但她对母邦印度的观察视角的确有些耐人寻味。

在游记中，穆克吉开门见山地承认，十多年后她到印度省亲的原因之一是：“我发现尽管改变国籍是容易的，但交换文化并非如此。”① 这说明，她的印度情结比较深厚，但同时她又申明：“当然，美国才是我的所爱……美国历史更少让人迷惑不解。”相反，在穆克吉看来，印度历史全是不可阐释的事件。印度的历史事件“没有必须的起因”②。这种关于印度与美国历史的二分法不自觉地折射了穆克吉隐秘的东西文化观。虽然她声称，印度与西方文化的“交换”不如国籍的改变来得容易，但她和奈保尔一样，均接受了西方文化的熏陶，均带着西方之眼重新打量印度，于是发现了印度的某些“不可阐释”之处。穆克吉在游记中承认：“我的印度性很脆弱。”③ 穆克吉这里指的是她在北美期间的生活经历对其“印度性”的削弱，这使她对印度文化的认同发生了一些微妙的变化。她认为，身为印度教徒意味着她相信魔法，也意味着她将疯子视为先知。她坦率地承认，作为孟加拉婆罗门种姓的后裔，自己几乎丧失了印度教徒的直觉。因为，长期漂泊海外，她对区别于印度循环时间观、具有起点和终点的西方线形时间观有着清醒的认识。她还认为，她是受美国生活与小说影响

---

① Clark Blaise & Bharati Mukherjee, *Days and Nights in Calcutta*, New York: Doubleday & Company, 1977, p. 169.

② Clark Blaise & Bharati Mukherjee, *Days and Nights in Calcutta*, New York: Doubleday & Company, 1977, p. 168.

③ Clark Blaise & Bharati Mukherjee, *Days and Nights in Calcutta*, New York: Doubleday & Company, 1977, p. 170.

的第一代印度作家。她的审美情趣综合了印度教想象和美国化的小说技艺。这些都使她身上的印度性变得越来越脆弱。在“国际框架里的法国女性主义”一文中，印裔美国后殖民理论家斯皮瓦克认为，受过西方学术训练的女性主义者在看待与自己文化背景不同的女性时往往会采取一种居高临下的恩抚姿态：“我能为她们做些什么?”① 穆克吉在游记中常常以局外人的眼光和口吻描述印度人、特别是印度妇女的所言所思，居高临下地探讨印度妇女的解放问题。虽然她说她热爱印度妇女，是她们中的一员，但她叙述中使用的外位视角又非常清楚地否定了她与印度妇女融为一体的念头。换句话说，她居高临下的心态自我解构了印度文化身份的朦胧诉求。她还在书中自我设问：“我是谁?”答案是：“我是一个半拉子美国作家。”② 穆克吉在另外一个地方还将自己标签为北美的“第三世界女作家”③。这样，穆克吉在美国作家和第三世界作家的两种标签上进行“文化骑墙”，这是一种优雅高贵的姿态。作为远离印度文化的“流亡者”，奈保尔曾经在第一次印度之行结束时认为，人还未离开，印度已经开始从她眼前消退隐没。穆克吉与印度的“文化疏离”虽然没有奈保尔那么严重，她还在两种文化之间以“移民”心态进行“骑墙”，但她从心灵深处认同印度文化的可能是微乎其微的。这便体现了她在早期创作中欣赏并师承奈保尔的心理动因。

严格说来，在表达类似于奈保尔与印度痛苦的“文化疏离”

---

① 张京媛主编：《后殖民理论与文化批评》，北京大学出版社，1999 年，第 78 页。

② Clark Blaise & Bharati Mukherjee, *Days and Nights in Calcutta*, New York: Doubleday & Company, 1977, p. 220.

③ Clark Blaise & Bharati Mukherjee, *Days and Nights in Calcutta*, New York: Doubleday & Company, 1977, p. 253.

方面，穆克吉的处女作长篇小说《老虎的女儿》更加典型。这部带有作家自传特色的小说是“对东西文化冲突非常完美的展现”[①]。小说主人公塔拉的婆罗门父亲绰号“孟加拉老虎”，是加尔各答著名的企业家。年轻时，塔拉被父亲送到美国接受高等教育，在那里忍受了乡愁的折磨，但她同时也试图调整心态迎接西方生活的挑战。七年后，塔拉带着美国丈夫大卫回到印度探亲。她发现自己仿佛是一个非印非美的陌生客人。在印度这片曾经熟悉的土地上，她感到困惑而迷惘，进入“文化疏离”的痛苦状态。和奈保尔一样，已经美国化的塔拉经历西方教育的文化“洗脑”后，很难在母国找回自己纯正的印度性，她也就很难达成与印度的文化认同。

后殖民理论先驱弗朗兹·法侬曾经在《黑皮肤，白面具》一书中指出，殖民主人向殖民地人民灌输白人优越论思想，对他们洗脑，以致被殖民的有色人种头脑中产生了自我身份的分裂，他们将白人殖民者的历史文化、宗教习俗和语言当作优越于本民族的文化，后果便是被殖民者的自我贬值。法侬还发现，使用殖民者的语言与文化还导致被殖民者与本土文化的疏离。使用殖民者语言描述和再现自己的文化身份会“使自我弱智化、原始化、丧失文明”[②]。虽然法侬论述的是殖民主义时期的文化现象，但它在后殖民时代仍然没有本质的变化。仿佛与法侬的批判逻辑相呼应，自我流亡西方多年的穆克吉曾经承认：“语言改变我们理解

① Nagendra Kumar, *The Fiction of Bharati Mukherjee: A Cultural Perspective*, Delhi: Atlantic Publishers and Distributors, 2001, p. 29.

② Franz Fanon, *Black Skin, White Mask*, Trans. by Markmann Charles, New York: Grove Press, 1967, p. 18.

世界的方式。十多年来，我一直将英语作为第一语言使用，这已经切断了我与故国的联系。”① 进一步说，与故国联系的切断便会导致文化身份认同的焦虑。这番话可以视为解开她笔下的塔拉在印度遭遇“文化休克”的一把心理钥匙，因为塔拉无疑就是穆克吉自己的艺术化身。

离开印度在外漂泊多年的塔拉，带着乡愁，怀抱着美好的印度形象，踏上了印度的土地。在孟买机场刚一着陆，亲朋好友热情地迎接她的归来，但她的反应却非常冷淡。当亲人们呼唤她自己曾经习惯的小名 Tultul 时，她那美国化的耳朵听起来很不舒服。当年离开印度时使她留恋的印度式时尚建筑，现在则以它的破旧不堪“震惊了她”。火车站在她看来仿佛是一所医院，里面坐满了“病人和残疾人”。在从孟买开往加尔各答的旅途中，塔拉与一个马瓦里人和一个尼泊尔人同处一个车厢。她想，这两个面容丑陋、使人恶心的东方人“将使她的加尔各答之行变得极不愉快”②。塔拉后来见到印度人习以为常的麻风病女孩时，竟然恐怖尖叫起来：“不要碰我！不要碰我！”③ 塔拉对印度人物场景的反应与奈保尔第一次印度之行几乎没有什么两样。有人十分中肯地评价说：“塔拉目前的思想意识扎根于她的美国生活……她对印度的反应是观光客或外国人的那种。”④ 颇具象征意义的是，

---

① Clark Blaise & Bharati Mukherjee, *Days and Nights in Calcutta*, New York: Doubleday & Company, 1977, p. 170.

② Bharati Mukherjee, *The Tiger's Daughter*, Delhi: Penguin Books India, 1990, p. 20.

③ Bharati Mukherjee, *The Tiger's Daughter*, Delhi: Penguin Books India, 1990, p. 122.

④ Jasbir Jain, “Foreignness of Spirit: The World of Bharati Mukherjee's Novels”, *Journal of Indian Writing in English*, 13, 2 (1985), 13.

在陪同母亲准备向神献祭时，身为婆罗门后裔的塔拉竟然忘记了重要的宗教礼仪。这意味着她文化心灵里的西方性压倒了印度性。西方教育已经将她塑造成为一个异化的、西方化的女子，一个美国化的“自我流亡”的印度人。她的跨国婚姻更加剧了这一进程。幼年时期的朋友们为塔拉举办了欢迎宴会。“朋友们为她准备的那些茶和菜肴使她相信，加尔各答也能像她熟悉的纽约或麦迪逊广场一样逗人开心。”但不久，塔拉就开始感到不自在了。朋友们都指责她嫁了个外国人，认为这种跨宗教界线的跨国婚姻腐蚀了她身上的那种“美好而灵敏的孟加拉气质”①。这逼迫她反省自己的文化无根状态，也就必然困惑于自己的文化身份。塔拉的困惑不安实际上反映了作者穆克吉在那一时期的某些思考。十多年后，穆克吉论述她的这部处女作时说：“我身处两个世界之间，这正是我的小说最巧妙的地方。我与印度保持足够距离，以便我能心存爱意或冷静地回顾她。我对美国还在了解的过程中，根本没有与它疏远的感觉。我仿佛是悬挂在两个世界之间的一座桥梁。”② 但客观来说，塔拉在东西方之间并不自在的文化悬挂并非真如穆克吉所想象的那么诗意盎然。

1975 年，穆克吉出版了第二部长篇小说《妻子》。塔拉在《老虎的女儿》中回到印度检测她的印度性脆弱几何，而蒂姆泊在《妻子》中陪同丈夫赴美检测印度妇女面对“文化休克”时的心理承受能力。两位印度女性跨越文化边界的心灵探索以这一东

---

① Bharati Mukherjee, *The Tiger's Daughter*, Delhi: Penguin Books India, 1990, p. 55.

② Sybil Steinberg, “Bharati Mukherjee,” *Publishers Weekly*, 25, August 1989, pp. 46—47.

一西的逆向征程表现出来。在《妻子》中，来到美国的蒂姆泊面临一种真实而冷酷的“文化两难”。她生活在美国文化和印度传统那充满张力的两难境地中。虽然也有印度人聚居区，也有印度风俗的社交聚会，但蒂姆泊仍然难以抗拒与美国生活的巨大反差。虽然她曾经有过美国化的经历，不再梦见亲切的加尔各答，但她仍然一次次失眠，频频梦见死亡。当她告诉印度同胞自己正遭受失眠和头痛的折磨时，对方一针见血地指出：“这就是怀乡病。”[①] 由于无法战胜失眠和噩梦的袭扰，蒂姆泊最后在梦游状态下杀死了自己的丈夫。她的生命活力也如同自己名字“Dimple”的含义一样，涟漪般地轻轻泛起，旋即悄然而逝。一出跨文化生活体验的黑色悲剧就此闭幕。有的评论家认为，蒂姆泊不是流亡和文化休克的牺牲品，而是传播色情暴力的美国大众文化的牺牲品。其实，蒂姆泊只是作家穆克吉观察和思考第三世界女性自动流亡到异文化场域时如何反应的一个艺术道具而已，蒂姆泊的悲剧体现了穆克吉创作第一期关于自我流放问题的悲观心态。从这个意义上来说，塔拉和蒂姆泊天生是一对灵魂流浪的同胞姐妹。拉什迪曾经这样描绘自我流放者的状态：“流放是一个没有灵魂的国度……在流放状态中，所有的人都试图扎根当地，这看上去仿佛有些背信弃义。他们很容易失败。”[②] 蒂姆泊的失败似乎是拉什迪断言的精确注解。

① Bharati Mukherjee, *Wife*, Delhi: Penguin Books India, 1990, p. 205.

② Salman Rushdie, *The Satanic Verses*, New York: Viking, 1989, p. 208.

第二节 过渡期：“值得庆贺的流动身份”

值得注意的是，穆克吉在1977年出版的印度游记中告诉读者：“我必须与之斗争的就是那种怀乡病。”事实上，她的斗争是成功的。因为，她在游记的尾声里写道：“在印度的这一年使我将自己视为移民而非流亡者……我在印度的这一年让我明白，我没有必要为了重获模糊的印度性而抛弃我所接受的西方教育。”[①] 穆克吉在这里明确地告诉读者，她的创作以印度游记为契机，开始进入第二个时期即从自我流亡意识转向移民定居意识的过渡阶段。这一时期的主要作品是两部短篇小说集《黑暗》（1985年）和《中间人》（1988年）。

在《黑暗》的“引言”中，穆克吉对自己1966年到1980年间在加拿大饱受种族歧视的移民生活作了披露。她认为，尽管自己有一个白人丈夫和两个被西方同化的孩子，她还是将自己视为流亡者。流亡者非常清楚自己的命运。小说集《黑暗》中的那些移民们处于灵魂失落、痛苦可怜的地步。她说：“像我尊为榜样的奈保尔那样，我试图探究流亡这一艺术的状态。和奈保尔一样，我用尖刻自卫的反讽描写我笔下角色的痛苦。”这种反讽使她远离并超越了后殖民作家的一些局限，以移民而非流亡者心态应对新世界的挑战。她将自己在美国的生活与心态变化称为“从

---

① Clark Blaise & Bharati Mukherjee, *Days and Nights in Calcutta*, New York: Doubleday & Company, 1977, p. 284.

流亡的孤独向移民的勃勃生机转变的一次运动”。她不再把自己身上的印度性视为一种“脆弱的身份认同”，而是将它视为“一种值得庆贺的流动身份（fluid identity，或译“可变身份”）”。“印度性现在只是一种隐喻而已。”[①] 这里似乎可以读出一种“文化变色龙”的味道。《黑暗》的“引言”就是穆克吉创作进入新阶段的标志。

自从1978年赛义德的《东方学》一书问世以来，关于后殖民主义的探讨此起彼伏。有的人认为，后殖民主义是没有殖民者的殖民主义，它是从第三世界的知识分子到达第一世界学术界开始的。阿里夫·德里克认为，后殖民性不仅涉及第三世界国家和地区，还从一个结构性概念转变成一个话语性概念。于是，受后殖民思潮影响的知识分子就成为生产后殖民话语的主体[②]。后殖民理论最大的贡献在于，它发现了一个关键的问题，那就是被殖民者并不永远只是被动的受害者和牺牲品，他们在一定程度上和一定范围内是具有能动性的，他们通过复制、模拟、含混、杂糅等方式对无孔不入的文化殖民主义进行同样隐蔽但却有效的抵抗与颠覆，在与殖民者的互动关系中进行“协商”与调整，企图改变两者之间主仆、尊卑的不平等关系，积极有效地建立自己的主体文化身份。后殖民作家近年来纷纷开始“逆写帝国”，从被殖民者的视角看待东西关系，并在他们的文学创作中表现出一种积极主动地建立自己的主体文化地位的大胆姿态。当然，正如霍米·巴巴指出的那样，后殖民作家的抵抗不一定是政治的全然对立，

① Bharati Mukherjee, *Darkness*, Ontario: Penguin Books, 1985, pp. 2—3.

② Arif Dirlik, “The Postcolonial Aura: Third World Criticism in the Age of Global Capitalism,” *Critical Inquiry*, 20 (Winter) 1994, p. 332.

也并非意味着简单地否定和排斥另一种文化，而是要在殖民者的主流话语内部制造混乱，以达到获取文化差异的目的。因此，巴巴提出了居间性概念、倡导文化的多空间性和多位性，目的是要寻找一个可以翻译和协商的“第三度空间”（third space）[①]。

巴巴身为印度后裔，他在后殖民理论建树上关注过奈保尔的文学实绩，也借鉴了印度裔英国作家拉什迪富含混杂策略和解构叙事的文学创作，而将印度性视为一种“流动身份”和“隐喻”的穆克吉对同为印度后裔的奈保尔和拉什迪非常关注。在《黑暗》中，她借小说人物的口大有深意地说道：“旅行者在哪里都有家的感觉，因为她在哪里都无家可言。”[②] 她带着这样一种四海为家的心态阐释过她与奈保尔的不同：“奈保尔书写永久流亡的生活状态和拥有家园的不现实。和奈保尔一样，我也是来自第三世界的作家，但不同的是，我是自愿从印度来到美国定居。我已经把这个国家当作自己的家。我将自己看成一个美国作家。”[③] 奈保尔和拉什迪又有区别。奈保尔笔下人物永远都在流亡的路上，拉什迪描写的是另一类型的后殖民移居，移民者想方设法主动融入西方大都市。奈保尔的写作立场因此可以被称为“永远的流亡（eternal exile）”，而拉什迪则可称为“永久的移居（permanent migrancy）”。穆克吉从第一阶段关注流亡境况到第二阶段开始关注移民定居，与她对奈保尔和拉什迪创作心态的清醒认识不无关系。她曾经在比较奈保尔和拉什迪关于后殖民流亡的心

---

① Homi Bhabha, *The Location of Culture*, London: Routledge, 1994, p. 36.

② Bharati Mukherjee, *Darkness*, *Ontario*: *Penguin Books*, 1985, p. 31.

③ Alison B. Carb, “An Interview with Bharati Mukherjee”, *The Massachusetts Review*, Winter 1988—1989, p. 650.

态时说："拉什迪最吸引人的观念（我希望这不是没有理由的恭维）是，尽管伴随失落困惑和彻底的荒诞，移居仍是一种纯粹的盈利行为，是一种与奈保尔的失落和模仿相对立的精神升华。"①既然认定拉什迪的移民观是一种"赢利行为"，是移民者的一种"精神升华"，穆克吉对于生活在北美地区的第三世界移民的描写就不可避免地打上了自己的思想烙印。

《黑暗》共收录十二个短篇小说，其中一些小说主要描写在北美自动流亡的南亚移民暗淡的生活境遇。作为一个遭遇过种族歧视之辱之痛的印度后裔，穆克吉首先对某些加拿大人在"多元文化主义"幌子下进行的种族歧视进行猛烈的艺术抨击。小说《孤立的事件》对加拿大针对有色移民者层出不穷的种族歧视乃至暴力袭扰表示愤慨。在地铁中遭到袭击的印度移民皮索德说："加拿大人对我们来说就是地狱。伙计，这里的生活毫无希望，没有正义，没有挽救。"② 当地人安的反应是："对皮索德及其他很多相似的人的暴力袭击，常常被视为孤立的事件，谁能说这些事件本质上是种族歧视性质的呢?"③《帖木儿》中的残疾人移民古普塔不畏移民官的刁难，并与之抗争，勇敢而悲壮地迎接属于印度移民的厄运："古普塔试图正襟危坐。他将他的加拿大护照举到面前。就这样，他根本没看一眼别人已经拔出的枪，也没有试图躲避那颗子弹。"④

---

① Latha Rengachari, "Debating Expatriate Women's Writing from the Indian Subcontinent", Somdatta Mandal, ed., *Asian American Writing*, Vol. 3, Delhi: Prestige, 2000, p. 33.

② Bharati Mukherjee, *Darkness*, Ontario: Penguin Books, 1985, p. 84.

③ Bharati Mukherjee, *Darkness*, Ontario: Penguin Books, 1985, p. 83

④ Bharati Mukherjee, *Darkness*, Ontario: Penguin Books, 1985, p. 125.

当然，正从流亡心态转向移民心态的穆克吉没有一味沉浸在移民的辛酸之中。创作《黑暗》时的穆克吉已经从加拿大奔向了美国。在这里，她以前所未有的心态开始对移民问题作超越性的艺术思考。她的心态开始与拉什迪接近。拉什迪认为：“移民者不单只为自己的行动而改变，他也创造自己的新世界。移民者可能会蜕变，但正是在这种混杂化的过程中，新颖性涌现出来。”① 拉什迪强调第三世界移民主动向寄居国社会渗透和靠拢，创造自己的“新世界”，建立自己的主体文化身份，这与穆克吉的思想相一致。因此，在《黑暗》中，穆克吉对那些不能主动融入当地社会生活的印度移民进行淡淡的讥讽或嘲笑。《父亲》中的博米克虽然身在异国，却常常口颂赞美迦利女神的梵文诗，生活在印度文化的氛围里。不幸的是，他的女儿巴布丽对印度教婚姻传统进行了致命的反叛，采用人工受精方式怀孕。她满不在乎地告诉恼羞成怒的父母：“谁需要男人？我胎儿的父亲只是一个瓶子和一只注射器。男人会搅乱你的生活。我只想要个孩子罢了。”② 她的言行招来了博米克的一顿毒打，最后不得不由警察出面解决。更加令人深思的是题为《乡愁》（Nostalgia）的小说。印度移民巴特尔博士身居纽约，有时也有难以排解的乡愁。一次，他邂逅一位妖娆的印度女郎，她的名字叫帕德玛（Padma，意为莲花）。他把她带到一家有印度风味的旅馆。“印度食物，还有床上躺着的印度女人，使她乡愁顿生。”③ 他俩缠绵后的结局却是非

① Salman Rushdie, *Imaginary Homeland: Essays and Criticism* (1981－1991), London: Grant Books, 1991, p. 210.

② Bharati Mukherjee, *Darkness*, Ontario: Penguin Books, 1985, p. 72.

③ Bharati Mukherjee, *Darkness*, Ontario: Penguin Books, 1985, p. 111.

常的"黑色幽默"。帕德玛是由人操纵的妓女，他们敲诈了他七百美元后离去。穆克吉此时的叙述带有一丝嘲讽："她的芳香曾经被他视为莲花的芳香，到头来让他窒息。"① 乡愁在往日是移民作家讴歌的主题，现在却成为穆克吉嘲讽的靶子。这似乎可以看作穆克吉对移民问题新思考的艺术结晶。

有人说："从麦考莱的'翻译'，中经拉什迪的'跨越'，再到霍米·巴巴的'杂交'，谈的实际上都是文化定位的问题。当后殖民与流散文学结合在一起时，文化定位的问题便不可避免地出现了：文化上的断裂与变异需要人们对自我与他者文化重新定位。"② 作为后殖民"文化翻译"理论的鼓吹者，霍米·巴巴认为："作为一种生存战略的文化既是跨国界的（transnational），也是翻译性的（translational）。"③ 在他看来，对移居者来说，不能主动"翻译"自己者将是危机重重，主动"翻译"自己者如同拉什迪小说里主人公面对死亡时的坦然心态："不，这不是死亡，是新生。"④ 巴巴还认为："正是在历史与语言的边界上行走，在种族和性别的分界处生活，我们才拥有一个位置，得以将它们的区别翻译成一种相关一致。"⑤ 这是对后殖民作家边缘写作的一种肯定。当然，这种"翻译"过来的"相关一致"不是纯粹的，而是混杂的、属于"第三度空间"的一种"新颖性"。与拉什迪一样进行跨界书写的穆克吉，也以一种"文化翻译"心态

---

① Bharati Mukherjee, *Darkness*, Ontario: Penguin Books, 1985, p. 112.

② 石海军：《破碎的镜子："流散"的拉什迪》，《外国文学评论》，2006 年，第 4 期，第 10 页。

③ Homi K. Bhabha, *The Location of Culture*, London: Routledge, 1994, p. 172.

④ Salman Rushdie, *The Satanic Verses*, New York: Viking, 1988, p. 87.

⑤ Homi K. Bhabha, *The Location of Culture*, London: Routledge, 1994, p. 171.

观察印度移民在北美的“身份翻译”。有人评价她说：“穆克吉本人便是一个‘被翻译过的人’（translated person）。穆克吉在小说中对印度与西方文化进行互译。”[①] 在《黑暗》中，两篇小说反映了穆克吉的“文化翻译”观。在《印度教徒》中，穆克吉揭示了印度移民丽拉在美国自我翻译文化身份的心路历程。丽拉嫁给了白人德里克，她大言不惭地声称：“我否认近来与印度有任何联系。我在美国已经宾至如归多年了。我现在是一个美国公民。”[②] 她还说：“在过去的两年里，我试图将这个城市不是当作黑暗的移民岛，而当作一个巨大的海洋，像我这样的新美国人可以在海中自由地沉浮。我并不回避印度人，但除非德里克激起我对自己传统的自豪，我不会去寻找他们。”[③] 这样说来，丽拉在印度与美国之间的文化身份“翻译”是成功的。不过，仔细审视小说可以发现，丽拉的“流动身份”并未完全抹杀她的印度性。例如，她说：“我是一个孟加拉的婆罗门。玛哈拉贾明显在我之下，至少低我一个种姓。”[④] 她还认为，不管与新国家的联系有多紧密，都很难忘却早年的印度岁月。“不管我说哪种语言，不管我怎么完美地发音，但它总是有点外国味。一旦说起印地语，整个世界属于我们。”[⑤] 丽拉这里所存留的印度情结，恰恰是处于流亡意识向移民定居心态转变过渡期的穆克吉的真实心声。跨越地理边界容易，跨越历史和语言边界的“文化翻译”难矣。在

① Nagendra Kumar, *The Fiction of Bharati Mukherjee: A Cultural Perspective*, Delhi: Atlantic Publishers and Distributors, 2001, p. 81.

② Bharati Mukherjee, *Darkness*, Ontario: Penguin Books, 1985, p. 133.

③ Bharati Mukherjee, *Darkness*, Ontario: Penguin Books, 1985, p. 136.

④ Bharati Mukherjee, *Darkness*, Ontario: Penguin Books, 1985, p. 133.

⑤ Bharati Mukherjee, *Darkness*, Ontario: Penguin Books, 1985, p. 140.

《来自拉克瑙的女子》中，女主人公的感慨是："我已在五个大陆中的四个生活过，我能挺过来，那是因为我尚有一点姿色，头脑开放。"① 这位身为穆斯林的亚洲女子纳菲莎与一个白人有妇之夫发生了婚外性关系，她以此证明自己的西方身份。白皮肤成为她向美国靠拢的一个"文化翻译"符号，但她下意识的东方直觉还是阻隔着她的脚步。《访客》中的维妮塔陪同丈夫来到陌生的美国，她感受到《妻子》中蒂姆泊一样的"文化休克"症，她强迫自己通过"文化翻译"成为"文明"的"现代人"，但是很难如愿。维妮塔和纳菲莎虽然都有冲破东方传统的愿望，但她们幻想通过"文化翻译"确认自己与西方的身份认同，到头来都以失败告终。他们的遭遇与小说集题目《黑暗》相吻合。"黑暗"暗示东西方融合的道路漫长而黑暗，这给第三世界移民进行顺利的"文化翻译"设置了障碍。这说明穆克吉在此问题上正处于痛苦思考的过程中。

1988 年出版的短篇小说集《中间人》探讨的主题更加广泛，涉及的移民背景更加复杂，他们分别来自印度、斯里兰卡、菲律宾、越南、阿富汗、伊拉克、乌干达和特里尼达等第三世界国家。它将《黑暗》中没有解决的"文化翻译"问题引向深入。《中间人》探讨文化骑墙、文化休克、政治和女性问题。穆克吉曾经这样谈论过《中间人》："《中间人》的小说主题与变化中的新美国有关。对我来说，从第三世界移居美国是连根拔起和重新扎根的过程的一个隐喻……我小说中的移民们在美国经历着剧烈变化，同时又改变着美国的面貌和精神结构。某种意义上，他们

① Bharati Mukherjee, *Darkness*, Ontario: Penguin Books, 1985, pp. 33—34.

仿佛是早期的欧洲移民，但他们信仰不同的神，来自于不同的地区。"[①] 正如小说题目显示的那样，穆克吉本人是一个中间人，在东西文化之间进行沟通协商。同时，作为深受拉什迪创作理念和霍米·巴巴"第三度空间"理论影响的后殖民作家，她强调移民对寄居国文化地图主动积极的重描。她认为，将移民们的美国生活称为"熔炉"（melting pot）体验不如称为"融合"（fusion）更为贴切，因为，来到美国的移民并非被铸造成白人的模式。在她看来，移居美国是一个双向互动的进程："白人和移民通过互动体验创造第三种东西。"[②] 所谓的"第三种东西"即暗示了穆克吉与巴巴"第三度空间"理论的思想契合。

《中间人》的十一个短篇小说中，有许多故事涉及女性移民主题，特别是她们在美国对自己的身份重新进行"文化定位"的尝试。如《嘉丝敏》、《妻子的故事》和《房客》等篇便是如此。在《嘉丝敏》中，穆克吉塑造了一个独特的特里尼达姑娘嘉丝敏的形象。嘉丝敏只身来到美国。她没有签证，没有出生证明。虽然常常感受怀乡病的折磨，但这并不能使她产生后退的念头。因为她自愿流亡到美国，寻找希望。她决心不顾一切代价实现自己的美国梦。故事的结尾处，在别无选择的前提下，非法滞美的第三世界移民嘉丝敏被迫与主人即白人有妻之夫比尔发生关系。与男主人做爱的欢娱使她暂时忘却前程渺茫。这时，她不喜欢比尔叫她"特里尼达的鲜花"，而更正为"安·阿波尔的鲜花"。因为

---

① Alison B. Carb, "An Interview with Bharati Mukherjee," *The Massachusetts Review*, *Winter* 1988—1989, p. 648.

② Nagendra Kumar, *The Fiction of Bharati Mukherjee: A Cultural Perspective*, Delhi: Atlantic Publishers and Distributors, 2001, p. 105.

她不认同自己原来的身份，想对文化身份进行自我“翻译”。“她此时是个不顾一切冲向未来的姑娘。”[1] 嘉丝敏这个性格鲜明、但前途渺茫、命运未卜的特里尼达姑娘，为穆克吉所格外器重，遂摇身一变而成为后来的长篇小说《嘉丝敏》的主人公。

《妻子的故事》很好地反映了一个印度妇女在美国的后殖民生存体验和“文化翻译”进程。女主人公巴特尔夫人自动流亡来到美国大学学习。请听她的心声：“劳沙尼和孟买的贵族女子学校已经教会我举止得体。我循规蹈矩，感情细腻，姿态优雅，含蓄沉稳。我的这些优点陪我经历了暴乱，离家，分别和我儿子的死。”[2] 她的话包含了一个印度妇女美国化以后以外位视角对自己的印度性进行“文化定位”的丰富涵义。她还这样说道：“我的声音不经意间透出一种有教养且被置换的第三世界妇女的机敏。”“后殖民主义已经使我成为他们的裁判。”[3] 这些话和前边的内心独白形成照应，分明点出她经历美国生活的“文化翻译”之后的心理现状，也暗示了作家在塑造这个女性形象时注入了自己关于移民体验的一些新思考。因为逃脱了印度社会对妇女的禁锢，巴特尔夫人感到特别自由。她与来自匈牙利的白人情人伊姆雷打得火热。故事夹杂了大量关于前殖民地的文化碎片似的回忆，甚至还出现了“四川成都”和“武昌起义”的字样。后来，丈夫来到美国，巴特尔夫人虽然与丈夫心有隔膜，但仍然批上莎

---

① Bharati Mukherjee, *The Middleman and Other Stories*, Delhi: Prentice-Hall of India Private Limited, 1989, p. 138.

② Bharati Mukherjee, *The Middleman and Other Stories*, Delhi: Prentice-Hall of India Private Limited, 1989, p. 27.

③ Bharati Mukherjee, *The Middleman and Other Stories*, Delhi: Prentice-Hall of India Private Limited, 1989, p. 27.

丽陪同丈夫出去旅游。故事结尾处蕴涵匠心。第二天丈夫就要走了，妻子前所未有地刻意打扮以讨欢心。她的想法是：“我想在他面前假装一切都未改变。”但是，故事最后的叙述将她的西方化展示得淋漓尽致。在浴室的镜子中，她看到了自己光彩照人的裸体。“我的身体美得让人晕眩。我毫无羞耻地站在那里，仿佛他根本没有看见我。我感到轻松自在，飘飘欲仙，仿佛眼中所见只是别人。”①《房客》中来自加尔各答的年轻女移民玛雅拥有比较文学博士学位，她在北爱荷华大学给二年级学生讲授印度作家R. K. 纳拉扬和非洲作家齐努阿·阿切贝。玛雅虽然表面上保持着印度性，但身为美国公民的她内心里已经掀起翻江巨浪。玛雅告诉印度移民同胞，“玛雅”（Maya，意为幻灭）是她最喜欢的印度名字。不过，她的作为已经远离印度传统，她已经跨进了美国文化的边界内。“玛雅和杜克大学的妇女俱乐部有些纠纷。她太过女权主义色彩了。她曾经试图解释她来自于怎样的世界……她已经和过去一刀两断。”② 斩断印度传统的玛雅的性开放让人惊讶不已。离过婚的玛雅认为，婚内女人更孤独，离婚女人更自由。她和很多男人发生关系，却从来不和印度男人这么做，虽然她偶尔也和印度同胞约会。但是，玛雅跨越种族的性爱结合还是难以抵挡她内心的孤寂。在故事的结尾处，她与没有手臂的白人房东老板特德有了苟且行为。“她从来没有和一个无臂男人睡觉。他在夜间两人缠绵时会开玩笑，说他们两个是受伤的人。

---

① Bharati Mukherjee, *The Middleman and Other Stories*, Delhi: Prentice-Hall of India Private Limited, 1989, p. 40.

② Bharati Mukherjee, *The Middleman and Other Stories*, Delhi: Prentice-Hall of India Private Limited, 1989, pp. 101—102.

这使她震惊……她知道自己在这里是陌生而孤独的，她可能会想，作为印度人不会是这样的畸形。"[1] 这说明，玛雅跨越文化边界所付出的代价也是沉重的。毕竟，印度移民要完全适应美国的性解放，还不是那么容易的事情。无臂白人是身体残疾，她却是在挣扎着适应美国新生活时受到了心理创伤。换句话来说，她为主动适应"新世界"而招致精神创伤。这种重塑自我的"文化翻译"是一种苦乐参半的过程。这么说来，玛雅经过对自己族裔身份的"文化翻译"与"文化定位"，获得了一个"畸形"而混杂的"第三度空间"。在这个空间里，玛雅是否能自由自在地呼吸，答案已经给出。总之，穆克吉塑造的上面这两个美国化印度女移民形象值得深思。在给自己进行"文化定位"的路上，她们一个暂时没有感到危机，一个已经有所察觉。

穆克吉曾经评价过自己小说人物道："他们用自己在古老舒适的世界中没有采纳的方式冒险解决新问题。一旦他们改变国籍，他们就获得再生。"[2] 但问题就出自这里。这种由流亡意识转向移民心态的"再生"，是否真的就一劳永逸地解决了所有的问题？完美回答这个问题显然具有挑战性。想想《中间人》里小说《为东山再起而战》的菲律宾移民姑娘布兰奎塔的话就会明白几分："帕皮是对的。东方就是东方，西方就是西方，这二者永远不会相遇。"[3] 她将殖民作家吉卜林的殖民话语进行后殖民语

---

① Bharati Mukherjee, *The Middleman and Other Stories*, Delhi: Prentice-Hall of India Private Limited, 1989, p. 112.

② Alison B. Carb, "An Interview with Bharati Mukherjee," *The Massachusetts Review*, Winter 1988—1989, p. 654.

③ Bharati Mukherjee, *The Middleman and Other Stories*, Delhi: Prentice-Hall of India Private Limited, 1989, p. 80.

境再现，这说明了移民心态的复杂微妙。再看看另外一篇小说里主人公最后一句内心独白：“我不知道我已经启程的这次航行在哪里停止。我不知道该往哪个方向走。”[①] 再以小说《房客》为例。和奈保尔一样，玛雅悬挂在东西文化之间，两边都不能上岸。她现在既不是印度人也不是美国人。“她如同神话里的陀哩商古悬挂在空中，体现了被两种文化之网捕获的人的真实困境。”[②] 在印度古代大史诗《罗摩衍那》中，甘蔗王族的后裔陀哩商古在众友仙人帮助下，想带着肉身升天，但遭到天帝因陀罗等众神阻拦而功亏一篑。众友仙人遂怒发神功，创造了另一组有星群的天空，与因陀罗的宇宙世界相抗衡。带着肉身的陀哩商古就此停留在那里，达到了肉身升天的目的。但是，他在众友仙人特意为他创造的这个新世界中立足的姿势有些奇特怪异：“陀哩商古头朝下悬在那里，像一个不朽的神仙一样。”[③]《罗摩衍那》里这个雄心勃勃的陀哩商古，打破凡身必先抛弃肉体才能升天的宗教神话惯例，在特意为他创造的另一空间立足。玛雅们仿佛是带着肉身升天的当代陀哩商古，在美国这个因陀罗天国似的世界中开辟另一个属于自己的“第三度空间”，顽强而辛酸地扎下根来，但不幸的是，他们中的很多人也从此拥有了陀哩商古“头朝下悬在那里”的命运。陀哩商古的幸运和不幸实际上也折射了穆克吉本人的困境：“从许多方面来看，陀哩商古的隐喻或许可以

---

① Bharati Mukherjee, *The Middleman and Other Stories*, Delhi: Prentice-Hall of India Private Limited, 1989, p. 197.

② Nagendra Kumar, *The Fiction of Bharati Mukherjee: A Cultural Perspective*, Delhi: Atlantic Publishers and Distributors, 2001, p. 91.

③ 蚁垤：《罗摩衍那》（一）：（童年篇），季羡林译，人民文学出版社，1980年，第328页。

视为流亡作家们的困境。”①

穆克吉仿佛是为了给移民们利用“文化翻译”创造自己的“第三度空间”留下了一个更乐观的前景，在《中间人》里收录了一篇题为《正在进入轨道》的短篇小说。这篇小说确实是“《中间人》正在进入的正常轨道。它是这本小说选集里最成功的故事之一”②。在这篇小说中，我们见证了来自亚洲和欧洲两个大陆的移民们迎面相撞时的文化困惑及其对策。意大利裔姑娘瑞纳塔现已改名瑞迪，她是第三代意大利移民。对她而言，意大利性只是一个隐喻而已。她已经彻底美国化。她离开了美国恋人维克，认为他不适合她。她选择了遭受监禁折磨的阿富汗移民罗阿桑作为恋人。罗阿桑的外国性使她着迷，经历过跨文化体验之痛的他彻底改变了她对美国的看法。瑞迪认为：“当我和罗阿桑在一起时，我通过望远镜错误的那端看美国。他把美国描绘成一个警察国家。”③ 但是，她以女性的细腻和同情理解他的看法。阿富汗男友的出现使她十分高兴：“我刹那间意识到，我是多么喜欢他，喜欢他那有缺陷的、受过折磨的身体。如果他要求的话，我将给他国籍。维克是很帅，但他傲慢自大。罗阿桑将给予我治愈这个世界的机会。”④ 瑞迪决定教自己的阿富汗男友怎么适应

---

① Manju Jaidka, “The Writers as Trishanku: Indian Writing in a Foreign Space”, Somdatta Mandal, ed., *Asian American Writing*,, Vol. 3, Delhi: Prestige, 2000, p. 10.

② Nagendra Kumar, *The Fiction of Bharati Mukherjee: A Cultural Perspective*, Delhi: Atlantic Publishers and Distributors, 2001, p. 95.

③ Bharati Mukherjee, *The Middleman and Other Stories*, Delhi: Prentice-Hall of India Private Limited, 1989, p. 66.

④ Bharati Mukherjee, *The Middleman and Other Stories*, Delhi: Prentice-Hall of India Private Limited, 1989, p. 74.

美国生活，将他美国化，以便共同生存下去。瑞迪自己已经是美国化的欧洲移民，现在她利用亲近和拥抱第三世界亚洲移民的方式，创造一种新的移民文化空间。某种意义上，瑞迪代表美国本土视角，她以欢迎的姿态迎接第三世界移民的到来，这暗示部分美国当地人开始转变心态，以同情的心理积极主动地理解他们，亲近他们，帮助他们做好移民身份的“文化翻译”和重新定位。

综上所述，我们发现，《黑暗》和《中间人》为我们艺术地揭示了一个存在于我们之间的新世界，一个从世界各地涌来的新面孔在美国脱胎换骨而创造的新世界。这些新面孔在两种文化的矛盾张力中浮沉挣扎，以期创造属于自己的“第三度空间”。拉什迪笔下的后殖民演员沙拉丁与吉布列尔被称为善于模仿的“文化变色龙（cultural chameleon）”①。穆克吉笔下的这些人物有乡愁，但他们更有治疗“怀乡病”的勃勃雄心。他们正在培养“文化变色龙”的基本功，正从流亡心态向移民意识过渡。不过，大多数时候，他们在异质文明语境中的“文化翻译”遇到了或多或少的挑战。他们有的人如同《罗摩衍那》里头朝下悬在新天空的陀哩商古，将自己的文化面貌“翻译”得古怪而畸形，并以这样的形状完成新的“文化定位”。这说明，穆克吉作品仍然在流亡心态向移民意识转变的过程中等待转型，这为她进入创作第三期即移民定居期打下了基础。

① Catherine Cundy, *Salman Rushdie*, Manchester: Manchester University Press, 1996, p. 69.

第三节 定居新世界："文化翻译"与"文化定位"的完成

有学者认为，穆克吉的创作可以分为三期。在二十世纪七十年代起步阶段，穆克吉的作品主要考察自动流亡者失去文化根基后的身份迷惘；八十年代早期，她关注过渡阶段移民们在异国因文化复杂性而造成文化融合艰难的困境；1988 年出版《中间人》以后，穆克吉进入创作第三阶段，她笔下的人物似乎已经开始适应异国文化氛围，克服了"文化休克"症状，在应对异国生活挑战时，显示出"移民定居者或曰本地化公民的十足信心"[①]。这尤其以 1989 年出版的长篇小说《嘉丝敏》最为典型。

《嘉丝敏》是对《中间人》里的同名短篇小说的艺术翻新，添加了更为复杂的情节和更加乐观自信的基调，这充分反映了穆克吉此时对于移民问题的新思考，也涉及她对加拿大和美国少数族裔政策的不同看法。1980 年，穆克吉从加拿大移居美国。她认为，美国比加拿大的移民环境要安全得多。在她看来，比起加拿大所谓的"多元文化主义"（multiculturalism）移民政策来，美国的移民法和生活方式更有助于第三世界的移民定居，使他们获得一次"浪漫的再生机会"。她在 1988 年的一次访谈中说："因为关于移民的熔炉理论，美国对印度移民的心态比加拿大更

---

① Nagendra Kumar, *The Fiction of Bharati Mukherjee: A Cultural Perspective*, Delhi: Atlantic Publishers and Distributors, 2001, p. 107.

健康。尽管这个国家也存在一些种族问题，但它有人权法和在法庭上讨回公道的方式。”[①] 在《嘉丝敏》中，穆克吉试图利用女主人公嘉丝敏从印度到美国非法移民的一系列冒险行为，松动跨文化现实的复杂“冻土层”。她在美国这个新世界的挣扎奋斗象征着一个文化失根人突破孤独重围的无尽诉求。

《嘉丝敏》是穆克吉第三阶段创作中最有代表性的作品。这部小说继承了她此前的移民小说的诸多特色并力求创新。就叙事手段而言，首先，在空间位置上，小说主人公从印度的旁遮普邦一直流浪到美国佛罗里达、纽约、爱荷华和加利福尼亚，横跨东西两个地理世界。其次，时间上，先讲述嘉丝敏的美国现在进行时事件，再回溯她在印度旁遮普度过的甜蜜而又辛酸的青春岁月，再叙述她代亡夫去美国这个美好新世界实现梦想的坎坷征程。时间的交错倒置和地理位置的不断变幻，构成了嘉丝敏在美国“翻译”自己文化身份的复杂背景。这和后边将要讨论的安妮塔·德赛《鲍姆加特纳的孟买》的叙述方式颇为相似。再次，这部小说从某种意义上来说，是以嘉丝敏这个第三世界妇女的名字变化来统摄故事发展进程的。这是《嘉丝敏》非常引人注目的一个地方。对拉什迪作品而言，主人公的不断命名是后殖民身份的一个关键索引。他笔下的沙拉丁和吉布列尔的名字变化便与他们的身份认同紧密相关。穆克吉显然也有意采取这一策略。名字的变化显然象征了嘉丝敏为自己在古老旧世界和美好新世界进行“文化定位”的持续努力。父母给嘉丝敏取名乔蒂（Jyoti）。结

① Fakrul Alam, “Migration and Settlement in North America in Bharati Mukherjee's Fiction,” Somdatta Mandal, ed., *Asian American Writing*, Vol. 2, Delhi: Prestige, 2000, p. 73.

婚后，丈夫普拉卡沙给她取了一个英文名嘉丝敏，意为“茉莉花”。丈夫希望她能用自己茉莉般的女性芳香愉悦整个世界。嘉丝敏对此并未明确表示可否，她此时的想法却透露出一种后殖民理论家的心态：“乔蒂，嘉丝敏。我在各种身份间穿梭往来。”①经过世道沧桑，面对一个个或真或假的“丈夫”加诸于身的命名，嘉丝敏这样总结她的名字亦即她在文化身份间的穿梭往来：“我在每一个丈夫那里都当了一回妻子。在普拉卡沙那里我是嘉丝敏（Jasmine）。在泰勒那里我是嘉瑟（Jase）。在巴德那里我是简（Jane）。在半边脸那里我是迦利女神（Kali）。”② 嘉丝敏拥有这些名字的历程，就是她从第三世界向第一世界大都会迁徙定居的段段传奇。这些传奇见证了她以第三世界移民前所未有的忍辱负重和乐观自信，坚决而主动地融入美国“大熔炉”的全过程。

在穆克吉小说系列中，《嘉丝敏》之所以如此重要，是因为其中的女主人公嘉丝敏是对此前的塔拉、蒂姆泊、玛雅和巴特尔夫人等移民女性形象的超越。故事的开头，占星士预言身为印度教徒的嘉丝敏将成为寡妇和流亡者。事情的发展正如他所预料的那样。不同的是，嘉丝敏最后幸存下来，因为，她和《妻子》里女主角蒂姆泊优柔寡断的性格截然不同。在异国生存的漫长道路上，嘉丝敏勇敢地反抗加在她头上的悲惨命运。用她自己的话说是：“在生存过程中，我已经变成了简，一个战士，一个适应者。”③ 她仿佛是印度移民中蔑视一切、挑战命运的当代普罗米

① Bharati Mukherjee, *Jasmine*, New York: Grove Weidenfeld, 1989, p. 77.
② Bharati Mukherjee, *Jasmine*, New York: Grove Weidenfeld, 1989, p. 197.
③ Bharati Mukherjee, *Jasmine*, New York: Grove Weidenfeld, 1989, p. 40.

修斯。生于1942年，比穆克吉小两岁的印裔后殖民理论家斯皮瓦克曾对自己在美国的身份意识这样总结道："没有哪个妇女像我这样，讲孟加拉语却又不是孟加拉人。这是因为她们没有我的经历。我是与众不同的人。这完全是跨文化交流的结果。我也发现我自己多么具有双重文化属性。在这里，即使我一直穿西方的衣服，我仍然有一个外来居民（resident alien）会遭遇的文化困境……我不在乎这点。我不在乎在东西方都没有家的感觉。"① 斯皮瓦克以自身经历叙述和暗示第三世界移民身背双重文化属性的生存战略，那就是战胜"外来居民"乡愁似的文化困境，迅速主动地融入异质文明的文化场域，在"没有家"的地方找到有家的感觉。仿佛受到斯皮瓦克文化生存战略的启示，穆克吉笔下的嘉丝敏已经变得坚强起来。在她那里，乡愁已经没有多少立足之地。她说："我变了是因为我想变。将自己蜷缩在乡愁里，将心包裹在子弹打不穿的背心里，这是懦夫。"② 她的话仿佛是拉什迪移民观的变异和发挥："什么是移民最好的东西？我认为是他们对前途的希望。"③ 在美国这个新世界里，嘉丝敏勇敢地抛弃了第三世界移民的乡愁情绪，带着亡夫和自己的美好希望奔向未知的未来。随着她的名字每一次变换，她对生活的希望又增加了一份自信。且听嘉丝敏对自己来到美国后的曲折生涯的回顾和展望："但乔蒂现在是一个萨提女神（殉夫女神），她在佛罗里达州一个用栅栏围起的汽车旅馆后面的一个火葬堆上焚烧了自己。嘉

---

① Gayatri Chakravorty Spivak, *The Post-colonial Critic: Interviews, Strategies*, Dialogues, New York & London: Routledge, 1990, p. 82.

② Bharati Mukherjee, *Jasmine*, New York: Grove Weidenfeld, 1989, p. 185.

③ Salman Rushdie, *Shame*, New York: Alfred A. Knopf, 1983, p. 87.

丝敏为未来、为亡夫心目中的‘维杰—妻子’公司而活。嘉瑟去看电影并为今天而活。”① 在嘉丝敏心中，非法移民的屈辱已经如同寡妇殉葬的悲惨历史一样被彻底埋葬。她已经通过非凡的毅力将自己的名字即文化身份“翻译”成脱胎换骨的嘉丝敏和嘉瑟。从这种意义上讲，穆克吉的这部小说是后殖民时代典型的跨文化“成长小说”或曰“教育小说”（Bildungsroman）。她接过了几百年前歌德等伟大作家传递过来的文学接力棒，在塑造后殖民时期处于“成长”和受“教育”阶段的第三世界移民形象方面取得了丰硕的成绩。这样来看，穆克吉此前的《妻子》、《中间人》等作品也属于“成长小说”的序列，只不过，那些前期作品中的主人公还没有成长到嘉丝敏那么形象鲜明、性格突出的地步。

和穆克吉在《中间人》里塑造的特里尼达移民嘉丝敏不同，《嘉丝敏》中的嘉丝敏来自穆克吉的故乡印度。但是，经过对比可以发现，她们同样是非法移民美国，同样有实现自己美国梦的强烈愿望，只不过，作为印度裔的嘉丝敏比特里尼达的嘉丝敏的形象性格更为复杂，最突出的一点是，印度后裔嘉丝敏从印度移民美国的全部道路都充满了反叛传统和女性复仇的气息。这反映了穆克吉已经将第三世界移民女性的命运放到另一个高度来进行思考。她分明已经看到，第三世界移民女性遭受到种族、性别和阶级的几重压迫，这在后殖民时代奉行多元文化政策和“熔炉”思想的自由美国也不例外。她以嘉丝敏的独特形象探索第三世界女性融入第一世界的具体进程。

---

① Bharati Mukherjee, *Jasmine*, New York: Grove Weidenfeld, 1989, p. 176.

在穆克吉笔下，嘉丝敏在印度故乡时便因为摔跤在额头上留下一个伤疤。嘉丝敏把它称为"第三只眼"（third eye）："我怎么向那些只看到些许暗淡而有皱纹的伤痕的男人们解释我的第三只眼？"[①] 嘉丝敏这里所谓的"第三只眼"具有很深的宗教文化内涵。湿婆（Siva）是印度教三大神之一。他的形象便为三眼五面四臂。第三只眼长在额心，其上或下有一弯新月。第三只眼可以射出神火。湿婆曾经用它烧掉引诱他的爱神和梵天大神五头中的一个，还烧掉三座妖魔的城市。因此，嘉丝敏的"第三只眼"暗示着她对加诸自身的种族、性别和阶级属性取坚决的湿婆式反击姿态，从而为更快地实现自己在异国的"文化定位"并求取可供自己生存的"第三度空间"创造条件。嘉丝敏第一次使用"第三只眼"的威力，是在被她称为"半边脸"的白人船长粗暴强奸后。作为印度寡妇，遭受强奸是奇耻大辱。嘉丝敏决定一死了之。但是，她对美国之梦的希望又阻止了她自杀的决心，她不能让自己的耻辱毁坏了神圣的使命。这可以视为嘉丝敏拒绝印度教传统安排给她这位寡妇的命运，也可以视为她代表第三世界移民开始反击白人强权话语的尝试，这是对被本质化的女性身份的一次自我解构和一次积极重建。从这个意义上说："第三世界流亡小说是政治性的。"[②] 于是，嘉丝敏不再向赐福祛灾的象头神（Ganpati）祈祷，决心挣脱死神阎摩（Yama）的拥抱，将自己变为令人敬畏的迦梨（Kali）女神。"我伸出舌头，割了一下

① Bharati Mukherjee, *Jasmine*, New York: Grove Weidenfeld, 1989, p. 60.

② Viney Kirpal, *The Third World Novel of Expatriation*, "Introduction," Delhi: Sterling Publishers, 1989.

……我的嘴里满是鲜血。我感觉到血流到了下巴上。”[①] 按照印度教宗教传统说法，迦利女神是湿婆大神的妻子。她皮肤黝黑，相貌恐怖，伸出的舌头流着鲜血。她的身体由蛇缠绕，胸前悬挂着被她杀死的恶魔的脑袋。“从所有方面来看，她代表一种暴怒而不仅仅是女神。”[②] 嘉丝敏现在不是普通的印度寡妇，而是代表属下阶层女性对白人男权的种族和性别霸权进行解构颠覆的当代迦利女神。她是神圣不可侵犯的“女神”，但更代表一种颠覆性的“暴怒”。刀在这里似乎可以视为男性生殖器的象征，嘉丝敏将刀暴怒而准确地插入白人强奸犯的身体，象征她借用迦利女神的破坏力量，并艺术性地挪用为男权中心主义服务的锐利武器，东西合璧且一箭双雕地摧毁了种族和性别的强权政治，重构了自己的第三世界移民身份。至此，嘉丝敏朝着更快更准确地“翻译”自己文化身份的道路上迈出了决定性的一步。

嘉丝敏的抵抗策略和拉什迪笔下的一些移民如沙拉丁的抵抗策略非常近似。对沙拉丁而言，适应伦敦生活注定是坎坷不平的，仿佛是卡夫卡笔下那个变形人，身体状态每况愈下的沙拉丁在某一天头上长出了角。他尴尬地告诉朋友：“我真的说不出我身上发生了什么事情。有时我害怕自己正在变成什么，变成别人一定会认为糟糕的东西。”[③] 到了后来，他的朋友和邻居都梦见他怪异吓人的模样。沙拉丁的恐怖变形可以视为一种对抗殖民话语和“逆写帝国”的特殊方式，畸形角是一种防护机制。印度著

① Bharati Mukherjee, *Jasmine*, New York: Grove Weidenfeld, 1989, p. 118.

② John Dowson, *A Classical Dictionary of Hindu Mythology and Religion, Geography, History, and Literature*, London: Routledge & Regan Paul, 1953, p. 87.

③ Salman Rushdie, *The Satanic Verses*, New York: Viking, 1989, p. 276.

名后殖民理论家阿西斯·南迪（Ashis Nandy）认为，殖民主义导致自我与非自我的分裂。头上长角的沙拉丁变成异形人便是一种“精神崩溃即自我意识的丧失”。南迪将此视为“后殖民时代主体人的一种防卫机制”[1]。对南迪来说，主体人或曰人的主体变成“他者”或与自己相异化，其目的是反抗那些暴力伤害和精神侮辱，这将在一定程度上使他的世界“变得梦幻一般”[2]。防卫机制的启动也是一种文化身份的“翻译”程序。经过“翻译”，沙拉丁和嘉丝敏等移民变得坚强勇敢起来。嘉丝敏头上的“第三只眼”以及她幻想自己变成恐怖的迦利女神，实质上是针对种族歧视、性别侮辱启动的一种正当防卫机制。

以C. T. 莫汉蒂和斯皮瓦克等人为代表的后殖民女性主义理论家发现，西方的女性主义研究有忽略第三世界女性境遇的学术倾向。如果说第三世界在第一世界视界中的“被看”发生了历史变形的话，那么，第三世界妇女则在这种“变形”中沉入了历史地表。莫汉蒂鼓励第三世界妇女结为政治联盟，争取“说话”的权利。斯皮瓦克坚持必须产生一种异质文化复原的方式，即承认第三世界妇女作为一种具有性别的主体，是具有个性和多样性的能动主体。为此，斯皮瓦克身体力行，以大量的论文探讨第三世界妇女的声音怎样浮出历史地表的问题。例如，她在1987年出版的论文集《在他者世界里》的一篇论文题目就叫做《属下的

---

① Ashis Nandy, *The Intimate Enemy: Loss and Recovery of Self Under Colonialism*, Delhi: Oxford University Press, 1983, p. 107.

② Ashis Nandy, *The Intimate Enemy: Loss and Recovery of Self Under Colonialism*, Delhi: Oxford University Press, 1983, p. 109.

文学再现：第三世界的女性文本》[1]。斯皮瓦克对第三世界妇女问题的论述，同样适用于考察嘉丝敏之类在西方大都会争取生存权利的第三世界移民妇女。反过来，嘉丝敏等人在美国奋力发声"说话"也是挣脱种族、阶级和性别强权话语的束缚、从而冲出封冻的"历史地表"的最佳例证。嘉丝敏以杀死白人强奸犯的惊人举动拉开她在第一世界"说话"的序幕。接下来，她毫无畏惧地加快了融入美国社会的步伐。她从印度的寡妇和自动流亡的非法移民，变为白人泰勒家的保姆，再为哥伦比亚大学语言系兼职教师，银行家巴德的情人，直至最后离开巴德，接受泰勒的爱，和他一起组成新的家庭。嘉丝敏将自己称为威力强劲的龙卷风："我是一股龙卷风……我究竟还有多少种模样？还有多少个自我？还有多少个丈夫？"[2] 她的内心想法证明，她借鉴了女权主义思想，通过自我身份反复的"文化定位"，在第一世界获得了生存的空间和希望。巴德的妻子卡琳对"抢走"自己丈夫的嘉丝敏说："你走遍世界，在这个小镇上骤然停下，把最好的男人抢到了手，根本不想想你留给别人的痛苦。"[3] 卡琳对嘉丝敏的道德审判忽略了嘉丝敏的"说话"战略。稍后，我们看到嘉丝敏面对泰勒求爱时的内心独白是："我不是在男人间进行选择。我只是夹在美国的希望和旧世界的责任间为难。"[4] 既然已经决定在第一世界扎根，嘉丝敏最终选择在泰勒肩头哭泣洒泪，挥别所有伤心往事，带着龙卷风一直前进的劲头，带着对新生活的渴望和向

---

① Gayatri Chakravorty Spivak, *In Other Worlds: Essays in Cultural Politics*, Methuen: New York & London, 1987, pp. 241—268.

② Bharati Mukherjee, *Jasmine*, New York: Grove Weidenfeld, 1989, p. 215.

③ Bharati Mukherjee, *Jasmine*, New York: Grove Weidenfeld, 1989, p. 204.

④ Bharati Mukherjee, *Jasmine*, New York: Grove Weidenfeld, 1989, p. 240.

往，和泰勒踏上了幸福的归途。故事至此戛然而止。从印度寡妇到最终的泰勒夫人，嘉丝敏完成了第三世界移民妇女在第一世界进行自我身份“文化翻译”的任务，从而初步完成了穆克吉探讨流亡与移民主题的艺术旨趣。同时，嘉丝敏也在某种程度上开始了改写第一世界社会文化面貌的过程。拉什迪相信，第一世界将因为第三世界移民而改变面貌。正如他笔下的人物所言：“我们将改变一切。我们自己也将被改变……我们已经被再造了，但我们也将再建这个社会，从底层到表层来改变它的面貌。”[①] 已经开始在第一世界扎根的嘉丝敏肯定会以自己脱胎换骨的新移民身份，积极加入到再建美国社会的阵营中去。

在书写跨文化主题、特别是塑造第三世界移民形象时，穆克吉与一些华裔美国女作家的书写姿态形成照应。她们的一些创作理念和写作立场近似。汤亭亭用花木兰的中国传说演绎她的移民主题，而穆克吉用印度教大神湿婆的第三只眼和迦利女神的恐怖表达《嘉丝敏》的抵抗策略。汤亭亭面对读者的责难，强调她是美国人，是以美国作家的立场写典型的美国小说，将中国神话美国化，而穆克吉也坚持反对印度学者对她的印度题材小说的责难，认为自己是美国作家，是向美国读者艺术性地介绍印度。但悖论的是，声称美国作家的汤亭亭和穆克吉都无法摆脱、也不愿意摆脱东方传统文化的“温柔怀抱”。东方文化既是解脱乡愁的良方，还是可以让作品畅销的“润滑剂”。穆克吉将嘉丝敏视为第三世界女性移民中主动融入第一世界、积极寻求“说话”机会的“战士”，强调文化身份的自我“翻译”，这与伍慧明（Fae

① Salman Rushdie, *The Satanic Verses*, New York: Viking, 1989, p. 414.

Myenne Ng）在长篇小说《骨》中的艺术思考有点相似。伍慧明的《骨》超越种族、性别、文化的二元对立，用一种新的视角看待移民身份问题。主人公莱拉最后决定和丈夫梅森一起搬出象征中国文化的唐人街，在更加广阔的天地里生活，这和嘉丝敏跟白人泰勒组成印西合璧的家庭在动机上是一致的。莱拉的举动也是一种对自我身份主动积极的“文化翻译”。嘉丝敏和莱拉都将在自己所创造的“第三度空间”里开始新的移民体验。

1993 年，穆克吉出版了长篇小说《世界拥有者》。小说的创作起因于穆克吉和丈夫在索斯比拍卖行里看到的一幅印度袖珍画：“奥朗则布宫廷里的欧洲妇女。”奥朗则布（Aurangzeb，1618－1707）是印度莫卧儿王朝皇帝。囚父杀兄后，奥朗则布于1658 年即位。他号称“阿拉姆吉尔”（Alamgir），意为“世界征服者”。印度莫卧儿王朝在他统治时期，开始走向衰落。与这位皇帝名字有联系的小说《世界拥有者》，主要叙述东西方交流导致的空间置换和心灵体验。流亡、移民、文化身份等艺术元素仍然与这部小说紧密相关。

《世界拥有者》采用现代女性贝叙述古代传奇的技巧对故事进行编排。后来被奥朗则布称为“宝贵的珍珠”的汉娜是一位1670 年出生在美国的英国清教徒，她与印度商人结婚后来到印度。她经历婚变后，嫁给了一个印度王子。这部小说和《妻子》、《嘉丝敏》不同的是，它叙述的是西方人在东方印度这个异质文明话语圈里怎么进行自我身份的“文化翻译”的任务。小说虽然有将东方历史文化以东方主义心态“变相出售”给西方阅读市场的痕迹，但其探索东西方文化互译沟通的意图仍然非常清晰。穆克吉自称这是一部"后现代历史小说"[①]。实际上，这部小说本质上是关于移民的小说，它涉及西方人在不同地理空间和不同文化的社会进行身份认证的问题。主人公汉娜是一个引人注目的艺术形象，她在异质文明语境中大胆地生存下来，进行文化身份的自我"翻译"。这实际上反映了穆克吉对嘉丝敏似的移民心态进行继续追踪探索的艺术匠心。小说的空间意识被有意弱化，而让位于历史或时间维度。叙述者贝在开篇不久便说道："我同时住在三个不同的区域。我指的不是东方、中央或太平洋。我指的是过去、现在和未来。"[②] 他们还声称："历史将自己呈现给我们……历史是一个大储蓄银行。"[③] 处于历史进行时中的汉娜，不以英国或基督教的智慧之灯来探照检视印度文明。虽然她有时也对印度文化感到迷惑不解甚至出现误解，但自从她踏上印度土地，她就认定她属于印度，印度人都是她的兄弟姐妹，而那些来印度抢劫和寻求刺激的英国同胞被她归入异类。她已经不想回到英国了。对热爱自由的汉娜来说，印度是一个理想的地方。许多年以后，汉娜把她的印度之行和在印度的长期居住称为是对自己身份的一种"翻译"[④]。这说明，和嘉丝敏一样，她已经主动而愉快地融入了东方，完成了在印度的"文化定位"，成为一个特殊的"世界拥有者"。不同的是，她的这一同化进程并没有嘉丝

① N. P. Krishna Kumar, "An Interview with Bharati Mukherjee," *Indian Express*, 13 September, 1992, p. 6.

② Bharati Mukherjee, *The Holder of the World*, New York: Alfred A. Knopf, 1993, p. 5.

③ Bharati Mukherjee, *The Holder of the World*, New York: Alfred A. Knopf, 1993, p. 6.

④ Bharati Mukherjee, *The Holder of the World*, New York: Alfred A. Knopf, 1993, p. 104.

敏那么艰辛曲折。故事的结尾，奥朗则布这位“世界征服者”被汉娜这位“世界拥有者”的胆略见识所折服，他赐予她珍珠，并告诉她：“因为你的白皮肤，因为你光辉的气质，因为你的万里挑一，我赐予你这些珍珠。我称你为‘宝贵的珍珠’。”[①] 奥朗则布的赏赐和赐名，象征东方对汉娜文化身份积极“翻译”的结果感到满意。总之，嘉丝敏和汉娜在东方和西方跨越时空的“文化定位”形成有趣的对比，这实际上体现了二十世纪九十年代里穆克吉关于移民前途的理想设计和乐观心态。

1997 年，穆克吉出版了长篇小说《留给我》[②]。她继续探讨跨文化冲突与融合的主题。穆克吉利用这部小说，“在时空范围里穿梭往来，创造了一种二分法”[③]。这种艺术的“二分法”实际上就是对东西文化激荡碰撞的考察。故事主人公黛碧·德维的父亲是个欧亚混血儿，与泰戈尔笔下的戈拉和拉什迪在《午夜诞生的孩子》中塑造的萨利姆一样，德维被亲身父母遗弃在印度，心灵上刻下了印度文化烙印，后被带到美国由意大利人抚养长大。她和戈拉、萨利姆一样，在某种程度上属于印度血统。德维通过艰难的寻根之旅，终于发现了真相，弄清了自己的文化混血儿身份。她和戈拉一样面对身份认同的危机，她声称，当一个人一无所有时，他拥有一切。这似乎与戈拉的世界主义意识相辉映。《留给我》加入了性和暴力元素，这似乎暗示穆克吉受西方阅读市场影响的痕迹。在第三阶段创作中，穆克吉虽然集中笔力

---

① Bharati Mukherjee, *The Holder of the World*, New York: Alfred A. Knopf, 1993, p. 270.

② Bharati Mukherjee, *Leave it to Me*, London: Chatto and Windus, 1997.

③ Shalini Gupta, “A Kaleidoscopic Wheel,” *The Hindu* (*Sunday*), 19 October, 1997.

探讨移民定居者怎么在寄居国文化环境中被同化的问题，但也似乎可以发现，她对同化问题有了一些新的思考。《留给我》重复了她的处女作《老虎的女儿》中着意考察的身份认证问题。两部小说的主人公同样具有印度文化血统，不同的是，塔拉是从印度去美国探验她的文化身份，而德维则从美国到印度来考证自己的真实身份。《留给我》着重思考身份认同而非《嘉丝敏》中关注的文化同化，是否暗示着穆克吉对于第三世界移民积极主动的“文化翻译”多了一份审慎，少了一份乐观？或许，随着她对美国少数族裔政策的进一步了解，对美国移民问题的进一步思考，她开始反省自己当初的乐观心态，而重新思考跨文化背景下第三世界移民从流亡心态转向文化同化意识的理想方案和艰难历程。

总之，从1971年出版处女作《老虎的女儿》到1993年出版《世界拥有者》，穆克吉从探索第三世界自我流放者的流亡意识，到考察其向移民定居意识的转变过渡，再到这种定居意识的扎根亦即完成自我身份的“文化翻译”、寻求移民生存的“第三度空间”，走过了一条艰辛的个人体验和艺术探索相结合的道路。三个时期的跨文化书写清晰地展现出穆克吉对第三世界移民、对东西文化冲突和融合的思考轨迹。值得注意的是，1997年出版的《留给我》再次回溯到移民的寻根意识，这种关于身份主题的“轮回”叙事似乎意味着穆克吉对移民问题的新思考和理性反省。某种程度上，穆克吉的跨文化三期书写基本上覆盖了从奈保尔早期创作到拉什迪近期创作关于流亡和移民的全部思考内容。她最新作品对文化身份的回溯以及近十年来创作的沉默，似乎暗示了这样一个问题，第三世界流散作家关于流亡和移民问题的探讨，还是一个现在进行时。问题正在不断提出，答案还没有得到统一和完善。从另外一个角度来说，印裔英语文学和华裔英语文学是当今世界后殖民文学的两大重镇，奈保尔、拉什迪和穆克吉等是当今印裔英语作家的佼佼者，也是具有世界影响的后殖民作家。华裔英语文学、特别是华裔美国作家已经成为中国学界的研究热点，但对穆克吉、贾布瓦拉等同样曾经获得西方文学奖项的印裔美国作家的研究基本上还未起步，这是值得学界重视的问题，同时也是一个重要的新的学术生长点。

第九章　芭拉蒂·穆克吉对奈保尔的模仿与超越

芭拉蒂·穆克吉于1940年生于印度，1961年获得英语硕士学位后离开印度去美国留学。之后，她与加拿大作家克拉克·布莱司结婚，并于1969年获得爱荷华大学英语与比较文学博士学位。经过印度、加拿大和美国三地的不断辗转后，1980年，穆克吉夫妇最终定居美国，由加拿大公民变为美国公民。1988年，她以短篇小说集《中间人》获得美国“全国图书评论界奖”。印度学者注意到，作为印裔美国小说家的穆克吉已经受到了世界各地评论家的高度关注。“她被大家公认为表达流亡与移居意识的代言人。”[①] 穆克吉二十多年的创作可以分为三个时期进行研究。从1971年出版处女作长篇小说《老虎的女儿》到1979年为第一个时期即流亡或曰自我流放时期；从1980年到1988年为第二个时期即自动流亡到移民定居的过渡期；1989年到1997年出版长

① Nagendra Kumar, *The Fiction of Bharati Mukherjee: A Cultural Perspective*, Delhi: Atlantic Publishers and Distributors, 2001, p. 14.

篇小说《留给我》为移居期。与“殖民文学之父”吉卜林影响了一些殖民文学作家相似，奈保尔的后殖民创作对于一些后殖民作家也产生了深刻影响，这以他对穆克吉的影响尤为明显。在穆克吉的创作道路上，奈保尔是一个挥之不去的影子。她曾经声称，进行文学创作时，奈保尔是她“心目中的榜样”①。她还说：“我在自己身上隐隐约约地发现了奈保尔的影响痕迹。”② 1985 年，穆克吉出版的短篇小说集《黑暗》（Darkness）在书名上便可见出奈保尔 1964 年出版的印度游记《黑暗地带》（An Area of Darkness，又译《幽暗国度》，下简称《黑暗》）的影响。晚于奈保尔进行文学创作的穆克吉对大她八岁的奈保尔不仅只有文学技法上的继承，还有艺术思想方面的超越。本文试图从几个方面对此问题进行探讨。

第一节　关于印度的观察与思考

同为印度后裔，奈保尔和穆克吉在作品中不可能回避印度。相反，印度成为他们艺术描写的重要对象，成为他们的作品在英语世界走俏的东方元素。他们书写印度的文体既有自传体游记，也有小说。客观来看，他们在对印度文明的观察和思考上存在一些相似之处。这些相似反映了两位印裔流散作家在世界移民大潮汹涌澎湃前的本能思考。这种思考本身带有前后相因的成分，体

---

① Bharati Mukherjee, *Darkness*, Ontario: Penguin Books, 1985, p. 2.

② Clark Blaise & Bharati Mukherjee, *Days and Nights in Calcutta*, New York: Doubleday & Company, 1977, p. 287.

现了穆克吉对奈保尔自觉的“学习”和模仿。

作为海外游子的奈保尔，带着童年之梦前来寻根，他期望看到一个美好的印度形象，但他的“西方之眼”却使他更多地看到了印度社会种种愚昧落后的东西，更令他惊讶的是，印度人对此视而不见。西方文化的批判思维和立场使奈保尔在面对印度的现实时，采取了直言不讳的辛辣讥讽姿态，这使部分印度学者异常愤怒①。

奈保尔曾经说过：“我从我的过去而来，我就得写我所来之地的历史——写被忘弃的人民。我必须写印度。”② 奈保尔曾经三次去印度寻根，并出版了“印度三部曲”。奈保尔关于印度文明历史和现状的思考、关于甘地的评价，均集中在这些作品中。奈保尔后来说过：“印度的衰败荒凉使访问者震惊。”③ 他对印度的卫生状况和人们的卫生习惯非常关注。他看到，印度的乡村到处是狭窄残破的巷弄、流淌污水的排水沟、狭小众多的泥巴屋子、混乱相处的垃圾、食物、牲畜和人。奈保尔以人类学家田野调查的方式进行创作，将印度的负面形象放大，展示给他心目中的西方读者，这当然会招致部分印度学者的批判。如C·查特吉怀疑，奈保尔对于印度的负面描写是否“给白人提供一本真实可信的通往印度的指南”?④ 事实上，奈保尔自己就认为，他的书

---

① 参见尹锡南：《奈保尔的印度书写在印度的反响》，《外国文学评论》，2006年第4期。

② 法·德洪迪著：《奈保尔访谈录》，邹海仑译，《世界文学》，2002年第1期，第124页。

③ V. S. Naipaul, *The Overcrowded Barracoon and Other Articles*, London: Penguin Books, 1972, p. 55.

④ Purabi Panwar, ed., *V. S. Naipaul: An Anthology of Recent Criticism*, Delhi: Pencraft International, 2003, P. 109.

不是写给印度人看的，是写给西方人看的。印度旁遮普大学迈尼教授认为："奈保尔笔下的印度不是我们的印度。"奈保尔的《黑暗地带》是"奈保尔式的《黑暗之心》"①。他将奈保尔比作描写非洲"黑暗"世界的英国殖民作家康拉德。

同为海外游子的穆克吉认为，作为在印度出生并接受教育、居住在加拿大或美国并以英语书写印度主题的作家，她主要是想以自己的审美方式进行文学"发言"，从而再现自己熟悉的印度文明。她承认："我的审美观是在北美接受教育和居住期间形成的。我是受美国生活与美国小说影响第一代印度作家。"② 穆克吉坚持反对印度学者对她的印度题材小说的责难，认为自己是美国作家，是向美国读者艺术性地介绍印度。这和某些华裔美国作家的写作立场惊人相似。这种与奈保尔相近的写作立场决定了她在描写印度时所取的西方视角。

在穆克吉的处女作、1972 年出版的长篇小说《老虎的女儿》中，离开印度在外漂泊多年的塔拉，带着乡愁回到印度。当年离开印度时使她留恋的印度式时尚建筑，现在则以它的破旧不堪"震惊了她"。火车站在她看来仿佛是一所医院，里面坐满了"病人和残疾人"。在从孟买开往加尔各答的旅途中，塔拉与一个马瓦里人和一个尼泊尔人同处一个车厢。她想，这两个面容丑陋、使人恶心的东方人"将使她的加尔各答之行变得极不愉快"③。

---

① G. S. Amur & S. K. Desai, eds., *Colonial Consciousness in Commonwealth Literature*, Bombay: Somaiya Publications, 1984, p. 101.

② Clark Blaise & Bharati Mukherjee, *Days and Nights in Calcutta*, New York: Doubleday & Company, 1977, p. 286.

③ Bharati Mukherjee, *The Tiger's Daughter*, Delhi: Penguin Books India, 1990, p. 20.

塔拉后来见到印度人习以为常的麻风病女孩时，竟然恐怖尖叫起来：“不要碰我！不要碰我！”① 塔拉对印度人物场景的反应与奈保尔第一次印度之行几乎没有什么两样。有人评价说：“塔拉目前的思想意识扎根于她的美国生活……她对印度的反应是观光客或外国人的那种。”② 塔拉眼中落后而恐怖的印度折射了穆克吉心目中负面的印度印象。在1989年出版的小说《嘉丝敏》中，穆克吉笔下的印度是一个充满了种姓之间血腥冲突的“炸药桶”。她还栩栩如生地描绘了嘉丝敏和其他女性在野外入厕的场景。她写道：“然而，对这些住在附近的妇女而言，野外入厕是建立友情的最佳时机。她们一字排开蹲着，嘴里喋喋不休。我喜欢听她们说话。”③ 这种自然主义描写与奈保尔简直如出一辙，惟一不同的是，穆克吉写的是印度女性，奈保尔写的是印度男性。他们将印度社会的“原始”一面快餐似地摆放在西方的阅读平台上。

奈保尔认为：“印度是虚悬在时间中的国家。”④ 他发现，印度人欠缺历史意识。印度历史的悲哀在于，它缺乏成长的过程。“在印度历史中，你看到一连串开始，却看不到终极的创造。”⑤ 奈保尔对印度历史的武断在穆克吉那里也有回音。穆克吉在1977年出版的与丈夫合著的印度游记《加尔各答的日日夜夜》中写道：“当然，美国才是我的所爱……美国历史更少让人迷惑不解。”相反，在穆克吉看来，印度历史全是不可阐释的事件。

---

① Bharati Mukherjee, *The Tiger's Daughter*, Delhi: Penguin Books India, 1990, p. 122.

② Jasbir Jain, “Foreignness of Spirit: The World of Bharati Mukherjee's Novels,” *Journal of Indian Writing in English*, 13, 2 (1985), 13.

③ Bharati Mukherjee, *Jasmine*, New York: Grove Weidenfeld, 1989, pp. 53—54.

④ 奈保尔：《幽暗国度》，李永平译，三联书店，2003年，第5页。

⑤ 奈保尔：《幽暗国度》，李永平译，三联书店，2003年，第295页。

印度的历史事件“没有必须的起因”①。这种关于印度与美国历史的二分法不自觉地折射了穆克吉隐秘的东西文化观。她坦率地承认，长期漂泊海外，她对区别于印度循环时间观、具有起点和终点的西方线形时间观有着清醒的认识。这使她身上的印度性变得越来越脆弱。她和奈保尔一样，均带着西方之眼重新打量印度，以线形进步/停滞循环的二元对立法“发现”了印度历史的“不可阐释”。

甘地是印度独立运动的领袖，是现代印度的象征。奈保尔对甘地的社会实践、宗教思想、民族主义意识等各个方面都进行了解构性评价，其基调是贬斥。奈保尔将甘地的一切活动皆与印度的“象征性”联系之。在他看来，甘地亲手操作的纺车被吸纳进“庞大的印度象征体系”中，很快丧失应有意义。它是“达到精神虚无的支撑”②。奈保尔似乎发现了甘地的一种“洞察力缺陷”，即只具宗教意识而缺乏明确的民族（种族）意识。他特意引用托尔斯泰的话，甘地的“印度教民族主义玷污了一切”③。按照奈保尔的逻辑是：“印度缺少意识形态，这是甘地和印度的双重失败。印度人民没有国家观念。”④ 印度学者巴特尔认为，奈保尔是错误的，因为：“如果不是甘地，谁又赋予印度人以国家观念？奈保尔没有意识到，他忽视了甘地的伟大业绩，从而扭曲了自己的视线。”⑤

---

① Clark Blaise & Bharati Mukherjee, *Days and Nights in Calcutta*, New York: Doubleday & Company, 1977, p. 168.

② 奈保尔：《印度：受伤的文明》，宋念申译，三联书店，2003 年，第 133 页。

③ 奈保尔：《印度：受伤的文明》，宋念申译，三联书店，2003 年，第 117 页。

④ 奈保尔：《印度：受伤的文明》，宋念申译，三联书店，2003 年，第 206 页。

⑤ Vasant S Patel, *V. S. Naipaul's India: A Reflection*, Delhi: Standard Publishers, 2005, p. 161.

与奈保尔对甘地的直接贬斥和责难相对应，穆克吉却是以小说虚构的形式对甘地的伟大形象进行后现代式解构。她在1985年出版的短篇小说集《黑暗》中收录了一篇题为《虚构的暗杀》的小说。这篇小说以印度旁遮普邦一个锡克教老人即“祖父”回忆暗杀甘地的方式，将甘地放在想象的语境中进行丑化。“祖父”认为，甘地在1947年印巴分治时负有历史责任，因为，他昏庸无能：“但是，甘地这个精神领袖，他对邪恶罪孽又能明白几分？像他那种一头雾水的脑袋怎能看清脚下的粪堆。”① “祖父”认为，甘地应该对印巴分治期间印度教徒、穆斯林和锡克教徒之间的宗教大屠杀负责，是他使那些失去丈夫的妇女出于寂寞而勾引男人。“我们是堂堂正正的男男女女，但被吃恰巴底（一种印度食物）的甘地拽进了耻辱的情境里……甘地伤害了我们的妇女……甘地是妇女的敌人。因此，圣雄甘地成了我的敌人。”② 这就是“祖父”欲暗杀甘地的荒唐理由。“祖父”还恶毒地称：“在我看来，甘地这个禁欲者是历史上最大的强奸犯。”③ “祖父”的叙述还包括甘地与信徒见面并被暗杀的场景以及寡妇勾引男人的色情场面，颇有东方主义的叙事痕迹。这样来看，《虚构的暗杀》实际上是借一场虚构的暗杀行诋毁丑化甘地之实。和奈保尔一样，穆克吉也忽视了甘地领导印度取得民族独立的伟大业绩，以骇人听闻的“强奸犯”一词粗暴地颠覆了甘地的正面形象，伪造印度现代史，从而真正地扭曲了她自己的视线。

穆克吉虽然在某些方面继承和模仿奈保尔，但他们在某些方

① Bharati Mukherjee, *Darkness*, Ontario: Penguin Books, 1985, p. 185.
② Bharati Mukherjee, *Darkness*, Ontario: Penguin Books, 1985, p. 186.
③ Bharati Mukherjee, *Darkness*, Ontario: Penguin Books, 1985, p. 187.

面还是有所不同。例如，奈保尔在20世纪90年代后，明显改变了对印度的刻板印象，发现了印度富于活力的一面，对甘地也借助印度人的内部视角进行客观而正面的评价，但在穆克吉那里，即使在她1997年出版的最新小说《留给我》中也很难看到对于印度文明的积极赞美。这似乎与他们书写印度文明的艺术动机有关。在“无根人”奈保尔那里，印度是他的寻根之地，他一再走进印度的怀抱，其心态会随着时间推移和印度的积极变化而阴转多云；而文化灵魂美国化的穆克吉则纯粹只将印度作为一个文学道具，作为她探索第三世界移民如何为第一世界接纳同化的主题的引子和屏风而已。换句话说，穆克吉对奈保尔的继承模仿本身就蕴藏了超越变异的因素。这在穆克吉对自己文化身份的思考和第三世界移民问题的观察中表现得尤其明显。

第二节　关于流放之痛的“模仿写作”

后殖民理论家赛义德说过：“某种程度上，早期的奈保尔也是一位现代知识分子流亡者。”[①] 瑞典文学院诺贝尔文学奖授奖词说：“奈保尔是一个文学世界的漂流者，只有在他自己的内心，在他独一无二的话语里，他才真正找到了自己的家。”[②] 奈保尔既是一个“内在流亡者”即没有自己的精神归宿，也是一个“现实流亡者”即没有自己的祖国。因此，许多印度学者联系到奈保

---

① 赛义德：《知识分子论》，单德兴译，三联书店，2002年，第49页。
② “瑞典文学院二〇〇一年度诺贝尔文学奖授奖辞”，阮学勤译，《世界文学》，2002年第1期，第133页。

尔心中的流亡意识来阐释其身份认同危机。他们认为，就奈保尔而言，流亡和家园是同一枚硬币的两面。奈保尔流亡的基本动机是“寻求身份认同。他的创作便是发现自我的过程。当被一刀斩断实际的家园以后，他用语言来重建小说中的家园”①。印度学者潘沃尔说：“奈保尔对自我身份和周围世界的探索，如关于民族、历史、族群和文化的探索，已经形成一种广义的‘自我流亡诗学’。”② 巴特尔说，奈保尔可以说是“双重流亡或曰二次流亡者”。他属于彻底的文化无根：“我们可用不同的术语来表述他的身份，如被放逐者、侨民、流亡者、移民、避难者或无家可归者。”③

正如乔西所言：“奈保尔的印度书写本质上是对自己的一种身份追问。”④ 奈保尔关于自己的身份探索主要通过《黑暗》来表现，后持续到《百万》中。奈保尔接受诺贝尔文学奖发表演讲时说：“我去了印度一年，那是我祖先的国度。那次旅行将我的生命分成两半。”⑤ 这里的“两半”指他心目中印度记忆与印度体验的极不协调，指他的文化身份追问遇到了严峻挑战，一种“分裂的意识”由此产生。背负文化疏离心态的痛苦无奈，奈保尔对近在咫尺却又仿佛远在天涯的印度无法达成文化身份认同。

---

① Chandra B. Joshi, *V. S. Naipaul*: *The Voice of Exile*, Delhi: Sterling Publishers, 1994, pp. 3～4.

② Purabi Panwar, ed., *V. S. Naipaul*: *An Anthology of Recent Criticism*, "*Introduction*," Delhi: Pencraft International, 2003, P. 22.

③ Vasant S Patel, *V. S. Naipaul's India*: *A Reflection*, Delhi: Standard Publishers, 2005, p. 74.

④ Chandra B. Joshi, *V. S. Naipaul*: *The Voice of Exile*, Delhi: Sterling Publishers, 1994, p. 64.

⑤ Mohit K. Ray, ed., *V. S. Naipaul*: *Critical Essays*, Delhi: Atlantic Publishers & Distributors, 2002, p. 13.

奈保尔的确踏上了去印度的文化寻根之旅，但在他眼里，印度人全都是陌生人，就连印度的自然景观也过于苍凉杂乱，让他感觉格格不入。他在《黑暗》中叹息道："身在印度，我总觉得自己是一个异乡人，一个过客。"① 奈保尔无法完成印度文化身份的建构，也就不能与娘家的印度人达成亲戚认同。第一次到印度的寻根之旅也就草草收场。有人评价说："虽然奈保尔对印度的了解不可谓不多，但他仍然未能成功。对他而言，印度仍然是一个黑暗地带，不管他如何声称自己身在其中，他仍是一个局外人(outsider)。"② 第二次印度之行还是没有解开奈保尔心中对于印度文明的"陌生"情结："印度，这个我 1962 年第一次探访的国度，对我来说是一块十分陌生的土地。"③ 纳拉辛哈说，奈保尔所经历的是"无家无根者在无国无宗教也无赖以生息的价值信仰的情况下的痛苦体验"④。这很准确地点出了奈保尔的悲剧所在。

穆克吉曾经这样说过："除了我的白人丈夫和两个被同化的孩子，我将自己视为一个流亡者。在我的小说和加拿大生活体验中，'移民'是灵魂失落者，他们被连根拔起，非常可怜。另一方面，流亡者非常清楚他们自己的状况和即将降临的命运。像我心目中的榜样奈保尔那样，我试图探究流亡这一艺术的状态。和奈保尔一样，我用尖刻自卫的反讽描写我笔下角色的痛苦。"⑤ 运用尖刻自卫的反讽将使作者描写后殖民知识分子的处境更加游

---

① 奈保尔：《幽暗国度》，李永平译，三联书店，2003 年，第 196 页。
② Bruce King, *V. S. Naipaul*, London: Macmillan Press, 1993, p. 63.
③ 奈保尔：《印度：受伤的文明》，宋念申译，三联书店，2003 年，第 3—4 页。
④ C. D. Narasimhaiah, *The Indian Critical Scene: Controversial Essays*, Delhi: B. R. Publishing Corporation, 1990, pp. 108-109.
⑤ Bharati Mukherjee, *Darkness*, Ontario: Penguin Books, 1985, p. 2.

刃有余。这显示出奈保尔对于穆克吉文学创作的示范价值。同为印裔作家，穆克吉对奈保尔的学习和模仿也体现在对自我身份的追问上。她除了以游记直接表现对印度文明的认同与否外，还以小说的形式进行艺术追问。这些小说里主人公与印度文明非亲即疏或若即若离的心理状态，艺术地折射了穆克吉对于自我身份危机的思考。严格说来，穆克吉对自我流亡（流放）问题的探索，主要集中在她的第一期创作中。

在第一个时期即自我流放期里，穆克吉创作了长篇小说《老虎的女儿》、《妻子》，并与丈夫合作出版了印度游记《加尔各答的日日夜夜》。这些作品典型地体现了穆克吉在自我流放心态中对自我文化身份的追问以及对印度文明、西方文明的观察感受。她曾经说过：“我在自己身上隐隐约约地发现了奈保尔的影响痕迹。正是他以最感人的笔触描写了文艺和流亡的痛苦荒诞，这是一种‘第三世界的文艺’和在前殖民国家中间的流亡；他描写了寄居国主人可以忍受的心理隔膜，以及流亡者获得一个家园或祖国（desh）的绝对不现实。”[①] 事实上，奈保尔对第三世界自我流放者向前殖民国家即西方寄居国“流亡”的痛苦的描写，在穆克吉第一期创作中表现得最为充分。

《逆写帝国》的作者认为：“后殖民文学的主要特征是对地理方位和空间置换的关注。这就形成了特殊的后殖民身份认同危机。”[②] 后殖民文学中的空间置换本质上涉及跨文化书写的后殖

---

① Clark Blaise & Bharati Mukherjee, *Days and Nights in Calcutta*, New York: Doubleday & Company, 1977, p. 287.

② Bill Ashcroft, Gareth Griffiths & Helen Tiffin, *The Empire Writes Back: Theory and Practice in Post-Colonial Literatures*, London and New York: Routledge, 1989, pp. 8—9.

民作家在东西文化场域的审美变异和思维转换，这一转换不可避免地影响了奈保尔、穆克吉等人关于东方文化（此处指印度文化）的认识，它以文化身份认同的焦虑困惑表现出来。虽然相对而言，自幼在印度文化氛围中长大的她与印度文化的疏离并未达到奈保尔那么严重而沉痛的程度，但她对母邦印度的观察视角的确有些耐人寻味。在游记中，穆克吉开门见山地承认，十多年后她到印度省亲的原因之一是："我发现尽管改变国籍是容易的，但交换文化并非如此。"① 这说明，她的印度情结比较深厚。不过，她和奈保尔一样，均接受了西方文化的熏陶，均带着西方之眼重新打量印度，于是发现了印度的某些"不可阐释"之处。穆克吉在游记中常常以局外人的眼光和口吻居高临下地探讨印度妇女问题。换句话说，她那奈保尔似的全能视角自我解构了印度文化身份的朦胧诉求。她还在书中自我设问："我是谁?"答案是："我是一个半拉子美国作家。"② 穆克吉在另外一个地方还将自己标签为北美的"第三世界女作家"③。这样，穆克吉在美国作家和第三世界作家的两种标签上进行"文化骑墙"。这是一种优雅高贵的姿态。穆克吉与印度的"文化疏离"虽然没有奈保尔那么严重，她还在两种文化之间以"移民"心态进行"骑墙"，但她从心灵深处认同印度文化的可能是微乎其微的。这便体现了她在早期创作中欣赏并师承奈保尔的心理动因。

---

① Clark Blaise & Bharati Mukherjee, *Days and Nights in Calcutta*, New York: Doubleday & Company, 1977, p. 169.

② Clark Blaise & Bharati Mukherjee, *Days and Nights in Calcutta*, New York: Doubleday & Company, 1977, p. 220.

③ Clark Blaise & Bharati Mukherjee, *Days and Nights in Calcutta*, New York: Doubleday & Company, 1977, p. 253.

严格说来，在表达类似于奈保尔与印度痛苦的"文化疏离"方面，穆克吉的处女作长篇小说《老虎的女儿》更加典型。这部带有作家自传特色的小说的主人公塔拉和奈保尔一样，经历西方教育的文化"洗脑"后，很难在母国达成文化认同。塔拉对印度人物场景的反应与奈保尔第一次印度之行几乎没有什么两样。颇具象征意义的是，在陪同母亲准备向神献祭时，塔拉竟然忘记了一道重要的宗教礼仪，她沉痛地意识到："这不是简单的遗忘……这是一次小小的死亡事故，这是心灵的僵硬，是轴心和中心的碎裂。"① 身为婆罗门后裔的塔拉忘记宗教礼仪，意味着她文化心灵里的西方性压倒了她脆弱的印度性。这一情节和奈保尔与印度宗教文化的疏离形成对应。这逼迫她反省自己的文化无根状态，也就必然困惑于自己的文化身份。塔拉的困惑不安实际上反映了作者穆克吉在那一时期的某些艺术与人生思考。

1975年，穆克吉出版了第二部长篇小说《妻子》。塔拉在《老虎的女儿》中回到印度检测她的印度性脆弱几何，而蒂姆泊在《妻子》中陪同丈夫赴美检测印度妇女面对"文化休克"时的心理承受能力。两位印度女性跨越文化边界的心灵探索以这一东一西的逆向征程表现出来。在《妻子》中，来到美国的蒂姆泊面临一种真实而冷酷的"文化两难"。虽然也有印度人聚居区，也有印度风俗的社交聚会，但蒂姆泊仍然难以抗拒美国生活的巨大反差。当她告诉印度同胞自己正遭受失眠和头痛的折磨时，对方一针见血地指出："这就是怀乡病。"② 由于无法战胜失眠和噩梦

① Bharati Mukherjee, *The Tiger's Daughter*, Delhi: Penguin Books India, 1990, p. 20.

② Bharati Mukherjee, *Wife*, Delhi: Penguin Books India, 1990, p. 205.

的袭扰，蒂姆泊最后在梦游状态下杀死了自己的丈夫。一出跨文化生活体验的黑色悲剧就此闭幕。塔拉和蒂姆泊天生是一对灵魂流浪的同胞姐妹。她们的个案与奈保尔的印度文化体验形成照应。

第三节 在“文化定位”中完成超越

穆克吉在 1977 年出版的印度游记中的尾声里写道：“在印度的这一年使我将自己视为移民而非流亡者……我在印度的这一年让我明白，我没有必要为了重获模糊的印度性而抛弃我所接受的西方教育。”① 穆克吉在这里暗示读者，她的创作以印度游记为契机，开始进入第二个时期即流亡意识转向移民定居意识的过渡阶段。这一时期的主要作品是两部短篇小说集《黑暗》（1985年）和《中间人》（1988 年）。在《黑暗》的“引言”中，穆克吉将自己在美国的生活与心态变化称为“从流亡的孤独向移民的勃勃生机转变的一次运动”。她不再把自己身上的印度性视为一种“脆弱的身份认同”，而是将它视为“一种值得庆贺的流动身份”②。这标志穆克吉创作进入了新阶段，同时也意味着她开始批判性地超越“心目中的榜样”奈保尔。

将印度性视为一种“流动身份”和“隐喻”的穆克吉对同为印度后裔的奈保尔和拉什迪非常关注。在《黑暗》中，她借小说

---

① Clark Blaise & Bharati Mukherjee, *Days and Nights in Calcutta*, New York: Doubleday & Company, 1977, p. 284.

② Bharati Mukherjee, *Darkness*, Ontario: Penguin Books, 1985, pp. 2—3.

人物的口大有深意地说道："旅行者在哪里都有家的感觉，因为她在哪里都无家可言。"[①] 她带着这样一种四海为家的心态阐释过她与奈保尔的不同："奈保尔书写永久流亡的生活状态和拥有家园的不现实。和奈保尔一样，我也是来自第三世界的作家，但不同的是，我是自愿从印度来到美国定居。我已经把这个国家当作自己的家。我将自己看成一个美国作家。"[②] 这些话分明表示了穆克吉对奈保尔的刻意反思。穆克吉从第一阶段关注流亡境况到第二阶段开始关注移民定居，与她对奈保尔和拉什迪创作心态的清醒认识不无关系。她曾经在比较奈保尔和拉什迪关于后殖民流亡的心态时说："拉什迪最吸引人的观念（我希望这不是没有理由的恭维）是，尽管伴随失落困惑和彻底的荒诞，移居仍是一种纯粹的盈利行为，是一种与奈保尔的失落和模仿相对立的精神升华。"[③] 既然认定拉什迪的移民观是一种"赢利行为"，是移民者的一种"精神升华"，穆克吉对于第三世界移民的描写就不可避免地打上了拉什迪似的痕迹，同时也象征着她对一直努力探索"抵达之谜"的奈保尔的扬弃和超越。

正如霍米·巴巴指出的那样，后殖民作家的抵抗不一定是政治的全然对立，也并非意味着简单地否定和排斥另一种文化，而是要在殖民者的主流话语内部制造混乱，以达到获取文化差异的目的。因此，巴巴提出了居间性概念，倡导文化的多空间性和多

① Bharati Mukherjee, *Darkness*, Ontario: Penguin Books, 1985, p. 31.

② Alison B. Carb, "An Interview with Bharati Mukherjee," *The Massachusetts Review*, Winter 1988—1989, p. 650.

③ Latha Rengachari, "Debating Expatriate Women's Writing from the Indian Subcontinent," Somdatta Mandal, ed. *Asian American Writing*, Vol. 3, Delhi: Prestige, 2000, p. 33.

位性，目的是要寻找一个可以翻译和协商的“第三度空间”。巴巴身为印度后裔，他在后殖民理论建树上借鉴了拉什迪富含混杂策略和解构叙事的文学创作。创作《黑暗》时的穆克吉已经从加拿大奔向了新大陆美国。在这里，她以前所未有的优越心态开始对移民问题作超越性的艺术思考。她的心态开始与巴巴和拉什迪接近。拉什迪认为：“移民者不单只为自己的行动而改变，他也创造自己的新世界。移民者可能会蜕变，但正是在这种混杂化的过程中，新颖性涌现出来。”[①] 拉什迪强调第三世界移民主动向寄居国社会渗透和靠拢，创造自己的“新世界”，在“第三度空间”为自己进行“文化定位”，这与穆克吉的思想相一致。因此，在《黑暗》中，穆克吉对那些不能主动融入当地社会生活的印度移民进行淡淡的讥讽或嘲笑。令人深思的是题为《乡愁》的小说。乡愁往日是移民作家讴歌的主题，现在却在《乡愁》中成为穆克吉嘲讽的靶子。这似乎可以看作穆克吉对移民问题新思考的艺术结晶。

与拉什迪一样进行跨界书写的穆克吉，也以一种“文化翻译”心态观察印度移民在北美的“身份翻译”。有人评价她说：“穆克吉本人便是一个‘被翻译过来的人’（translated person）。穆克吉在小说中对印度与西方文化进行互译。”[②] 在《黑暗》中，两篇小说反映了穆克吉的“文化翻译”观。在《印度教徒》中，穆克吉揭示了印度移民丽拉在美国自我翻译文化身份的心路历

---

① Salman Rushdie, *Imaginary Homeland: Essays and Criticism* (1981－1991), London: Grant Books, 1991, p. 210.

② Nagendra Kumar, *The Fiction of Bharati Mukherjee: A Cultural Perspective*, Delhi: Atlantic Publishers and Distributors, 2001, p. 81.

程。丽拉嫁给了白人德里克，她大言不惭地声称：“我否认近来与印度有任何联系。我在美国已经宾至如归多年了。我现在是一个美国公民。”① 这样说来，丽拉在印度与美国之间的文化身份“翻译”是成功的。《访客》中的维妮塔陪同丈夫来到陌生的美国，她强迫自己通过“文化翻译”成为“文明”的“现代人”，但是却很难如愿。小说集题目《黑暗》暗示第三世界移民的“文化翻译”存在许多未知数，这说明穆克吉在此问题上正处于痛苦思考的过程中。

1988年出版的短篇小说集《中间人》探讨的主题更加广泛，涉及的移民背景更加复杂，他们分别来自印度、斯里兰卡、菲律宾、越南等国。它将《黑暗》中没有解决的“文化翻译”问题引向深入。穆克吉曾经这样谈论过《中间人》：“小说中的移民们在美国经历着剧烈变化，同时又改变着美国的面貌和精神结构。”② 正如小说题目显示的那样，穆克吉本人是一个中间人，在东西文化之间进行沟通协商。她强调移民对寄居国文化地图主动积极的重描。她认为，移居美国是一个双向互动的进程：“白人和移民通过互动体验创造第三种东西。”③ 所谓的“第三种东西”即暗示了穆克吉与巴巴“第三度空间”理论的共谋关系。《中间人》的十一个短篇小说，有许多故事涉及女性移民主题，特别是她们在美国对自己的身份重新进行“文化定位”的尝试。如《嘉丝敏》、《妻子的故事》和《房客》等篇便是如此。

---

① Bharati Mukherjee, *Darkness*, Ontario: Penguin Books, 1985, p. 133.

② Alison B. Carb, “An Interview with Bharati Mukherjee,” *The Massachusetts Review*, Winter 1988—1989, p. 648.

③ Nagendra Kumar, *The Fiction of Bharati Mukherjee: A Cultural Perspective*, Delhi: Atlantic Publishers and Distributors, 2001, p. 105.

由流亡意识转向移民心态，是否真的就一劳永逸地解决了所有的问题？回答这个问题显然具有挑战性。《黑暗》和《中间人》为我们艺术地揭示了一个新世界，一个从世界各地涌来的新面孔在美国脱胎换骨而创造的新世界。这些新面孔在两种文化的矛盾张力中浮沉挣扎，以期创造属于自己的"第三度空间"。他们有乡愁，但更有治疗"怀乡病"的勃勃雄心。他们正在培养"文化变色龙"的基本功，正从流亡心态向移民意识过渡。不过，大多数时候，他们在异质文明语境中的"文化翻译"遇到了挑战。他们有的人如同印度大史诗《罗摩衍那》中的陀哩商古，头朝下悬在仙人特设的新天空，将自己的文化面貌"翻译"得古怪而畸形。这说明，穆克吉作品仍然在流亡心态向移民意识转变的过程中等待转型，这为她进入创作第三期即移民定居期打下了基础。

穆克吉进入创作第三阶段时，她笔下的人物在应对异国生活挑战时，显示出了"移民定居者或曰本地化公民的十足信心"①。这以1989年出版的长篇小说《嘉丝敏》最为典型。《嘉丝敏》是对《中间人》里的同名短篇小说的艺术翻新，添加了更为复杂的情节和更加乐观自信的基调，这充分反映了穆克吉此时对于移民问题的新思考，也涉及她对加拿大和美国少数族裔政策的不同看法。在《嘉丝敏》中，穆克吉试图利用女主人公嘉丝敏从印度到美国非法移民的一系列冒险行为，松动跨文化现实的复杂"冻土层"。她在美国这个新世界的挣扎奋斗象征着一个文化失根人突破孤独重围的无尽诉求。嘉丝敏是对此前的塔拉、蒂姆泊、玛雅

① Nagendra Kumar, *The Fiction of Bharati Mukherjee: A Cultural Perspective*, Delhi: Atlantic Publishers and Distributors, 2001, p. 107.

和巴特尔夫人等移民女性形象的超越。在异国生存的漫长道路上，嘉丝敏勇敢地反抗加在她头上的悲惨命运。在她那里，乡愁已经没有多少立足之地。她说：“我变了是因为我想变。将自己蜷缩在乡愁里，将心包裹在子弹打不穿的背心里，这是懦夫。”① 这样，穆克吉基本上实现了对奈保尔创作心态的超越。

某种程度上，穆克吉的跨文化三期书写基本上覆盖了从奈保尔早期创作到拉什迪近期创作关于文化身份思考的基本内容。从1971年出版处女作《老虎的女儿》到1997年出版《留给我》，穆克吉从探索第三世界自我流放者的流亡意识，到考察其向移民定居意识的转变过渡，再到这种定居意识的扎根亦即完成自我身份的“文化翻译”、寻求移民生存的“第三度空间”，走过了一条艰辛的个人体验和艺术探索相结合的道路。值得注意的是，她的最新作品《留给我》再次回溯到移民的寻根意识，这种关于身份主题的“轮回”叙事似乎意味着穆克吉对奈保尔探索身份主题的理性回归。这似乎暗示，后殖民作家关于文化身份问题的探讨，还是一个现在进行时。

① Bharati Mukherjee, *Jasmine*, New York: Grove Weidenfeld, 1989, p. 185.

第十章 “在印度之外”：贾布瓦拉的跨文化困境

贾布瓦拉 1927 年生于德国，父亲是波兰犹太律师，由于纳粹法西斯迫害犹太人，1939 年举家逃亡到英国。她在那里接受教育并以英语写作，同时成为英国公民。1951 年，她与一个印度拜火教徒（袄教徒）建筑师结婚后，随即移居德里，在那里定居二十四年，并抚育了三个女儿。她在印度期间，创作了九部小说中的八部，还创作了四部短篇小说集和多个电影剧本。1975 年，她离开印度定居纽约。贾布瓦拉创作丰富，是当代后殖民小说家中的佼佼者。人称其为“重要的后殖民小说家”①。贾布瓦拉的早期小说主要描写印度人，到了后来，她开始越来越关注在印欧洲人的命运，这与她自己的双重身份有关。有人认为，贾布瓦拉作品具有俄罗斯作家契诃夫的喜剧风格，实际上她的作品并没有多少喜剧成分，相反，其作品的悲剧色彩倒是非常浓厚。奈

① Ralph J. Crane, *Ruth Prawer Jhabvala*, New York: Twayne Publishers, 1992, p. 121.

保尔曾经这样评价贾布瓦拉：“深入印度社会内部，且以一种能让人接受的评价来对其进行断言的唯一作家就是普拉瓦尔·贾布瓦拉，而她是欧洲人。”① 贾布瓦拉的代表作为1975年出版并获得当年布克奖的长篇小说《炎热与尘土》（Heat and Dust）。除此之外，她还创作了《在印度之外》和《热情的本质》等作品。本章以《炎热与尘土》为重点，对贾布瓦拉的印度书写某些侧面进行探索。

关于贾布瓦拉的国籍归属问题，英国学者大卫·鲁宾认为，她被大多数印度和西方论者归入拉贾·拉奥、M. K. 安纳德、R. K. 纳拉扬等人的印度英语作家之列，实际上，她自己并不这样认为。鲁宾认为，贾布瓦拉不应该被“视为印度作家，她实际上属于英印作家写作传统。那些英印作家以外来者的优越意识带着挑剔和常见的傲慢眼光看待印度”②。1974年，贾布瓦拉告诉别人：“实际上，我生来就是一个被置换的人。”③ 她的话揭示了她与奈保尔等文化心理被置换的后殖民作家的共同点。同一年，在接受别人访谈时，对方问她是否愿意被视为印度作家，她的回答是：“不，我怎么会呢？我不是印度作家，对吧？这一事实无可动摇。因为我的出生背景、祖先、传统都不同，我与印度作家的写作姿态不同。如果我必须被视为哪一类作家，我宁愿是那些书写印度的欧洲作家中的一员。”④ 这清楚地表明，贾布瓦

① V. S. Naipaul, *An Area of Darkness*, London: Penguin Books, 1968, p. 216.

② David Rubin, *After The Raj: British Novels of India Since* 1947, Hanover and London: University Press of New England, 1986, p. 77.

③ Yasmine Gooneratne, *Silence, Exile and Cunning: The Fiction of Ruth Prawer Jhabvala*, Delhi: Orient Longman, 1983, p. 1.

④ David Rubin, *After The Raj: British Novels of India Since* 1947, Hanover and London: University Press of New England, 1986, p. 78.

拉并不认同印度文化身份。大卫·鲁宾在他的著作中将其归入英国作家之列，考虑到她早期的英国公民身份和英国生活经历，这样做也是有一定道理的。但考虑到她曾经身为印度公民，且大多数印度学者均视其为印度英语作家或印度海外作家进行研究，因此，本章仍尊重印度学者的惯例，将贾布瓦拉纳入印度海外作家之列进行研究。当然，这也不妨碍将她归入英国作家的行列进行研究。笔者在拙著《英国文学中的印度》便是如此处理的。这也是印度海外作家或世界流散作家给研究者带来的魅力所在。

有的学者认为，贾布瓦拉在书写印度的作家中非常独特："一方面，她属于吉卜林、福斯特和保罗·斯各特等英印作家的搭档，另一方面，她又可以与 R. K. 纳拉扬、安妮塔·德赛和卡玛拉·玛康达雅平起平坐。她既是非印度的外来者，又是众所周知的自己人，印度大家庭中的一员。"① 这里说的是贾布瓦拉的优势所在，即外位视角和内在视角并存的双重视角。大卫·鲁宾认为，贾布瓦拉"不仅从印度流亡，还曾流亡到印度。因此，她处于一种永远的流亡状态"②。贾布瓦拉在短篇小说《感受印度》中写过这样一句话："我为了到印度而来到这里。我想在印度改变自己。"③ 鲁宾和贾布瓦拉的话提醒我们，分析贾布瓦拉的印度书写，必须先弄清楚其身份意识。这可从她的自述入手。

1966 年，贾布瓦拉在为自己的短篇小说集《感受印度》

① Ralph J. Crane, *Ruth Prawer Jhabvala*, New York: Twayne Publishers, 1992, p. 1.

② David Rubin, *After The Raj: British Novels of India Since* 1947, Hanover and London: University Press of New England, 1986, p. 77.

③ Ruth Prawer Jhabvala, *An Experience of India*, London: John Murray, 1975, p. 189.

(An Experience of India) 所写的引言“我在印度”中，非常坦率地讲述了自己对印度的真实感情和印象。有人评价道：“‘我在印度’试图勇敢而诚实地解释她对这个国家的感情，写这篇文章的时候，她仍然住在印度。这篇文章得到西方的普遍青睐，但在印度常常遭到严厉的批判。”① 这篇文章是这样开始的：“我在印度几乎度过了自己全部的成年生涯。我先生和孩子们都是印度人。我不是，并且我身上的印度性逐年减弱。”② 这第一句话就让人了解到她对印度复杂暧昧的心绪。贾布瓦拉接下来叙述道：“印度在人们身上反应强烈。有的讨厌它，有的喜欢它，而大多数人二者皆备。”她认为，接受和体验印度不是一件容易的事情，往往你会在一个地方停止以保护自己。印度是一个太厉害的国家，欧洲人的神经承受不住。这里存在一个印度体验的循环，西方人往往都会掉进其中：“第一阶段是狂热期，印度的一切都棒，第二阶段里，印度的一切并非都那么出色，第三阶段里，印度的一切都令人生厌。对有的人而言，循环到此为止，而对其他人来说，循环重新开始。我已经一次次经历过这种循环，感到自己被拉进一个轮子，不断旋转再旋转，七上八下，不停颠簸。”③ 在这样一种痛苦心理的循环状态下，贾布瓦拉毫不隐晦地说：“然而我必须承认，我对印度不再有兴趣了。现在我关心的是我在印度，有时灰心地将它归结为我在印度生存着。我最好再坦率一

① Ralph J. Crane, *Ruth Prawer Jhabvala*, New York: Twayne Publishers, 1992, p. 126.

② Ruth Prawer Jhabvala, *An Experience of India*, London: John Murray, 1975, p. 7.

③ Ruth Prawer Jhabvala, *An Experience of India*, London: John Murray, 1975, p. 7.

点。我之所以在印度只因这里有我最深的人类联系。如果没有嫁给印度人，我想我永远都不会来这里……我知道我属于错误地住在这里的人。”① 贾布瓦拉与奈保尔早期的印度印象非常相似，她说：“印度最明显的事实是，它非常贫穷落后……谁能对此视而不见？天知道。我曾经试过。”② 印度人对此已习以为常，也许这与他们相信人的再生有关。作者话锋一转，说这些东西不是她所关心的问题，她只关注自己在印度的境况，关注现代而西化的印度及现代而富裕，西化而教养良好的印度人。不过，作者很快食言，她叙述自己对印度的态度是：“我发现自己变得很恼火。我不想谈论印度。”因为，印度留给她的痛苦太深太多，其中数印度的炎热最为折磨人。她为此举了一些例子。接下来她说：“我用这些夸张意象目的是显示印度会变得多么难以忍受（骇人听闻的说法）……我想，不光是欧洲人，印度人也不得不寻找地方躲避那常常令人难以忍受的环境。”③ 除了印度的炎热气候使作者难以忍受外，印度的文化习俗也使她倍感不适。她说：“我喜欢聆听印度的颂神曲。它们就像从井里刚打上来的清泉。”她的感受是：“听到这些歌曲时，我感到神清气爽，所有烦恼无影无踪……我变得耐心而善良，感到一切都好。不幸的是，这些宁静安谧持续不了多久。过一会儿，我觉得没有什么值得称道，我也不再高兴如初。”她举了一个例子，如有人对她说：“快看，我

---

① Ruth Prawer Jhabvala, *An Experience of India*, London: John Murray, 1975, p. 8.

② Ruth Prawer Jhabvala, *An Experience of India*, London: John Murray, 1975, p. 8.

③ Ruth Prawer Jhabvala, *An Experience of India*, London: John Murray, 1975, p. 17.

们能在牛身上看到神，印度灵魂多么美妙！”而当贾布瓦拉自己努力印证体验这种印度的“美妙”时，结果并不美妙而是苦涩无比，因为对她而言：“我很快就明白了，牛就是牛，并且是骨瘦如柴、营养不良、病态怏怏的牛。”贾布瓦拉为此解释道：“谈到这里，我似乎已经触及到问题的实质所在。住在印度并心安理得，你必须在相当程度上把自己变为印度人，并采纳印度人的心态、习惯和信仰，如果可能的话，还塑造一种印度人格。这怎么可能？即使这是可行的，并不自欺欺人的话，那又怎会令人向往呢？”① 贾布瓦拉说，她自己已经试验过穿戴印度的莎丽，温顺地想象在牛里看见神，但是这往往不能持久，到头来，她都以失败而告终。在这一“引言”的结尾，贾布瓦拉给读者和自己留下一丝希望：“有时候我确实回到了欧洲。但是，过不多久我会烦恼不堪，又想回到印度。现在我发觉很难适应欧洲的气候。我已经习惯于印度的炎热气候，似乎需要它。”② 1976 年，贾布瓦拉在另外一篇文章中写道：“我的工作就是试图探索我自己那些没有探明的领域……我描写印度场景，并非为它之故，而是为我自己。我的工作是，一个单独的欧洲人试图调和印度那困惑人心的生活进程。”③ 综上所述，贾布瓦拉与印度的文化邂逅及其印度书写的复杂心态基本明朗。

在贾布瓦拉的短篇小说集《我如何成为一个圣母》中，她在

---

① Ruth Prawer Jhabvala, *An Experience of India*, London: John Murray, 1975, p. 19.

② Ruth Prawer Jhabvala, *An Experience of India*, London: John Murray, 1975, p. 20.

③ David Rubin, *After The Raj: British Novels of India Since 1947*, Hanover and London: University Press of New England, 1986, p. 78.

《英国女人》这篇小说中记录了一个五十二岁的英国女人萨迪在印度度过最后一晚时的意识流。萨迪在印度生活了整整三十年，千方百计想融入印度生活，却以失败告终，她最后决定离开印度回国。她回国的代价是撇下三十年的婚姻和印度丈夫、儿女和孙儿孙女。贾布瓦拉写道："正是在这个孤寂的时刻，她作出了离开的决定……但事实上，她回想起来，她的这个决定已经酝酿了二十年。她甚至能确切指出二十年前的哪一天，她第一次发觉自己不想继续在这里生活。"[①] 萨迪与印度文化无法达成共识的悲剧在《炎热与尘土》中也得到强烈的艺术表现。

有人认为，贾布瓦拉是一位作品经受得住时间考验的作家。虽然《炎热与尘土》是一本出色的作品，但它不是贾布瓦拉最好的小说。事实上，这一作品给贾布瓦拉带来了更大的荣誉："相当大的程度上，贾布瓦拉的声望就建立在她的小说《炎热与尘土》之上。无疑这部分归因于它获得过布克奖，电影改编方面也再次成功。"[②] 1975 年出版的《炎热与尘土》是作者"最后也是最有争议的关于印度的作品。比起她的任何其他作品来，《炎热与尘土》为她在印度招来了批评家们的辱骂，而在西方又获得大量的赞誉"[③]。拉什迪曾经说过，贾布瓦拉有一种"文化无根的意识"，她在印度的名气"比她在西方的名气要小得多"[④]。看来，拉什迪此言不假。一些印度评论家认为，《炎热与尘土》延

---

① 贾布瓦拉：《英国女人》，黄宝生译，《世界文学》，1988 年第 4 期，第 84 页。

② Ralph J. Crane, *Ruth Prawer Jhabvala*, New York: Twayne Publishers, 1992, p. 126.

③ Aruna Chakravarti, *Ruth Prawer Jhabvala: A Study in Empathy and Exile*, Delhi: B. R. Publishing Corporation, 1998, p. 203.

④ Salman Rushdie, *Imaginary Homelands: Essays and Criticism* (1981－1991), London: Grant Books, 1991, p. 68.

续了西方书写印度的传统，诋毁印度形象，是一部反对印度的作品，是对贾布瓦拉本人在印度二十三年痛苦生活的总结。八年后，电影版《炎热与尘土》在印度掀起新的愤怒浪潮。某些印度人认为，这部影片本质上属于种族主义性质，但同时，也有部分印度人认可这一影片。如同样身为印度海外作家的安妮塔·德赛认为，她没有在这部电影中发现任何反对印度的立场观点，她坚持声称：“如果这部电影批评了某一社会，可以肯定地说不是抨击印度。”①

《炎热与尘土》这部小说借鉴了18世纪古典小说技巧，在叙述之中穿插了主人公之一的日记摘录和书信的引文。整个作品的结构却是电影式的不断闪回穿插，时空交织变换，显示的是贾布瓦拉电影剧本创作实践和影片剪辑经验的引申。故事有两个主人公，她们是不同辈份的人。作者放弃了她在以前小说中使用的全知全能的单一叙述视角，采用了两位女主人公的复式视角。她们两位是白人血统，一位是奶奶，另一个是孙女，都对印度怀有幻想。她们都与印度男人发生了人类最古老、最自然的关系。

第一女主人公奥莉维娅美丽可爱，她嫁给白人同胞道格拉斯。奥莉维娅与福斯特《印度之行》中的阿德拉小姐一样，也带着美好的愿望来到印度，并与印度和印度人有着这样那样的纠葛，因此与她自己的白人族群疏远开来。有意思的是：“奥莉维娅的白人肤色和金黄头发象征了帝国缔造者们值得为之战斗牺牲的东西，但她自己却难与他们观点一致……奥莉维娅不喜欢带着

① Aruna Chakravarti, *Ruth Prawer Jhabvala: A Study in Empathy and Exile*, Delhi: B. R. Publishing Corporation, 1998, p. 203.

优越文化的傲慢心态扰乱当地人风俗。”[①] 1923 年，印度人的生活方式还摆脱不了传统习惯的支配，如萨提制、童婚制等。按照萨提制，妻子变为寡妇时要为死去的丈夫殉葬即与丈夫同时举行火葬。印度作家泰戈尔曾经在他的短篇小说里艺术而深刻地批评过这种陋习。但是负载着作者微妙信息的奥莉维娅却表现出对于萨提制的无比宽容。在争论中，奥莉维娅不同意道格拉斯等人对于印度风俗习惯的疏离乃至反对姿态，认为他们不尊重印度人遵照自己方式来生活的权利。奥莉维娅与道格拉斯在思想感情方面难以沟通，心理裂痕增大。她不与白人丈夫和好，而与印度当地的一个土邦王公即纳瓦布（Nawab）好上了，后来与后者达到一种形影不离的状态，并怀上了纳瓦布的混血儿。她与纳瓦布的跨种族婚外情及私奔显示出一种丰富的文化意味。这仿佛是保罗·斯各特笔下曼纳斯小姐奔向库马尔的情节重演。但在混血的恐惧心理中，奥莉维娅进行了堕胎，这反映了她还没有具备《统治四部曲》中的曼纳斯小姐生下库马尔的混血女儿的勇气。奥莉维娅后来在孤寂中死在异国印度，她要求按照印度教葬礼方式进行火葬，几经波折，终于获准。她的骨灰和灵魂留在了印度。

小说的第二个主人公即为本书的叙述者“我”。“我”是道格拉斯第二房妻子的孙女。孙女对奥莉维娅奶奶所遗留的日记书信非常感兴趣。作者用一种极富艺术魅力的手法，把两位主人公的经历相互交织，进行对比叙述。半个世纪已经过去，大英帝国殖民印度的历史已经写进书里，但贾布瓦拉笔下那后殖民时代的印

---

① Aruna Chakravarti, *Ruth Prawer Jhabvala: A Study in Empathy and Exile*, Delhi: B. R. Publishing Corporation, 1998, p. 211.

度依旧是那么炎热难耐，尘土依旧漫天飞扬，愚昧贫困依然困扰着人心。与奶奶奥莉维娅一样，孙女也爱上了当地印度人，并全身心地越过了种族的最后防线，怀上了印度人的混血儿。她比奶奶胆量更大，仿佛是保罗·斯各特笔下的曼纳斯。在小说的结尾处，她说：“当然，首先我要生下我的孩子。”① 为此，她去了喜马拉雅山的一个静修院寻求精神援助。至于即将生下的混血儿能否能在后殖民印度顺利成长，她这时还来不及考虑。故事到此戛然而止。祖孙隔代的“东方传奇”在此降下帷幕。

印度学者 M. 穆克吉认为，总括起来，《炎热与尘土》有五个方面的主题。其一是采用镜头不断闪回的方式，将 1920 年代和 1970 年代进行时间与空间的艺术组合，检视在印欧洲人跨越半个世纪、既同且异的东方生活体验；其二是“展示一种文化强加于另一文化之上的破坏性效果”；其三是暗示人类关系可以“为体验和幻想之循环提供一种暂时的栖身之地，这是生活中的绿洲”；其四是表达贾布瓦拉的一种观念，即“印度带给住在其间的人一种地狱般感觉，但同时又传达了一种天堂似的感受”；第五个主题是“探究带着热情和深爱住在印度及印度之外的人的生活方式”②。这五个主题暗示了《炎热与尘土》的复杂和暧昧。

有人指出：“贾布瓦拉对福斯特《印度之行》的反应，可以视为拉什迪所谓的逆写帝国中心。”③ 这分明点出了《炎热与尘土》与《印度之行》若即若离、形影相随的微妙关系。暂且不论

---

① Ruth Prawer Jhabvala, *Heat and Dust*, London: John Murray, 1975, p. 180.

② Yasmine Gooneratne, *Silence, Exile and Cunning: The Fiction of Ruth Prawer Jhabvala*, Delhi: Orient Longman, 1983, pp. 211—215.

③ Ralph J. Crane, *Ruth Prawer Jhabvala*, "Introduction", New York: Twayne Publishers, 1992.

贾布瓦拉与福斯特的思想联系，设若以创作《印度：百万叛变的今天》时期的奈保尔相比，贾布瓦拉还是有一段不小的距离。至少，她在逆写帝国中心这一点上没有达到人们的预期效果。首先，《炎热与尘土》的叙述主角都是白人女子，印度人则处于全面的失语状态。东方依然处于被人表述的位置。其次，贾布瓦拉的东方主义心态和手法使其逆写帝国的企图半途而废。单是题目“炎热与尘土”就足以勾起西方读者对于东方印度的无尽遐想。与福斯特的马拉巴山洞、保罗·斯各特那神秘恐怖的比比加尔花园和吉卜林的丛林与大正道一样，贾布瓦拉也没有放弃西方传统的象征隐喻。纳瓦布的宫廷靠近一个村子“Khatm”，这个词在乌尔都语中意思是“完结”，而奥莉维娅和孙女“我”住的地方叫“Satipur”，在印度语言中意为“忠实妻子之城”。这是明显的反讽。但在这里，印度场景被挪用。既然是处理英印人的生活题材，贾布瓦拉肯定意识到福斯特横亘在她面前的“影响的焦虑”而力求有所超越，她意图以《炎热与尘土》来“粉碎描写帝国生活的小说的神话”。印度学者对贾布瓦拉的双重视角持欣赏立场。他说：“贾布瓦拉是独特的。对她而言，文学创作的优势与劣势都有。优势在于她那在印欧洲人的特殊立场，劣势则是她不属于真正的、土生土长的印度人。”实际上，她的劣势非常顽固地阻止了她粉碎英印作家印度书写“神话”的企图。于是，连她的优势也都变成了彻头彻尾的劣势。有的印度学者认为，她的小说题目《炎热与尘土》不仅使印度蒙羞，还在西方读者心目中建构了关于印度的“浪漫”形象，因为：“炎热就是爱欲和激情的症候。"①

小说开篇，一位鄙视印度教徒和佛教徒的英国妇女说，她已见过世界上许多事物，从中领悟到一个道理："没有耶稣基督，你不可能在印度呆下去。"② 对她而言，印度没有一样东西具有人性，是彻底的蛮荒之地。这里暗示了东方野蛮与西方文明的潜台词。一对英国青年男女来印度寻找心灵静谧。姑娘气愤地说，她在这里各地只看到印度人的贫穷和虚伪。她说："我想寻找心灵安静，但我看到的只是痢疾。"男的帮腔道："那是所有人在这里都能看到的东西。"③ 这里的印度变成了痢疾和垃圾的代名词。奥莉维娅与丈夫道格拉斯吵嘴时问对方，为什么要这样吵嘴。道格拉斯回答说："因为这里的气候使你恼怒。那很自然，对我们所有人都一样。"④ 印度的炎热开始充当作者言说东方话语的道具。奥莉维娅在懊悔中问起道格拉斯："我不知道我究竟怎么了。"道格拉斯一如既往地回答道："我告诉过你，这是炎热的缘故。没有英国人承受得住它。"⑤ 印度的炎热在这里仿佛是一种恶魔般的东西，给欧洲人以沮丧和衰竭感。在小说其他地方，同样的炎热还会催发东方隐士的情欲，它又是一种邪恶的象征。

东方虽然有"难以忍受"的炎热和尘土，但也有拯救西方的可利用的一面。当印度人拉尔问"我"为什么来印度时，"我"的反应几乎和毛姆笔下的拉里相似："我试图给他解释。我告诉

① Ralph J. Crane, *Ruth Prawer Jhabvala*, New York: Twayne Publishers, 1992, p. 123.

② Ruth Prawer Jhabvala, *Heat and Dust*, London: John Murray, 1975, p. 5.

③ Ruth Prawer Jhabvala, *Heat and Dust*, London: John Murray, 1975, p. 21.

④ Ruth Prawer Jhabvala, *Heat and Dust*, London: John Murray, 1975, p. 40.

⑤ Ruth Prawer Jhabvala, *Heat and Dust*, London: John Murray, 1975, p. 117.

他，我们许多人都对西方的物质主义感到厌倦。即使我们对东方的精神信息没有什么特别的兴趣，我们也希望来印度寻找一种更加素朴自然的生活方式。”接下来作者的叙述将重心微妙地转到拉尔身上：“我的解释伤了他的心。他觉得那是玩笑话。他说，为什么拥有汽车、电冰箱等一切东西的人要跑到这一无所有的地方来。他说，他因为自己的生活方式在我面前常常感到羞耻。当我想反驳他时，他更加起劲。他说，按照西方标准，他很清醒地意识到，他的房子、食物和进餐方式都是原始的，不够标准的。”贾布瓦拉这时的叙述又变成表述他者的角度，逆写帝国暂时告一段落。她笔下全知全能的主人公对拉尔自我贬低的反响是：“的确，因为没有科学的头脑和对现代世界的无知，他应该视为原始而不够标准者。然而他清楚，在所有方面他已经落后于时代，正是在这点上我完全有资格嘲笑他。我为何不嘲笑他！”① 这样，贾布瓦拉在继承毛姆《刀锋》关于东方印度书写的道路上大踏步地后退，一直退到反对毛姆和毛姆笔下珍视东方的拉里为止，退到了吉卜林时代黑白二分的印度书写传统里。于是，在与自己认为“不洁”的印度人接触后，“我”即贾布瓦拉的传声筒的心思这样流动着：“我第一次明白和感觉到印度教徒对污染的恐惧。我回到家彻底地洗了个澡，上上下下洗了个遍。我害怕极了。污染和传染似乎到处到是。那些苍蝇很容易把那些东西从她那里带到我身上。”② 这里人们可以读出印度的婆罗门意识，但这是一种贾布瓦拉东西文野对立心态中包裹的婆罗门意识，一种东西合

① Ruth Prawer Jhabvala, *Heat and Dust*, London: John Murray, 1975, pp. 95—96.
② Ruth Prawer Jhabvala, *Heat and Dust*, London: John Murray, 1975, p. 110.

璧的不健康心态。这时再对照奈保尔对贾布瓦拉的评价，我们会读出一种反讽效果：“深入印度社会内部，且以一种能让人接受的评价来对其进行断言的唯一作家就是普拉瓦尔·贾布瓦拉，而她是欧洲人。”①

可以说，贾布瓦拉笔下的东方炎热就是爱欲和激情的来源，印度人就是这种爱欲激情的象征。通观《炎热与尘土》，其中最引人注目的就是几场平行的跨越半个世纪的跨种族婚恋。几个故事中的女主人公是白人，男主人公是印度人。

奥莉维娅与道格拉斯不和，但却为印度王公纳瓦布身上的男性魅力所征服。纳瓦布每天都将奥莉维娅招到他的宫廷，与之尽享跨越种族界限的男欢女爱。奥莉维娅则是有求必应：“他在什么地方召唤，她都跟随而去，并满足他的一切愿望。”终于，奥莉维娅怀孕了。纳瓦布为奥莉维娅的怀孕喜出望外：“他常常拍打她瘦削的臀部和扁平小巧的腹部问她：‘你真的愿意为我做这事吗？’显然这使他感到惊讶：‘你不害怕？唔，你多么勇敢啊！’他的惊讶使她开怀大笑。”② 但是，出于惧怕自己混血儿私生子的肤色及其他方面的复杂因素，奥莉维娅终于决定堕胎。这一桩跨种族恋情到头来竟是一场纳瓦布精心设计的圈套。“他一直知道奥莉维娅有点堕落。她的这一弱点当然被堕落的纳瓦布所发现并利用之。没人怀疑纳瓦布已将奥莉维娅用作了复仇的工具。”③ 为此，英印人明尼斯上校写了一本专著，论述印度人对欧洲人观念和人格的影响。这位上校在书中警告英印人，必须坚决抵制印

---

① V. S. Naipaul: *An Area of Darkness*, London: Penguin Books, 1968, p. 216.
② Ruth Prawer Jhabvala, *Heat and Dust*, London: John Murray, 1975, p. 152.
③ Ruth Prawer Jhabvala, *Heat and Dust*, London: John Murray, 1975, p. 170.

度的诱惑。“他说，最软弱的人往往是那些最爱印度的人。”爱印度的方式有多种，印度的许多东西如风景、历史、诗歌、音乐和印度男女的身体美都值得欣赏，但是，这所有的东西“对那些爱得过于投入的欧洲人来说是危险的。印度常常是找到弱点就从此下手”。明尼斯上校称那些软弱的情感为“欧洲情感”。他警告欧洲同胞：“人们永远不要像印度人那样被感情的泛滥而变得心软。因为你心里一软，你就越过了边界，就会被轻易地拉到另一边。”[①] 这里的语言明显带有吉卜林印度书写的风格特征。奥莉维娅属于失败的典型，后来她客死印度，但能得到按照东方习惯进行火化的礼遇，算是贾布瓦拉给奥莉维娅留下的唯一亮色。但“冷酷虚伪”的印度土邦王公纳瓦布却在后来一直未与奥莉维娅联系，成为一个谜似的人物。借助于后殖民理论的观照，他身上负载的东方主义信息仍能得以解码。

半个世纪过去了，奥莉维娅的孙女“我”从英国来到了后殖民印度，这是祖母精神和肉体都曾“遇难”的地方。良心发现的孙女与印度人拉尔将一个在路边奄奄一息的印度教隐士即出家人带回家护理。但复原后的肮脏隐士却暴露了他的流氓本性，这使孙女大为不快。作者关于隐士的叙述是这样的：“他一直处于饥饿状态，不只是渴望食物。他还有强烈的性需求，并似乎认定我会像给食物那样也满足他性的需求。我可从来没有想到像那样被人利用……但是他常常勃起，并涨大到骇人的程度。因此使我联想起湿婆大神那被虔诚的印度教妇女供奉崇拜的巨大阳具。那个时候，我想他的性欲是被他的精神操练所激发，是被他手持念珠

① Ruth Prawer Jhabvala, *Heat and Dust*, London: John Murray, 1975, pp. 170—171.

坐在我房间地板上念颂真言时所催生的。”[①] 这里的叙述值得分析，简单地说，对印度出家人性欲强烈的描叙使印度教形象蒙羞，而隐士的阳具等同于印度教视为神圣的湿婆大神之阳具，让人不禁联想起至少两个镜头：一是保罗·斯各特笔下曼纳斯被强奸时幻想是被湿婆林伽所奸，二是奈保尔感叹“湿婆神不再舞蹈了”。三位当代作家无一例外地选取湿婆乃至林伽来言说自己的后殖民话语，令人称奇。这是典型的去神圣姿态，一种拉什迪式的解构心态。它说明，贾布瓦拉并没有“逆写帝国”，而是逆写东方，解构东方。她与奈保尔、拉什迪等人构成了当代印度书写谱系中解构主义长河的重要支流。

这个淫荡的出家人在身为白人的奥莉维娅的孙女面前呆不了多久，因为他变得越来越危险和讨厌：“不时地，他的阳具疯狂地粗涨。我不得不把他赶开。他的身上很脏……我不得不开始藏钱，但是他又相当狡猾地找得到它。”最后的解决方式很简单：“今天我对他非常恼火，撵他走人。我将他的东西包起来扔到了楼梯上。”[②] 至此，一个关于东方出家人的负面形象已经建构完毕，只等西方读者怀着喜悦和厌恶交织的心情来品味这道由贾布瓦拉烹调的“印度小吃”。孙女所讨厌的出家人和奶奶所错爱的纳瓦布之间表面看没有任何联系，事实上，他们具有相似的特点：“东方”性。他们或冷酷虚伪，或淫荡下流，是畸形的东方人。1972 年，贾布瓦拉出版小说《一片新领地》，次年在美国以《旅行者》为题出版。在这部小说中，作者描写了一个天真的美

---

① Ruth Prawer Jhabvala, *Heat and Dust*, London: John Murray, 1975, p. 65.
② Ruth Prawer Jhabvala, *Heat and Dust*, London: John Murray, 1975, p. 80.

国姑娘丽，她来印度寻找精神导师，但她差点被导师诱奸。这位精神导师仿佛狄更斯笔下“卑劣的漫画式人物”，一个充满野心的贪婪好色的恶魔。这与《炎热与尘土》中的出家人形象并无二致。

作为中心人物的孙女，她与印度人的交道还未打完。她并非没有世俗愿望。相反，她受到印度人拉尔的纳瓦布般男性魅力的吸引。于是，贾布瓦拉的叙述以新的面貌出现：“然而，那一瞬间，我的确有一种欲望，一种强烈的欲望：紧紧地靠拢他。因为这似乎不好用语言来表示，我将手放在他手上……尽管接下来几步由我牵头，一旦我有所表示，他的反应也并不迟钝。”[①] 稍后，拉尔的东方男性“魅力”在作者笔下继续涌现：“她感到为他的力量所吸引，那是一种她在以前生命中从未体味过的魔力。”[②] “拉尔和我面对面躺在床上。和他在一起越来越愉快。现在他已完全信任我，并对我充满爱意。”[③] 她觉得，他们之间的跨种族爱情游戏仿佛是印度教大神克里希那和众多女友欢快调情场景的再现。孙女怀上了拉尔的混血儿。她仿佛保罗·斯各特笔下的曼纳斯小姐，执意生下这个孩子。这说明，贾布瓦拉有意识地让后殖民时代的跨种族结合多几丝亮色、多几分希望。这是她与保罗·斯各特创作旨趣的相似处。

至此，三个东方男人次第登场，他们中的纳瓦布和拉尔吸引祖孙二人的是印度男人的魅力，那是《印度之行》中阿齐兹吸引阿德拉小姐的秘密，也是《统治四部曲》里库马尔吸引曼纳斯小

---

① Ruth Prawer Jhabvala, *Heat and Dust*, London: John Murray, 1975, p. 127.
② Ruth Prawer Jhabvala, *Heat and Dust*, London: John Murray, 1975, p. 136.
③ Ruth Prawer Jhabvala, *Heat and Dust*, London: John Murray, 1975, p. 140.

姐的诀窍，贾布瓦拉熟悉英印文学传统，对于这些秘密和诀窍的借鉴和发挥运用当然不在话下，且有青胜于蓝的感觉。至于出家人的淫荡色情嘴脸，则也可以在《印度之行》里的阿齐兹、在《统治四部曲》中的穆斯林领袖卡西姆的儿子艾哈迈德那里找到模板。进一步说，联系题目"炎热与尘土"仔细思考可以发现，不管是印度人的"魅力"也好，"淫荡色情"也好，都是东方"炎热和尘土"的具体象征和体现。它将印度"东方化"，赢得了西方的读者群，使作者在西方世界声名不衰。这是印度书写传统战略和经典战术的再胜利。

有人说过："《印度之行》是英印文学经典中的翘楚文本，无论欧洲还是印度的所有作家，都在福斯特的阴影中进行英属印度的有关创作。"① 贾布瓦拉也不例外。她曾经承认，没有哪个西方作家在投入印度书写之前不读福斯特的《印度之行》，不对它作出回应，这也是法雷尔和保罗·斯各特等人所认可的事实。在她于1958年出版的第三部小说《艾丝蒙德在印度》中，贾布瓦拉直接提到了福斯特的名字和他的书："艾丝蒙德说：'在你右边，你会看到一个历史场景，福斯特在那里初次邂逅阿德拉小姐，她正坐着在做社会学笔记。'"② 福斯特的作品《印度之行》对贾布瓦拉的创作影响巨大，尽管她声称要以抵抗姿态来粉碎福斯特等人的"帝国神话"，但她最终不能逃脱马拉巴山洞似的巨大诱惑。首先，在结构层面上，《炎热与尘土》和《印度之行》有着诸多相似之处。时间上，《印度之行》出版于1924年，而

---

① Ralph J. Crane, *Ruth Prawer Jhabvala*, New York: Twayne Publishers, 1992, p. 64.

② Ruth Prawer Jhabvala, *Esmond in India*, London: Ruskin House, 1958, p. 119.

《炎热与尘土》则把奥莉维娅的故事发生时间放在相当接近的1923年，这应该不是无意中的巧合。当然，贾布瓦拉并非简单地重叙福斯特作品。与后者小说一样，《炎热与尘土》也有一个相对固定的故事发生地。奥莉维娅拒绝接受英印妇女那使人窒息的角色，而向意味着“完结”的印度地点卡特姆（Khatm）靠近，这仿佛阿德拉小姐想看清楚的那个终将带给自己厄运的“真正印度”。马拉巴山洞的故事高潮在贾布瓦拉作品中通过巴巴神坛前的造爱场面来显示，这一情节也暗示着贾布瓦拉超越了福斯特作品的暧昧隐晦，而与保罗·斯各特笔下曼纳斯和库马尔跨种族结合形成一致。福斯特笔下的马拉巴山洞因为阿德拉和阿齐兹的攀登成为一个文学的高潮，但却是小说中一个玄学似的低潮，代表分离和缺乏沟通的最低点，却被错误地视为联系沟通的高潮。这是“一个地理上的最低点，但却是奥莉维娅和印度之间玄学象征似的联合与沟通的高潮。此后她发现她和纳瓦布都误解了对方”[①]。跨越半个世纪的两部作品还有其他一些结构方面的相似处。如阿德拉在法庭作证后逃回政府学院，这与奥莉维娅的堕胎和她逃回卡特姆相对应。奥莉维娅最后到了喜马拉雅那玄妙之极、有如世外桃源般的高山小镇以求心绪宁静，或是了此余生，而阿德拉则回到英国嫁给白人同胞，她们都与真正的印度场景告别。福斯特对于东西方相汇问题给出的答案是否定的，《炎热与尘土》多少有些不同的亮色，如奥莉维娅叙述道：“我不懂印度。我真的不懂，但这又有什么了不起？人们仍然可以成为朋友，不

① Ralph J. Crane, *Ruth Prawer Jhabvala*, New York: Twayne Publishers, 1992, p. 82.

是吗？即使在印度也应该这样。”①

最后有必要简单地提一提贾布瓦拉的《艾丝蒙德在印度》。这一作品印证了贾布瓦拉关于使在印外国人难受的文化不适问题。主人公艾丝蒙德是贾布瓦拉作品中第一次出现的欧洲人。他远距离理解印度文化，但他对印度的生活方式缺乏包容，如他不允许拉维将他的头剃光，因为这被他视为野蛮。他还坚持给他提供英国食物。印度妻子古拉波和他的生活方式完全两样。作者的叙述是：“艾丝蒙德决定去看看贝蒂（白人姑娘）。每当感到受古拉波的压抑时，他总是去见贝蒂。她的房间非常明亮、现代而富有生气，她本人也是如此。和她在一起就像和英国在一起那么舒服。英国是他最热切希望居住的地方。”② 通过艾丝蒙德这个艺术形象，贾布瓦拉第一次在作品中验证了她的“循环”理论。艾丝蒙德初娶印度姑娘古拉波时，处于第一阶段即“印度一切都棒”。结婚后五年里，艾丝蒙德处于第二阶段，即“并非印度一切的东西都好”。最后阶段则是“印度的一切都令人生厌”。因此，艾丝蒙德决定永远离开印度，回到亲切而熟悉的欧洲。

某种意义上，贾布瓦拉的“循环”理论实际上是她本人跨文明生活实践的痛苦总结。她与印度文明二十多年的接触未能触发文化认同感，她一直在东西方之间摇摆不定。她最后选择离开印度，移居美国，这说明，她已经达到第三阶段即“印度的一切都令人生厌”的阶段。在美期间她出版了小说《爱与美的寻觅》（In Search of Love and Beauty，1983），印度还是挥之不去的主

① Ruth Prawer Jhabvala, *Heat and Dust*, London: John Murray, 1975, p. 103.
② Ruth Prawer Jhabvala, *Esmond in India*, London: Ruskin House, 1958, p. 39.

题。因为，新作里的美国实质上就是她以前笔下的印度，作品中的德国犹太人流亡家庭和她早期作品里那些旁遮普流亡家庭难分伯仲，其间的失望烦恼和孤独寂寞与她在德里和孟买所经受过的完全一样。这说明，贾布瓦拉仍然逃脱不了印度式的“轮回”命运，究其实，她早年的“循环”说早已经打上了印度宗教文化的轮回烙印。印度文化和印度体验已经多多少少地渗透到她的创作血脉里，不论她走向哪里，住在何方。她与其他人一样，身心永远都“在印度之外”，但又终生无法摆脱印度体验带来的巨大影响。这究竟是后殖民作家的幸福，还是他们的悲哀？

第十一章　玛康达雅笔下的“无处安身者”

卡玛拉·玛康达雅（Kamala Markandaya，1924－）在印度出生长大并接受教育。早在20世纪60年代，她就与一个英国人结婚并从此定居英国，成为印裔英国公民。这与贾布瓦拉的婚姻和定居状态形成有趣的对照。她的创作成果丰富，与贾布瓦拉、阿尼塔·德赛和芭拉蒂·穆克吉等印度海外作家一样属于后殖民小说家中的佼佼者。她的十多部小说大部分探讨英印关系，这与她特殊的生活状态有关。她在印度以外定居使其作品与大多数印度英语作家都区别明显。一部分印度学者将她与印裔英国作家贾布瓦拉、拉什迪、奈保尔等人一同视为印度作家进行研究。印度学者认为，玛康达雅在各个主题上都有所建树，如她的小说《无处安身者》写流亡者的孤独体验，《怒火中烧》和《堤坝》写跨越种族阶级的性欲望，《占有》写人类愿望的冲突，而《两个处女》则对印度女性温柔作了纯粹的夸张处理[①]。大卫·鲁宾将她与贾布瓦拉、保罗·斯各特等人一样视为英国作家。他在书中对玛康达雅的评价是："因为关于英印关系冷静公正的思考和擅长从两种文化出发塑造令人信服的文学形象，她的位置非常独特。她的晚期作品是为保罗·斯各特更为庞大恼人的交响乐而谱写的合适的独立伴奏乐。她的作品可以视为那些历史悠久、篇幅巨大且痛苦骚动的作品的一个宜人而慰籍人心的尾声。英国人试图利用那些痛苦骚动的作品描叙和阐释他们与印度的复杂关系。"[②]这说明，她的作品是对保罗·斯各特探索英印关系的一种补充和接力。鲁宾还认为，玛康达雅和法雷尔、保罗·斯各特等三人的小说可以视为1947年以来印度书写方面的最佳作品。保罗·斯各特的《统治四部曲》是探索印度独立前夕复杂英印关系的顶峰之作，法雷尔则消解了关于英国对印度兵变的胜利和英国文明使命的浪漫观念，而玛康达雅的功劳在于，她"开创了关于印度次大陆虚构文学的新纪元，在此，旧时的鬼魂消散、头脑得以自由，人们将目光转向一个崭新殊异却同样问题复杂、困惑人心的印度"[③]。本章拟先介绍玛康达雅的主要创作历程，然后简单介绍其揭示后殖民时期海外印度人命运悲剧的力作《无处安身者》(The Nowhere Man，1972)。

玛康达雅因之成名的作品乃是她的处女作长篇小说《滤网中

① Bam Sewak Singh ed., *Spectrum History of Indian Literature in English*, Delhi: Atlantic Publishers and Distributors, 1998, p. 68.

② David Rubin, *After The Raj: British Novels of India Since* 1947, Hanover and London: University Press of New England, 1986, p. 171.

③ David Rubin, *After The Raj: British Novels of India Since* 1947, Hanover and London: University Press of New England, 1986, p. 174.

的甘露》(Nectar in a Sieve, 1954)。这部作品反映的是社会不公带给普通印度人的悲剧，体现的是个人与黑暗社会的对立状态。这是关于南印度艰苦饥荒时代的一个辛酸故事，它与作者后来热心的国际题材毫无关联，是一部内部视角创作的作品。其叙述基调和风格有些类似于安纳德创作的长篇小说《贱民》(Untouchable)。辛格认为，这一小说主要表达了印度人在痛苦命运面前逆来顺受的典型性格，然而作者在书中极富人道主义地强烈地表示反对权势、利益、财富、社会资源的分配不公以及种族和性别方面的罪恶①。即使书中出现了一个英国医生肯尼，他对印度人的命运悲剧也无能为力、爱莫能助。该小说女主人公鲁卡玛妮以第一人称“我”展开情节叙述。鲁卡玛妮的父母有几个女儿，由于沉重的嫁妆负担，她的父母将她的姐姐嫁出去后，没有能力为她置办嫁妆，就将她嫁到一个一贫如洗的农民纳檀家里。由于婚后六年无子，母亲让鲁卡玛妮带上林伽。可这似乎也不管用。后来来了一个白人医生肯尼，他仿佛妙手回春，使鲁卡玛妮生下一个儿子。鲁卡玛妮为自己大女儿的婚事操碎了心。好不容易寻到一个女婿，但却因为不育，大女儿被送回娘家。祸不单行，一场大雨冲毁了家园。因为饥饿难耐，鲁卡玛妮一家只能吃草，再后来，一个儿子因为想偷吃东西被人砍死送回。夜间进屋的女儿被误认为是贼的鲁卡玛妮砍伤。不久，鲁卡玛妮的小儿子咽气，她伤心欲绝。肯尼归来又一次改变了她家生活。他帮助鲁卡玛妮的大儿子在医院找到一份工作，并给她女儿医治不育症，

① Avadhesh K. Singh, ed., *Contemporary Indian Fiction in English*, Delhi: Creative, 1993, p. 119.

但是很不幸，女儿在娘家生下一个怪胎。鲁卡玛妮悲痛地说：“这对我们来讲是一个长期的折磨。”[①] 故事的最后，由于贫困，鲁卡玛妮和丈夫只能辗转他乡，到一个采石场打工。积劳成疾的丈夫纳檀不幸倒在了采石场，并死在了鲁卡玛妮的怀里。纳檀死前与鲁卡玛妮的对话催人泪下，体现出玛康达雅内部视角叙述印度本土故事的独特魅力，几可与安纳德带着悲天悯人心态创作的《贱民》相比美。且看夫妻生死离别之际的一番深情对话：“你不要哭泣，亲爱的。该来的就让它来吧。”“别作声！你休息一下会好起来的。”“我只是伸展一下手，感觉一下死亡的冷酷。当我大限来临时，你愿意抱着我吗？我很平静。你不必悲伤。”“如果我痛苦，也不是为了你，而是为我自己，亲爱的。因为没有了你，我的爱和生命，我又怎么生活得下去？”“你不会孤单的。我活在我的孩子们中间。”“我们在一起的时候还快乐吗？”“一直是的，亲爱的，一直这样。”[②] 在这种极度的悲悯味氛围中，纳檀幸福地咽下最后一口气。这部小说最典型地体现了玛康达雅女性作家的叙事魅力，极富感染力的语言将印度普通人的悲剧命运艺术地呈现给读者。这部小说出现的那个对印度人友善和蔼的白人医生肯尼，应该是玛康达雅创作理念的一个暗示。她以后的作品多采用这种东西方角色混合的方法进行艺术演绎。总之，《滤网中的甘露》显示了玛康达雅的印度书写从一开始就达到了不凡的艺术高度。

---

① Kamala Markandaya, *Nectar in a Sieve*, New York: The John Day Company, 1954, p. 161.

② Kamala Markandaya, *Nectar in a Sieve*, New York: The John Day Company, 1954, pp. 251—252.

玛康达雅的第二部小说《怒火中烧》(Some Inner Fury，1956)讲述了一个年轻的印度女子和一个英国男人的恋爱故事。这是一个拙劣的浪漫故事，虽然作者把时间定在1942—1943年即印度争取独立的动荡岁月里，但书中的印度人和英印人之间却没有跨种族、跨文化的紧张冲突。这第一部国际题材的作品是失败的，但玛康达雅接下来的作品《欲望的沉默》(A Silence of Desire，1960)却大获成功，这是完全反映印度主题的小说。

玛康达雅在《占有》(Possession，1963)中再次转向探索英印关系。故事主人公是一个印度乡村艺术家瓦尔米基(与大史诗《罗摩衍那》作者同名)，他被英国女士卡罗琳夫人带到英国。瓦尔米基在英国成为大红大紫、炙手可热的名人，但却在道德上开始走下坡路。最终他回到了印度乡村和往年的精神生活中。这是一个寓言性质的作品，它影射了英国人对印度的占有，或者更确切地说，象征了精神(瓦尔米基)暂时被物质(卡罗琳)所诱惑。但瓦尔米基回到印度则象征印度即精神对西方即物质的胜利，同时也暗示了东西方文化的不可通约性。印度学者认为：“瓦尔米基回归印度及其价值体系而不是倾心于卡罗琳所代表的英国及物欲主义观念，体现了第三世界流亡写作的基本模式。这一模式被另外一个印度流亡作家(拉贾·拉奥)在《蛇与绳》中所重复。”[①] 关于东西关系，书中一个人物的话作了注解：“英国和印度从来没有理解过对方。”[②]这一东西不可理解调和的姿态要到玛康达雅后期小说如《无处安身者》那里才能得到扭转和

① Viney Kirpal, *The Third World Novel of Expatriation*, Delhi: Sterling Publishers, 1989, p. 100.

② Kamala Markandaya, *Possession*, New York: The John Day Company, 1963, p. 82.

改写。

《围堰》(The Coffer Dams, 1969)是玛康达雅系列小说的一个新起点。她在这里开始深入成熟地思索英印关系问题,以及两个国家的人民能否通过艰苦努力获得彼此理解。故事主要围绕印度南方某地在独立后几年里合作建设堤坝的情节而展开。《围堰》中有多组群体和个人之间的复杂对立。其中一些年老的英国人还带有过时的帝国观念,抱怨印度这一“白人的负担”。而印度人如工程师克里希那非常憎恨英国人和他们根深蒂固的种族偏见。他愤怒地说:“力量,英国人就只是凭力量说话。西方人不懂其它语言。这一意识也败坏了其他种族。”[①]给人希望的是,这一小说中来自英印双方的年轻人如堤坝建造者的妻子海伦·克林顿、巴西姆和土壤工程专家勒费维尔等,没有背负殖民帝国历史,也没有偏见。

1972年的《无处安身者》出版五年以后,1977年,玛康达雅又出版了小说《金蜂房》(The Golden Honeycomb)。作者将它称为历史小说,作品以第一次世界大战前后的印度历史风云为背景。它“以高度原创性的方法质疑英印关系,其视野广泛和微妙复杂使得人们对保罗·斯各特赞赏这一小说并不感到惊讶”[②]。这一小说因微妙细致地描写英印之间的复杂关系而广受称道。作者除了表现双方的靠拢愿望外,还将英国人和印度人之间不可调和的文化心理细致入微地表现出来。如书中的印度人迪万和英国

---

① Kamala Markandaya, *The Coffer Dams*, New York: The John Day Company, 1969, p. 60.

② David Rubin, *After The Raj*: *British Novels of India Since* 1947, Hanover and London: University Press of New England, 1986, p. 168.

人阿瑟在英人习惯射杀松鼠一事上的激烈争论：“裂缝在迪万和阿瑟之间产生了。他们之间的对话没有必要去仔细斟酌：‘暗杀。’‘该死的印度教伪君子。’‘快看，这是杀生。’‘你们不愿体面地做任何事，一颗干净的子弹就遭到所有人该死的反对。’‘这是基督教的傲慢。’‘你是感情上的糊涂，不切实际的感情用事。’”① 而另外一位英国人则说：“印度人的头脑总有一些绝对不可理解的东西。”②

玛康达雅晚期小说更倾向表达下列二元对立关系如印度和英国、穷人与富人、物质与精神等。这一切都互相联系着，有时还互相转换调适。她的小说《沙里玛尔》（Shalimar，1982）将东西方的协调一致提到了一个前所未有的高度。该小说后来在英国出版时题为《快活城》（Pleasure City）。故事主要围绕在印度南方海滨一个遥远的渔村建造一座豪华旅馆而展开情节。这一伊甸园似的旅馆的建设花费了数月时间，将摧毁附近渔村的传统生活，带给人们新的希望或困惑疏离感。它吸引了众多的观光客、艺术家、摄影师和人类学者，还吸引了一些抱着其他愿望来此的人，包括西方人。故事主人公一为《金蜂房》里阿瑟的孙子图里，他负责监督旅馆的建造，一为聪慧过人的十六岁印度打鱼男孩里基。图里常常会受到帝国殖民统治“回声”的困扰，里基则时常与逝世很久的英国传教士密谈对话，那个传教士曾经教育过他，在小渔村世界里唤起过他崭新的惊奇和知识情趣。与《占

① Kamala Markandaya, *The Golden Honeycomb*, New York: The John Day Company, 1977, p. 296.

② Kamala Markandaya, *The Golden Honeycomb*, New York: The John Day Company, 1977, p. 302.

有》中被嫉妒、贪婪、占有欲甚至仇视所笼罩的卡罗琳和瓦尔米基之间的所谓友谊相比，图里与里基等人之间的友谊可谓至纯无邪、充满敬意，它能带给双方友爱而不用担心伤感和尴尬。在故事的高潮处，英国人和沙里玛尔这个渔村的西化印度人到一个有色情雕像（象征旺盛生机）的福斯特式的山洞前野炊，人们在此发现一个被遗弃的婴孩。东西方界限仿佛被填平，那个深爱里基的天真荒唐的英国人皮尔夫人决定收养这个被遗弃的女婴，并留在印度这个真实世界里。正如大卫·鲁宾所言："无疑地，玛康达雅想借这一情节至少在某种程度上给福斯特的马拉巴山洞一个反讽似的评价。她笔下的山洞不是空空如也、也不具毁灭性，更不产生幻觉，相反，她的山洞充溢着欢呼人类性行为的艺术作品，还提供了一个婴孩，让作为礼物的婴孩和接受者双方都得到拯救。"鲁宾还认为，《沙里玛尔》以极为精炼的素材而创造了极为丰富的结构，发人深思、引人共鸣，与其说它是福斯特式不如说是莎士比亚式的作品。这是"一首按照莎士比亚晚期浪漫风格而谱写的关于人类之爱的协调与胜利之诗"。里基与图里、孤儿里基与他的养父母、皮尔夫人与里基、皮尔夫人和弃婴等组成一种从未有过的家庭关系，它是"一种自由慷慨、充满爱心人性的家庭关系，这种关系能够填平最宽的鸿沟、甚至包括分离开来的英印鸿沟"①。在五年以前的《金蜂房》中，玛康达雅描叙了一种基于英印冲突之上建造一项工程的紧张对立心理，而五年后的《沙里玛尔》却表现了双方的合作意识，人们的心态改变并有所

---

① David Rubin, *After The Raj: British Novels of India Since* 1947, Hanover and London: University Press of New England, 1986, p. 170.

交流融合。过去的苦涩没有忽略或忘记，但它已被减小到合适的比例而变得可以忍受。书中主人公图里的祖父曾经对他说的话可以视为玛康达雅对解决英印复杂关系的一种思考：“我的孩子，印度是个复杂的国家，只有双方融合才能知道她已给予我们什么，而我们又怎样以适当方式回报她。”① 一旦达到融合阶段，哪一方的文化都不可能保持原样。总之，玛康达雅借这一小说将英印关系的风险降低到最低点，抛弃了许多被印度所迷惑震惊的人有过的绝望情绪。这也是她对英印关系探索的不断超越。

1972年出版的《无处安身者》是玛康达雅的重要作品之一。由于它处于玛康达雅创作期里承上启下、继往开来的中间阶段，实际上，比起上边提到的小说《沙里玛尔》更有代表性，因为它非常全面地反映了玛康达雅关于海外印度人命运及英印关系的一些理性思考而非浪漫设计。印度学者评价说：“在《无处安身者》里，在收养他和自动流亡的国家里，一位漂泊的有色人面临着众多的敌视，感受着强烈的孤独。”他还认为，玛康达雅的作品良莠不齐，这可能部分来源于她描述的真实性问题。“在她所有的作品中，《无处安身者》和《金蜂房》是最成功之作。”②《无处安身者》中的主人公斯利尼瓦斯早年生活在南印度。第一次世界大战后他对印度独立没有抱任何希望，他和家人在印度受到了英国人和印度同胞的羞辱，因此结婚以后，二十岁的斯利尼瓦斯决定与妻子一起离开印度，定居英国。这仿佛是作者自己生活经历的艺术写照。斯利尼瓦斯在伦敦南部买了一栋房子，两个孩子一

① Kamala Markandaya, *Shalimar*, New York, 1982, p. 338.

② Bam Sewak Singh ed., *Spectrum History of Indian Literature in English*, Delhi: Atlantic Publishers and Distributors, 1998, p. 76.

个娶了英国女子为妻，逐渐与父母在沟通方面产生了裂痕，另一个成为政府反对者，后在开救护车时被炸弹炸死。斯利瓦尼斯的妻子后来逝世了。孤独中，他与一个没有偏见、充满爱心的英国妇女皮克琳同居。再后来，他患了麻风病。一些英国种族主义分子仇视移民，斯利尼瓦斯在他们的攻击之列。他们将斯利尼瓦斯的麻风病视为东方邪恶危险的一个具体象征。一个狂热的种族主义暴徒弗雷德放火烧屋，斯利尼瓦斯因此身亡，弗雷德仿佛遭到天谴，在放火过程中被卡住，被自己放的火烧死。此即故事大概。

《无处安身者》的一个最大特点就是将叙述的场景分为两半，一在伦敦，二在印度，且印度出现在小说中间部分。这样的安排象征了斯利尼瓦斯所代表的海外印度移民们文化心理被活生生撕裂成两半的残酷事实，同时，印度场景在中间闪回似乎可视为印度时刻都在游子心中游弋。印度学者认为，与拉贾·拉奥、乔治·拉明等人一样，卡玛拉·玛康达雅同属关注重塑种族意识的“自动流亡（或曰“自我流放”）的小说家之一”[①]。另有印度学者持相似观点。他认为，玛康达雅和拉贾·拉奥、奈保尔、拉什迪、乔治·拉明等人一样，属于“来自前殖民地的流亡作家”，她与这些作家相同的是，力求描叙“普世的而非某一种独特的文化”[②]。身为“自动流亡”者的玛康达雅将自己的一些真实体验注入了笔下的印度移民困境之描述中，这使小说读来特别真实感人。

① O. P. Juneja, *Post Colonial Novel: Narratives of Colonial Consciousness*, Delhi: Creative Books, 1995, p. 137.

② Viney Kirpal, *The Third World Novel of Expatriation*, Delhi: Sterling Publishers, 1989, pp. 7–8.

奈保尔曾经在自传性长篇小说《毕斯瓦斯先生的房子》中，将同样身为印度移民的主人公毕斯瓦斯一生寻求一间属于自己的房子的心理状态描写得活灵活现、令人辛酸。斯利尼瓦斯一家人也有拥有房子的强烈愿望。当斯利尼瓦斯终于将房子买好时，他的妻子瓦桑塔喜悦之情溢于言表：“我们终于得到了一点东西。一块属于自己的地方，我们可以在这里按照自己习惯生活，虽然这是异乡的环境。住在这里的还有我们的孩子，他们孩子的孩子。”① 而斯利尼瓦斯却没有这么强烈的感情表现，因为他心中念叨的是返回印度故土，在自己的土地上按照印度传统习惯生活。他的一个朋友告诉他的话触动了他的内心：“我们的人，包括你们和我们，当他们来到这里时，都忍受不了英国的食物，那种食品淡而无味，即使他们本地人都承认这点。”② 两个儿子相继离开家庭自立或身亡后，妻子瓦桑塔逝世了。斯利尼瓦斯百无聊赖，想到了回国。但他却是一个无处安身者，残酷的现实粉碎了他回家的任何希望。朋友告诉他说：“如果你不坚强，这里没有地方能让你安顿下来。最好离开这个国家。”斯利尼瓦斯激动地回答道：“对呀，怎么不呢？你知道的，我妻子在生前就说过我们应该回国。是的，也许这是我应该做的事情。”但是，离开英国这个念头瞬间又让他不禁畏缩起来。作者叙述道：“当他精力充沛时，他曾经对自己许诺回去。然而，当他的精力逐渐不济时，他发现，他不知道要去印度的哪里，或者去印度干什么，因为一切东西都在印度独立运动斗争期间被毁弃了，包括自尊、生

① Kamala Markandaya, *The Nowhere Man*, Poona: Sangam Books, 1975, p. 20.
② Kamala Markandaya, *The Nowhere Man*, Poona: Sangam Books, 1975, p. 41.

计、家庭完整等。当这些强烈的生活勇气缺乏时，离开英国的决心也就不再有了。”[①] 斯利尼瓦斯只能按照自己的方式一个人在异国他乡孤单寂寞地苟且偷生。

在这种情况下，玛康达雅为他设计了一抹生活的亮色。一个同样无家可归的英国女人皮克琳带着一颗真诚而善良的心走进了他的生活。两个同病相怜的人跨越种族界限生活在一起。她告诉他：“如果一个人住在外国，他最好尽量按照当地人生活方式过日子。”因为皮克琳带给了他异国生活的阳光，他的回答带着一种自豪：“现在这已经是我的国家了……我的国家。我在这里比在自己的国家更感到舒适自在。”[②] 为此，他们尽量照顾对方习惯，继续着他们难得的平静生活。但是，根深蒂固的印度教徒文化心理使斯利尼瓦斯在回答儿子邀请他过圣诞节时暴露了本性。他告诉已经习惯于基督教世界生活方式的儿子说：“圣诞节只是基督教的宗教节日。我不想庆祝它。你尽可与别人去庆祝。”[③] 稍后，在回答皮克琳的问题时，他再次显示了文化认同的心理危机。他告诉她说：“人们意识不到，当他离开自己国家时，有多少东西被活生生切断抛到身后。那些人们当时压根儿没有想到过的东西忽然就变得不可思议和重要起来。”善解人意的皮克琳附和道：“微不足道的东西也很重要。”她还告诉斯利尼瓦斯：“可以有所补偿的。如果某人被斩断了母文化，常常存在另外一种文化可以吸收利用。”他的回答是：“但是你明白，我们，也就是

① Kamala Markandaya, *The Nowhere Man*, Poona: Sangam Books, 1975, p. 44.
② Kamala Markandaya, *The Nowhere Man*, Poona: Sangam Books, 1975, p. 58.
③ Kamala Markandaya, *The Nowhere Man*, Poona: Sangam Books, 1975, p. 61.

说，我妻子与我都认为我们做不到这一点。”① 上述对话显示了玛康达雅关于后殖民时代海外印度移民文化身份认同困境的艺术思考。印度学者曾经说过：“流亡不仅意味着移居者从自己领土向他自认为更满意的国度的身体和地理旅行，还意味着他与母国割断了精神和象征的联系。”② 斯利尼瓦斯的心理危机恰恰属于流亡困境的自然反应。斯利尼瓦斯的身份危机非但没有缓解，反而不断升级。在日趋严峻的种族歧视压力下，皮克琳也被迫接受了斯利尼瓦斯属于劣等种族的观念，而后者也日益认识到横亘在两个种族之间的天然差别和巨大鸿沟。这使他百感交集。斯利尼瓦斯的内心独白如是展开：“我是一个陌生人。我被变成了一个陌生人。”作者紧接着的叙述是：“印度几乎可以视为一种慰籍人心的空气，放松一下他那紧张的肌肉。”斯利尼瓦斯穿上了印度传统服装，他告诉皮克琳：“要是我在印度的话，我就穿这些衣服。”对方提醒他的话将他拉回到冷冰冰的现实世界里：“但你不在印度，现在你是在英国。”他回答说：“这里的人们不会允许的。这是我错误的想当然……我将被扫地出门，这是他们想干的事。我是一个英国的外来者。当然，实际上我是一个印度人。”③ 可以说，异乡人的感觉伴随了斯利尼瓦斯的悲剧一生，这是后殖民时代失去家园的海外印度移民共同的悲剧，但似乎也可视为“自动流亡者”玛康达雅的内心独白。

---

① Kamala Markandaya, *The Nowhere Man*, Poona: Sangam Books, 1975, pp. 67—68.

② Viney Kirpal, *The Third World Novel of Expatriation*, Delhi: Sterling Publishers Private Limited, 1989, p. 45.

③ Kamala Markandaya, *The Nowhere Man*, Poona: Sangam Books, 1975, pp. 230—232.

玛康达雅不光表现了印度移民的困境和文化无根的悲剧意识，还以大量的篇幅揭露了一些英国人对移民的偏见、歧视和迫害。这一创作旨趣在十多年后拉什迪的《撒旦诗篇》对英国海关歧视移民、虐待移民的揭露中得到呼应。一些无知的英国人对东方人有根深蒂固的偏见，如小说中的格拉斯夫人在谈到东方人的服饰穿戴时说道：“东方妇女不会穿戴，不是吗？这是大家的一致看法。到头来她会非常难看的。”[①] 而在英国与法国侵略埃及的苏伊士运河事件爆发时，斯利尼瓦斯的反应是：“这是枪炮外交，东方世界过去一直就这么称呼它。”他还认为，那些国内的英国人“必须一起承担英国的罪恶感”[②]。这说明斯利尼瓦斯东方性格的一面。也许正因为如此，弗雷德等人欲除掉斯利尼瓦斯这颗眼中钉。弗雷德当面对他挑衅道：“我一直在寻找你。”他还称斯利尼瓦斯为“黑杂种”（black bastard），后者坚决反抗说：“我不是！”[③] 弗雷德虽然后来一把火烧死了斯利尼瓦斯，但是他自己也没有逃脱被大火烧死的厄运，这仿佛象征种族歧视的黑色大火不仅毁灭了印度海外移民，也毁灭了种族歧视者自己。这体现了玛康达雅艺术思考的深度和力度。在小说最后，皮克琳悲痛欲绝。格拉斯夫人本不愿看一下斯利尼瓦斯的尸体，但迫于情势，只得应付一下场面。她假惺惺地安慰皮克琳道：“亲爱的，哭出来吧，这样你会好受点。”她还告诉对方，不要太在意这件事，并不要自责。皮克琳的回答是：“自责？我为什么要自责？

---

① Kamala Markandaya, *The Nowhere Man*, Poona: Sangam Books, 1975, p. 71.
② Kamala Markandaya, *The Nowhere Man*, Poona: Sangam Books, 1975, p. 93.
③ Kamala Markandaya, *The Nowhere Man*, Poona: Sangam Books, 1975, p. 237.

我只是关心他而已。”① 这一结局似乎预示了安妮塔·德赛在《鲍姆加特纳的明白》中为在印的德国边缘人雨果所安排的惨淡结局。在种族歧视的悲剧面前，玛康达雅还是留给世人一点希望的亮色。她让人明白，黑白二分的世界里，还有人性和同情存在，这使读者、也使海外印度移民不至于过分灰心绝望。印度学者A. K. 辛格认为，玛康达雅的文学世界是二元对立的世界，主要包含了东方与西方、个人与社会、种族与种族、理想与现实、殖民者与被殖民者等系列的冲突对立②。此言不差。玛康达雅对于后殖民时代印度移民命运和英印关系的艺术思考的确体现了上述旨趣。

① Kamala Markandaya, *The Nowhere Man*, Poona: Sangam Books, 1975, p. 299.

② Avadhesh K. Singh, ed., *Contemporary Indian Fiction in English*, Delhi: Creative, 1993, p. 118.

第十二章 边缘人的印度体验：安妮塔·德赛的跨文化思考

在当代英美后殖民文学创作领域，印度海外作家或曰印裔流散作家安妮塔·德赛（Anita Desai，1937－，下简称德赛）和V. S. 奈保尔、萨尔曼·拉什迪、芭拉蒂·穆克吉、R. P. 贾布瓦拉、汤亭亭、谭恩美、石黑一雄等人一样，都在描写跨文化体验方面取得了不俗的成就。德赛等人已经成为后殖民文学创作的主力军，在世界流散文学版图上刻下了自己清晰的坐标。同为印裔流散作家的芭拉蒂·穆克吉已经被公认为“表达流亡与移居意识的代言人”[①]。与穆克吉不同的是，德赛的十四部长篇小说和两部短篇小说大部分是探讨女性意识的作品。德赛比之穆克吉更多地受到女性主义和存在主义的双重影响。有人评价说，德赛是印度英语小说家中着力探索女性主义意识的代表人物。她代表

① Nagendra Kumar, *The Fiction of Bharati Mukherjee: A Cultural Perspective*, Delhi: Atlantic Publishers and Distributors, 2001, p. 14.

了"二战以后开始兴起的生机勃发的女性主义意识"①。还有印度学者认为:"毋容置疑,德赛是最优秀的当代印度英语小说家之一。"② 随着德赛对西方生活体验的逐渐加深,她的创作开始转向奈保尔、拉什迪和穆克吉等同胞作家所关注的流散主题。这一转向以 1988 年出版的长篇小说《鲍姆加特纳的孟买》(Baumgartner's Bombay,下简称《孟买》)为标志。本文试图以德赛的长篇小说《孟买》为例,对她跨越东西方地理边界的某些思考进行简单分析。

第一节 《鲍姆加特纳的孟买》的创作背景

先简单看看德赛创作《孟买》的个人因素和相关背景。

和芭拉蒂·穆克吉一样,德赛出生于印度。她的家乡在印度北方邦小城穆苏里。她的父亲是印度的孟加拉商人,母亲是德国人。德赛一家住在德里。她自幼在印度和西方的双重文化氛围中成长,既在母亲熏陶下说德语,也受父亲影响说印地语或英语。她自幼接受了教会的英语教育。家庭的熏陶使她早早就潜移默化地形成认识世界的双重视角,即以母亲似的"他者"眼光观察和思考印度,也以父亲这样一个印度本土人的身份体验或感受

① R. K. Gupta, *The Novels of Anita Desai: A Feminist Perspective*, Delhi: Atlantic Publishers, 2002, p. 13.

② R. S. Pathak, " The Alienated Self in the Novels of Anita Desai", R. K. Dhawan, ed., *The Fiction of Anita Desai*, Delhi: Bahri Publications, 1989, p. 17.

印度。

德赛九岁时开始发表英文作品。1947年，十岁的德赛目睹了印巴分治的痛苦景象。1957年，德赛在德里大学获得英语文学学士学位。在加尔各答工作一年后，德赛嫁给了一个印度商人。1958年至1962年，德赛住在加尔各答，后移居孟买、德里和普纳等地。婚后几十年里，德赛专注于写作和哺育子女两件大事，女儿即以《失落的传承》（The Inheritance of Loss）获得2006年布克奖的基兰·德赛（Kiran Desai）。1986年至1987年，德赛离开印度到英国剑桥大学访学，旋即移居美国，在史密斯学院和麻省理工学院教授写作课程。1988年出版的《孟买》一书便是德赛在离印赴英、并移居美国的过程中构思和创作的。坦率地说，如果没有这部著作，德赛作为印度流散作家的声誉便会减色不少。

《孟买》不仅与德赛曾经跨文化体验的个人因素紧密相关，还是她创作视野延伸的必然结果。客观地看，跨文化体验与前期创作的惯性影响互相交织在《孟买》的字里行间，使得这部作品成为德赛个人创作生涯的重要转折点，也堪称印度海外作家的标志性著作之一。

德赛的创作可以视为现代印度英语文学创作的中转站或过渡。在早期的印度本土创作阶段，她继承了拉贾·拉奥和纳拉扬等人的某些创作手法，但又体现了西方文学理论和时代思潮的影响。她与其他作家一道，在印度文坛进行现代主义创作实践。独立后的印度作家在英语小说创作中受西方文学思潮“向内转”的影响，开始从着力描摹外部世界转向观照和考察微妙莫测的内心世界，从社会生活表象转向探索思考人的精神世界。因此，印度英语小说无论在主题探索还是在叙事技巧上都深深地打上了西方影响的烙印。德赛当然也不例外。但在早期创作阶段，和拉什迪不同，德赛不是将小说引入千姿百态的社会和历史深处再艺术地解构历史，而是有意淡化历史背景和历史事件，把小说引向心理探索的微观层面。德赛的早期小说重点表现的人物基本上属于动荡社会中敏感弱势的女性或处于社会边缘的群体，但小说主角以印度人为主，人物活动的舞台也以印度为主。

德赛早期创作非常关注印度女性在男权中心社会中生存的物质状态和微妙而复杂的心理冲突。1963 年，27 岁的德赛在英国出版第一部长篇小说《哭泣吧，孔雀》。小说通过对女主角玛雅的心理描写表达了印度女性自我意识的萌发。玛雅渴望拥有独立的人格和尊严。然而她个人的力量和愿望无法突破印度传统观念的铜墙铁壁，以至于最后走上绝路，像芭拉蒂·穆克吉笔下的蒂姆珀一样杀夫再自弑，酿成一出悲剧。1965 年，德赛出版《城市的声音》。小说中的主人公莫妮莎和玛雅一样生活在自己孤独的世界中，生活在世界的边缘。莫妮莎最后选择自焚而亡。1975 年，德赛出版《今年夏天我们去哪儿》，这部小说的主人公悉多不愿面对世界，选择退缩到世界之外，在自我的精神流亡中接受孤独的拷问。德赛在 1977 年出版的《山火》中也塑造了一位将自己流放在世界之外的内心矛盾者。

80 年代开始，德赛在采取心理叙事塑造孤独者群像的同时，开始添加一种历史维度和地理元素。她在 1980 年出版的《白日悠光》体现了这种微妙的变化。毋容置疑的是，1947 年的印巴分治对德赛的创作造成了深刻的影响。印巴分治是南亚次大陆政治地图变迁时的巨大创伤性事件。作为亲历这段惨痛历史的作家，德赛在多部作品中都以弱势群体的女性视角出发进行描述。德赛生活的北印度有深厚的伊斯兰文化传统，乌尔都语是穆斯林的语言。德赛在《白日悠光》中便以对乌尔都语诗歌的描叙揭示了那段历史悲剧带给次大陆人们的心灵创伤。小说中还出现了主人公之一塔拉在东西方世界穿梭往来的描述。塔拉嫁给了一个外交官，在世界各地无根地漂泊度日，为了排解心中的思乡之苦，她常常回到印度这片灵魂的乐土。这种历史纬度、地理经度与心灵探索天衣无缝的融洽搭配，预示着擅长心理叙事的德赛将在不久开始进入创作的新阶段，她将在创作艺术和思想探索方面迎来新的突破。

第二节　文化身份困境中的边缘人

《逆写帝国》的几位西方作者认为："后殖民文学的主要特征是对地理方位和空间置换的关注。这就形成了特殊的后殖民身份认同危机。"① 后殖民文学中的空间置换本质上涉及后殖民作家在东西文化场域间的审美思维转换，这一转换不可避免地影响了奈保尔和德赛等人关于印度文化的认识，这以文化身份认同的焦虑困惑表现出来。在德赛笔下，这种身份追问的艰辛在《孟买》的主人公即德国边缘人鲍姆加特纳·雨果身上得到了完美体现。

《孟买》的主要情节围绕德国移民雨果在印度平凡却又艰辛

---

① Bill Ashcroft, Gareth Griffiths & Helen Tiffin, *The Empire Writes Back: Theory and Practice in Post-Colonial Literatures*, London and New York: Routledge, 1989, pp. 8–9.

的卑微一生而展开。二战前夕，德国掀起了大规模的排斥犹太人运动。作为犹太人一员的雨果，为了逃避纳粹德国的迫害，在威尼斯登船驶向印度这个陌生的东方之地。小说通过雨果这个自我流亡印度的德国犹太人形象，将犹太人在纳粹德国遭受的危机苦难和印度人在印巴分治时的浩劫痛苦艺术地串联起来，从而使这部作品具有深厚的历史意识，体现了德赛后期创作的显著变化。小说的开头并不是青春叙事，而是即将走向生命终点的雨果的晚景实录，然后再不断穿插大量的闪回记忆，以蒙太奇手法讲述雨果这个德国人在印度的身份追问之旅。这种叙述顺序的颠倒或碎片似的随意重组本身就是一种暗示：殖民时期或后殖民时期的自我流放将经历很多艰难而散列的旅程片段、直面很多畸形而无奈的人生事件。事实上也正是如此。雨果逃到印度后，在加尔各答经营木材生意，结识了同样沦落在印度社会底层的德国女同胞洛蒂。二战期间，身为德国犹太人的雨果却被关进了英国人的集中营，遭受了一连串的不公平待遇。获得自由后，雨果在惨淡的后殖民现实中仍未获得心灵的归属感，在孟买重遇洛蒂没有完全填补他心灵的巨大空虚。他时时刻刻都为自己无法找到身份归属而焦虑痛苦。在德国，在印度，雨果终其一生都是不幸的局外人，是奈保尔似的无家可归者或文化无根者。最后，雨果死于一场不可思议的致命邂逅。

《孟买》出版两年后即 1990 年 10 月 26 日，德赛在马萨诸塞州接受威斯康辛大学莎士比亚研究与印度研究专家娜丽塔·潘迪特（Lalita Pandit）的访谈时承认，小说主人公雨果其实早有所本。她说："鲍姆加特纳（雨果）这个角色来自我在孟买瞥见的一位老人。他和他的猫咪们住在一起，到处为其觅食。《在拘禁中》也有相同的一幕……不过，我不能说雨果只是以孟买街头那个人为原型，因为很多因素共同形成了这个人物……正是此人给我一个答案，提供了解决问题的办法。”[①] 然而，这个原型并非穷人，而是拥有赛马的德国犹太人。当他死后，德赛托人弄到了他遗留下的书信，使她惊讶的是，他存留了很多暗示纳粹大屠杀和死亡集中营的信件。关于在小说中到处使用德语，德赛的解释是，她有意将这种使用了三十年的童年语言和儿童时代母亲灌输的德国记忆有机地镶嵌在印度生活场景中。她还说：“我不知道这个人的历史和他过去的任何事情。他死了，不能告诉我这一切。我必须创造一个人物。我当即意识到可以利用母亲关于德国战前的回忆来填充这段未知的历史，给他一个完全属于我母亲的家庭和生活背景。”[②]

《孟买》中的雨果显示了德赛创作技法上的一个变化。她第一次将非印度人作为小说主人公进行描叙，也第一次将母亲关于德国的记忆杂糅进文学叙事中。外位视角或曰局外人眼光使德赛能够从一个新的角度考察新的问题即自我流放者的身份认同问题。德赛自己也承认这一点。她还将作品中到处使用德语并未刻意翻译的原因联系起来作了说明。她说：“确实，创作《孟买》时，我向自己的生活体验范围之外跨出了一步。这是我首次描写一个非印度人角色。我这么做显然是游离出了我生活其中的英语、印地语和乌尔都语等语言之外，并转换了我的关注焦点以及

① P. C. Hogan & Lalita Pandit, eds., *Literary India: Comparative Studies in Aesthetics*, Colonialism, and Culture, Delhi: Rawat Publications, 1997, p. 155.

② P. C. Hogan & Lalita Pandit, eds., *Literary India: Comparative Studies in Aesthetics*, Colonialism, and Culture, Delhi: Rawat Publications, 1997, p. 156.

视角。使用德语给我提供了一种德国人的视角。翻译德语意味着偏离自己的努力。德语对理解书中的人物很重要。德语是雨果和德国往事的联系纽带。德语是我从妈妈那儿接受的遗产，也在我童年时期创造了一种相当亲切的情感，我只与家人而非任何别人分享这一亲情。只是到了很久以后，当我开始阅读德国作家时才意识到，德语属于更为宏大的、与自己的家园相距遥远的世界的另一部分。这使我明白，一种语言不仅能承载个人体验，也能包孕一种文化的整体。"① 正因语言具有如此多的丰富内涵和文化魅力，它在雨果的身份追寻中起着关键的作用。小说不仅利用碎片化的记忆闪回影射雨果的身份难题，也刻意借雨果在语言的原始密林中流浪穿梭隐喻其内心深处无言的痛楚。的确，德赛将雨果的印度体验与错综复杂的语言混淆并置，借以表达雨果在异国他乡无所适从的迷惘。因为，在陌生的印度，雨果和德赛的德国母亲完全一样，不能说自己的母语，只能通过英语或印地语等其他陌生的语言进行交流，四分五裂的语言现实或文化困境使他难以求得内心深处的情感平衡。小说中不断出现雨果回忆母亲或欧洲故乡时的德语歌谣，这些缠绕着甜蜜思乡之情的歌谣一句未译，原始地镶嵌在英语叙事中。德赛对雨果在陷入语言选择时的窘况这样叙述道："他发现，必须构造一种新的语言来适应新的环境，然而德语不再适用，英语却又扑朔迷离。这些语言像热带植物在他身旁迅速地抽枝发芽，他采摘这些语言却又不知道它究竟是英语、印地语或是孟加拉语。这些只是他急需的单词而已：

① P. C. Hogan & Lalita Pandit, eds., *Literary India: Comparative Studies in Aesthetics*, Colonialism, and Culture, Delhi: Rawat Publications, 1997, p. 164.

chai, khana, baraf, lao, jaldi, jota, chota peg, pani, karma, soda, garee，等等。他怀疑，这不是印度语言，只是在印度使用的语言而已，只是代表他为自己而选择的印度而已。”① 在这样的叙述中，我们不难发现，德赛所借用的雨果的他者视角仿佛已经转换为德赛母亲特殊的内部视角。局外人和局内人在语言的丛林“探险”中难辨身份。这说明，兼具内外视角的德赛的艺术表达是娴熟而迷人的。

德赛在小说接近尾声时写道：“现在，雨果在孟买的生活已经过了三十个年头了，这种生活已成为他的背景。他却未能真正走进这种生活，从未完全理解它。尽管这种生活显然是潮湿的、充满味道的、喧闹嘈杂的，但却一直神秘莫测而难以理解。”② 这仿佛是对雨果与印度终生无法达成文化认同的艺术解释。关于这一点，德赛早在小说第一章就点出了原因。她感叹道，雨果在印度居住了数十载，不再显得具有异国气质或具有神秘气息，印度也应该是雨果最为熟悉的国家了。然而，印度人眼中的雨果却仍然是奇怪的陌生人。大家把雨果叫做 Firanghi。这个词在小说中多次出现，带有贬义，近似于殖民主义时期某些西方作家命名东方人物的一种套话。该词为乌尔都语，兼带阿拉伯语和印地语的词源成份，在印地语中可以理解为“欧洲人、白种人”③。德赛在小说中给出的英译文是 foreigner（外国人）。小说继续叙述道，印度的太阳对雨果的皮肤不够“友善”，没有把他晒成印度

---

① Anita Desai, *Baumgartner's Bombay*, New York: Alfred A. Knopf, 1989, p. 92.

② Anita Desai, *Baumgartner's Bombay*, New York: Alfred A. Knopf, 1989, p. 214.

③ 北京大学东方语言文化系印地语言文化教研室等合编：《印地语汉语大辞典》，北京大学出版社，2000 年，第 985 页。

本地人的肤色。接下来，德赛耐人寻味地写道："他们的脸上写满对这个'外国人'的嘲笑。尽管雨果多么和蔼，多么友善，但这个词语，这个诨名还是冷冰冰地击中了他。他愁眉苦脸地耸了耸肩，试图回避和他们接触。他明白，他们讨厌这种会产生污染的接触。他接受印度但却不为印度接受，这便是他一生的故事，一条一以贯之的线索。在德国，他的肤色是黑的，这种黑色是他身为犹太人的标志。在印度，他的肤色却是白的，这是他身为'外国人'的标记。在德国和印度，他都不被人接纳。"① 德国排斥犹太人的政治运动是雨果远走他乡的第一个原因，印度人根深蒂固的种姓纯洁意识又使他被迫游离在印度生活的边缘。德国的种族歧视与印度的宗教歧视悲剧性地压缩了雨果这类德国边缘人在异国他乡的生存空间。

作为故国的边缘人和异国的边缘人，和"文化无根人"奈保尔一样，雨果深陷两方都无法上岸的尴尬境地。德赛在小说中着力描写的是雨果在印度的凄凉现实。他不能欣赏泰戈尔诗歌中的印度魅力，也不为普通印度民众所接纳，因此，无论在现实社会层面还是在精神文化层面，雨果都是身在印度之内却又活在印度之外的彻底的边缘人。小说第四章开头描写雨果登陆印度时的尴尬颇有寓意："苦力没有去惊扰他，因为他没有任何苦力们可以搬运的行李。他被自己所遗弃了。自打来到印度第一天，就像以后的每一天一样，他被自己所遗弃。"② 既然无法在物质与精神层面融入印度，雨果就只能靠着对父亲和母亲的思念维系着西方

① Anita Desai, *Baumgartner's Bombay*, New York: Alfred A. Knopf, 1989, p. 20.
② Anita Desai, *Baumgartner's Bombay*, New York: Alfred A. Knopf, 1989, p. 83.

文化的情感纽带。不仅如此，他在印度还以寻找德国同胞如情人洛蒂或流浪小子库尔特的方式确认自己的文化身份。沦落天涯的洛蒂是雨果在印度苦心寻觅而得的两根“救命稻草”之一。他和洛蒂的相识、同居带给他珍贵无比的亲情。这并非一般意义上的性的需求，而是寻觅身份归属时的心心相印。洛蒂的形象不仅折射了雨果对母亲的无尽思念，也代表了雨果试图努力走出身份“丛林”的一把钥匙。小说中他们的一段对话极有深意。雨果问洛蒂：“洛蒂，我们可以去哪儿呢？你和我又能到哪儿去？”洛蒂若有所思地回答道：“是啊，我们无路可走。‘噗’的一声，德国完了，欧洲没了，一切都去了。亲爱的，我们正视现实吧。我们没有家园。因此，我们能到哪里去啊，告诉我？”雨果急中生智似的告诉洛蒂，可以到 E. M. 福斯特在《印度之行》中描写的亲切的威尼斯去寻找家的感觉。他说：“我曾在威尼斯呆过七天。我在那儿登船驶向印度。那地方真是奇怪，它既有东方也有西方色彩，既有欧洲也有亚洲的风格。我想，在那儿或许可以找到家的感觉。”[①] 这个梦想遭到洛蒂的无情嘲笑，因为，雨果并非百万富翁，根本无力支付旅费。威尼斯曾经是福斯特在《印度之行》中表现东方主义思想的地理“道具”，但在德赛的笔下却成为后殖民时代的德国边缘人寻求文化身份归属的甜蜜美梦。在此意义上，德赛似乎接近了南非作家库切等人“逆写帝国”的创作路径。虽然这并非完全出自德赛的本意，但她的文本的开放性却正好说明了这点。

---

① Anita Desai, *Baumgartner's Bombay*, New York: Alfred A. Knopf, 1989, pp. 80—81.

这样来看，雨果这个德国边缘人与印度局外人的身份追问以迷惘无绪告终，这是后殖民时代的一种无奈现实，似乎映照出保罗·斯各特（Paul Scott）在获1976年布克奖的长篇小说《眷恋》（Staying On）中表现的同一主题，同时也可视为德赛思念母亲的一曲意味深长的挽歌。

第三节 存在主义意识中的边缘人

和海明威有些相似，德赛曾经认为，写作的目的是揭示冰山一样存在的真理，浮出水面的十分之一只是表象，潜藏水下的十分之九才是真理的本质。沿着她的思想逻辑考察雨果在印度奋斗一生却又一无所获的身份追寻，可以发现，德赛笔下的雨果是她创作思想的产物。换句话说，雨果身份追寻的惨淡结局只是《孟买》这个文本呈现在读者面前的表象，而潜藏作家心灵深处的十分之九才是解开雨果乃至德赛早期多部小说主人公悲剧命运的“金钥匙”。

要找到这把钥匙，必须从影响德赛创作的世界观入手。换句话说，她的世界观就是这把钥匙本身。印度学者评价德赛时说：“德赛是关注精神紧张、焦虑和痛苦的主要作家之一，这些情绪是敏感者在社会文化价值观不确定的世界中所经历的。她是印度英语作家中主要从存在主义视角来看待生活的第一人。”[①] 这位

① Mrinalini Solanki, *Anita Desai's Fiction: Patterns of Survival Strategies*, Delhi: Kanishka Publishing House, 1992, p. 1.

学者还评价说，德赛是“印度英语小说中的存在主义者”①。因为，德赛的小说大多表现威胁个人身份的一些东西，她的作品人物各具特色，大多生活在艰难复杂的环境中，都想进行命运的自由选择，拒绝妥协中立。尽管她也描写社会现象，但却意在探察个人的心灵状态。德赛试图揭示人类存在的复杂意义，揭示个人生命的内在矛盾和人格的分裂状态。“对德赛的作品进行分析研究显示，她描写个人的内在生命，这些个人身陷理论上的存在主义危机，危机来源于挥之不去的不安全感和一种绝望的归属感……在生存的斗争中，他们发现自己身处荒原之中，这如同W. B. 叶芝所描述的那样：‘事物分崩离析，中心无法保持’(The things fall apart, the centre cannot hold)。”②

透视西方现代文学和哲学的发展轨迹不难发现，从基尔凯格尔、萨特、加缪到雅斯贝尔斯等人，这些思想家和作家的著述极大地丰富了存在主义哲学与文学。事实上，这种存在主义哲学世界观就是德赛手中或心灵的钥匙，她以这把钥匙开启了雨果的身份追寻之旅，但却无法以这把钥匙一劳永逸地找到解决德国边缘人或印度局外人物质与精神归宿的办法。

存在主义在二十世纪西方持续时间之久、著述之丰，代表人物之多，似堪媲美于西方马克思主义思想。存在主义思想无疑是解释现当代西方社会文化思潮的有力线索之一。存在主义兴起于一战之前，兴旺于二战之后，在二十世纪五、六十年代最为流

---

① Mrinalini Solanki, *Anita Desai's Fiction: Patterns of Survival Strategies*, Delhi: Kanishka Publishing House, 1992, p. 2.

② Mrinalini Solanki, *Anita Desai's Fiction: Patterns of Survival Strategies*, Delhi: Kanishka Publishing House, 1992, p. 171.

行。存在主义思想深刻地影响了西方乃至部分东方文学。存在主义哲学、文学与文论曾经产生过广泛的国际影响。存在主义具有多方面特征，从文学批评理论来看，它至少具有下述五个方面的特色。第一，存在主义是一种哲学、文学和文化运动，文学批评只是副产品；第二，存在主义表达了西方当时充满悲观、虚无、危机或荒诞的时代精神，存在主义以高度理性化方式和审美手段传达非理性内容，并使之返回到理性和审美的层面；第三，存在主义思想代表了现代主义文学的部分创作倾向，存在主义哲学是以萨特和加缪为首的存在主义文学、荒诞派戏剧、“新小说”、“垮掉的一代”以“及黑色幽默”等现代主义文学的精神指南；第四，存在主义具有一定的意识形态性，为后现代主义思想的发展开了先河；第五，存在主义文论与存在主义哲学、存在主义文学创作是一种水乳交融的关系。了解存在主义，只要读一读萨特的作品或加缪的《局外人》等等便可知大概。“存在主义思想完全可以在自己的哲学、文论、创作三位一体中加以贯彻，这已成为西方二十世纪文论的独特景观。”① 存在主义哲学是对人的存在、本质和自由等基本命题的探索。作为一种人本哲学，“存在先于本质”是其核心理论。在文学创作方面，存在主义者信奉“他人就是地狱”，要求文学题材主要表现个人的孤独无助和精神冷漠、色情受虐、变态反常等畸形状态，表现个人与个人之间的关系，将个人存在及人际矛盾作为叙事原动力。从存在主义小说、戏剧的名称就可以瞥见存在主义文学的一些基本特色，例

① 此处介绍参考张首映：《西方二十世纪文论史》，北京大学出版社，1999 年，第 363—366 页。

如：萨特的《恶心》、《苍蝇》、《间隔》、《墙》、《死无葬身之地》、《肮脏的手》、《魔鬼与上帝》，加缪的《局外人》、《鼠疫》，波伏娃的《他人的血》和《人无不死》，等等。

作为一种体悟哲学或曰“意识体验”哲学，存在主义以对世界和文学的虚无、焦虑、烦恼、冷漠、受虐等的切身体验影响存在主义意义上的文学批评理论。体悟情绪，如同梵语诗学中的情味体验，是显示个体存在的重要标志。“本体论的体悟是人从虚无到死亡的全面体悟，是从无到有和由有至无的全过程体悟，是对虚无、孤独、焦虑、自欺、受虐、荒谬、绝望等诸方面的体悟。存在哲学和诗学正是在这种全过程、多方面体悟中展开的，赋予它们不同的位置和意义，存在诗学和文学则在自己的理解中展示并描述它们。”①

关于世界的真实与虚幻、人生的意义与荒诞，加缪在他关于西绪弗斯的作品中解释道：“一个可怕且可用极不像样的理由解释的世界也是人们感到熟悉的世界。然而，一旦世界失去幻想与照明，人就会觉得自己是陌路人，他就成为无所依托的流放者，因为他被剥夺了对失去的家乡的记忆，而且丧失了对未来世界的希望，这种人与他的生活之间的分离，演员与舞台之间的分离，真正构成荒诞感。”② 可以说，这种存在主义的荒诞感给德赛的创作提供了源源不断的精神动力，贯穿在她早期和中期大部分作品的人物意识中。例如，德赛的第一部长篇小说《哭泣吧，孔雀》自始至终充满存在主义的思想痕迹。印度学者 R. S. 帕塔

① 张首映：《西方二十世纪文论史》，北京大学出版社，1999 年，第 373—374 页。
② 张首映：《西方二十世纪文论史》，北京大学出版社，1999 年，第 377 页。

卡评价说:"《哭泣吧,孔雀》是趋向描叙异化人精神问题的开创性努力。玛雅的心绪、困惑、窘况和反常在小说中得到了很好的表现。"① 主人公玛雅在孤独而封闭的世界中不断地体验灵魂的痛苦,在焦躁不安的精神分裂中幻想最后的解脱。敏感而脆弱的玛雅在德赛为她设计的意识流中这样描述自己的名字道:"只是一场梦幻而已。一个幻觉而已。玛雅(Maya)正是我的名字,它意味着空无一物,它除了表示虚幻再无别的意涵。"② 由此看来,德赛将佛教的摩耶(maya)思想进行现代转换,熔铸了存在主义的虚无因素。德赛在叙述玛雅内心的焦躁不安时写道:"但是,我的睡眠被夜间行走于岩石上的孔雀的狂热鸣叫而打断,孔雀们在寻觅配偶,它们在欢爱中把自己撕扯得鲜血淋漓、体无完肤。孔雀们在爱的死亡中痛苦地哀鸣。夜空中到处是飘飞的孔雀尾翎,每颗星星是一只闪亮的眼睛……正是我,是我自己和孔雀们一起痛苦地尖叫,在团团雨云间哭啼,在它们消失后哭叫,在沉默的恐惧中哀鸣。"③ 这里的叙述点明了这部小说的题旨,体现了存在主义意识对德赛的影响亦即对玛雅命运的操控。玛雅的丈夫乔达摩并不理解妻子的思想言行,这进一步加剧了玛雅的悲剧意识,同时也增强了德赛意图传达的荒诞感。在同样充满浓厚悲观气息的《山火》中,女主人公南达的精神世界也与外界基本绝缘。她和外孙女拉卡都喜欢静寂的氛围。小说结尾处对南达的叙述也带有一丝荒诞的气息,德赛写道:"她(南达)的孩子

---

① R. S. Pathak, " The Alienated Self in the Novels of Anita Desai", R. K. Dhawan, ed., *The Fiction of Anita Desai*, Delhi: Bahri Publications, 1989, p. 23.

② Anita Desai, *Cry, the Peacock*, Delhi: Orient Paperbacks, 1980, p. 199.

③ Anita Desai, *Cry, the Peacock*, Delhi: Orient Paperbacks, 1980, p. 202.

们都与她的本性不同。她既不理解、也不爱他们。她并不是故意独处此地。她只是被迫无奈才独居此处。”① 同样，德赛在《城市的声音》等其他作品中表现的孤独、绝望和死亡等主题也与存在主义思想紧密相关。正因如此，印度学者 R. S. 帕塔卡指出：“德赛的每一部小说都试图处理现代作家面对的核心审美问题，那种在价值观丧失、人类丧失和神灵丧失的时代里影响完整人格的问题。二十世纪被人正确地称作异化的时代。现代人命中注定要经受异化的腐蚀作用……德赛在小说中记录了折磨敏感灵魂的这种精神危机。”②

存在主义思想不仅影响了德赛的前期创作，也深刻地影响了《孟买》的人物形象塑造、情节编织乃至文化身份思考。德赛在《孟买》的开头引用了 T. S. 艾略特在后期诗歌《四个四重奏》中写下的句子：“我的开始之日便是我的结束之时。/一座座房屋不断竖起来又倒下去，/化为瓦砾一片，被扩展，/被运走，被毁碎，被复原。”③ 艾略特在西方文明处于危机时刻写下的这些诗句，被后殖民时期的德赛用来描写德国边缘人的生存困境，这似乎再次有意无意地印证了“逆写帝国”的尝试。

且看德赛围绕雨果所作的存在主义思考。这一思考附着在流散身份的书写表面，但又有机地嵌入小说文本的肌质中。德赛在描写雨果的集中营生活时提到这样一个细节，当二战初期德国和日本法西斯军队一路取胜时，被英军关押在集中营的雨果及其犹

① Anita Desai, *Fire on the Mountain*, London: Heinemann, 1977, p. 145.

② R. S. Pathak, “The Alienated Self in the Novels of Anita Desai”, R. K. Dhawan, ed., *The Fiction of Anita Desai*, Delhi: Bahri Publications, 1989, p. 18.

③ T. S. 艾略特：《荒原》，赵萝蕤、张子清译，人民日报出版社，2000 年，第 57 页。

太人同胞深感庆幸。“雨果和犹太人宿舍的其他人有充分理由感谢英国人建立的集中营，不管他们为自己与英国命中注定的关系或为德国的命运感到多么的痛苦悲哀，不管他们在集中营的萧索沉闷前多么地焦躁不安和灰心烦恼。起码，集中营是避难所，即使它只是一个暂时的避难所。“①衷心地感谢集中营，这似乎难以为常人所理解，但在德赛笔下，它确是一种历史的存在，一种荒诞的真实。在即将走向生命终点时，面对放在桌上的那些平常难以入眠时便读一读的德语卡片，雨果关掉灯，在黑暗中思绪万千。德赛对雨果此时的意识流是这样记录的：“慢慢地，那些词语互相挤在一起，变得模模糊糊。它们没有意义。什么意义都没有。那儿是德国，这儿是印度。印度在那里，德国在这里。不可能领悟、把握、阅读它们，无法理解它们。它们全都从他那里坠落，掉进了万丈深渊。他现在看见它们正在坠落，变得越来越白。随着他和它们的距离越来越远，它们的形体又成了灰色。他站着注视它们落下又飘浮，飘起再落下，直到它们静静地滑出视线。他被遗弃在深渊的边缘，手里抓住睡衣，费力地盯视着。”②平常代表故乡甜蜜和家园情结的德语词汇，在雨果被杀前夕却又忽然变得如此微不足道，好比蚂蚁一般低贱卑微的生命，好比雨果那灰尘般飘起旋即谢幕的短暂人生。这种反常的正常，这种意义的丧失和词语的模糊，恰恰是人生无意义的真实写照。而更加匪夷所思的是，雨果好心好意地拯救一个流浪的德国人，并把他

① Anita Desai, *Baumgartner's Bombay*, New York: Alfred A. Knopf, 1989, pp. 131—132.

② Anita Desai, *Baumgartner's Bombay*, New York: Alfred A. Knopf, 1989, pp. 215—216.

带回自己的住处，这却为他带来杀身之祸。这个叫做库尔特的流浪者竟然趁雨果睡熟之际用刀杀死了他。按照存在主义作家的哲学逻辑来思考的话，这一悲剧性结局其实并无悲剧可言。这只是人生无意义的一种特殊表现而已。小说最后结尾处写道，洛蒂整理雨果的遗物时，将其常常翻阅的代表思乡之情的德语卡片按照顺序放好。“她摆弄着这些卡片，直到它们在她眼前排列得整整齐齐。所有卡片如此，每一张都印着这样一个数目：J673/1。它们似乎给她提供了解答谜语的线索，一种毫无意义的意义（a meaning to the meaningless）。”① 小说结尾出现的这几个英语词汇，如不结合德赛的存在主义意识来理解，恐怕也只能是“毫无意义的意义”而已。倘若把最后几句话放在存在主义思想框架中进行考察，我们或许可以清楚地发现雨果所有身份追问失败的原因，解答他在情人洛蒂面前毫无性欲亦即缺乏男性阳刚气质的原因，找到他被自己好心拯救的同胞而杀这个最后也是最大“谜语”的线索。

德赛在接受潘迪特访谈时谈到雨果命运的历史成因。她说：“当我虚构雨果时，我发现既非此人亦非他人、而是历史把雨果们变成了这样。他们自己只是消极被动的人，被他们怪异的历史所构造，雨果的情形就是这样。真正重要的是，历史如何影响这些手无寸铁的消极角色，他们没有办法把握和掌控自己的命运。有的人成为英雄，有的人成为牺牲品，而大多数人只是苟且偷生而已（but most just survived）。这就是为何他们大多漂泊不定和随波逐流地生存的原因。没有谁能逃脱历史，当雨果最后被谋

① Anita Desai, *Baumgartner's Bombay*, New York: Alfred A. Knopf, 1989, p. 230.

杀时，正是他那似乎已经摆脱的历史前来索命并将他吞噬。雨果的结局使我非常地困惑。”[①] 德赛此处论及的“历史”其实就是加缪笔下不屈不挠地推着巨石的西绪弗斯，他们似乎可以自由地选择，但却又无处选择。因此，德赛对雨果的死亡结局“非常地困惑”，其实只是一种说辞而已，因为一切早在她的预料之中。例如，她在1990年接受潘迪特访谈时透露说，对于雨果的死亡结局，她当初设计了两套方案。另一套方案便是让一个印度穷人去抢劫他误以为富裕的雨果，然后把雨果杀死。德赛最后否决了这一方案，而采纳了小说中现在的这种黑色而荒诞的结局。她的解释是：“但当我写到结尾处时觉得，合乎逻辑的唯一可能就是，让一个德国嬉皮士杀了他。我不否认也不隐瞒，这里存在一种历史的逻辑。”[②] 毋容置疑，这种“历史的逻辑”其实就是存在主义的历史逻辑或曰艺术逻辑。正是这一逻辑，左右了雨果这个德国边缘人与印度局外人的悲剧一生。

第四节　比较研究视野中的边缘人

就当代颇有影响的印度海外女作家而言，德赛（1937—）、贾布瓦拉（1927—）和芭拉蒂·穆克吉（1940—）等三人的文学创作及其创作背景存在一些相似之处。首先，就年龄而言，三人

① P. C. Hogan & Lalita Pandit, eds., *Literary India: Comparative Studies in Aesthetics, Colonialism, and Culture*, Delhi: Rawat Publications, 1997, p. 165.

② P. C. Hogan & Lalita Pandit, eds., *Literary India: Comparative Studies in Aesthetics, Colonialism, and Culture*, Delhi: Rawat Publications, 1997, p. 165.

相差不是特别悬殊，属于创作时代比较接近或相近的流散作家；其次，三人涉及跨文化命题的主要作品基本上都是在远离印度的欧美世界创作的；尤为重要的是，作为第三世界女性，在体验跨文化困境、感受西方文化与印度文化的差异并将之有机地融合在创作这一点上，三位作家均有诸多共同语言。因此，本节对三位作家在作品中对跨文化交流的某些思考做些简单说明。

先看看德赛与贾布瓦拉对跨文化交流的思考。创作《孟买》时，德赛已经身处欧陆，身处印度之外，这种创作环境的变化对她的创作思想不无冲击，小说无疑是这一历史影响的“见证人”。《孟买》既是德赛对东西方文化交流这一宏大命题的探索，也是替德国母亲一浇心中块垒的传记式写作。在此意义上，德赛对德国边缘人兼印度局外人雨果卑微一生的历史叙事与贾布瓦拉的自传性书写不无内在联系。事实上，德赛对大自己十岁的贾布瓦拉非常敬重，在《山火》的扉页，她还郑重地以题献方式感谢贾布瓦拉。这显示，贾布瓦拉的创作潜移默化地影响了德赛。她们都不约而同地先后选择以欧洲人在印度的跨文化体验为描写对象。

贾布瓦拉 1927 年生于德国，父亲是波兰犹太律师，由于纳粹法西斯迫害犹太人，1939 年举家逃亡到英国。她在那里接受教育并以英语写作，同时成为英国公民。1951 年，她与一个印度拜火教徒（祆教徒）建筑师结婚后，随即移居德里，在那里定居二十四年，并抚育了三个女儿。她在印度期间，创作了九部小说中的八部，还创作了四部短篇小说集和多个电影剧本。1975 年，她离开印度定居美国。贾布瓦拉创作丰富，是当代后殖民小说家中的佼佼者，人称其为"重要的后殖民小说家"[1]。贾布瓦拉的早期小说主要描写印度人，到了后来，她开始更加关注雨果一类在印欧洲人的命运，这与她自己的双重身份有关。贾布瓦拉的代表作为1975年出版并获得当年布克奖的长篇小说《炎热与尘土》（Heat and Dust）。和德赛一样，贾布瓦拉的优势是具有外位视角和内在视角并存的双重视角。略微不同的是，德赛是以德国母亲的角度来观察印度母邦的。

大卫·鲁宾认为，贾布瓦拉"不仅从印度流亡，还曾流亡到印度。因此，她处于一种永远的流亡状态"[2]。这种"永远的流亡状态"，恰恰是德赛笔下的雨果亦即德赛母亲一生的真实写照。1966年，贾布瓦拉在文章中写道："我在印度几乎度过了自己全部的成年生涯。我先生和孩子们都是印度人。我不是，并且我身上的印度性逐年减弱。"[3] 她接下来认为，存在一个印度体验的循环，西方人往往都会身陷其中。在这种痛苦的循环状态下，贾布瓦拉毫不讳言地说出了自己的感受："然而我必须承认，我对印度不再有兴趣了。现在我关心的是我在印度，有时灰心地将它归结为我在印度生存着。我最好再坦率一点。我之所以在印度只因这里有我最深的人类联系。如果没有嫁给印度人，我想我永远都不会来这里……我知道我属于错误地住在这里的人。"[4] 除了

---

① Ralph J. Crane, *Ruth Prawer Jhabvala*, New York: Twayne Publishers, 1992, p. 121.

② David Rubin, *After The Raj: British Novels of India Since* 1947, Hanover and London: University Press of New England, 1986, p. 77,

③ Ruth Prawer Jhabvala, *An Experience of India*, London: John Murray, 1975, p. 7.

④ Ruth Prawer Jhabvala, *An Experience of India*, London: John Murray, 1975, p. 8.

印度的炎热气候难以忍受外，印度的宗教文化习俗也让她难以融入东方生活。

德赛在《孟买》接近尾声处写道："现在，雨果在孟买的生活已经过了三十个年头了，这种生活已成为他的背景。他却未能真正走进这种生活，从未完全理解它。尽管这种生活显然是潮湿的、充满味道的、喧闹嘈杂的，但却一直神秘莫测而难以理解。"① 这仿佛是对雨果与印度文明终生无法达成文化认同的艺术解释。从这一点来看，德赛和贾布瓦拉的创作思想基本一致。如果说贾布瓦拉是以德国后裔兼印度公民的双重身份得出结论的话，德赛则是以德国母亲的视角兼印度海外作家的立场来进行总结的。

1975 年出版的《炎热与尘土》着力描写东西方文化冲突而非和谐的一面，体现了作者在跨文化交流方面的悲观心态。1983 年，被拍摄成电影的《炎热与尘土》在印度掀起新的愤怒浪潮。某些印度人认为，这部影片本质上属于种族主义性质。但是，德赛坚持认为，她没有在这部电影中发现任何反对印度的立场观点，她声称："如果这部电影批评了某一社会，可以肯定地说不是抨击印度。"② 德赛之所以坚持这一立场，应该与贾布瓦拉对其思想及创作的影响相关，当然，更是与德赛自己对东西方文化交流的谨慎态度和保守立场有关。

德赛和贾布瓦拉的创作相比有一个显著的差异，那就是，德赛的创作受到存在主义思想的深刻影响，而贾布瓦拉并未明显地

---

① Anita Desai, *Baumgartner's Bombay*, New York: Alfred A. Knopf, 1989, p. 214.

② Aruna Chakravarti, *Ruth Prawer Jhabvala: A Study in Empathy and Exile*, Delhi: B. R. Publishing Corporation, 1998, p. 203.

体现出这一趋势。R. S. 帕塔卡指出：“德赛在小说中描写了异化个人在一个动荡社会中身陷危机时的问题与困境。她很好地表现了高度敏感和脆弱的女性的不幸处境，她们遭受着受人轻视和孤独绝望等耻辱感的折磨。自我异化的存在主义问题最后成为她小说中的核心主题。”[①] 通观贾布瓦拉的文学创作，以自我异化为主题的作品似乎罕见。

就德赛和小她三岁的芭拉蒂·穆克吉而言，她们的移民经历似乎更为相似，因为两人都以第二国为中介或跳板移居美国。就流散创作而言，她们都不同程度地受到女性主义思想的影响，并在书写移民的悲剧或喜剧中体现出来。相比而言，穆克吉作品中的女性主义思想更加强烈和外露。

女性主义思想对德赛创作的影响无处不在。她的作品几无例外，均以女性为主要描写对象。就《孟买》这部小说来看，表面上，雨果是主人公，但她却几乎充当了德赛全知全能叙述视角的代理人。德赛虽然是第一次以非印度人为描写主角，并且在雨果的形象塑造中折射了德国母亲的影子，但她没有顺理成章地选择一个欧洲女子，转而选择一个白人男子作为小说主角，这种艺术手法耐人寻味。假如考虑到德赛的东方背景，这是否意味着来自第三世界的印度妇女可以轻松自如地驾驭着第一世界的白人男性意识？更加耐人寻味的是，德赛将雨果这个边缘人设计成缺乏典型阳刚气质的男人即性无能者，这仿佛是后殖民时期的印度作家“逆写帝国”似地收回了吉卜林等殖民文学作家对前殖民地印度

① R. S. Pathak, “The Alienated Self in the Novels of Anita Desai,” R. K. Dhawan, ed., *The Fiction of Anita Desai*, Delhi: Bahri Publications, 1989, p. 49.

的话语表述权利。在历史和政治语境中细读文本，不难看出德赛小说中体现出的包含反殖民色彩的女性主义思想。

在穆克吉的长篇小说《嘉丝敏》中，嘉丝敏在印度时因为摔交在额头上留下一个伤疤。嘉丝敏把它称为“第三只眼”。所谓的“第三只眼”具有很深的宗教文化内涵。嘉丝敏的“第三只眼”暗示着她对加诸自身的种族、性别压迫取坚决的反击姿态。嘉丝敏用刀杀死白人强奸犯，这象征她借用迦利女神的破坏力量，摧毁了种族和性别的强权政治，革命化地重构了自己的移民身份，同时也强烈地展示了穆克吉心灵深处的女性主义思想，这和德赛比较温和的女性主义思想有些近似。

德赛和穆克吉在表现东西文化差异以及这一差异可否跨越方面有着一些相似的思考。例如，德赛在《孟买》中提到这样一个细节，雨果当初离开德国到印度时，他的母亲告诉他，他不愿意读泰戈尔的诗歌，而愿意读德国诗人的作品。而他的朋友们告诉他，印度是一个有着托钵僧和毒蛇的地方。她不愿随雨果到印度去的理由居然是：“傻雨果，那书是哥德写的，是关于地中海的，而与东方那个危险国度、与那块黑色土地无关。我告诉过你，我不想生活在那个充满蜘蛛和毒蛇的地方。”① 雨果尽管在印度登陆了，但他上岸时觉得印度就是一个喧闹嘈杂的所在。几十年过去了，他对印度的印象和母亲及很多德国人差不多。雨果对印度的格格不入，其实正好影射了德赛关于东西文化交流的思考。

对旅居美国多年的德赛来说，印度文化已经深深根植于她的创作理念中。她在 1999 年出版的小说《斋戒和盛宴》中表达了

① Anita Desai, *Baumgartner's Bombay*, New York: Alfred A. Knopf, 1989, p. 57.

自己对东西文化差异的一贯思考。小说主角乌玛和阿伦是印度普通中产阶级家庭的两姐弟，姐姐乌玛在印度生活，弟弟阿伦在美国留学。德赛在情节上制造出强烈的文化冲突效果。她无意于对两种文化进行孰优孰劣的简单比较，但其印度本土文化倾向却不言而喻。小说中的"斋戒"象征着"独身"、"禁欲"；"盛宴"象征着"欲望"、"情欲"，两种文化在隐含的宗教意象中形成不可调和的冲突。小说中的姐姐乌玛象征德赛心中剪不断理还乱的印度情结，而阿伦从美国家庭生活中逃离，更是强化了德赛心中的故土情怀。"在充满矛盾性和分裂性的美国生活中，德赛和男性主角阿伦一样，需要在文化上寻求心理补偿。对印度女性的书写无疑是一次精神的盛宴，为她提供了身份认同的途径。无论德赛怎么努力调和，印度和美国两种文化如同文本的两部分形式一样，呈现出割裂和分离的局面。"①

和德赛一样，穆克吉也着力地表现印度移民，特别是女性移民的文化不适。在穆克吉带有自传特色的小说《老虎的女儿》中，女主人公塔拉被父亲送到美国接受高等教育。七年后，塔拉带着美国丈夫大卫回到印度探亲。她发现自己仿佛是一个非印非美的陌生客人。在印度这片曾经熟悉的土地上，她感到困惑而迷惘，进入"文化疏离"的痛苦状态。和奈保尔一样，已经美国化的塔拉经历西方教育的文化"洗脑"后，很难找回自己的印度性，也就很难达成与印度的文化认同。1975年，穆克吉出版了第二部长篇小说《妻子》。塔拉在《老虎的女儿》中回到印度检测她的印度性脆弱几何，而蒂姆珀在《妻子》中陪同丈夫赴美检

① 李美敏：《文化的斋戒与盛宴》，《东方丛刊》，2010年，第1期，第154页。

测印度妇女面对“文化休克”时的心理承受能力。两位印度女性跨越文化边界的心灵探索以这一东一西的逆向征程表现出来。来到美国的蒂姆珀面临一种真实而冷酷的“文化两难”。虽然也有印度人聚居区，也有印度风俗的社交聚会，但蒂姆珀仍然难以抗拒美国生活的巨大反差。当她告诉印度同胞自己正遭受失眠和头痛的折磨时，对方指出：“这就是怀乡病。”[①] 由于无法战胜失眠和噩梦的袭扰，蒂姆珀最后在梦游状态下杀死了自己的丈夫，跨文化体验的黑色悲剧就此闭幕。塔拉和蒂姆珀是一对灵魂流浪的同胞姐妹。从这个意义上来说，德赛和穆克吉的描写和思考的确有些相似，因为，德赛笔下的雨果和阿伦也以一东一西的逆向航程探索跨文化交流的时代命题，但他们也最终无法跨越心灵深处的文化壁垒。另外，蒂姆珀的梦游杀夫和德赛笔下的玛雅杀夫再自杀相似，都体现了两位作家不同程度地关注心灵异化的问题。

如果穆克吉仅仅停留在上述探索的层面，那么，她和德赛在表现自我流放主题方面就没有多大的差异了。事实上，穆克吉和德赛的相似理念只是表现在其早期创作阶段。到了第二和第三期创作时，穆克吉以自己的经历为基础，在移民问题上大胆地思考、大胆地创作，从而创作出了嘉丝敏等富于反叛意识、敢于主动融入第一世界的新移民形象。这和华裔美国作家黄玉雪在《华女阿五》中塑造的黄玉雪颇为相似。嘉丝敏的形象在德赛笔下暂时缺席，这体现了德赛和穆克吉的不同之处。

斯皮瓦克坚持认为，必须承认第三世界妇女是具有个性和多样性的能动主体。作为在西方争取生存权利的第三世界移民妇女

---

① Bharati Mukherjee, *Wife*, Delhi: Penguin Books India, 1990, p. 205.

代表，穆克吉笔下的嘉丝敏便是斯皮瓦克心目中的理想人物。嘉丝敏以杀死白人强奸犯的惊人举动拉开她在第一世界"说话"的序幕。接下来，她毫无畏惧地加快了融入美国社会的步伐。她从印度的寡妇和自动流亡的非法移民，变为白人泰勒家的保姆，再为哥伦比亚大学语言系兼职教师，银行家巴德的情人，直至最后离开巴德，接受泰勒的爱，和他一起组成新的家庭。嘉丝敏将自己称为威力强劲的龙卷风："我是一股龙卷风……我究竟还有多少种模样？还有多少个自我？还有多少个丈夫？"[①] 这说明，嘉丝敏通过反复的"文化定位"，在第一世界获得了生存的空间和希望，从而初步表达了穆克吉探讨自我流放的移民主题的艺术旨趣。可以肯定的是，已经在第一世界扎根的嘉丝敏会以自己脱胎换骨的身份，积极加入到再建美国社会的阵营中去。反观德赛笔下的阿伦，他虽然进入了美国的家庭生活中，却在最后退回到印度文化的此岸。阿伦何时主动地加入到再建美国社会的阵营中，还得由德赛本人说了算。

① Bharati Mukherjee, *Jasmine*, New York: Grove Weidenfeld, 1989, p. 215.

第十三章　维克拉姆·赛特笔下的中国题材

一般来说，文化交流都是双向的，但由于中印文化交流史的特殊规律，造成了印度文学对中国文学严重的“贸易出超”现象。当代印度学者指出：“几乎很难发现梵语同汉语、日语等其他主要亚洲语言的互动交流。中国和后来的日本文化的确受到了佛教及佛教文学的影响。但在印度，我们从来没有发现中国文学或哲学施加的任何影响。”[①] 在这种情况下，泰戈尔对中国文化的过滤接受显示出中印文化互动的独特魅力。但泰戈尔之后，在作品中主动接受中国文化影响的印度作家非常罕见。正是在这种意义上，当代印度流散作家维克拉姆·赛特（Vikram Seth，1952—，本文按照印地语发音将其姓译为赛特）是一个典型，他的中国游记、他对中国古代诗歌的译介以及他的中国题材诗歌都具有重要的研究价值。他与中国文化结缘是中印文学交流史值得

① Priyadarshi Patnaik, *Rasa in Aesthetics*: *An Application of Rasa Theory to Modern Western Literature*, Delhi: D. K. Printworld, 1997, p. 9.

书写的重要一章。但是，作为一位典型的后殖民作家，赛特的中国书写既体现了他对中国文化的热爱，也反映了他以西方之眼观察和思考中国的一面。他的中国书写浮现出“文化中国”与“政治中国”并存的双重形象。本文尝试对赛特的中国书写进行简略的探讨。

第一节 赛特诗歌中的中国元素

赛特于1952年出生于印度加尔各答。他曾经在英国牛津大学、美国斯坦福大学学习。1980年到1982年，赛特在南京大学学习中国乡村经济统计，攻读经济学博士学位。赛特在南京学习中文，并开始钻研中国古代诗歌。短短两年的中国之行，赛特不仅写出了后来在西方和印度脍炙人口的中国游记，还为他的中国题材诗歌及译诗集《三大中国诗人》打下了语言和文化基础。跨越印度、西方和中国三大文明圈的流散生活经历，给赛特的跨文化写作影响甚大。迄今为止，赛特创作甚丰，成为世界著名的后殖民英语作家。1983年，他的中国游记《自天池出发：穿越新疆西藏旅游记》出版。1985年出版第二部诗集《拙政园》，反映他在印度、中国、美国三地的生活感受。此书使他第一次获得英联邦国家诗歌奖。1990年和1992年，他分别出版诗集《你们那所有入睡者》和中国诗歌翻译集《三大中国诗人》。根据笔者在印度留学期间的观察，许多印度学者正是通过这本翻译诗集领略了中国诗歌的独特魅力。

赛特与中国古代诗歌结缘主要指他的唐代诗歌英译和他在诗

歌创作中对中国文化的利用。这里主要谈谈他在诗歌创作中如何使用中国文化元素。

赛特曾经这样阐述过他的译诗动机："从我不熟悉的语言翻译过来的作品对我创作的影响和我读原文所受的影响一样深刻。某些情况下，译作如此深切地感染了我，以至于我尝试学习那种作品的语言。有时候，那些作品的形式和精髓激发了我的创作灵感。生命苦短，我不知道自己能否愉快地以俄语读普希金、以法语读莫里哀，以希腊语读荷马史诗。"① 赛特的诗人品性使他对中国唐代诗歌非常钟情。在他于 1981 年初版、1994 年再版的诗集《画地图》中，就可发现中国文化的影子："义净"、"杜甫"、"长城"等字眼交织在他的诗歌中。在这部诗集中，作者已经开始试译杜甫的诗《旅夜书怀》，这预示着赛特将在未来的唐诗英译中作得更出色。赛特走直译路线，争取最大限度地传达中国古典诗歌的美。1990 年出版的诗集《你们那所有入睡者》中，收入了赛特翻译的杜甫诗《赠卫八处士》。1992 年，赛特翻译的中国诗歌集《三大中国诗人》出版。赛特还加了十三页的英文引言，对三位唐代大诗人作了详细介绍。该书选译了王维的《鹿柴》、《鸟鸣涧》、《九月九日忆山东兄弟》等十二首诗、李白的《静夜思》、《秋浦歌》、《望庐山瀑布》、《蜀道难》、《山中问答》、《月下独酌》等十一首诗以及杜甫的《梦李白》、《月夜》、《秋兴》、《旅夜书怀》、《兵车行》等十三首诗。赛特的这本译诗集于 1992 年在英国和印度同时出版，1994 年和 1999 年于印度再版，可见它在印度拥有自己的阅读市场。

① Vikram Seth, *Three Chinese Poets*, "Introduction", Delhi: Viking, 1992.

赛特勉力学习中文和中国文学，并翻译中国古代诗歌，这使他得到了丰厚回报。他的诗歌明显地体现了唐诗潜移默化的影响。赛特在《江宁之夜》中写道：“一杯茶，还有月亮/青蛙在野草中叫呱呱/一只蝙蝠从金盘/斜飞到银色芦苇的那端/遥远的灯光/筛扬谷粒的声音/孤独的宁静/大雨将至的征候。”[①] 仔细阅读某些意味深长的唐代诗歌，就会发现他们对赛特的文化浸润。赛特还以四行诗的形式和简单的意象铺陈进行自己诗歌的中国化实践。如《暗途》一诗：“道路黑暗家已远/而今入眠不舒适/今宵噩梦离你去/明日醒来无忧虑。”[②]

在1985年出版的《拙政园》中，赛特以整整二十七页共十五首诗歌讴歌了中国风情，如《南京的夜》、《杭州公园》、《拙政园》等，从篇目便可见出浓烈的中国文化氛围。1990年出版的赛特诗集《你们那所有入睡者》中，赛特又创作了数首中国题材的诗歌，这显示了中国主题对赛特的吸引力。

总体来看，赛特的中国题材诗歌可以分为几类进行分析。首先是赛特对中国文化的热爱和对自然景色的描绘，展示了他心灵底版上的“中国风”。例如，《拙政园》第一到九首以及第十四首都属于这一类。第一首《小夜曲》写道：“白色的墙，白色的月光/我漫步在乐音交织的胡同里/有人弹着二胡/庭院地上是两把空椅/仿佛预料我今夜来这里/他微微吃惊地招招手/他熟练的手飞扬起琴弓/我禁不住眼泪往下流/他停下、调音再演奏/梧桐树下一小时/悦己也为陌生人/四海之内皆兄弟。”这首诗是赛特

① Vikram Seth, *All You Who Sleep Tonight*, Delhi: Viking, 1990, p. 41.
② Vikram Seth, *All You Who Sleep Tonight*, Delhi: Viking, 1990, p. 55.

1981 年写于苏州的。这首诗是赛特对中国民间生活的梦幻写真，体现了他对中国文化的亲切感受。第二首写道：“木兰花瓣落下来，暗淡、芬芳渐黝黑/躺在空地的地衣上/宁静的庭院有紧挨的石头/和筛子般的树阴。外边的夜空低垂着/水中、镜子和天空的三个月亮/松柏们背靠着星星挺立/茉莉花与栀子花融合了/凋谢的木兰花香。”这里的描绘有些中国古代诗歌宁静致远的意境，恰如王维诗歌中的美丽意境。第九首《晚麦》写道：“黄昏是麦子最好的时光/蛤蟆在高叫/想吃晚饭的孩子们骑在牛背上往家赶/……金黄的麦子低垂着头/在高处的路边那一头/长着没有移植的绿水稻/可我只想看看这麦子。”这首诗写活了中国农村的自然风光和民风习俗，它让人不由得想起南宋词人辛弃疾的“稻花香里说丰年，听取蛙声一片。”具有中国古典诗歌神韵的还有第十四首诗《杭州公园》：“紫藤枝，紫藤叶，紫花瓣/飘向金鱼涟漪间/待她落定花又坠/下有红鱼游紫藤。”①

作为一位诗人，赛特和他的前辈泰戈尔一样，有一颗热爱生活的永远年轻的心。他们往往在中国人的日常生活中发现一些值得记忆和留心的美丽。例如，赛特在《拙政园》第四首《北庙塔》里写活了中国儿童的顽皮可爱。赛特在诗中以汉语拼音“waibin”和“Ni hao”写出了汉字“外宾”和“你好”，这使诗歌增加了一种中国文化气息。赛特对中国儿童的爱延续着。离开中国多年以后，赛特在《苏州公园》一诗中写道：“木兰树摇荡，那些大而柔软的鲜花/落在垃圾堆上面/老爷爷安静地坐了几小时

① Vikram Seth, *The Humble Administrator's Garden*, Delhi: Viking, 1985, p. 3—22.

/孙子在他的膝盖上睡熟/头顶的树遮挡了天空/附近有人打太极拳/一只蝴蝶在他迷糊间飞了过去。”① 正如李商隐所言：“此情可待成追忆。”这里对普通中国祖孙的描绘，对中国人安居乐业的羡慕，反映了赛特对自己早年中国生活的不倦追忆。

赛特在诗歌中还展示了他对中国民间社会的别样观察，而这些观察有的恰恰命中中国社会某些弊端。例如，《拙政园》第五首“微波楼”写道：“池塘绿如绿豆汤，四尾大鱼/如红椒，在泡沫中穿梭/从某处岩石飞来的野麻雀/警觉地注视这一切。来了两位情人/盯着公园里的鱼儿和老外/他们在爬满地衣的树下又说又抱/还拿铅笔刀在树皮上刻其大名/向后代炫耀（假如树还活着）。”② 这是对那对情人愚蠢自私举动的批评，而这样的人在当今中国也远未绝迹。《拙政园》第七首《苏州大孔庙》将赛特关于中国现实的一个侧面的思考呈现在读者面前。这首诗是对某些随意破坏文物的人的批判。一般人都知道，印度人有一个优秀的传统，那就是珍视并保护自己的传统文化，赛特学习中国文化，他应该知道中国文化传统的伟大，因此，此处的讽喻诗是有积极意义的，能让今天的中国人三思。

有人说：“赛特不反感流散者的居无定所及其寻根，可能是因为他自己感觉不到漂泊在外或文化无根。”《拙政园》“处处无家处处家”的漂泊者的“诗性阐释”③，某种程度上，是对的。但就是这样一位后殖民流散作家，他却在中国题材创作中表达了

① Vikram Seth, *All You Who Sleep Tonight*, Delhi: Viking, 1990, p. 40.

② Vikram Seth, *The Humble Administrator's Garden*, Delhi: Viking, 1985, p. 7.

③ GJV Prasad, ed., *Vikram Seth: An Anthology of Recent Criticism*. Delhi: Pencraft International, 2003, pp. 15—17.

非常鲜明的眷恋意识，他在诗中这样写道："孤寂的时刻，我意识到/我跑遍世界却积攒了/知识一样繁多的乡愁，因为我发现/一旦来到这古怪的美国/那中国就整个地掠走了我的记忆/感动和激荡心灵的是/那些梓树、大鹊鸟和我的朋友。"[①] 赛特在这里使用了流散作家偏爱的一个词汇"乡愁"（nostalgia），这个词表达了赛特与中国深厚的文化之缘。

总之，通过上面的简单介绍，我们发现，赛特是当代印度作家中积极正面利用中国文化的典型代表。某种意义上看，研究当代中印文化交流者，如果缺少对他的中国题材创作的研究，显然是有缺陷的。

第二节　赛特游记对中国的双重书写

形象学研究首先兴盛于欧洲大陆，特别是法国和德国等地，对异国形象的研究是与比较文学在法国等地的发轫同步的。对异国层面的关照，不可避免地使最初的比较文学研究者们将目光落在文学中的异国形象上。卡雷主张在研究国际文学关系时，不必拘泥于考证，要注重探讨作家间的相互了解，人民间的相互看法、游记、幻象等。由此，他将形象学研究定义为"各民族间的、各种游记、想象间的相互诠释"[②]。卡雷的高足基亚在 1951 年出版的《比较文学》中，专门开辟一章"人们所看到的外国"，

---

① Vikram Seth, *The Humble Administrator's Garden*, Delhi: Viking, 1985, p. 17.

② 孟华主编：《比较文学形象学》，北京大学出版社，2001 年，第 2 页。

对形象学研究内容和方法作了说明。基亚尤其注重对于游记之类作品的研究，因为游记包含了很多丰富的文化信息。此后，法国学者巴柔和莫哈等人对形象学原理和方法进行了更加深入系统的探索。形象学主要研究一国形象在异国文化语境中的传播、影响和变异，并分析这些异国形象产生的深层社会文化背景，并发现折射在他者身上的自我形象。异国形象研究对于不同文明之间的自我反省和交流理解有着促进作用。从这个角度来说，奈保尔和赛特等人的跨文化书写，特别是他们的印度游记或中国游记值得从形象学原理来思考和阐释。

对于赛特的中国题材创作来说，最引人注目的应该是他结束中国之旅后于次年即 1983 年出版的游记《自天池出发：穿越新疆西藏旅游记》（下简称《自天池出发》）。该书出版当年即获西方的托马斯·库克国际旅游图书奖。事实上，赛特穿越了中国四个省（自治区）即新疆、甘肃、青海和西藏。《自天池出发》记叙了中国民间风土人情、山川景观和少数民族宗教生活。本书配有大量的照片，全是作者自己沿途所摄，生动反映了二十世纪八十年代初期中国的民间生活场景。该书详细地记录了作家的所见所闻，写活了中国内陆地区的风土人情。赛特在记叙中不断穿插他对中国的文化体验、对中国社会现实的评价，形成一幅比较完整的正反交织的中国印象。换句话来说，赛特的游记中浮现出令人亲切的“文化中国”形象和神秘恐怖的“政治中国”形象。因此，他的文本是形象学研究的范本。

在形象学研究领域，法国学者强调研究套话模式等，并将异国形象作为社会集体想象物即集体无意识的结晶体来对待。形象学的特征由以下关键词来表述。一为“形象”，它包括异国的形象、民族的形象和作家自身特殊感受所创造的形象。二是“社会总体想象物”，社会想象物代表了异国形象的历史层面，它是这个形象在社会、历史、心理和哲学层面的深化。三是“意识形态和乌托邦”。如果说“社会总体想象物”是关涉异国形象的平面展开的话，“意识形态和乌托邦”就是它的纵深拓展。“社会总体想象物”是理解一个文本或作家塑造的异国形象的关键，它建立在整合功能与颠覆功能之间，亦即建立在意识形态和乌托邦之间的张力上。以上关键词及其衍生的相关原理，构成了形象学解读赛特游记之类的跨文化文本的思想资源。

意识形态具有整合功能，它与套话等紧密相连。与此相反，乌托邦形象在本质上是质疑现实的，具有社会颠覆功能。换句话说，乌托邦话语由于向往一个根本不同的“他者”社会，故而对异国形象的表现，是对群体的象征性模式所作的离心描写，它是还异国以相异性。在赛特的中国游记中，乌托邦话语体现在他对中国风土人情的描摹上，体现在他对中国的文化体验上，这是对中国形象的正面描绘。

西方世界的某些作家，一旦涉及东方题材或东方文化，他们的文学话语就不再是中性而客观的，而是在乌托邦想象或意识形态化的两极之间徘徊。这就造成西方的东方书写大量失真，而这暴露了他们的东方主义心态，是其集体无意识的产物。他们书写东方，其实也就是书写自己的文化心态。就在赛特出版他的中国游记的当年即 1983 年，西方作家保尔·梭罗（Paul Theroux）也出版了他的中国游记《下长江》(Down the Yangtze)。这被人视为"西方中国游记中的经典文本"[①]。梭罗在游记中说："中国人讲求实际，不尚玄谈，讲究物质享受，惶惑不安，饥馑难耐，这些品性带给中国的是粗暴卤莽和极度无能。为了生存，他们不得不抛弃幻想，这就形成了他们呆板单调的经济和毫无创意的文化。"[②] 此前在南京大学研究中国经济的赛特竭力摆脱这一梭罗式话语的束缚，尽管他还无法完全超越之，有时甚至步其后尘。与梭罗不同，赛特以自己亲身感触，刻画了一些普通中国人形象。在赛特的笔下，中国人形象有血有肉，栩栩如生。他向西方英语世界的读者展示了冷战尚未结束时真实的中国人形象。

赛特对中国的民风淳朴多有记载。他叙述了这么一件不起眼的小事，但是却让读者难忘。一次他在回客房的路上步行，后面一位年轻的战士坚持要他坐到后座上，搭乘他前往目的地，因此吃苦不小。赛特很感动："这种发自内心的友善，人们在中国每天都能遇到。"[③] 在新疆乌鲁木齐，赛特去一个店铺里买帽子。当老板得知他是印度人时，三元的帽子只收他两元人民币。末了，还将帽子拆开，在缝纫机上重新加工，将帽子缝得更加结实。赛特非常感动。在赛特寻找汽车上路旅行的过程中，在他行李丢失再寻找行李的过程中，以及在他请求人们帮助拉出陷于淤泥的汽车时，中国人无不给予热情的帮助。这些在赛特笔下毫无保留地得到了描述。

赛特由感受普通中国人的人性美，再到关注和思考中国民间

---

① GJV Prasad, ed., *Vikram Seth: An Anthology of Recent Criticism*. Delhi: Pencraft International, 2003, p. 23.

② Paul Theroux, *Down the Yangtze*, London: Penguin Books, 1995, p. 50.

③ Vikram Seth, *From Heaven Lake: Travels through Sinkiang and Tibet*, Delhi: Penguin Books India, 1990, p. 18.

习俗和文化差异，他一步步地走进中国文化的深处。作为一个在华学习中文的留学生，赛特在游记中除了对中国的秀丽山川如天池的美丽神奇不惜笔墨地进行描绘外，还到处展示他对中国文化的理解和运用。赛特对中国文化表示一如既往的尊敬，一种天然的亲切感。书中常常出现汉语拼音和中国谚语乃至标语口号的翻译，如“关系”、“走后门”和“老外”等。这显示赛特对中国语言的熟练掌握，读来让人感到别有风趣。

赛特在游记中提到，他在读孔子的《论语》中《先进篇第十一》中的对话，并引用了其中孔子与四个弟子即子路、曾皙、冉有和公西华之间关于治理国家、施行礼乐教化等方面的大段对话。赛特对孔子和弟子探讨治国修身为人之道非常感兴趣，这似乎说明他对儒家哲学的经世致用有些自己的感悟。他还两次提到欲读《老子》和《庄子》，苦于没有时间进行，但他后来还是翻开《老子》阅读。这些都是他在旅行的路途中进行的，非常辛苦，可见赛特对中国文化的浓烈兴趣。赛特还在旅途的后半段思考问题时引用老子的两段话以资借鉴：“上善若水。水善利万物而不争，处众人之所恶，故几于道。”（《老子》第八章）“天下莫柔弱于水，而攻坚强者莫之能先，以其无以易之也。”（《老子》第七十八章）赛特接着老子的语录发挥道：“无味者包孕众味，无色者囊括一切颜色……我们身体的脉动是液体，其他所有的脉动也是如此。水能溶解《奥义书》里的比喻之盐，水能覆盖《圣经》中《创世纪》的陆地，水还能流淌在《古兰经》的天堂里。”[①] 老子的思想是人类最珍贵的文化遗产之一，赛特这里将他的思想精华与印度、西方和阿拉伯世界的文化经典进行对比阐释，这是对中国文化的赞赏。早在中国唐朝时期，唐太宗就命著名高僧玄奘将《道德经》译为梵文传到“西天”，从而拉开了道家思想在印度广泛流传的序幕。因与印度宗教哲学思想非常接近，一千多年来，老子的道家思想在印度很受欢迎。赛特对老子的欣赏是对印度珍视道家思想的传统的延续而已。

赛特还在书中自觉地进行中印对比。这是赛特中国书写中最有光彩的地方。赛特的对比具有超前的意义，因为他在八十年代初创作这部游记时，中印关系还处于阴晴难定的解冻期，很多没有到过中国或受西方反华舆论影响的印度人仍然将中国视为神秘而恐怖的“他者”，而在中国学习中文并以经济学家眼光实地勘察中国现实社会的赛特，得以“在中国发现历史”（借用美国历史学家柯文的著作名），以中国的内部视角观察和思考中国，以积极姿态表达和书写中国，因此，得出了可以纠正部分印度人或西方人关于中国的错误认识。“春江水暖鸭先知。”赛特就仿佛是一只报道中国春天来临的“印度燕子”。

在游记中，赛特几次提到奈保尔。他说：“明天是印度独立日。阅读奈保尔使我产生悲哀和严肃的想法。我思索着过去三十年间中印两国都为自己人民做了些什么。”奈保尔的作品使赛特联想到中印两国的现状对比，对比的结果令他伤感。如中国人比印度人更有爱国心，中国的城市问题没有印度那样严重，计划生

① Vikram Seth, *From Heaven Lake: Travels through Sinkiang and Tibet*, Delhi: Penguin Books India, 1990, p. 165.

育政策有力，中国摆脱贫穷有望。当然，赛特在对比中也发现了印度优越于中国的地方。如他认为，中国的“文化大革命”大量破坏文物，在印度则不会如此。他的结论是：“现在我发现中国的成就是实在的，但有严重的缺陷，印度的情况也完全可以这么说。”① 对于赛特关于中印对比的书写姿态，印度学者指出：“和创作《黑暗地带》的奈保尔不同，赛特对印度的前途并不悲观，他的爱国主义精神使他不买奈保尔对印度文明全盘否定的账。然而，他读过的这本书中关于印度文明的批评部分，却帮助他从一个更好的角度观察中国。”② 这就是说，赛特关于中国的乌托邦表述是为了质疑印度现实社会，达到一种艺术的“颠覆”功能。从另外一个角度看，赛特通过中印对比建构了一个真实可信的中国形象，一定程度上弥补了他借助“西方之眼”描摹中国这个“他者”形象所留下的缺陷。当然，正是在这里，我们发现了赛特游记中的双重中国形象。

与写印度游记的奈保尔相比，赛特和他有一点相似，那就是精微仔细的观察和冷静克制的叙述风格。赛特在很多时候忠于自己的内心体验，但也不自觉地带上一种他者的色彩。这便是他的意识形态话语在中国游记中的体现。如他认为，当时的中国“无言论自由”，因为媒体受政府控制，人们不愿意公开发表自己的观点。中国作为西方的“社会总体想象物”，在赛特的这本英语游记里平添了几多神秘恐怖的色彩。

---

① Vikram Seth, *From Heaven Lake: Travels through Sinkiang and Tibet*, Delhi: Penguin Books India, 1990, pp. 102—106.

② GJV Prasad, ed., *Vikram Seth: An Anthology of Recent Criticism*. Delhi: Pencraft International, 2003, p. 27.

赛特和二十世纪二十年代来华的泰戈尔不同，大多数时候，他在游记里对中国的感受显然不是用热情洋溢的语言来表达的，这和他后来创作的中国题材诗歌有些区别。这似乎与他作为经济学者的身份有关，但实际上与他借用西方之眼看中国不无关联。因此，很多时候，游记中浮现出意识形态的话语阴影。在赛特的眼中，八十年代的中国与奈保尔笔下的印度那个“黑暗地带”或“受伤的文明”一样，显然有很多值得诟病之处。1990 年，赛特曾经回忆中国游记的创作动机道：“在创作这本书的过程中，我叙述了我在解放后的中国所看到的成就和失败，二者都非常明显。”① 可以说，赛特和奈保尔这两位后殖民作家在东方叙事上找到了共同语言，真正是“心有灵犀一点通”。

在赛特笔下，天池美景的确令人心旷神怡、流连往返，但一旦回到现实中，当他面对真实的中国社会时，他就不由得要一吐为快。开放初期的中国城市建筑风格和人们的服饰穿着首先成为到过美国自由世界的赛特诟病的对象。在他看来，兰州城可以代表所有中国城市单调呆板的建筑风格。更令赛特沮丧的是，这种“呆板单调”并非只在建筑风格上可以见出：“人们穿的衣服在样式和颜色（深蓝、绿或灰色）上也千篇一律。扫视街道，很难发现对比反差或让人眼前一亮的东西。”② 值得留意的是，赛特对西安、上海等大城市印象都不好。他主要对这些城市的交通拥挤、设计单调、人口密度大表示反感，这让他想起印度的德里或

① Vikram Seth, *From Heaven Lake: Travels through Sinkiang and Tibet*, “Fordword to the 1990 Edition”, Delhi: Penguin Books India, 1990.

② Vikram Seth, *From Heaven Lake: Travels through Sinkiang and Tibet*, Delhi: Penguin Books India, 1990, p. 37.

加尔各答的相似状况。这些叙述似乎表明，赛特没有摆脱借用“西方之眼”看东方的心理模式。

有学者认为，一些受过西方教育的旅游者在后殖民时代，也会带着一种救世主的使命，带着一种重新“发现”的意识开始他们的跨国旅游。赛特的中国游记并不完全具有这种“拯救和发现”使命的意识。他的中国游记更多地属于西方那种经典的为旅游而旅游的作品。但问题是，假如考虑到八十年代中国特别是中国西藏地区是西方世界一直关注的地方，那么可以说：“赛特的中国报道不可能‘清白无辜’。尽管是受过西方教育的世界公民，一个印度人在东方色彩浓烈的地方所看到的东西，实在是出于强烈的政治动机。”[①] 赛特的问题还可以向深处追问，那就是：“既然赛特的旅行动机是试图揭示普通中国人的心灵脉动，具有讽刺意味的是，他的旅行是一次顽固偏执的行为。这是因为，身兼作家、诗人和学者的赛特正在从事西方旅行者在精神方面的探索。他也在意识形态的面纱掩盖下企图发现真正的中国。他高高在上地告诉我们，这些中国人是幸福、悲哀还是无动于衷。中国普通人与家庭均为他的这一创作姿态提供素材。”[②]

的确如此。赛特尽管在游记中描绘了八十年代的现实中国，但在他的心中一直存在一个朦胧模糊的政治中国。他的西北之行其实就是揭开西藏神秘面纱之旅。赛特将政治触角伸向西藏地区，欲“发现”西藏的神秘和恐怖，“发现”西藏的原始蒙昧和

① GJV Prasad, ed., *Vikram Seth*: *An Anthology of Recent Criticism*. Delhi: Pencraft International, 2003, p. 22.

② GJV Prasad, ed., *Vikram Seth*: *An Anthology of Recent Criticism*. Delhi: Pencraft International, 2003, p. 27.

艰辛痛苦。有了这样一种东方主义的思维习惯和时代背景，赛特在游记中对西藏和西藏百姓的“同情性”描绘就显得非常“自然”了。

在拉萨参观佛教寺庙时，赛特发表了自己的感慨。他提到达赖喇嘛等人曾经参观这里的“感人场面”。他的某些叙述有妖魔化中国的嫌疑。赛特在书中某些地方还通过某些当地藏民的“内部视角”看西藏、“发现”他们的痛苦悲哀，以表达不在场却又操控场面的注视者赛特的观点。这些藏人成为传达赛特观点的“传声筒”。这说明赛特的确戴着“有色眼镜”观察西藏，因此，他能够将西藏与西方人的阅读欲望巧妙地衔接起来。其游记之所以能在出版次年即获西方奖励，这与赛特的创作技法有一定联系。

在这样一个妖魔化的“政治中国”形象面前，赛特在中国游记和中国题材诗歌里描绘的美好亲切的“文化中国”形象已变得相形见拙。这是赛特及其作品的悲哀，也是后殖民作家的东方主义书写姿态在中国题材作品上的拙劣表演。但是，该书在西方英语世界出版并不断再版，这至少说明了赛特游记中的西藏元素在帮助他占领西方阅读市场上“功不可没”。西方对于这本游记的文学奖励，更说明了赛特带着政治偏见“发现”中国落后一面、揭开中国西藏地区的“神秘”面纱，对于西方有多么重要。西方媒体因此称赛特为“他那个时代最优秀的作家”，还有人称这本书探索了“世界上最不为人所知的地区”，是“精彩的旅游作品”，因此，让人“不忍释卷”①。赛特的中国书写姿态与西方同期里某些人的妖魔化中国形成照应。这些描写可以满足一些人西方拯救东方“独裁”和“专制”世界于水火之中的救世主心理。

某些学者认为：“西方的中国形象是西方文化投射的一种关于文化他者的幻象，是西方文化自我审视、自我反思、自我想象与自我书写的方式，表现了西方文化潜意识的欲望与恐怖，指向西方文化‘他者’的想象与意识形态空间。”他还认为：“研究西方的中国形象，不是研究中国，而是研究西方，研究西方的文化观念。”② 同样，通过前边的介绍，我们发现，借用西方之眼书写中国的赛特，在游记里塑造独裁专制、神秘恐怖的中国形象时，其实就是一种自我书写，一种关于他者的自我幻象，背后隐藏着奈保尔式的文化观念。这种“政治中国”的书写浸透了西方民主自由等意识形态话语，它无形中解构了赛特美好的“文化中国”幻象。在这里，话语建构与形象解构看似巧妙而天衣无缝地焊接在一起，实则反映了后殖民作家中国书写的败笔与遗憾。唯一使人欣慰的是，这当然增加了赛特游记在全球化时代的比较文学研究价值。

迄今为止，泰戈尔和赛特是殖民时期和后殖民时期受中国文化影响最深的两位印度作家。他们都属于穿梭东西两半球的“世界公民”，以世界眼光看待中国文化在世界文化百花园中的价值。他们对中国文化都有一种化为我用的“拿来主义”精神。由于时

---

① Vikram Seth, *From Heaven Lake: Travels through Sinkiang and Tibet*, Backcover, Delhi: Penguin Books India, 1990.

② 周宁：《天朝遥远：西方的中国形象研究》，北京大学出版社，2006 年，第 13 页。

代的差异，赛特和泰戈尔化用中国文化元素以及看待中国历史、现实存在更多的差异。对泰戈尔来说，中国是友谊邻邦、同甘共苦的兄弟国家，他不遗余力地支持中国人民的反帝反殖斗争、痛斥日本侵略中国；而赛特受 1962 年中印边界冲突“后遗症”和西方反华舆论的影响，加之后殖民解构思潮对他潜移默化的浸润，看待中国则戴上意识形态的“有色眼镜”，对中国现实取批评多于赞扬的态度，在中国西藏问题上附和西方舆论，丧失了独立思考能力，使其中国书写出现严重的政治失误。泰戈尔笔下是一个亲切美好的“文化中国”形象，而赛特笔下往往是美好的“文化中国”与晦暗神秘的“政治中国”形象并存。这在他的中国题材诗歌和中国游记的对比中表现得尤其明显。泰戈尔可以在作品中、演说中把最热情洋溢的语言献给中国，赛特却很难在后殖民时期做到这一点，他笔下的“文化中国”形象也因此打了很大的折扣。总之，我们从泰戈尔的“文化中国”形象出发，走向赛特的“文化中国”与“政治中国”并存的双重形象，仿佛阅读了一遍中印当代文化交流史，经历了一次彼此对视、但却没有成功跨越喜马拉雅障碍的“文化心理苦旅”。

附录一 印度英语文学相关问题

由于印度与英国的历史文化和殖民政治关系，英语在近现代印度文学发展过程中起着特殊的重要作用。英语是外来语言，印度英语文学自然带有浓厚的跨文化色彩。泰戈尔的英语诗集《吉檀迦利》在1913年获得诺贝尔文学奖，拉贾·拉奥（Raja Rao，1908—2006）、R. K. 纳拉扬（R. K. Narayan，1906—2001）、M. R. 安纳德（Mulk Raj Anand，1905—2004）等现代印度英语文学三大家的出现，均标志着印度英语文学取得了举世瞩目的成就。印度独立以后、特别是二十世纪八十年代后，随着一批印度作家或有印度血统的后殖民作家在世界文坛的迅速崛起，印度英语文学重新吸引了世界文学爱好者和文学研究者或新奇或尊敬的目光。印度本土学者对于印度英语文学非常重视，自独立以来，不断推出新著加以评论。比较有代表性的著作包括K. R. S. 因加尔的《印度英语文学》[①]、C. D. 纳拉辛哈的《天鹅与

① K. R. Srinivasa Iyengar, *Indian Writing in English*, Delhi: Sterling Publishers, 1983.

鹰隼：印度英语文学论文集》① 和《印度英语文学史》②、M. 穆克吉的《再生的小说》③ 和《容易消失的帝国：印度英语创作论文集》④、M. K. 奈克主编的《印度英语文学论文集》⑤、《印度英语文学面面观》⑥ 和《印度英语文学作家》⑦、R. S. 帕塔卡主编的《印度英语小说的问题与前景》⑧、V. V. N. R. 普拉萨德的《五位印度小说家笔下的自我、家庭与社会：拉江、拉贾·拉奥、纳拉扬、阿伦·乔西和安妮塔·德赛》⑨、K. A. 潘尼迦的《独立以来的印度英语文学》⑩、G. N. 德维的《外语创作：印度英语文学论文集》⑪、R. S. 辛哈和 C. S. 辛哈主编的《印度英语文学谱系史》⑫、N. D. R. 钱德拉主编的《现代印度英

① C. D. Narasinhaiah, *The Swan and the Eagle: Essays on Indian English Literature*, Shimla: Indian Institute of Advanced Study, 1968.

② C. D. Narasinhaiah, *A History of Indian English Literature*, Delhi: Sahitya Academi, 2002.

③ Meenakshi Mukherjee, *Twice-Born Fiction*, Delhi: Arnold-Heinemann, 1974.

④ Meenakshi Mukherjee, *The Perisha Empire: Essays on Indian Writing in English*, London: Oxford University Press, 2000.

⑤ M. K. Naik, et al. eds., *Critical Essays on Indian Writing in English*, Dharwar: Karnatak University, 1972.

⑥ M. K. Naik, ed., *Aspects of Indian Writing in English*, Delhi: Macmillan, 1979.

⑦ M. K. Naik, ed., *Maker of Indian English Literature*, Delhi: Pencraft International, 2003.

⑧ R. S. Pathak, ed., *Indian Fiction in English: Problems and Promises*, Delhi: Northern Book Centre, 1990.

⑨ V. V. N. Rajendra Prasad, *The Self, the Family and Society in Five Indian Novelists: Rajan, Raja Rao, Narayan, Arun Joshi, Anita Deaai*, Delhi: Prestige Books, 1990.

⑩ K. Ayyappa Paniker, ed., *Indian English Literature since Independence*, Delhi: The Indian Association for English Studiers, 1991.

⑪ G. N. Devy, *In Another Tongue: Essays on Indian Literature in English*, Madras: Macmillan, 1995.

⑫ Ram Sewak Singh & Charu Sheel Singh, eds., *Spectrum History of Indian Literature in English*, Delhi: Atlantic Publishers and Distributors, 1998.

语创作批评》第一、二卷等等[①]。其中，因加尔长达700多页的论著在1963年初版，1973、1983年两度修订再版，成为一部带有文学史性质的重要著作。印度的一些英文期刊如《印度英语研究》(Indian Journal of English Studies) 和《印度英语创作》(Journal of Indian Writing in English) 也常常刊载论述印度英语文学的文章。顺便提一下，印度英语文学越来越成为印度学者和中国学者所关注和研究的对象[②]。除了上述对印度英语文学进行整体研究的著作和期刊外，对于单个作家的研究也有很多的成果，尤其是对拉贾·拉奥、纳拉扬和MR. 安纳德等早期英语三大家的研究更为普遍。六十到七十年代里就有一些关于三大家的研究成果，八十年代后更为丰富，有的还将他们与其他印度英语作家乃至吉卜林、福斯特等英国作家进行比较研究。关于三大家的研究论文不计其数，单是著作也可举出很多，例如，关于拉贾·拉奥的研究著作有C. D纳拉辛哈的《拉贾·拉奥》[③] 和他指导的女博士S. A. 纳拉扬的《拉贾·拉奥其人其作》[④]。后者的著作是她在1971年提交给迈索尔大学的博士学位论文《拉贾·拉奥和

---

① N. D. R. Chandra, ed., *Modern Indian Writing in English: Critical Perceptions*, Vol. 1, Delhi: Sarup & Sons, 2004. N. D. R. Chandra, ed., *Contemporary Indian Writing in English: Critical Perceptions*, Vol. 2, Delhi: Sarup & Sons, 2005.

② 例如，二十一世纪初开始，北京大学外国语学院的印度语言文学博士点培养了杨晓霞、王春景、刘朝华、李美敏、张玮、王鸿博等年轻学者，他们均选择拉贾·拉奥、R. K. 纳拉扬和安妮塔·德赛等印度（印裔）英语作家作为学位论文研究对象并以此获得了学位。其中，有的博士论文已经修改出版（例如：王春景：《R. K. 纳拉扬的小说与印度社会》，河北教育出版社，2010年）。中国其他高校如四川大学、西北大学、深圳大学、苏州大学等也有不少学者选择印裔流散作家进行研究。笔者2004到2005年留学印度时发现，印度很多大学英语系博士候选人喜欢选取印度英语文学作为学位论文的研究对象。

③ C. D. Narasimhaiah, *Raja Rao*, Delhi: Arnold-Heinemann Publishers, 1974.

④ Shyamala A. Narayan, *Raja Rao: Man and His Works*, Delhi: Sterling Publishers, 1988.

印度英语小说》的基础上修改而成。纳拉辛哈的书除引言外，包括四章：短篇小说、《甘特普拉》、《蛇与绳》、《猫和莎士比亚》。后者的著作除了论述纳拉辛哈提到的作品外，还增加了论述《克里洛夫同志》一章。关于纳拉扬的论著包括 B. S. 戈雅尔主编的《R. K. 纳拉扬评论集》[①]、M. K. 奈克的《讽喻意识：纳拉扬小说研究》[②]、S. N. 纳塔的《纳拉扬小说研究》[③]、N. 库马尔的《纳拉扬小说中的女性》[④]和 C. N. 室利纳塔主编的《关于 R. K. 纳拉扬的近期论文选》[⑤]。两本论文集中的作者均有一半为西方学者，这显示了纳拉扬的国际声望，也显示印度英语文学在西方得到相应的重视。2006 年 10 月 10 日至 12 日，印度学界在纳拉扬的故乡迈索尔召开纳拉扬诞辰 100 周年纪念暨国际学术研讨会，与会者来自世界各地，研究纳拉扬小说的中国学者、河北师范大学文学院副教授王春景博士参会并发言[⑥]，这是到会的唯一一位中国学者。这表明，中国学界已经开始参与到纳拉扬研究或印度英语文学的国际学术对话中。无论是对中国的印度文学研究或是中印文化交流而言，这都是利好的消息。

就印度英语文学而言，西方学界也推出了一些研究成果。一

---

① Bhagwat S. Goyal, *R. K. Narayan: A Critical Spectrum*, Meerut: Shalabh Book House, 1983.

② M. K. Naik, *The Ironic Vision: A Study of the Fiction of R. K. Narayan: A Critical Spectrum*, Delhi: Sterling Publishers, 1983.

③ Sharan Nagendra Kumar, *A Critical Study of the Novels of R. K. Narayan*, Delhi: Classical, 1993.

④ Neeraj Kumar, *Women in the Novels of R. K. Narayan*, Delhi: Indian Publishers' Distributors, 2004.

⑤ C. N. Srinath, ed., *R. K. Narayan: An Anthology of Recent Criticism*, Delhi: Pencraft International, 2000.

⑥ 关于这次研讨会的具体情况，见王春景：《纳拉扬国际学术研讨会》，《外国文学评论》，2006 年第 4 期。

般说来，印度学者和西方学界习惯将奈保尔、拉什迪、安妮塔·德赛和维克拉姆·赛特等散居海外的印度裔作家与纳拉扬、安纳德、阿米塔夫·高士和阿伦达蒂·罗易等印度本土英语作家一道统统视为印度英语作家进行考察。本节研究只涉及印度本土英语文学诸多复杂问题，而在下一节单独考察印度学者包括印度裔流散作家在内的流散文学研究。印度学者关于印度英语文学的研究内容非常丰富，限于篇幅，本节只能对近几十年来印度学界相关研究的某些方面择其要者介绍一二。

一 概念辨析

首先看看印度英语文学的概念辨析。根据 N. D. R. 钱德拉等印度学者的考证，表达“印英的”的英文单词是 Indo-Anglian，它首先出现在 1883 年。当时在加尔各答出版了一本书，题目中含有 Indo-Anglian Literature（印度英语文学）的字眼。从印度本土学者的眼光来看，这本书是印度英语文学最初的范本。1943 年，因加尔用 Indo-Anglian Literature 作为自己当年出版的处女作的书名。后来，因加尔以这个英文标题一再出版新著，Indo-Anglian Literature 即“印度英语文学”的称谓不胫而走，逐渐风行印度文学界。到了现在，作为印度对世界英语文学的重要贡献，Indo-Anglian Literature 即“印度英语文学”这一术语已经被印度学界广泛接受。

钱德拉认为：“事实上，Indo-Anglian（印英的）这个术语是被杜撰来以区别于另外一种叫做 Anglo-Indian（英印的）的关于印度的创作。后者指的是英国人涉及印度主题、背景和动机的文学作品。”[1] 有的学者认为，Anglo-Indian Literature（英印文学）是指在印度生活的英国人写作的印度题材作品。这种英印文学带有强烈的印度本土色彩，业已成为英语文学的一部分。当然，也有部分学者遣词造句时，喜欢采用 Indo-English 而非 Indo-Anglian。因为，Indo-Anglian 意指印度与英国两个国家之间的关系，而非表示一个国家的语言。但是，因加尔坚持认为，使用 Indo-Anglian 这个术语的好处在于，它既可作形容词“印英的”，也可以用做名词“印英人”，而 Indo-English 则不能这么用。因此，Indo-Anglian 这个词语使用起来非常方便，且生动形象，完全能够表达印度英语文学的涵义。V. K. 戈卡克认为，Indo-English 应该用来指称翻译作品，即被译为英文的印度方言文学作品。它也可以用这个词语来表达：Indian literature in translation。照此标准，某些印度学者关于《罗摩衍那》的英文译作就可以归入这个范畴。钱德拉总结道：“综上所述，可以说，相对于上边所讨论的任一术语，因加尔使用的 Indo-Anglian 一词已经获得大家一致公认。因此，我们可以将 Indo-Anglian Literature 视为印度作家用英语创作的、以印度为主题和背景的文学。”[2] 而因加尔认为：“印度英语文学既是印度文学，也是英语文学的变种。它既吸引印度人，也应该使英国人感到有趣。”[3]

---

① N. D. R. Chandra, ed., *Modern Indian Writing in English: Critical Perceptions*, Vol. 1, Delhi: Sarup & Sons, 2004, p. 2.

② N. D. R. Chandra, ed., *Modern Indian Writing in English: Critical Perceptions*, Vol. 1, Delhi: Sarup & Sons, 2004, p. 3.

③ K. R. Srinivasa Iyengar, *Indian Writing in English*, Delhi: Sterling Publishers, 1983, p. 6.

二　历史分期

N. D. R. 钱德拉认为："般吉姆·查特吉·钱德拉（1838—1894）是创作英语小说的第一个印度人。他的《拉贾·莫汉的妻子》（Raj Mohan's Wife）标志着印度英语小说的开端。这部小说出现在 1864 年。"[①] 其实，早在般吉姆的英语小说出现之前，近代印度思想启蒙家拉姆·莫汉·罗易（Ram Mohan Roy，1772—1833）等人的英语散文就已经出现。例如，他在一篇题为《传教士与三个中国信徒的对话》的讽刺性短文中，借一场东西方对话描摹了中国人的机智[②]。这些情况表明，如果从罗易开始英语写作的十九世纪初算起，广义上的印度英语文学也至少有着两百多年的发展历史。很多印度学者对印度英语文学的历史分期进行过探讨。这里介绍两位学者的观点。

因加尔曾经将印度英语创作（Indian English writing）亦即广义的印度英语文学分为五个时期，按年代顺序依次是：1820 到 1870 年，1870 到 1900 年，1900 到 1920 年，1920 到 1947 年，1947 年至今。印度学者 J. 贾延（Jasbir Jain）并不赞成这一分期。他认为，这种分期在二十世纪末的学者看来，显然已经过时了。钱德拉也把印度英语文学发展史分为五个时期。他的着眼点主要是印度英语文学的代表性文体小说。他认为，十九世纪

① N. D. R. Chandra, ed., *Modern Indian Writing in English: Critical Perceptions*, Vol. 1, Delhi: Sarup & Sons, 2004, p. 28.

② Tan Chung, ed., *Across the Himalayan Gap: An Indian Quest for Understanding China*, Delhi: Gyan Publishing House, 1998, p. 28.

中期到1930年为印度英语文学的第一个发展时期。它涉及文体发展的问题，即西方浪漫主义和历史主义创作观的协调，这一时期也是印度开始争取民族自由的开端。第二个时期是指1930到1950年间。M. R. 安纳德、R. K. 纳拉扬和拉贾·拉奥开始创作并崭露头角。1950到1970年代末是第三个发展时期。这一时期，一些比纳拉扬等英语三大家更年轻或与之大约同龄的印度英语作家开始登上创作的舞台，他们是桑塔·罗摩·拉乌（Santha Rama Rau，1923—）、卡玛拉·玛康达雅（Kamala Markandaya，1929—）、巴帕尼·巴塔查利雅（Bhabani Bhattacharya，1906—）、阿提亚·侯赛因（Attia Hossain，1912—）、纳扬达拉·萨格尔（Nayantara Sahgal，1927—）、安妮塔·德赛（Anita Desai，1937—）、阿伦·乔西（Arun Joshi，1939—1993）、库斯万·辛格（Khushwant Singh，1915—）和曼诺哈尔·马尔贡加尔（Manohar Malgonkar，1913—）等等。第四个时期指1980到2000年。它以拉什迪1981年出版的轰动东西方世界的《午夜诞生的孩子》为标志和开端。这一时期的印度英语作家尽情地自由展示语言、奇想、反讽等写作技巧。维克拉姆·赛特（Vikram Seth，1952—）、阿米塔夫·高士（Amitav Ghosh，1956—）、沙西·德鲁尔（shashi Tharoor，1956—）、罗辛顿·米斯特利（Rohinton Mistry，1952—）、芭拉蒂·穆克吉（Bharati Mukherjee，1940—）、阿伦达蒂·罗易（Arundhati Roy，1960—）、裘帕·拉希里（Jhumpa Lahiri）、乌帕马尼亚·查特吉（Upamanya Chatterjee）和沙西·德斯潘德（Shashi Deshpande，1938—）等人。其中，穆克吉和赛特等人大多数时候居住在英美进行创作，显示出流散作家的基本特色，这和以前在印度定居的印度英语作家很不一样。贾延对这种分期的学理依据解释说："上述分期主要是考虑到这些因素：文学发展，文学定义，主题的开拓，更为明晰的语言自由意识，散居和身份诉求。"[①] 作为一家之言，贾延学术探索的勇气值得肯定。客观来看，他的分期有一定的道理。照此分法，二十一世纪初应视为第五个时期，英语文学中关于创作主题、创作风格的实验性质越来越多。安妮塔·德赛的女儿基兰·德赛等人的崛起是第四、第五个时期里值得注意的现象。

三　代表作家

在长期的研究过程中，印度学者对印度英语文学代表作家的认识开始明朗。以老资格的研究者 C. D. 纳拉辛哈为例。二十世纪八十年代，他在 K. M. 乔治主编的《比较印度文学》一书中负责介绍印度英语文学发展史。他分类介绍各体英语文学及其代表作家。如在英语诗歌部分，他把 T. 杜塔（Toru Dutt, 1855－1876）、S. 奈都（Sarojini Naidu，1879－1949）、奥罗宾多和泰戈尔视为殖民时期即印度独立以前的代表性诗人，把 D. 莫内斯（Dom Moraes）、尼斯姆·厄泽基尔（Nissim Ezekiel, 1924－）、P. 拉尔（P. Lal，1929－）和卡玛拉·达斯（Kamala Das，1934－）视为后殖民时期的代表诗人。纳拉辛哈心目中的优秀小说家是纳拉扬、安纳德和拉贾·拉奥等英语小说三大家以

① Ram Sewak Singh & Charu Sheel Singh, eds., *Spectrum History of Indian Literature in English*, Delhi: Atlantic Publishers and Distributors, 1998, p. 60.

及G. V. 德赛尼（G. V. Desani，1909—）、M. 阿兰塔纳拉扬（M. Ananthanarayan，）、巴帕尼·巴塔查利雅、曼诺哈尔·马尔贡加尔、阿伦·乔西、卡玛拉·玛康达雅、安妮塔·德赛和库斯万·辛格等人。纳拉辛哈心目中理想的短篇小说家非纳拉扬等三大家莫属。他认为，奥罗宾多和泰戈尔的英语戏剧成就有限，其他戏剧家的成绩也不突出。关于英语写成的文学批评理论，纳拉辛哈认为，奥罗宾多的《未来诗歌》、A. K. 库马拉斯瓦米的《艺术本质的变迁》和《湿婆之舞》、M. 西里亚南（M. Hiriyanna）的《艺术体验》（Art Experience）、K. R. S. 因加尔的《印度英语文学》、M. 穆克吉的《再生的小说》和他自己的《天鹅与鹰隼》是优秀之作。但是，不知何故，他忽略了泰戈尔的文论。从上述这些例举可以看出，纳拉辛哈认为，印度英语文学中的诗歌、小说乃至文学批评理论皆有很大成就，但戏剧次之。对于英语小说家的认定，因加尔在1983年出版的大部头著作《印度英语文学》中也基本上遵循纳拉辛哈的选择标准。

1997年，隐居英国且备受争议的海外印度作家拉什迪不甘寂寞，与人合编了总结五十年来印度英语文学创作实绩的《1947至1997年间的印度文学精品》①。他在书中精选了三十二位印度英语作家的作品片段，涉及的作家包括尼赫鲁、纳扬达拉·萨格尔、S. H. 曼陀（Sadat Hasan Manto，1912—）、G. V. 德赛尼、N. C. 乔杜里、卡玛拉·玛康达雅、M. R. 安纳德、R. K. 纳拉扬、维达·梅塔（Ved Mehta，1934—）、安妮塔·德

---

① Salman Rushdie & Elizabeth West, eds., *The Vintage Book of Indian Writing*: 1947—1997, London: Vintage, 1997.

赛、贾布瓦拉（Ruth Prawer Jhabvala，1927—）、S. 雷（Satyajit Ray，1921－1992）、拉什迪、帕德玛·皮莱娜（Padma Perera）、乌帕马尼亚·查特吉、罗辛顿·米斯特利、B. 希德瓦（Bapsi Sidhwa）、I. A. 瑟利（I. Allan Sealy）、沙西·德鲁尔、萨拉·苏来丽（Sara Suleri）、F. 坎迦（Firdaus Kanga，1959—）、A. 阿帕查纳（Anjana Appachana）、阿米塔·乔杜里（Amit Chaudhuri，1962—）、阿米塔夫·高士、基多·西利哈南（Githa Hiriharan，1954—）、基多·梅塔（Gita Mehta）、维克拉姆·赛特、维克拉姆·钱德拉（Vikram Chandra，1961—）、A. 瓦基尔（Ardashir Vakil，1962—）、穆库拉·科萨万（Mukul Kesavan）、阿伦达蒂·罗易和基兰·德赛等人。和纳拉辛哈的选单相比，拉什迪的这份选单有些特点。他选取了尼赫鲁、纳拉扬和安纳德等卓有成就的老作家作品片段，也照顾了乌帕马尼亚·查特吉、阿米塔夫·高士、基多·哈利哈南和阿伦达蒂·罗易等长期居住在印度的中青年作家。但他有意无意地忽略了拉贾·拉奥、阿伦·乔西、库斯万·辛格和曼诺哈尔·马尔贡加尔等优秀的印度本土英语作家。他还把作品不受印度欢迎的奈保尔剔除在外，却选录了同样不受印度读者欢迎的 N. C. 乔杜里的作品片段。还有一个特点，那就是拉什迪所选取的篇目涉及很多和他自己一样散居印度之外的印度裔英语作家，即 A. 阿帕查纳、N. C. 乔杜里、卡玛拉·玛康达雅、维达·梅塔、安妮塔·德赛、R. P. 贾布瓦拉、萨拉·苏来丽、萨尔曼·拉什迪、帕德玛·皮莱娜、罗辛顿·米斯特利、B. 希德瓦、I. A. 瑟利、沙西·德鲁尔、F. 坎迦、A. 瓦基尔和基兰·德赛等十六人，这些人占了他所选取作家人数的一半。其中维克拉姆·赛特在印度、美国、中国和英国等地散居、基多·梅塔在英国、美国和印度之间来往，维克拉姆·钱德拉在孟买和华盛顿之间自动放逐。和纳拉辛哈相比，拉什迪表现了非常开放的心态，他高度重视越来越成为印度英语文学主力军的海外印度英语作家。但是，他忽略众多的印度本土作家作品，把眼光投向更多的后殖民英语作家，这似乎又是他身为后殖民英语作家一员的本能反映。不过，应该承认，拉什迪的选单和纳拉辛哈的选单各有特色，均可以作为向世界文学界展示印度英语文学实绩的载体和标本。

G. N. 德维编选的《印度文学批评理论》（2002）一书选取婆罗多以来二十多位印度文论家的文论片段，其中有十二位是以英语进行文学评论的。他们包括泰戈尔、奥罗宾多、斯皮瓦克和K. 克里希纳穆尔提等人。这说明，英语在印度文学批评理论的构建过程中，起到了非常重要的作用。

四 创作的核心问题

印度学者J. 贾延（Jasbir Jain）认为，印度学者们对印度英语文学的关注点主要集中在五个方面：“使用英语对印度现实生活进行艺术表达、读者的问题、关于印度英语文学印度性的阐释、在选择写作主题时可能遇到的限制以及历史分期问题。”[①] 这说明，在印度学者眼中，印度英语文学、主要是英语小说必须面临创作语言、阅读受众、印度性亦即作家的身份诉求、创作主

① Ram Sewak Singh & Charu Sheel Singh, eds., *Spectrum History of Indian Literature in English*, Delhi: Atlantic Publishers and Distributors, 1998, p. 56.

题选择和文学史分期等几个方面的考量。很明显，贾延此处涉及的印度英语文学，包括印度本土英语作家的创作，但有时也指流散海外的印度英语作家作品。历史分期已经谈过，这里简单谈谈其他几个问题。

先看看印度英语文学创作的语言问题。在 R. S. 帕塔卡看来，印度英语文学发展面临着两大难题。一是身份诉求，二是表达的媒介即英语。他和其他学者一样，都以英语小说为例进行分析。这是因为："语言对小说家来说比对诗人更为重要……因此，其他问题如印度性、读者、主题和文学史分期都来自于语言问题。"[①]R. S. 帕塔卡认为："困扰印度英语小说家的另一个问题与表达的语言媒介有关。他必须用并非自己母语的一种语言进行写作……有些人也认为，作家必须尽力解决本土意识和获得的语言媒介之间常常发生的冲突。"[②] 其实，早在印度独立前，印度英语作家即已开始思虑语言这一创作媒介的问题。1937 年 12 月，拉贾·拉奥在伦敦出版英文小说《甘特普尔》。他在该小说的前言中写道，几乎每一个印度乡村都有自己的传奇故事。而他想在《甘特普尔》中讲述的是自己乡村的当代编年史。他接着说："这种讲述并不轻松。你不得不用不属于自己的一种语言传达自己的精神实质。你不得不传达在外国语言中似乎没有正确传达出的种种被遮蔽和忽略的思想意识。我使用'外国的（alien）'这个词，然其对我们而言并非真的陌生。就像从前的梵语和波斯

---

① Ram Sewak Singh & Charu Sheel Singh, eds. , *Spectrum History of Indian Literature in English*, Delhi: Atlantic Publishers and Distributors, 1998, p. 56.

② R. S. Pathak, ed. , *Indian Fiction in English: Problems and Promises*, Delhi: Northern Book Centre, 1990, p. 9.

语一样，英语成了我们的智慧因素，但它却无法成为我们的情感载体。我们天然都是双语者，许多人用自己的语言和英语写作。我们不可能像英国人那么创作，也不应该那么做。我们也不能只以印度人的方式创作。我们已经成熟，把偌大的世界视为自己的一部分。因此，我们只能采取一种方言（dialect）的表达方式，有朝一日，它会被证明同爱尔兰英语或美国英语一样独具特色、绚丽多姿。唯有时间会证明这点。”① 拉奥此处的开放心态和折中立场也是独立以来很多著名的印度英语作家的文学实践。拉奥还认为：“创作语言之后的问题是创作风格。印度的生活节奏必须融入我们的英语表述中去，如同美国或爱尔兰的生活节奏已经融入了他们的创作中。在印度，我们思维敏捷，出口成章，一有行动便雷厉风行。印度的太阳下必定有着什么东西，使得我们跌跌撞撞而又依然前行。我们的道路永无穷尽。”②与此观点相类似，V. K. 戈卡克建议，印度英语作家们使用的英语应该代表一种独具特色的进化的规范语言：“在这种规范语言中，其身体是正确的英语惯用法，但其灵魂是印度式的色彩、思想和想象。”③ 另一位学者认为，要想让英语为己所用的话，必须主动出击：“现在，情况变得很明显，印度性（Indianness）不可能强加于英语上……为了表达思想意识，作家必须把它改造为合适的创作工具。”④ 从纳拉扬到拉什迪，很多印度英语作家都是遵

---

① Raja Rao, *Kanthapura*, “Foreword,” Bombay: Oxford University Press, 1947.

② Raja Rao, *Kanthapura*, “Foreword,” Bombay: Oxford University Press, 1947.

③ V. K. Gokak, *The Poetic Approach to Language*, London: Oxford University Press, 1952, pp. 93—94.

④ R. S. Pathak, ed., *Indian Fiction in English: Problems and Promises*, Delhi: Northern Book Centre, 1990, p. 19.

照改造英语以适合自己表达需要的写作战略前进的。这是一条为写作实践所证明了的成功经验。

帕塔卡还认为："印度英语小说家必须面对的首要和最大的问题与他的身份诉求有关……印度英语小说家面临的最大挑战是他的身份诉求。现代小说中散居者的身份探索是一个普遍的主题，但对绝大多数印度英语小说家来说，这种身份探索具有特别印度式的紧迫性。"① 而在某些学者看来，很多印度英语作家是流离失所的文化孤儿，冲突中诞生的孩子，世事变迁的产儿。他们"依赖拨弄文化分裂症（cultural schizophrenic）获得的利益怡然自得地活在边界上"②。这说明，印度英语作家的身份诉求是一种很复杂的跨文化现象。一般说来，身份的迷失会导致心理疏离（alienation）。而心理疏离或"无根"（rootlessness）意识正是某些印度英语小说非常普遍的主题。这种"无根的文学"（rootless literature）完全疏离了印度大众，也无视于印度现实社会。如N. C. 乔杜里便认为自己是"工业文明时代的流浪者"③。帕塔卡认为，居住在印度的这些英语作家的身份诉求与民族身份认同遇到障碍有关。他说："作家们在寻求自己的个人身份时，也在努力寻找民族身份。和在西方寻求身份认同不一样，在印度这样一个国家里，对身份的探寻与其说是个人的行为，不如说是社会性的。在印度，个人意识与民族意识紧密相

---

① R. S. Pathak, ed., *Indian Fiction in English: Problems and Promises*, Delhi: Northern Book Centre, 1990, p. 7.

② R. S. Pathak, ed., *Indian Fiction in English: Problems and Promises*, Delhi: Northern Book Centre, 1990, p. 7.

③ N. C. Chaudhuri, *The Autobiography of an Unknown India*, London: Macmillan, 1951, p. 262.

连，个人的身份探索遂成为宏观的民族身份危机。”[①] 那么，有无解决身份迷失难题的办法呢？有的学者指出：“印度性不可能从外部灌注到作品中，他必须内化为作家的意识。在无法与西方传统绝缘的条件下，他必须完全真诚地意识到自己的印度性。但不幸的是，绝大多数印度英语作家在感情和思想上都缺乏这种意识。他们属于那种把自己的思想嫁接在西方生活与思维方式上的小集团，因此成为情感无根的牺牲品。”[②] 的确，印度英语作家，特别是散居海外的印度作家遇到这种身份危机，与他们中的很多人在西方接受英语教育、接受西方传统文化洗礼有关。由此，他们获得了一种看待印度本土的西方视角，其身份危机也就此萌芽。

印度英语作家创作主题的选择也是印度学者关注的重点之一。作家们的创作主题从印度本土延伸到异域风情。他们既选择表现古老传奇、神话、历史事件、社会罪恶、自由斗争、印巴分治的心灵创伤、东西方相遇的悲剧困境、完整家庭破裂后的感情疏离、农业人口向城市的迁徙、对西方物质文化毁坏人际关系和败坏传统价值信仰的抨击等，也选择在故事中穿插印度哲学和精神信仰。只是到了二十世纪后期，一些印度英语作家模仿西方，开始表现疏离、文化无根或感情空虚、精神迷惘等主题。作品中的超现实主义和存在主义等思想偶尔可见。R. S. 苏克拉（R. S. Shukla）认为，在生活基础上选择恰当的表达主题并不难，

---

① R. S. Pathak, ed., *Indian Fiction in English: Problems and Promises*, Delhi: Northern Book Centre, 1990, p. 8.

② R. S. Pathak, ed., *Indian Fiction in English: Problems and Promises*, Delhi: Northern Book Centre, 1990, p. 22.

难的是有的作家依照个人偏好，专注于表达一些过于狭隘的个人体验。用苏克拉的话来说是："印度英语小说家主要的难题是，他常常和普通人绝缘，很少像安纳德和纳拉扬那样，从广大的普通人生活中汲取创作素材。"[①] 有的作家发现西方对印度的宗教神话感兴趣，就在作品中穿插了一些自己不太明白的宗教哲学思想，其实这些东西混乱模糊，读者也不容易理解。苏克拉认为，即使是《蛇与绳》这样的杰作在这方面也难辞其咎。不过，二十世纪末，一些积极的变化正在发生。一些年轻的英语作家开始认识到西方人的困境，从而以积极姿态客观地表达印度普通男女的灵魂所思和印度发展的积极因素。苏克拉对于印度英语作家不时获得英语世界的布克奖、普利策奖等西方奖励不以为然。他说："这些作家最好的奖励一直应该是他们被绝大多数印度读者所接受。只要他们的作品确有价值，自然会获得国际上认可。仅仅将外国和印度的角色和事件搅拌在一起，他们不可能赢得这一切。"[②] 苏克拉最后呼吁印度英语作家道："是时候了，我们应该明白这一点：只有首先在民族的河流中学会游泳，才能继续在汹涌澎湃的人类海洋中巡游。"[③] 苏克拉上述首先的确是真知灼见，对于一些西化厉害的印度英语作家不啻于一剂苦口良药。他的意思是，越是民族的，就越能成为世界的。他强调印度英语作家立足文化本位的书写立场。当然，他对书写个人感情的作家持否定

---

① R. S. Pathak, ed., *Indian Fiction in English*: *Problems and Promises*, Delhi: Northern Book Centre, 1990, p. 20.

② R. S. Pathak, ed., *Indian Fiction in English*: *Problems and Promises*, Delhi: Northern Book Centre, 1990, p. 23.

③ R. S. Pathak, ed., *Indian Fiction in English*: *Problems and Promises*, Delhi: Northern Book Centre, 1990, p. 24.

态度，这是比较偏激的。毕竟，全球化时代里，社会变化给人们，特别是给大都市人们的心灵带来更多的冲击。城市病不计其数。在这种情况下，部分印度英语作家，特别是散居海外的印度英语作家如安妮塔·德赛、巴拉蒂·穆克吉、卡玛拉·玛康达雅和R. P. 贾布瓦拉等人，书写个人内心体验几乎成为他们与这个世界对话的唯一途径。这些人已经在印度之“河”游过泳，她们登上西方海岸线后，只能在另一种海洋中或艰难或轻盈地游动。

J. 贾延认为：“读者仍然是一个关键而重要的问题。外国读者意味着外部导向的写作，这是一种远离自己文化或专门描写异域风情的距离写作。”① 这就可以解释为什么很多散居英美的作家如拉什迪、奈保尔屡屡遭到印度学界或印度读者的严厉抨击。不过，英语文学的读者问题在印度国内还有另外的涵义。印度是世界上第三大英语出版国，仅次于英美两国。但事实上，由于文盲多的缘故，印度的英语读者只占总人口的百分之几。因此，英语文学爱好者主要是印度大都市的知识阶层、海外散居者。也正是这个缘故，一些印度学者极力提倡将印地语、孟加拉语、泰米尔语等各种印度语言中的文学佳作翻译为英语，以供懂英语的读者和学者们阅读。这项工作由印度文学院等机构主持，迄今为止，已经出版了很多这方面的英译作品。

印度英语文学的地位究竟如何？一些学者对此观点不一。G. N. 德维认为：“印度英语文学是一种奇特的文化现象……事

---

① Ram Sewak Singh & Charu Sheel Singh, eds., *Spectrum History of Indian Literature in English*, Delhi: Atlantic Publishers and Distributors, 1998, p. 56.

实上，印度英语文学是印度文学中最新的和最不发达的一支。”①因加尔对于印度英语文学的评价是：“将印度英语文学仅仅视为英语文学的小小支流并不合理。”② 而早在1945年，因加尔主编出版过一本论文集，题目是《印度对英语文学的贡献》（The Indian Contribution to English Literature）。此书后来再版，这表明，他已经认识到殖民主义时期印度英语文学的独特价值。就当代印度英语文学的作用和世界影响力而言，一位学者评价说：“现在，印度英语文学无疑已经成为向范围更为广阔的英语世界传播印度观念的最普通的工具。”③ 这些话有一定的道理。以中国学界为例，很多中国读者了解印度文学，也是通过泰戈尔诗歌集《吉檀迦利》等英语文学的中文翻译而进行的。布克奖、普利策奖乃至泰戈尔赢得的诺贝尔文学奖，都为西方世界了解印度文化观念创造了必要的前提。在印度国内，由于英语的特殊地位，英语文学作品也为印度读者与研究者带来了无比丰盛的精神食粮或研究素材。当然，那些对印度进行歪曲描写的英语文学也在客观上传播了畸形的印度形象，这在印度国内常常有所反弹、甚或强烈反弹。

至此，我们对印度学者关于印度英语文学的观察和理论思考有了一些了解。最后再简单地谈谈二十世纪中后期到二十一世纪初印度英语文学研究的历程及其新动向。

---

① G. N. Devy, *In Another Tongue: Essays on Indian Literature in English*, “Preface,” Madras: Macmillan, 1995.

② K. R. Srinivasa Iyengar, *Indian Writing in English*, Delhi: Sterling Publishers, 1983, p. 5.

③ H. M. Williams, *Indo-Anglian Literature*, 1800－1900, Madras: Orient Longman Ltd., 1976, p. 109.

五　新的研究动向

印度学者自二十世纪六十年代起，便已经开始历史地观察印度英语文学的发展。这以 K. R. S. 因加尔的《印度英语文学》(1963) 为代表。此后到八十年代，印度学者继续推出这方面的研究成果，例如，C. D. 纳拉辛哈的《天鹅与鹰隼：印度英语文学论文集》(1968)、M. N. 奈克主编的《印度英语文学论文集》(1972) 和《印度英语文学面面观》(1979) 等。在 1984 到 1985 年出版的、K. M. 乔治主编的两卷本《比较印度文学》中，纳拉辛哈粗线条地梳理了印度英语文学发展的历程及每一文体的代表作家。

随着拉什迪的长篇小说八十年代初在西方英语世界突然走红，印度英语文学开始以崭新的姿态集体亮相，西方学界开始对包括印裔流散作家作品在内的印度英语文学刮目相看。这进一步激发了印度的英语文学研究。九十年代以来，研究印度英语文学的著作在印度急剧增加，这不仅包括研究纳拉扬、安纳德等老作家的著作或论文，还包括对中青年作家的研究著作或论文。同时，对印度英语文学进行整体打量的研究成果也层出不穷。下边这些便是例子：R. S. 帕塔卡主编的《印度英语小说的问题与前景》(1990)、V. V. N. R. 普拉萨德的《五位印度小说家笔下的自我、家庭与社会：拉江、拉贾·拉奥、纳拉扬、阿伦·乔西和安妮塔·德赛》(1990)、K. A. 潘尼迦的《独立以来的印度英语文学》(1991)、R. S. 辛哈和 C. S. 辛哈主编的《印度英语文学谱系史》(1998)、M. K. 奈克和 S. A. 纳拉扬的

《印度英语文学：1980—2000》（2001）[①]、G. 库马尔的《印度英语文学新视野》（2001）、N. D. R. 钱德拉的《现代印度英语创作批评》（第一卷，2004；第二卷，2005》等等。

随着印度英语文学的迅速发展，理论探讨也提上了议事日程，这就是G. N. 德维的《外语创作：印度英语文学论文集》（1995）。他对印度英语文学发展、英语文学翻译、英联邦文学等问题进行了论述。部分涉及印度英语文学理论思考的还有拉什迪1981到1991年的论文集《想象的家园》[②]。J. 贾延则编选了印度英语文学批评文选即《创作理论：作家论创作》[③]。他的书和G. N. 德维的历代印度文学理论选刚好构成一个完整的时间谱系。

二十世纪九十年代以后，以印度英语文学为主题的学术研讨会也很普遍。根据笔者在印度期间的观察，很多学术讨论会把印度英语文学与印地语、孟加拉语或马拉提语等各种印度地方文学联系在一起加以讨论，这便是比较印度文学的研究模式。

和此前的某些研究方法或立场不同，九十年代以来的印度英语文学研究迅速实现“与国际接轨”，即在评价作家或作品时态度更加灵活开放，研究对象开始向海外作家的流散写作看齐，有时候也取比较文学的研究手段，研究方法追随西方理论。很多印度学者评价印度英语文学时，常借用后殖民理论进行解读。例

① M. K. Naik & Shyamala A. Narayan, *Indian English Literature 1980－2000: A Critical Survey*, Delhi: Pencraft International, 2001.

② Salman Rushdie, *Imaginary Homelands: Essays and Criticism* (1981－1991), London: Grant Books, 1991.

③ Jasbir Jain, ed., *Creating Theory: Writers on Writing*, Delhi: Pencraft International, 2000.

如，O. P. 朱勒迦的著作《后殖民小说中殖民意识的叙述》就是如此[①]。该书从后殖民理论的角度对拉贾·拉奥、纳拉扬等印度英语作家进行全面的考察。全书除前言、序言和结语外，分为五章，标题依次为：后殖民小说的殖民意识叙述之阐释、殖民混杂：身份与疏离、历史与小说、结构的原理和小说策略、被解殖的英语。从这些标题来看，就可明白作者的思想资源主要来自后殖民理论。

在研究心态上，一批著名的老资格批评家表现出强烈的民族主义精神。例如，在印度英语文学研究方面完全堪称权威的纳拉辛哈便常常如此，他在论述奈保尔等作家时，往往会表达对印度后殖民作家和西化派作家的反感。他在 K. M. 乔治主编的《比较印度文学》一书中把著名宗教哲学家辩喜（Swami Vivekananda，1863—1902）和尼赫鲁视为印度英语文学发展的先驱人物，因为他们的英语著述为印度作家采纳英语作为创作语言提供了范本。他还把 N. C. 乔杜里 1951 年出版的《一个不知名的印度人自传》（Autobiography of an Unknown Indian）视为印度英语作家的反面教材。他还在论述小说时，驳斥了奈保尔认为印度小说是对西方小说的模仿。纳拉辛哈认为，印度自古就有小说，印度叙说故事的传统历史悠久，这影响了拉贾·拉奥等印度英语作家。与西方作家相比，他们站得更高，看得更远。这就是为什么纳拉扬的《向导》要比奈保尔的《神秘按摩师》更吸引人，拉贾·拉奥的《蛇与绳》比 E. M. 福斯特的《印度之行》

---

① Om P. Juneja, *Post Colonial Novel: Narratives of Colonial Consciousness*, Delhi: Creative Books, 1995.

更加重要。“因为，《蛇与绳》从《印度之行》结束的地方开始。”①

综上所述，随着时间的推移，印度英语文学在印度学界越来越得到重视，研究成果越来越丰富。虽然很多学者并未将自己的研究当作比较文学的产物，但它的确具有特殊的比较色彩。印度英语文学研究自然不能排除在比较文学研究范围之外。鉴于印度学者这方面的研究成果具有国际影响，中国学界应该予以关注。

① C. D. Narasimhaiah, *Raja Rao*, “General Introduction,” Delhi: Arnold-Heinemann Publishers, 1974.

附录二　走向三维立体的比较文学研究

当前，比较文学在中国学术界已成为一门显学。新世纪里，如何在中国当下的学术语境中进行比较文学研究，这是一个值得思考的问题。笔者在此尝试提出一些不太成熟的看法，以求教于方家同仁。

首先，我们必须调整比较文学研究的心态。其中最重要的一点是，真正重视中国文学以外的东方文学在比较文学研究中所占的比重和价值。著名阿拉伯文学研究专家、北京大学的仲跻昆先生在2003年举行的"东方文学专家谈"中说过这样一席发人深思的话："我们决不应当满足现状，我们应清楚地看到'欧洲中心论'的影响还很深，有待我们进一步肃清。如果说欧洲人搞'欧洲中心论'还有一定道理的话，我们也跟着搞，是一点道理也没有。"[①] 仲先生指出了当前一部分学者跟着西方感觉走的不健康心态。另一位学者的话同样值得比较文学研究者三思："西

① 杨建：《"东方文学"专家谈》，《外国文学研究》，2003年第1期。

方学者认识与研究东方文化的程度由于种种原因是非常有限的，因此，我觉得，东方的文化与文学只有东方自己的学者才能真正地理解……中国学者的研究还只是一个准备，等到包括中国在内的东方国家真正崛起，全世界比较文学学者真正关注东西方异质文化的交融，懂汉语、印地语、日语、阿拉伯语的人多起来的时候，全世界的比较文学研究就会在真正多元文化语境下迎来一个新的高潮。”[①]这说明，东方世界的学者也有资格阐释东方文化现象，并且，世界比较文学的新高潮与东方文化的受重视程度息息相关。走向比较文学的理想阶段，最合理的路径之一是跨异质文化的学术研究，而这不可避免地涉及中国与东方世界的文化关系上。这是一个十分不起眼、但却十分敏感的复杂问题。长期以来，中国学术界的西方中心主义思想比较严重，再加上一部分学者的民族本位立场造成的中西两极视角，这就形成两种畸形后果，即西方中心主义和中西中心主义。前一顽症早已有人关注，但却在一部分学者身上达到病入膏肓的地步，后一顽症也长期存在，只是关注并抨击这一现象者极少。不过，多年以前，著名学者李达三曾经隐隐约约涉及过这一话题。他说，比较文学中国学派的目标是，在自己本国文学中，找出具有民族性的东西，加以发扬光大；拓展非西方国家（如中日韩）的区域性文学运动；做非西方国家的发言人，同时和“其他许多发言人一样，并不自诩能代表所有其他非西方国家。作为发言人的目的在宣扬并拥护第三世界对文学所做的贡献……第三世界要向西方国家建议的是：

① 常芳：《中国比较文学研究的现状与学科建设问题：曹顺庆教授访谈录》，《外国文学研究》，2005年第4期。

西方国家必须再度朝向东方。”[①]不管怎样，李达三主张中国学派“不自诩能代表所有其他非西方的国家”是很有价值的。非常遗憾的是，当时乃至现在，真正理解此话内涵的学者较少。李达三之后，某些学者终于把视野调整到一个比较合理的角度上。例如，王宁在文章中指出，通观国际比较文学研究格局，正从以前的三足鼎立（法美苏）变成新的三足鼎立（法国学派、美国学派和东方学派）。比较文学东方学派以中国、印度和日本为核心。他说：“以中国、印度和日本为中心的东方学派，其特征是跨越东西方文化传统的平行比较研究和诗学对话，同时也兼顾影响研究和超学科研究以及东方各民族之间文学的比较研究，其理论背景是一种通过东西方诗学对话而求得的既可用于西方又可用于东方的文学阐释理论，但在现阶段，仍以东西方文学的双向阐发为主。”[②] 王宁认为，印度有丰富的文学遗产，印度学者在文学与宗教的比较研究上有着得天独厚的优势，并显示出自己的特色，印度学者在传播风靡西方的后殖民理论思潮方面起着主导作用，他们的声音应该受到重视。黄宝生先生认为，这些年来，国内引进后殖民理论，表明国际学术界对第三世界文学的关注。“如果国内对后殖民主义批评理论的研究想不流于空泛，就应该加强对包括印度在内的第三世界现代文学的了解。即使不专门从事后殖民主义批评理论研究，对于当代具有世界文学视野的文学研究者来说，也不应该完全忽视印度现代文学。”[③] 黄先生虽然论述的

① 李达三：《比较文学中国学派》，李达三、罗纲主编：《中外比较文学的里程碑》，人民文学出版社，1997 年，第 5—7 页。

② 王宁：《文化相对主义、文化多元主义和比较文学东方学派的崛起》，《北京大学学报》，1994 年第 5 期。

③ 杨建：《“东方文学”专家谈》，《外国文学研究》，2003 年第 1 期。

是中国对后殖民理论研究与印度现代文学的关系，但他的学术立场和王宁一样清晰：重视印度。将他们的观点和李达三的逻辑进行比较，不难看出，三者之间存在一条思想纽带：中国不能完全代表东方，东方是由多种文学和文化组成的复杂概念。至此，我们可以确定的是，当前中国比较文学研究者应该具备的良好学术心态是，眼望西方，脚踏中国，手牵印度、日本、阿拉伯世界等东方文化。换句话说，一个合格的比较文学研究者应认识到，全球化时代里，世界绝不等于中国加上西方。比较文学不仅仅是中国与西方的文学比较。

至于王宁提到的比较文学东方学派仿佛已成绝唱的空谷足音，多年来很少有印度、日本学者在正式场合进行回应。笔者留印期间，曾经在 2005 年 7 月和 8 月分别访问了印度第二和第一个比较文学系（我被主人告之是第一个访问两个系的中国大陆学者，而印度第一个比较文学系即贾达瓦普尔大学比较文学系成立于 1956 年）。由于两国多年来关于比较文学的学术互动微乎其微，因而双方都显得非常陌生。他们一些有国际知名度的学者对于中国比较文学所知有限。我们对于他们的比较文学理论及实践也是非常陌生。例如，他们高度重视颇具印度特色的“比较印度文学”（comparative Indian literature）研究，而这是绝大部分中国学者感到陌生的一点。接待本人的阿米亚·德维先生（Amiya Dev，加尔各答贾达瓦普尔大学比较文学系退休教授，前国际比较文学学会副会长）曾经到过北京大学，他出人意料地告诉笔者：“比较文学的第一个学派是法国学派，其次是美国学派和苏联东欧学派，再次是我们的印度学派。中国学派应该是第五个学派。”笔者告诉他，目前中国学者正在倡导跨文明的比较文学研究，从而建立真正的比较文学中国学派。鉴于中印均属东方文明古国，我们有这么多年比较文学研究实绩且有一些思路的交汇，因此完全可以酝酿建立一个比较文学的“中印学派”，进而建立一个地域更为广大的比较文学“东方学派”。德维先生的回答是：“在这个全球化时代，西方或曰欧洲中心主义依然存在。但欧洲中心主义并不是唯一的敌人。我们还有一个敌人即对于自身独特性的坚持。我很欣赏乐黛云关于文化相对主义的观点。我们不要本质主义。你们中国学派是以西方主义去理解东方主义，这大可不必。”① 通过这些思想对话，可以发现，中印学者离建立比较文学东方学派的目标还是遥遥无期的事情。之所以如此，背后当然不乏中印关系的若干复杂因素。更复杂的是，由于印西关系比之中西关系更加紧密，印度比较文学界所谓的比较往往是印度文学加上西方文学的比较，或者干脆是内部区域文学比较即前边提到的“比较印度文学”，中国文学和日本文学等很难进入他们的比较视野之内。这是中印两国学者所面对的事实。总之，要改变这一状况、甚或建立比较文学的中印学派乃至东方学派，我们前面的路还非常非常的漫长。目前，这些设想只是一个美好的童话而已。

就当前比较文学研究而言，不管是后殖民理论、女性主义还是生态文学思想研究，还是对西方作家进行文本分析，或进行中西诗学比较，首先要重视西方学界的成果。毕竟，比较文学本来就是一个西来话语，西方学者的声音在国际比较文学格局中的重

① 尹锡南：《新世纪中印学者跨文化对话》，《跨文化对话》第19辑，上海文化出版社，2006年。

要性不言而喻。如研究英国作家笔下的印度题材，西方的研究成果是我们进入这一领域的第一张通行证。笔者所见最早进行系统研究的是英国学者罗伯特·森科特的《英语文学中的印度》(Robert Sencourt, India in English Literature, 1920)。之后，西方出现了更多这方面的研究成果。另外，由于比较文学研究的对象很多都具跨文化性质（跨越中西或跨越东西甚至跨越中印、中日、中非等），这就必须注意研究对象涉及的异文化特别是东方文化，还需认真参考东方学者的研究成果。他们也有资格评判西方文本涉及的东方因素。例如，在研究殖民文学大家吉卜林时，某些中国学者由于没有接触到印度学者的研究成果，将探索吉卜林在代表作《基姆》中构建的“箭河”意象这一重要任务完全忽略了。实际上，印度学者指出，吉卜林的“箭河”意象来自于印度大史诗，这样，吉卜林心中的东方之梦就显得真实起来。如果是研究其他西方作家如康拉德、奈保尔等人，或研究其他跨文化的文学现象，第三世界学者的声音必不可少。原因不再赘述。当然，既然是中国学者的研究，自己的学术立场也非常重要。我们不能匍匐在西方研究成果和其他东方声音面前，独立的判断应该存在。西方的话语扎根在西方土壤，东方的声音难保没有民族本位的偏激，中国学者的清醒判断必不可少。以上所言似乎是非常简单的常识，但是，明确一个常识、采纳一种简单而行之有效的方法，这需要一个过程。不过，只要明白赛义德的后殖民理论有阿拉伯世界的复杂背景、美国黑人女性主义文学理论有割不断的黑非洲文化姻缘、雅各布森在捷克教过梵语对其新批评诗学有直接影响、德里达解构主义哲学曾被印度学者以佛教思想的维度加以研究、印度和中国的经典文献早就存在生态主义的朦胧意识、吉卜林笔下有中国和印度的文化因子、而T. S. 艾略特学习过梵语，其诗歌受到中印文学的双重影响，那么，我们会慢慢地开始思考或接受前述“常识性”的研究方法。

综上所述，进行跨文化研究时，进入东方文化语境非常必要。例如，研究赛义德后殖民理论，首先就得弄清巴勒斯坦文化和政治背景对他构成了怎样的影响？研究斯皮瓦克的后殖民女性主义思想，不清楚她论述的印度妇女现状、印度文化背景，怎么能真正进入斯皮瓦克话语体系？研究吉卜林，要先看看他与印度的生活与思想关联，研究一番英国殖民印度的特殊历史和印度学者对他的文本解读，这样才能发现他的《丛林之书》并非真是一个狼孩在丛林中快活嬉戏，才能发现“箭河”的复杂含义。研究比较诗学，道理也是一样。

比较文学的研究策略还应独具“中国特色”。这种“中国特色”能在一定程度上挽救西方学界所谓的比较文学“危机”。目前，西方学界，甚至包括印度和中国学界，比较文学研究在很大程度上受到文化研究的冲击。文化研究主张研究文学以外的东西，如意识形态、性别、族群、身份认同等。这种“泛文化”会导致“比较文学无边论”，最终会导致比较文学学科的危机甚至学科的消亡。笔者所谓比较文学研究的“中国特色”是指文化研究和文学性阐释相结合的路径，其中重要的是对东方诗学阐释西方文本重要性的强调。这是对当下西方学界强调身份认同、性别意识等倾向的一种中国式矫正。新世纪以来，我们所面对的世界是一个全球化的“地球村”，身份政治、性别意识、新历史主义探微等扩展了比较文学的内容和视野，使某些被冠冕堂皇地视为经典的西方文本走下了“神坛”，这是比较文学在文化研究维度下的进步。随着时代的发展，文化研究的弊端也逐渐暴露出来。文化研究的重要性不可忽视，但挽救比较文学的危机不能仅仅寄托在文化研究身上。因此，引入文学审美维度即为一条十分有效的途径。西方文学理论当然可用，但引入东方文论的尺度更是迫在眉睫。因为，真正意义上的比较文学必然是跨越东西异质文化的比较研究。印度学者长期进行的“梵语诗学批评”已给我们确立了榜样和范例①。比较文学研究中涉及的东方文化现象不能完全以西方文学理论来解析。引入“诗意”十足的中国古代文论和梵语诗学，有助于比较文学研究的东西对话。

在比较研究中引入东方诗学的维度还有一个更现实的战略考虑。目前，中国文论在东西方文学阐释中的现代运用还未正式“启航”就已屡遭指责，原因无他，是我们没有在中国文论的现代运用上下够工夫。目前，印度学界在运用梵语诗学批评东西方文学方面存在许多得心应手且成效可观的例子。梵语诗学由于其系统性和逻辑性强，更适合用于当代的批评运用。单纯的中西对话有时会遮蔽一些有价值的东西，而三维研究场域和对话空间会带来一些新发现。有了梵语诗学的批评运用，中国文论的现代运用就找到一个有效的参照。于是，中国文论、梵语诗学与西方文本三者之间也就建立了一个真实而敞开的三维空间。中国文学理论的当代失语问题会逐步得到克服。

比较文学研究应是跨文化研究的新模式，这一模式来源于上述“三维空间”的理想建构。以影响研究为例。目前中国比较文

---

① 关于印度学界的梵语诗学批评概况，参见拙文：《梵语诗学的现代运用》，《外国文学研究》，2007年第6期。

学界已经以系列丛书形式出版了《跨文化丛书·外国作家与中国文化》，包括中国文化在法国、英国、德国、俄罗斯、美国、南北欧、日本、阿拉伯波斯、印度和朝韩等国家和地区的流传和接受影响。这项浩大的文化工程对中国比较文学与比较文化研究是极大的促进，它使文学研究圈内和圈外人士都看到了一部比较完整的中外文学交流史，见识了一幅真实的中外文化交流图景。但是，我们的学术界还应有更宏阔的研究思路。乐黛云先生说：“如果说比较文学发展的第一阶段主要在法国，第二阶段主要在美国，那么，在全球化的今天，它已无可置疑地进入了发展的第三阶段。这一阶段比较文学的根本特征是以维护和发扬多元文化为旨归的、跨文化（非同一体系文化即异质文化）的文学研究。它必须满足两个条件：一是跨文化，二是文学研究。中国比较文学是继法国、美国比较文学之后在中国本土出现的、全球第三阶段的比较文学的集中表现，它的历史和现状充分满足了这两个条件。”[①] 乐先生的话将中国比较文学的特征之一归纳为“跨文化”，这非常精当。当然，乐先生所谓第二个条件即“文学研究”也非常重要，这也是前边提到的东方文论实践运用的理论前提。站在二十一世纪学术研究的新高度来看，中国比较文学研究者在“跨文化”方面还有很大潜力可挖。表面上看来，我们的中外文学关系研究一派繁荣景象，实际上，我们自行遮蔽了一些在东西（而非中西）文学关系探索时方能发现的有趣现象。如将英国作家笔下的印度叙事与其中国叙事进行比较，将会发现很多迷人的学术景致。它是单纯研究英国作家中国叙事时不能获得的学术

① 乐黛云：《比较文学发展的第三阶段》，《社会科学》，2005 年第 9 期。

“发现”。究其实，这是由“跨文化”的“跨”字所决定的。中国文明是东方文明，英国作家属于西方文明，而印度文明、日本文明、阿拉伯文明、非洲文明等各具特色。中西跨文化或跨文明的文学关系研究归根到底还是属于中西这两点一线式的研究，如果再加上西方和印度、西方和阿拉伯世界、甚至加上印度和阿拉伯世界、印度和日本等相互之间文学关系的清理，我们就会有无数个文学关系研究的“三维世界”，这会将“跨文化”研究体现得更加名副其实，我们的比较文学研究将会有理由在世界学界展示风采。只要地球还在运转，人类还在生存，比较文学这一曾备受质疑的学科还未彻底消亡，若干年甚或若干世纪之后，这样的跨越式研究必然是世界比较文学发展“明天的方向”。既然是属于明天的方向，我们就必须朝着这个方向努力。从技术角度上讲，如果有意识地不断培育人才，积累研究经验，若干年（也许若干世纪）之后，我们将会看到东西（而非中西）文学关系研究中“三维世界”、甚至“多维世界”的绚丽多彩。这将改变许多人的思维方式，促进中国比较文学研究的新发展，从而真正引领世界学术新潮流。

但丁说，走自己的路，让别人去说吧。二十一世纪的比较文学研究者坚定地走好自己的路并不断有所发现和创新，才能让怀疑、质疑、抨击这一学科的声音逐渐降低分贝乃至消失。

（本文原载北京大学东方文学研究中心主办《东方文学研究通讯》2006 年第 4 期，此处有删改）

主要参考文献

一 中文著作

（印度）安妮塔·德赛：《今年夏天我们去哪儿》，袁伟译，《世界文学》，1999年第3期。

（英）艾勒克·博埃默：《殖民与后殖民文学》，盛宁、韩敏中译，辽宁教育出版社，1998年。

北京大学东方语言文化系印地语言文化教研室等合编：《印地语汉语大辞典》，北京大学出版社，2000年。

曹顺庆等著：《比较文学论》，四川教育出版社，2002年。

程爱民主编：《美国华裔文学研究》，北京大学出版社，2003年。

（美）弗朗西斯·福山：《历史的终结及最后之人》，黄胜强等译，中国社会科学出版社，2003年。

高旭东主编：《多元文化互动中的文学对话》，北京大学出版社，2010年。

黄心川主编：《南亚大辞典》，四川人民出版社，1998年。

（美）黄玉雪：《华女阿五》，张龙海译，译林出版社，2004年。

（英）吉尔伯特：《后殖民理论——语境、实践、政治》，陈仲丹译，南京大学出版社，2001年。

贾海涛、石沧金：《海外印度人与海外华人国际影响力比较研究》，山东人民出版社，2007年。

（哥伦比亚）加西亚·马尔克斯：《百年孤独》，黄锦炎等译，上海译文出版社，1989年。

（美）雷祖威：《爱的痛苦》，吴宝康、王轶梅译，译林出版社，2004年。

李达三、罗纲主编：《中外比较文学的里程碑》，人民文学出版社，1997年。

李贵苍：《文化的重量：解读当代华裔美国文学》，人民文学出版社，2006年。

（美）李健孙：《荣誉与责任》，王光林、张校琴译，译林出版社，2004年。

（美）李健孙：《支那崽》，王光林、叶兴国译，译林出版社，2004年。

（法）列维·斯特劳斯：《忧郁的热带》，王志明译，三联书店，2000年。

林承节：《印度民族独立运动的兴起》，北京大学出版社，1984年。

林承节 ：《殖民统治时期的印度史》，北京大学出版社，2004年。

刘安武等主编：《泰戈尔全集》第13、19、20、21、22、23、24卷，河北教育出版社，2000年。

刘禾：《跨语际实践》，宋伟杰等译，上海三联书店，1999年。

陆薇：《走向文化研究的华裔美国文学》，中华书局，2007年。

马坚译：《古兰经》，中国社会科学出版社，2003年。

毛信德等译：《20世纪诺贝尔文学奖颁奖演说词全编》，百花洲文艺出版社，2001年。

梅晓云：《文化无根：以奈保尔为个案的移民文化研究》，陕西人民出版社，2003年。

孟华主编：《比较文学形象学》，北京大学出版社，2001年。

（英）奈保尔：《幽暗国度》，李永平译，三联书店，2003年。

（英）奈保尔：《印度：受伤的文明》，宋念申译，三联书店，2003年。

（英）奈保尔：《印度：百万叛变的今天》，黄道琳译，三联书店，2003年。

倪培耕编：《泰戈尔集》，上海远东出版社，1997年。

《牛津现代高级英汉双解词典》，商务印书馆、牛津大学出版社，1996年。

蒲若茜：《族裔经验与文化想象：华裔美国小说典型母题研究》，中国社会科学出版社，2006年。

邱永辉：《现代印度的种姓制度》，四川人民出版社，1996年。

邱永辉、欧东明：《印度世俗化研究》，巴蜀书社，2003年。

邱永辉：《印度宗教多元文化》，社会科学文献出版社，2009年。

（美）任璧莲：《典型的美国佬》，王光林译，译林出版社，

2000 年。

任一鸣、瞿世镜：《英语后殖民文学研究》，上海译文出版社，2003 年。

（美）赛义德：《东方学》，王宇根译，三联书店，1999 年。

（美）赛义德：《知识分子论》，单德兴译，三联书店，2002 年。

尚劝余：《尼赫鲁与甘地的历史交往》，四川人民出版社，2000 年。

（英）T. S. 艾略特：《荒原》，赵萝蕤、张子清译，人民日报出版社，2000 年。

（美）谭恩美：《喜福会》，程乃珊等译，上海译文出版社，2006 年。

（美）谭恩美：《接骨师之女》，张坤译，上海译文出版社，2006 年。

（美）汤亭亭：《女勇士》，李剑波、陆承毅译，漓江出版社，1998 年。

（美）汤亭亭：《中国佬》，肖锁章译，译林出版社，2000 年。

王春景：《R. K. 纳拉扬的小说与印度社会》，河北教育出版社，2010 年。

（美）伍慧明：《骨》，陆薇译，译林出版社，2004 年。

许晓光：《天方神韵：伊斯兰古典文明》，四川人民出版社，2002 年。

薛玉凤：《美国华裔文学之文化研究》，人民文学出版社，2007 年。

（印度）蚁垤：《罗摩衍那》，季羡林译，人民文学出版社，1980 年。

尹锡南：《世界文明视野中的泰戈尔》，巴蜀书社，2003年。

尹锡南：《英国文学中的印度》，巴蜀书社，2008年。

尹锡南：《印度的中国形象》，人民出版社，2010年。

尹锡南：《印度比较文学发展史》，巴蜀书社，2011年。

张广智：《西方史学史》，复旦大学出版社，2000年。

张京媛主编：《后殖民理论与文化批评》，北京大学出版社，1999年。

张力：《印度总理尼赫鲁》，四川人民出版社，1997年。

张首映：《西方二十世纪文论史》，北京大学出版社，1999年。

（美）赵健秀：《甘加丁之路》，赵文书译，译林出版社，2004年。

周宁：《天朝遥远：西方的中国形象研究》，北京大学出版社，2006年。

朱立元主编：《当代西方文艺理论》，华东师范大学出版社，1997年。

二　中文论文（中文译文）

常芳：《中国比较文学研究的现状与学科建设问题：曹顺庆教授访谈录》，《外国文学研究》，2005年第4期。

（英）法·德洪迪：《奈保尔访谈录》，邹海仑译，《世界文学》，2002年第1期。

黄心川：《甘地哲学和社会思想述评》，《南亚研究》，1985年第1期。

黄芝：《变幻莫测的“卡莉女神”：解读芭拉蒂·穆克尔吉的

〈詹丝敏〉》，《解放军外国语学院学报》，2007 年第 3 期。

（印度/英）贾布瓦拉：《英国女人》，黄宝生译，《世界文学》，1988 年第 4 期。

金煜：《本报记者专访争议作家拉什迪："奈保尔先生不怎么样"》，载《新京报》，2009 年 8 月 8 日。

李美敏：《文化的斋戒与盛宴》，《东方丛刊》，2010 年，第 1 期。

梅晓云：《无根人的悲歌——从"黑暗之地"读解 V. S. 奈保尔》，《外国文学评论》，2002 年第 1 期。

梅晓云：《维·苏·奈保尔及其创作》，《东方研究》，国际文化出版公司，2002 年。

阮学勤译："瑞典文学院二〇〇一年度诺贝尔文学奖授奖辞"，《世界文学》，2002 年第 1 期。

石海峻：《关于殖民和后殖民模仿》，《外国文学评论》，2002 年第 3 期。

石海军：《破碎的镜子："流散"的拉什迪》，《外国文学评论》，2006 年第 4 期。

王春景：《纳拉扬国际学术研讨会》，《外国文学评论》，2006 年第 4 期。

王宁：《文化相对主义、文化多元主义和比较文学东方学派的崛起》，《北京大学学报》，1994 年第 5 期。

王宁：《叙述、文化定位和身份认同：霍米·巴巴的后殖民批评理论》，《外国文学》，2002 年第 6 期。

吴锡民：《"拉什迪风波"论》，《外国文学研究》，1998 年第 1 期。

杨汨、朱望：《论〈印度之行〉的反欧洲民族中心主义观》，《国外文学》，1998年第3期。

杨建：《“东方文学”专家谈》，《外国文学研究》，2003年第1期。

乐黛云：《比较文学发展的第三阶段》，《社会科学》，2005年第9期。

尹锡南：《梵语诗学、比较诗学及其它》，《思想战线》，2006年第1期。

尹锡南：《奈保尔的印度书写在印度的反响》，《外国文学评论》，2006年第4期。

尹锡南：《新世纪中印学者跨文化对话》，《跨文化对话》第19辑，上海文化出版社，2006年。

尹锡南：《梵语诗学的现代运用》，《外国文学研究》，2007年第6期。

张德明：《后殖民旅行写作与身份认同：奈保尔的“印度三部曲”解读》，《外国文学评论》，2005年第2期。

周长生：《奈保尔的最新小说〈半生〉》，《外国文学》，2002年第2期。

三　英文文献

Amur, G. S., & S. K. Desai, ed., *Colonial Consciousness in Commonwealth Literature*, Bombay: Somaiya Publications, 1984.

Ashcroft, B., G. Griffiths, H. Tiffin, *The Empire Writes Back: Theory and Practice in Post-Colonial Literatures*, London: Routledge, 1989, p. 185.

Bande, Usha, *The Novels of Anita Desai: A Study in Character and Conflict*, Delhi: Prestige Books, 1988.

Bhabha, Homi K., *The Location of Culture*, London: Routledge, 1994.

Blaise, Clark, & Bharati Mukherjee, *Days and Nights in Calcutta*, New York: Doubleday & Company, 1977.

Brennan, Timothy, *Salman Rushdie and the Third World: Myths of the Nations*, London: Macmillan, 1989.

Brown, Hilton, *Rudyard Kipling: A New Appreciation*, London: Hamish Hamilton, 1945.

Chakravarti, *Aruna*, *Ruth Prawer Jhabvala: A Study in Empathy and Exile*, Delhi: B. R. Publishing Corporation, 1998.

Chandra, N. D. R., ed., *Modern Indian Writing in English: Critical Perceptions*, Vol. 1, Delhi: Sarup & Sons, 2004.

Chandra, N. D. R., ed., *Contemporary Indian Writing in English: Critical Perceptions*, Vol. 2, Delhi: Sarup & Sons, 2005.

Chatterji, S. K., *World Literature and Tagore*, Santiniketan: Visva Bharati, 1971.

Chaudhuri, Nirad C., *The Autobiography of an Unknown Indian*, London: Macmillan, 1951.

Chaudhuri, Nirad C., *A Passage to England*, London: Macmillan, 1959.

Chaudhuri, Nirad C., *The Intellectual in India*, Delhi: Vir

Publishing House, 1967.

Cohn-Sherbok, Dan, ed., *The Salman Rushdie Controversy in Interreligious Perspective*, New York: The Edwin Mellen Press, 1990.

Crane, Ralph J., *Ruth Prawer Jhabvala*, New York: Twayne Publishers, 1992.

Cundy, Catherine, *Salman Rushdie*, Manchester & New York: Manchester University Press, 1996.

Desai, *Anita*, *Voice in the City*, Delhi: Orient Paperbacks, (1965) 2001.

Desai, Anita, *Fire on the Mountain*, London: Heinemann, 1977.

Desai, Anita, *Cry, the Peacock*, Delhi: Orient Paperbacks, 1980.

Desai, Anita, *Clear Light of Day*, Delhi: Orient Paperbacks, (1980) 2001.

Desai, Anita, *Where Shall We Go This Summer*, Delhi: Orient Paperbacks, (1982) 2001.

Desai, Anita, *The Village by the Sea*, Delhi: Allied Publishers, 1983.

Desai, Anita, *In Custody*, New York: Harper & Michael Bessie Book, 1984.

Desai, Anita, *Bye Bye Blackbird*, Delhi: Orient Paperbacks, (1985) 2001.

Desai, Anita, *Baumgartner's Bombay*, New York: Alfred A. Knopf, 1989.

Desai, Anita, *Journey to Ithaca*, New York: Alfred A. Knopf,

1995.

Desai, Anita, *Fasting*, *Feasting*, London: Chatto & Windus, 1999.

Devy, G. N., *In Another Tongue*: *Essays on Indian Literature in English*, Madras: Macmillan, 1995.

Dhawan, R. K., ed., *The Fiction of Anita Desai*, Delhi: Bahri Publications, 1989.

Dowson, John, *A Classical Dictionary of Hindu Mythology and Religion*, *Geography*, *History*, *and Literature*, London: Routledge & Regan Paul, 1953.

Fanon, Franz, *Black Skin*, *White Mask*, Trans. by Markmann Charles, New York: Grove Press, 1967.

Gandhi, M. K., *Hind Swaraj or Home Rule*, Delhi: Navjivan Publishing House, 1984.

Gilmour, David, *The Long Recessional*: *The Imperial Life of Rudyard Kipling*, London: Tohn Merray, 2002.

Gokak, V. K., *The Poetic Approach to Language*, London: Oxford University Press, 1952.

Gooneratne, *Yasmine*, *Silence*, *Exile and Cunning*: *The Fiction of Ruth Prawer Jhabvala*, Delhi: Orient Longman, 1983.

Goyal, Bhagwat S., *R. K. Narayan*: *A Critical Spectrum*, Meerut: Shalabh Book House, 1983.

Gupta, R. K., *The Novels of Anita Desai*: *A Feminist Perspective*, Delhi: Atlantic Publishers, 2002.

Herz, Judith Scherer, *A Passage to India*, *Nation and Narration*, New York: Twayne Publishers, 1993.

Hogan, P. C. & Lalita Pandit, eds., *Literary India: Comparative Studies in Aesthetics, Colonialism, and Culture*, Delhi: Rawat Publications, 1997.

Iyengar, K. R. Srinivasa, *Indian Writing in English*, Delhi: Sterling Publishers, 1983.

Jain, Jasbir, ed., *Writers of Indian Diaspora: Theory and Practice*, Delhi: Rawat Publications, 1998.

Jain, Jasbir, ed., *Creating Theory: Writers on Writing*, Delhi: Pencraft International, 2000.

Jhabvala, Ruth Prawer, *Esmond in India*, London: Ruskin House, 1958.

Jhabvala, Ruth Prawer, *The Householder*, London: John Murray, 1960.

Jhabvala, Ruth Prawer, *Like Birds, Like Fishes and Other Stories*, London: John Murray, 1963.

Jhabvala, Ruth Prawer, *A Backward Place*, London: John Murray, 1965.

Jhabvala, Ruth Prawer, *A Stronger Climate*, London: John Murray, 1968.

Jhabvala, Ruth Prawer, *An Experience of India*, London: John Murray, 1975.

Jhabvala, Ruth Prawer, *Heat and Dust*, London: John Murray, 1975.

Jhabvala, Ruth Prawer, *How I Became a Holy Mother and Other Stories*, London: John Murray, 1976.

Joshi, Chandra B., *V. S. Naipaul: The Voice of Exile*, Delhi: Sterling Publishers, 1994.

Juneja, O. P., *Post Colonial Novel: Narratives of Colonial Consciousness*, Delhi: Creative Books, 1995.

Kale, M. R., ed., *Kumarasambhava of Kalidasa*, Delhi: Motilal Banarsidass Publishers, 2004.

Kelly, Richard, *V. S. Naipaul*, New York: Continuum, 1989.

King, Bruce, *V. S. Naipaul*, London: Macmillan Press, 1993.

Kipling, Rudyard, *Barrack-Room Ballads and Other Verses*, London: Methuen And Co. Ltd. 1913.

Kirpal, Viney, *The Third World Novel of Expatriation: A Study of Emigre Fiction by Indian, West African and Caribbean Writers*, Delhi: Sterling Publishers, 1989.

Kripalani, Krishna, *Rabindranath Tagore: A Biography*, Calcutta: Visva-Bharati, 1984.

Kumar, Gajendra, *Indian English Literature: A New Perspective*, Delhi: Sarup & Sons, 2001.

Kumar, Girja, *Censorship in India: With Special Reference to the Satanic Verses and Lady Chatterley's Lover*, Delhi: Vikas Publishing House, 1990.

Kumar, Nagendra, *The Fiction of Bharati Mukherjee: A Cultural Perspective*, Delhi: Atlantic Publishers and Distributors, 2001.

Kumar, Neeraj, *Women in the Novels of R. K. Narayan*, Delhi: Indian Publishers' Distributors, 2004.

Kumar, Sharan Nagendra, *A Critical Study of the Novels of*

R. K. Narayan, Delhi: Classical, 1993.

Mallett, Phillip, *Kipling Considered*, New York: St. Martin's Press, 1989.

Mallett, Phillip, *Rudyard Kipling: A Literary Life*, London: Palgrave Macmillan, 2003.

Mandal, Somdatta, ed., *Diasporic Imagination: Asian American Writing*: Vol. 2, Delhi: Prestige Books, 2000.

Mandal, Somdatta, ed., *Diasporic Imagination: Asian American Writing*: Vol. 3, Delhi: Prestige Books, 2000.

Markandaya, Kamala, *Nectar in a Sieve*, New York: The John Day Company, 1954.

Markandaya, Kamala, *Possession*, New York: The John Day Company, 1963.

Markandaya, Kamala, *The Coffer Dams*, New York: The John Day Company, 1969.

Markandaya, Kamala, *The Nowhere Man*, Poona: Sangam Books, 1975.

Markandaya, Kamala, *The Golden Honeycomb*, New York, 1977.

Markandaya, Kamala, *Shalimar*, New York, 1982.

McClure, John A., *Kipling & Conrad: The Colonial Fiction*, Massachusetts: Harvard University Press, 1981.

Mishra, Pankaj, *India in Mind: An Anthology*, Delhi: Picador India, 2005.

Moore-Gilbert, B. J., *Kipling and "Orientalism"*, London: Croom Helm, 1986.

Mukherjee, Bharati, *The Tiger's Daughter*, Delhi: Penguin Books India, 1990.

Mukherjee, Bharati, *Wife*, Delhi: Penguin Books India, 1990.

Mukherjee, Bharati, *Darkness*, Ontario: Penguin Books, 1985.

Mukherjee, Bharati, *The Middleman and Other Stories*, Delhi: Prentice-Hall of India Private Limited, 1989.

Mukherjee, Bharati, *Jasmine*, New York: Grove Weidenfeld, 1989.

Mukherjee, Bharati, *The Holder of the World*, New York: Alfred A. Knopf, 1993.

Mukherjee, Bharati, *Leave it to Me*, London: Chatto and Windus, 1997.

Mukherjee, Meenakshi, *Twice-Born Fiction*, Delhi: Arnold-Heinemann, 1974.

Mukherjee, Meenakshi, ed., *Rushdie's Midnight's Children: A Book of Readings*, Delhi: Pencraft International, 1999.

Mukherjee, Meenakshi, *The Perisha Empire: Essays on Indian Writing in English*, London: Oxford University Press, 2000.

Mukherjee, Meenakshi, *Elusive Terrain: Culture and Literary Memory*, Delhi: Oxford University Press, 2008.

Munns, J., & G Rajan, eds., *A Cultural Studies Reader: History, Theory, practice*, London & New York: Longman. 1995.

Naik, M. K., ed., *The Image of India in Western Creative Writing*, Dharwar: Karnatak University Press, 1971.

Naik, M. K., et al. eds., *Critical Essays on Indian Writing in English*, Dharwar: Karnatak University, 1972.

Naik, M. K., ed., *Aspects of Indian Writing in English*, Delhi: Macmillan, 1979.

Naik, M. K., *The Ironic Vision: A Study of the Fiction of R. K. Narayan: A Critical Spectrum*, Delhi: Sterling Publishers, 1983.

Naik, M. K., ed., *Maker of Indian English Literature*, Delhi: Pencraft International, 2003.

Naik, M. K., & Shyamala A. Narayan, *Indian English Literature 1980—2000: A Critical Survey*, Delhi: Pencraft International, 2001.

Naipaul, V. S., *An Area of Darkness*, London: Penguin Books, 1968.

Naipaul, V. S., *The Overcrowded Barracoon and Other Articles*, London: Penguin Books, 1972.

Naipaul, V. S., *India: A Wounded Civilization*, London: Penguin Books, 1979.

Naipaul, V. S., *Literary Occasions: Essays*, Delhi: Picador India, 2004.

Nandy, Ashis, *The Intimate Enemy: Loss and Recovery of Self Under Colonialism*, Delhi: Oxford University Press, 1983.

Narasinhaiah, C. D., *The Swan and the Eagle: Essays on Indian English Literature*, Shimla: Indian Institute of Advanced Study, 1968.

Narasimhaiah, C. D., *Raja Rao*, Delhi: Arnold-Heinemann Publishers, 1974.

Narasimhaiah, C. D., *The Indian Critical Scene: Controversial*

Essays, Delhi: B. R. Publishing Corporation, 1990.

Narasinhaiah, C. D., *A History of Indian English Literature*, Delhi: Sahitya Academi, 2002.

Narayan, Shyamala A., *Raja Rao: Man and His Works*, Delhi: Sterling Publishers, 1988.

Nehru, Jawaharlal, *The Discovery of India*, Boston: Beacon, 1967.

Nixon, Rob, *London Calling, V. S. Naipaul, Postcolonial Mandarin*, Oxford: Oxford University Press, 1992.

Paniker, K. Ayyappa, ed., *Indian English Literature since Independence*, Delhi: The Indian Association for English Studies, 1991.

Panwar, Purabi, *India in the works of Kipling, Forster and Naipaul: Postcolonial Revaluations*, Delhi: Pencraft International, 2000.

Panwar, Purabi, ed., *V. S. Naipaul: An Anthology of Recent Criticism*, Delhi: Pencraft International, 2003.

Patel, Vasant S, *V. S. Naipaul's India: A Reflection*, Delhi: Standard Publishers, 2005.

Pathak, R. S., ed., *Indian Fiction in English: Problems and Promises*, Delhi: Northern Book Centre, 1990.

Patnaik, Priyadarshi, *Rasa in Aesthetics: An Application of Rasa Theory to Modern Western Literature*, Delhi: D. K. Printworld, 1997.

Pipes, Daniel, *The Rushdie Affair: The Novel, the Ayatollah and the West*, London: Transaction Publishers, 2003.

Prasad, GJV, ed., *Vikram Seth: An Anthology of Recent Crit-*

icism. Delhi: Pencraft International, 2003.

Prasad, V. V. N. Rajendra, *The Self, the Family and Society in Five Indian Novelists: Rajan, Raja Rao, Narayan, Arun Joshi, Anita Deaai*, Delhi: Prestige Books, 1990.

Rao, K. Bhaskara, *Rudyard Kipling's India*, Norman: University of Oklahoma Press: 1967.

Rao, Raja, *Kanthapura*, Bombay: Oxford University Press, 1947.

Ray, Mohit K., ed., *V. S. Naipaul: Critical Essays*, Delhi: Atlantic Publishers & Distributors, 2002.

Reder, Michael, ed., *Conversations with Salman Rushdie*, Mississippi: University Press of Mississippi, 2000.

Rubin, David, *After The Raj: British Novels of India Since* 1947, Hanover and London: University Press of New England, 1986.

Rushdie, Salman, *Midnight's Children*, New York: Avon Books, 1980.

Rushdie, Salman, *Shame*, New York: Alfred A. Knopf, 1983.

Rushdie, Salman, *The Santanic Verses*, New York: Viking, 1988.

Rushdie, Salman, *Imaginary Homeland: Essays and Criticism* (1981—1991), London: Grant Books, 1991.

Rushdie, Salman, & Elizabeth West, eds., *The Vintage Book of Indian Writing*: 1947—1997, London: Vintage, 1997.

Rushdie, Salman, *The Moor's Last Sigh*, London: Vintage, 1995.

Sardar, Ziauddin, *Orientalism*, Delhi: Viva Books, 2002.

Seth, Vikram, *The Humble Administrator's Garden*, Delhi: Viking, 1985.

Seth, Vikram, *From Heaven Lake: Travels through Sinkiang*

and Tibet, Delhi: Penguin Books, 1990.

Seth, Vikram, *All You Who Sleep Tonight*, Delhi: Viking, 1990.

Seth, Vikram, *Three Chinese Poets*, Delhi: Viking, 1992.

Singh, Avadhesh K., ed., *Contemporary Indian Fiction in English*, Delhi: Creative, 1993.

Singh, Ram Sewak, & Charu Sheel Singh, eds., *Spectrum History of Indian Literature in English*, Delhi: Atlantic Publishers and Distributors, 1998.

Solanki, Mrinalini, *Anita Desai's Fiction: Patterns of Survival Strategies*, Delhi: Kanishka Publishing House, 1992.

Spivak, Gayatri Chakravorty, *The Post-colonial Critic: Interviews, Strategies, Dialogues*, New York & London: Routledge, 1990.

Srinath, C. N., ed., *R. K. Narayan: An Anthology of Recent Criticism*, Delhi: Pencraft International, 2000.

Sykes, Marjorie, *The Story of Rabindranath Tagore*, London: Orient Longman Ltd., 1976.

Tan Chung, ed., *Across the Himalayan Gap: An Indian Quest for Understanding China*, Delhi: Gyan Publishing House, 1998.

Taneja, G. R., & R. K. Dhawan, eds., *The Novels of Salman Rushdie*, Delhi: Indian Society for Commonwealth Studies, 1992.

Terres, J. H. & M. Tucker, *Modern Commonwealth Literature*, Frederick Ungar Publishing Ltd., 1977.

Theroux, Paul, *Down the Yangtze*, London: Penguin Books, 1995.

Williams, H. M., *Indo-Anglian Literature*, 1800－1900, Madras: Orient Longman Ltd., 1976.

（2011年2月13日整理）

后 记

自 2003 年开始接触 2001 年诺贝尔文学奖得主 V. S. 奈保尔的作品以来，我与印度海外作家的接触断断续续已有很多年了。这种接触以 2006 年前后较为频繁，因为当初我的博士论文涉及很多印度海外作家或曰后殖民流散作家的作品。在那些昏天黑地的日子里，一方面我要承受生活的艰辛和学业的巨大压力（主要是研究生院对文科各系博士生发表论文的硬指标），一方面又无比欣喜地在一个人的时间和空间里先后邂逅奈保尔、拉什迪、贾布瓦拉和安妮塔·德赛等印度海外作家的文字魅力。印象尤深的是，我在 2004 年暑假热浪中蜗居在单位的办公室达 40 天之久，先沉潜于拉什迪小说的魔幻世界，再读他的文论集《想象的家园》和国外学者评论他的诸多著述，这是我第一次无比真切地感受到印度海外作家的语言魅力和色调丰富的内心波动。那几年是我人生最艰难的时光，我被自己“连根拔起”，远离哺育我的故土乡亲和青山绿水。在印度海外作家那剪不断理还乱的丝丝“乡愁”里，我仿佛找到了知音，仿佛在一刻不停地走近彼岸尽头的西水河。自我流放而失却家园的“流散一族”岂止是印度海外作家诸人?! 记得2004年我在那间现已人去楼空的办公室里写下了《我真的好想你，酉阳》，描摹了印度海外作家对我潜移默化的影响痕迹。文中这样写道——

我真的好想你，酉阳！我亲爱的故乡！我在钢筋水泥的现代大都市里想你，我在熙熙攘攘的红尘滚滚中想你。想当初，我这异乡游子奋勇搏杀，终于取得了一张定居都市的绿卡，那一刻的欣喜让所有的心理形容词都失去了颜色。片刻的兴奋过去，当我环视四周，只见人工制造的微笑与寒彻透骨的人际隔膜。我这来自土家山寨的大山的儿子，我这曾经吸吮自然日月、万物精华长大的边城之子，站在中国西部最大的一个城市里，开始体味一生为东西两半球雕刻孤独的卡夫卡的声音在当代中国漂泊游弋，此乃别具一格的亲切妩媚。仿佛听见天竺之国的东方诗圣泰戈尔荒凉无奈的叹息：“我们发现的令人痛心的事实是，把人们分隔得最厉害的莫过于那种错误的现代比邻。”在这熟悉而陌生的城市里，写诗成为一种柔情的奢侈。

我真的好想你，酉阳！你这世上最美的情人！我在一次次的睡梦中飘忽进你的酥胸，我在一声声的鸟鸣中回到童年嬉戏的大森林！我曾在森林里采过红绿野果，曾在松涛中枕着书卷睡过炎炎夏日。我将一滴滴思乡之泪化为甜美的生命之酒，酒杯在手，遥远地举向南方酉阳，我那祖祖辈辈生生不息的火热土地。酉水河，母亲河，有家难回的人在千里之外思念你，思念你在沈从文的边城里汩汩流淌的天籁之音，思念你那少女般的纯真清丽与父亲般的沧桑满目。我蘸着心描画你，我蘸着血歌咏你。想当初，我是那样的义无返顾，发誓要远远放飞理想的鸽子，而如今，这只疲惫的鸽子却只向故乡的方向歌唱，土家摆手舞的旋律才是使她沉醉的唯一。在生命的日历上，我感受着一个个孤寂的远方灵魂，那是英年早逝的不屈斗士赛义德，他在美利坚的土地上问讯受伤的母亲巴勒斯坦，其音哀绝，其音凄凉："乡关何处？乡关何处？"那是被伊斯兰世界追杀的拉什迪，他在不列颠岛上书写《午夜诞生的孩子》，而"孩子"的哭声却萦绕在故乡印度那爱恨交织的天空里。那是从西印度而英国而印度的奈保尔，他的几度印度之行就为寻找心灵深处的母亲，因为，2001 年诺贝尔文学奖又怎能抚慰没有母亲的作家心？赛义德、拉什迪、奈保尔啊，我们都是这个时代的自动流亡者，内心与精神的煎熬远比沙皇的流放更为惨烈而残忍。面对故土西阳，犹如面对甜蜜地狱和亲切炼狱。"离恨恰如春草，更行更远更生。"

2007 年以后，因为感恩于印度导师米什拉先生的厚望，更因为国内印度文学研究的薄弱现状，我逐渐转向梵语诗学、印度文论史及中印文化关系等研究范畴。虽然我不再将印度海外作家研究作为自己的主攻方向之一，但看到书柜里那些来自印度的宝贵资料，心中很是不舍。要知道，当初在印度留学时，在收集梵语诗学资料的同时，为了收集尼拉德·乔杜里、安妮塔·德赛、芭拉蒂·穆克吉、维克拉姆·赛特和 R. P. 贾布瓦拉等人的英语著作，我花费了不少的心血和代价。2007 年至 2008 年的一段时间内，我曾经参与执教比较文学或英国文学的研究生课程，这迫使我继续不时关注印度海外作家的创作，因为，研究生的课堂讨论或读书报告有时就以印度海外作家为探讨对象。于是，我又不时翻阅带回国内的一些珍贵资料，这样，我便在聚焦梵语诗学和比较诗学的同时，又见缝插针地把维克拉姆·赛特和芭拉蒂·穆克吉等人的主要代表作看了一遍，并写出一些文章，发表在

《国外文学》、《东方丛刊》或《南亚研究季刊》等杂志上。此前即2003—2006年间，我已经在《外国文学评论》和《南亚研究季刊》等刊物上发表了关于奈保尔、拉什迪、贾布瓦拉等人的研究论文数篇。上述论文有三篇还被中国人民大学复印报刊资料《外国文学研究》全文转载，其他几篇被该选刊列入目录检索。这种特殊的肯定对我是莫大的鼓励。另外，国内目前关于印度流散文学的研究已日见重视，梅晓云、石海军、任一鸣、方杰、杨中举、李美敏、黄芝和王鸿博等中青年学者在这方面已经做了很多工作。在这种利好形势下，要是沿着这条道路继续往前走，我肯定能有新的发现、新的收获。但是，去年春季以来，由于各种原因，我不能继续研究印度海外作家，而是将主要精力放在印度文论史和印度比较文学发展史的研究上。初步完成这两个项目后，我把主要精力放在印度的中国学研究上，并同时继续进行两年前便开始的梵语诗学试译工作。虽然我对那些“在印度之外”的印度海外作家恋恋不舍，但目前只能将这份依恋深深地藏在心底。当然，我心中有数，因为，我不会轻易与他们“分手”言弃。对于这些海外英语作家、特别是那些还没有在本书中出现的印度海外作家如罗辛顿·米斯特利和基兰·德赛等重要人物的文本，但愿笔者能在不远的将来把他们放进一个全新的项目中展开研究。

正是出于这一“艰难抉择”，我将2003年以来关于印度海外作家的研究心得集中在这本书中予以展示。之所以出版这些研究成果，主要是考虑到这样一种事实：国内目前关于流散文学的研究主要集中在华裔美国文学研究，对于印度海外作家的研究只有少数一些学者在苦心经营着。部分印度海外作家的文学文本在国内各大图书馆可以见到一些，但有的作家则不是那么容易收集的，如贾布瓦拉、维克拉姆·赛特或芭拉蒂·穆克吉等人的某些文本便是如此。记得当初我在印度一筹莫展时，也是靠着 D. S. 米什拉先生的帮助才收集到维克拉姆·赛特的中国题材作品。正因如此，我想让这些依据一手资料的研究而写成的篇篇拙文与各位感兴趣的读者见面，以使学界对一些不易见到资料的印度海外作家有些粗浅的了解。其实，任一鸣和瞿世镜先生在 2003 年合作出版的那本书中对印度海外作家的代表人物已经有所介绍，但笔者总觉得那些介绍太过简略，因此便有当初的选择：对几位印度学者常常论及的印度海外作家代表作进行比较详细的分析解读。这便是本书选择八位印度海外作家的代表作作为研究对象的基本动机。俗话说，丑媳妇迟见公婆。这些不太成熟的心得体会期待着专家读者的批评指正。

印度文学研究多年来是中国文学研究界的冷门之一，原因众所周知。但是，随着后殖民文学研究在中国出现以来，关于来自第三世界的流散作家的研究却给印度文学研究带来了一股新的活力。尽管有的学者对将拉什迪、奈保尔甚至安妮塔·德赛和芭拉蒂·穆克吉等人归入印度英语作家范畴持谨慎态度，但是，这并不影响国内学界开始关注这些印度海外作家。在这一背景下，我们有理由期待印度海外作家研究将会不断出现新的气象，从而进一步推动国内的印度文学研究走向深入。

本书的问世也与国内学界开始重视印度海外作家研究的友好气氛有关。前边提到，二十一世纪初开始，北京大学外国语学院的印度语言文学博士点培养了杨晓霞、王春景、刘朝华、李美敏、张玮、王鸿博等年轻学者，他们有的选择拉贾·拉奥、R. K. 纳拉扬等印度英语作家为学位论文的研究对象，有的则选择维克拉姆·赛特和安妮塔·德赛等印度海外作家或曰印裔英语作家作为研究对象并以此获得学位。其中，有的学者如王春景的博士论文已经修改出版（《R. K. 纳拉扬的小说与印度社会》，河北教育出版社，2010年）。他们的研究动向一直鼓励着我在近乎印度文学研究“沙漠地带”的四川大学勉力独行。中国其他高校如西北大学、深圳大学、苏州大学等以及中国社会科学院研究生院等机构也有不少学者选择印裔流散作家进行研究。2007年至2010年，笔者曾客串四川大学文学与新闻学院比较文学与世界文学专业的研究生指导及相关授课。与我一起关注印度海外作家的比较文学硕士生曾琳选择芭拉蒂·穆克吉、刘慧选择维克拉姆·赛特、蒋明霞选择贾布瓦拉、徐振选择奈保尔为研究对象。另外，罗少清选择“殖民文学之父”吉卜林、蒲丽娟选择美国作家布龙菲尔德的《雨季来临》为学位论文研究对象。我和这些充满朝气的年轻人一起学习和讨论，这段经历丰富了我对印度海外作家的认识，也进一步增强了我的研究兴趣。如今，这些年轻人均已海角天涯，可我有时还常常想起我们在一起如切如磋、如琢如磨的难忘瞬间。人在旅途，善待尘缘。对于人生征途或学术探险中留下的雪泥鸿爪，我都铭刻心底。温馨便来自于刹那间的回首，动力也来自于刹那间的顿悟。笔者2004至2005年留学印度时发现，印度很多大学英语系博士候选人喜欢选取印度英语文学作为学位论文的研究对象，这也增添了我研究印度海外作家的兴趣。因此，本书中的部分章节便陆续“诞生”并在各地刊物上与读者不惧羞涩或寒碜地见面。

我将本书郑重地献给我的中学语文老师、现在重庆市酉阳县第一中学（位于著名红色旅游景点亦即赵世炎烈士故居所在地酉阳县龙潭镇）任教的张教武先生。1980至1983年间，我在张老师那里接受教育。他以无比的宽容和厚爱唤醒了我潜伏的学习热情，再手把手地将我领入神圣的文学殿堂。毫不讳言，没有张老师30年前的谆谆教诲和循循善诱，我这资质很浅的学生就不会走上而今从事并挚爱的文学研究道路。30年来，张老师一直关心我的成长，关键时刻还在很多重要问题上提出宝贵的建议。近年来，每次回乡省亲，我总要去张老师家坐坐，聆听他睿智而理性的教诲。做一个永不毕业的学生多好！而今，张老师已是桃李满天下的备受敬重的老师，学生在此祝愿恩师和师母曹淑碧老师身体健康、永远幸福！也祝愿几十年来曾经传道授业解惑于我的诸位恩师和天底下所有的老师健康幸福！

本书部分资料的收集要特别感谢北京大学外国语学院毕业的刘朝华博士（现任职于广州市社会科学院国际问题研究所）和同样毕业于北京大学外国语学院的李美敏博士（现在江西师范大学文学院任教）。她们免费帮助我在北京大学图书馆复印了大量资料，其中有的就与本书研究对象关系密切。本书写作过程中，某些问题还得到河北师范大学文学院王春景副教授的指点，在此表示谢意。同时，我还要感谢北京大学图书馆、北京国家图书馆、四川大学图书馆、四川大学南亚研究所图书室等机构在本书相关资料收集时提供的诸多便利。本书所需很多英文资料，均为笔者在印度期间购买或复印，因此，我要特别感谢以下的印度大学或科研机构：

Bhaikaka Library of Sardar Patel University，Valabha Vidyanagar，Gujarat.

Hansa Metha Library of Maharaja Sayajirao University，

Baroda，Gujarat.

Central Library of South Gujarat University，Surat，Gujarat.

Central Library of Gujarat University，Ahamedabad，Gujarat.

Library of Department of Comparative Literature，Jadavpur University，Calcutta.

Central Library of Jawaharlal Nehru University，New Delhi.

Central Library of Delhi University，Delhi.

Central Library of Pune（or Poona）University，Pune.

2011年2月14日于成都

图书在版编目（CIP）数据

“在印度之外”——印度海外作家研究 / 尹锡南著 .
—成都：巴蜀书社，2012. 1
（南亚前沿问题研究丛书）
ISBN 978-7-80752-967-5

Ⅰ. ①印… Ⅱ. ①尹… Ⅲ. ①作家-人物研究-印度
Ⅳ. ①K833. 515. 6

中国版本图书馆 CIP 数据核字（2011）第 002097 号

“在印度之外”
——印度海外作家研究　　尹锡南　著

责任编辑　周文炯
封面设计　张　科
出　　版　四川出版集团巴蜀书社
　　　　　成都市槐树街 2 号　邮编 610031
　　　　　总编室电话：（028）86259397
网　　址　www. bsbook. com
发　　行　巴蜀书社
　　　　　发行科电话：（028）86259422　86259423
经　　销　新华书店
印　　刷　四川机投印务有限公司
版　　次　2012 年 2 月第 1 版
印　　次　2012 年 2 月第 1 次印刷
成品尺寸　203mm×140mm
印　　张　13. 75
字　　数　350 千
书　　号　ISBN 978-7-80752-967-5
定　　价　40. 00 元

本书如有印装质量问题，请与工厂调换